東洋古典譯註叢書 144

# 譯註 管子 4


著者 管仲 編者 劉向 註 房玄齡

책임번역 李錫明 공동번역 金帝蘭

현 토 吳圭根



전통문화연구회

**飜譯委員**

| | |
|---|---|
| 企劃編輯 | 東洋古典飜譯編輯委員會 |
| 飜譯研究管理 | 南賢熙 |
| 責任飜譯 | 李錫明 |
| 共同飜譯 | 金帝蘭 |
| 懸　　吐 | 吳圭根 |
| 潤　　文 | 朴勝珠 |
| 校　　訂 | 李承俊 南賢熙 |
| 出　　版 | 白俊哲 |
| 裝　　幀 | 김진디자인 |

**圖書管理**

| | |
|---|---|
| 弘報管理 | 李和春 |
| 普　　及 | 申洋先 |
| 古典情報化 | 安成守 |

# 東洋古典譯註叢書를 발간하면서

우리의 古典國譯事業은 민족문화 진흥의 기초사업으로 1960년대부터 政府 支援으로 古文獻 現代化 작업을 추진하여 많은 成果를 거두었다. 당시 이 사업 추진의 先行課題로 東洋古典이라 일컬어지는 중국의 基本古典을 먼저 飜譯하여야 한다는 學界의 주장이 있었음에도 불구하고 우리 고전이 아니라는 일부의 偏狹한 視角과 財政 事情 등으로 인하여 배제되어 왔다.

전통적으로 중국의 기본고전은 우리 歷史와 함께 숨쉬며 각종 교육기관의 敎科書로 활용됨은 물론이고 지식인들의 必讀書가 되어 왔으며, 우리 文化의 基底에 자리잡고 거의 모든 방면의 體系와 根幹을 형성하여 왔다. 그래서 학문연구의 기본서 역할을 해 왔을 뿐만 아니라 오늘날에도 우리의 國學徒 및 東洋學 研究者들에게 같은 역할을 하고 있음은 주지의 사실이다. 그럼에도 불구하고 中國古典은 우리 것이 아니라 하여 專門機關의 飜譯對象에 포함하지 않음으로써, 대부분 原典에서의 직접 번역이 아닌 重譯이나 拔萃譯의 방식이 주를 이루면서 敎養水準으로 出版되어 왔다.

오늘날 東洋 三國 중에서 우리의 東洋學 연구가 가장 부진한 이유는, 東洋基本古典에 대한 폭넓은 이해의 부족과 漢文古典 讀解力의 저하에 기인함을 우리는 솔직히 인정하여야 한다. 따라서 이들 중국고전에 대한 신뢰할 만한 國譯이 이루어지는 것이 한국학 연구를 촉진시키는 시급한 先行課題라 할 수 있다.

이에 韓國學 및 東洋學의 연구와 古典現代化의 基盤構築을 위해서는, 전문기관으로 하여금 동양고전을 단기간에 각 분야의 專門 研究者와 漢學者가 상호 협동하여 연구번역하여 飜譯의 傳統性과 效率性, 研究의 專門性을 높일 수 있도록 政策的 配慮가 있어야 한다.

이에 本會에서는 元老 및 中堅 漢學者와 斯界의 專攻者로 하여금 協同硏究飜譯하여 공부하는 사람들이 믿고 引用하거나 깊이 있는 註釋 등을 활용할 수 있게 하고, 知識人들의 敎養을 증진시켜 줄 수 있는 東洋古典의 國譯書 간행을 지속적으로 추진해 왔다. 근래에 다행히 이 사업에 대하여 각계 지도층의 폭넓은 이해와 지원에 힘입어 2001년도부터 國庫補助를 받아 東洋古典譯註叢書를 간행하게 되었다. 이를 계기로 우리 先學의 註釋과 見解를 반영하는 등 국역사업의 內實을 기하게 되었음을 이 자리를 빌어 衷心으로 감사드리며, 아울러 國譯에 參與하신 관계자 여러분의 勞苦에 깊은 謝意를 표한다.

끝으로 우리의 이러한 작업은 오랜 역사 위에 축적된 先賢들의 業績과 現代學問을 이어주는 튼튼한 架橋와 礎石이 되어 진정한 韓國學과 東洋學 발전에 기여할 것을 굳게 믿으며, 21세기를 우리 文化의 世紀로 열어 가는 밑거름이 되도록 우리의 力量을 本 事業에 경주하고자 한다. 江湖諸賢의 부단한 관심과 지원을 기대해 마지않는다.

社團法人 傳統文化硏究會 理事長 李啓晃

# 凡 例

1. 본서는 ≪譯註 管子≫의 제4책이다.
2. 본서는 국립중앙도서관 소장(古古1-48-3) 二十二子本 ≪管子≫(房玄齡 註)를 저본으로 삼았다. 二十二子本 ≪管子≫는 趙用賢 ≪管韓合刻≫本을 飜刻하였고, 光緖 2년(1876) 浙江書局에서 출간되었다.
3. 본서는 원전의 傳統性과 번역의 現代性을 구현하기 위해 노력하였다.
4. 原文은 우리나라 전통 방식으로 懸吐하였다.
5. 原註인 房玄齡 註는 본문 아래 '①, ②……'의 형식으로 달았다.
6. 讀音이 특수하거나 僻字인 경우에는 ( ) 속에 한글로 音을 달아주었다.
7. 각 篇마다 간략한 해설을 달아 독자의 이해를 돕고자 하였다.
8. 飜譯은 原義에 충실하게 하되, 이해가 어려운 부분은 意譯 또는 補充譯을 하였다.
9. 飜譯文은 한글과 漢字를 混用하였으며, 맞춤법과 띄어쓰기는 한글 맞춤법과 표준어 규정을 따르는 것을 원칙으로 하였다.
10. 校勘은 원문의 衍字, 誤字, 脫字, 倒文 등을 대상으로 하였다.
11. 본서의 校勘에 사용된 符號는 다음과 같다.
    ( )〔 〕: (저본의 誤字)〔교감한 正字〕
    〔 〕: 저본의 脫字 보충
    ( ) : 저본의 衍字 삭제
12. 본서에 사용된 주요 符號는 다음과 같다.
    " " : 對話, 각종 引用
    ' ' : " " 안에서 再引用, 强調
    「 」: ' ' 안에서 再引用, 强調

(　): 원문에서는 讀音이 다른 글자나 僻字의 音
번역문에서는 간단한 譯註

〔　〕: 번역문의 이해를 돕기 위한 原文의 漢字나 句節
譯註에서 인용한 原文
疏에서 설명 대상으로 제시한 經이나 傳의 단어나 구절

≪ ≫: 書名이나 典據

〈　〉: 篇章名, 作品名, 補充譯

# 目 次

# 譯註 管子 4

管子 15卷

明 吳郡 趙氏本
唐 司空 房玄齡 註

# 제43편 정 正

## 단어 17 短語 十七

'正'은 '바로잡다'는 의미이다. 군주가 정치를 행함에 있어 '형벌', '정령', '법', '덕', '도'의 다섯 가지 측면에서 백성을 바로잡아야 한다는 점을 역설하고 있다. 우선 이들 다섯 가지의 의미에 대해 설명하고, 이어서 그것을 운용하는 구체적 방법에 대해 일일이 설명하고, 마지막으로 그것들을 제대로 시행하였을 때 얻을 수 있는 효능에 대해 언급하고 있다.

五刑을 집행할 때 각각 그 죄명에 합당하면 죄인이 원망하지 않고 선량한 사람이 놀라지 않으니, 이런 것을 '형벌'이라 한다. 백성을 〈덕으로〉 바로잡고 〈위엄으로〉 복종시키고 〈武로〉 억누르고 〈文으로〉 꾸며주며, 반드시 그 명령을 엄하게 하면 백성이 그것을 받들어 따르니, 이런 것을 '政令'이라 한다. 사계절의 순환처럼 어긋나지 않고, 뭇 별처럼 불변하고,[1] 밤낮과 陰陽처럼 일정하고, 해와 달처럼 밝은 것을 '법'이라 한다. 사랑하고 낳아주고 길러주고 성장하게 하며, 백성을 이롭게 해도 덕으로 여기지 않아 세상 사람들이 친근하게 여기는 것을 '덕'이라 한다. 고맙게 여김도 원망함도 없고, 좋아함도 싫어함도 없고, 만물이 근본으로 삼고 음양이 하나의 법도로 삼는 것, 이런 것을 '도'라고 한다.

**制斷五刑**에 **各當其名**이면 **罪人不怨**①하고 **善人不驚**을 **曰刑**②이요 **正之**③**服之**④**勝之**⑤**飾之**⑥[2]하고

---

1) 뭇……불변하고 : 뭇 별들이 북극성을 중심으로 항상 일정하게 돌아가는 것을 의미한다.
2) 正之服之勝之飾之 : 金廷桂(中)는 〈任法〉에 나오는 "一曰文 二曰武 三曰威 四曰德(하나는 文이요, 둘은 武요, 셋은 威요, 넷은 德이요.)"에 의거하여, 이 구절은 '正之以德 服之以威 勝之以

**必嚴其令而民則**(칙)**之**를 **曰政**⑦이요 **如四時之不貣**하고 **如星辰之不變**하고 **如宵如晝**하고 **如陰如陽**⑧하고 **如日月之明**을 **曰法**⑨이요 **愛之**코 **生之**코 **養之**코 **成之**하고 **利民不德**⑩하여 **天下親之**를 **曰德**⑪이요 **無德無怨**하고 **無好無惡**(오)하고 **萬物崇一**하고 **陰陽同度**를 **曰道**⑫라

① 죄를 인정하므로 원망하지 않는다.
服罪라 故不怨也라

② 형벌이 합당하므로 놀라지 않는다. 이와 같은 것을 '형벌'이라 한다.
刑當故不驚이니 如此者 所謂刑也라

③ 간사함을 이겨 바로잡는 것이다.
所以勝姦正也라

④ 할 수 없는 것을 복종시키는 것이다.
所以服不能也라

⑤ 간사한 것을 이기는 것이다.
所以勝姦邪라

⑥ 자기 몸을 닦고 꾸민다.
修飾身也라

⑦ 명령이 엄하면 사람들이 일어나 그것을 따르니, 이와 같은 것이 政令이다.
令嚴이면 則人作法之니 如此者 政也라

⑧ 밤과 낮, 陰과 陽에는 모두 일정한 법칙이 있다.
宵晝陰陽에 皆有其常이라

⑨ 법의 쓰임은 일정한 원칙을 지켜 변하지 않는 것이다.
法之用은 守常不變이라

⑩ 이익이 비록 백성에게 미친다 해도 그것을 덕으로 여기지 않는다.
利雖及人이로되 不以爲德也라

⑪ 덕을 쓰는 은혜를 베풀면 만백성이 친하게 대한다.
德用之恩이면 萬物親之라

⑫ 道의 쓰임은 둘이 아니다.
道之用不二者라

형벌로 바로잡고, 政令으로 명령하고, 법으로 막고, 덕으로 기르고, 도에 의해 〈옳고 그름을〉 밝힌다. 형벌로 바로잡아 백성의 생명이 〈함부로〉 손실되지 않게

---

武 飾之以文'의 의미로 해석해야 한다고 보았다.(≪管子參解≫)

한다. 정령을 시행하여 욕망을 종식시킴으로써 백성이 잘못된 길로 가지 않게 한다. 법으로 막아 백성의 그릇된 생각을 끊음으로써 백성이 요행을 바라지 않게 한다. 덕을 길러 백성의 악행을 변화시키는 것은 반드시 자기 자신으로부터 시작한다. 도를 밝힘으로써 그 본성을 살펴 반드시 그 이치를 따르게 한다.

**刑以弊之**[3)]하고 **政以命之**하고 **法以遏之**하고 **德以養之**①하고 **道以明之**②라 **刑以弊之**하여 **毋失民命**③하고 **令之以終其欲**하여 (明之毋徑)〔**毋使民徑**〕④[4)]하고 **遏之以絶其志意**하여 **毋使民幸**⑤하고 **養之以化其惡**은 **必自身始**⑥하고 **明之以察其生**[5)]하여 **必**(修)〔**循**〕[6)]**其理**⑦라

① 사물은 덕을 기다려 양육되고 이루어진다.
物待德하여 養而成이라

② 옳고 그름을 밝힌다.
明是非也라

③ 형벌로 단죄함이 이치에 합당하므로 인명이 〈함부로〉 손실되지 않는다.
刑斷合理라 故人命不失也라

④ 정령을 시행하는 것은, 백성의 욕망을 종식시키기 위한 것이니, 바른 도리를 밝게 인식하여 잘못된 길을 따르지 않게 한다.
行令은 所以終人之欲이니 使之明識正道하여 不從邪徑也라

⑤ 법을 사용하여 사람들의 생각을 바로잡아, 사람들이 분수에 맞지 않는 요행을 얻지 못하게 한다.
用法正人之意志하여 不使人有非分之幸也라

⑥ 자신의 악이 모두 사라지면 남들의 악도 변화한다.
身惡盡이면 則人惡化라

⑦ 이치를 닦지 않음이 있을까 두려우므로 밝게 살핀다.
恐有不修理라 故以明察之라

---

3) 刑以弊之 : 郭沫若(中)은 '弊'는 '彆'로 읽어야 하고, 그 의미는 '糾正'이라고 보았다.(≪管子集校≫)

4) (明之毋徑)〔毋使民徑〕 : 저본에는 '明之毋徑'으로 되어 있으나, 劉績(明)의 ≪管子補註≫에 의거하여 '毋使民徑'으로 바로잡았다. 王念孫(淸)도 유적의 견해에 동의하면서, '毋使民徑'이 될 때 바로 뒤에 나오는 '毋使民幸'과 文型이 일치하게 된다고 보았다. 따라서 原註의 풀이는 잘못되었다는 것이다.(≪讀書雜志≫)

5) 明之以察其生 : 郭沫若(中)은 '生'은 곧 '性'으로 읽어야 한다고 보았다.(≪管子集校≫)

6) (修)〔循〕 : 저본에는 '修'로 되어 있으나, 王念孫(淸)의 ≪讀書雜志≫에 의거하여 '循'으로 바로잡았다.

刑罰을 시행하면 백성은 마음을 다해 공경하고, 政令을 시행하면 백성은 신뢰함으로써 따르고, 德을 행하면 백성은 평화로워져 삶이 고요하고, 道를 행하면 백성은 상호 의지하면서 다투지 않는다. 사람을 죄주는 것이 罪名에 합당한 것을 '형벌'이라 하고, 명령을 내리는 것이 때에 합당한 것을 '정령'이라 하고, 일정한 규칙을 바꾸지 않는 것을 '법'이라 하고, 백성을 사랑함에 있어 사사로움이 없는 것을 '덕'이라 하고, 백성을 衆人이 마땅하게 여기는 바에 모으는 것을 '도'라고 한다.

**致刑**에 **其民庸心以**(蔽)〔**敬**〕①[7]하고 **致政**에 **其民服信以聽**②하고 **致德**에 **其民和平以靜**③하고 **致道**에 **其民付而不爭**④[8]이라 **罪人當名曰刑**⑤이요 **出令時當曰政**⑥이요 (當)〔**常**〕[9]**故不改曰法**⑦이요 **愛民無私曰德**⑧이요 **會民所聚曰道**⑨라

① '庸'은 '쓰다'는 의미이다. 마음을 쓰지 않고 판단하면 〈형벌이〉 죄 없는 사람에게 함부로 미치게 된다.
庸은 用也니 不用心以斷하면 則濫及不辜라

② '服'은 '쓰다'는 의미이다. 성실하고 신뢰받는 자세로 백성들의 소송을 처리한다는 의미이다.
服은 用也니 謂用誠信聽理於人이라

③ 군주의 덕이 백성에게 미침으로써 평화로움과 고요함에 이르게 된다.
君德及人하여 以致和靜이라

④ 백성이 도의 영향을 받으면 상호 의지하면서 서로 다투지 않는다.
人被道면 則相付任而不交爭也라

⑤ 죄주는 것이 그 죄목에 합당한 것을 '형벌'이라 한다.
罪當其名을 刑之謂也라

---

7) 其民庸心以(蔽)〔敬〕: 저본에는 '弊'로 되어 있으나, 兪樾(淸)의 ≪諸子平議≫에 의거하여 '敬'으로 바로잡았다. 한편 '庸'은 舊注에서 '用'으로 풀이하고 있으나, 유월은 ≪爾雅≫ 〈釋詁〉에 의거하여 '勞'의 의미로 풀이하였다.

8) 致刑……其民付而不爭 : 原註에서는 앞의 두 구절에서는 "致刑其民 庸心以(蔽)〔敬〕", "致政其民 服信以聽"으로 끊어 읽고, 뒤의 두 구절에서는 "致德 其民和平以靜", "致道 其民付而不爭"으로 끊어 읽고 있다. 이에 대해 兪樾(淸)은 '致刑……', '致政……', '致德……', '致道……'는 모두 같은 형태의 어구이고, '致刑', '致政', '致德', '致道'는 통치자의 행위가 되고, '其民……' 이하는 모두 그에 대한 백성의 반응 내지는 백성에 미치는 영향으로 보아야 한다는 것이다. 따라서 앞의 두 구절도 뒤의 두 구절과 마찬가지로 '致刑……', '致政……'으로 끊어 읽어야 한다고 보았다.(≪諸子平議≫) 따라서 이 구절의 해석은 原註에 따르지 않았다.

9) (當)〔常〕: 저본에는 '當'으로 되어 있으나, 戴望(淸)의 ≪管子校正≫에 의거하여 '常'으로 바로잡았다.

⑥ 명령이 때에 합당한 것을 '정령'이라 한다.
令當於(正)〔時〕를 (時)〔政〕之謂也[10]라

⑦ 일정한 규칙을 바꾸지 않는 것을 '법'이라 한다.
不改(當)〔常〕[11]故를 法之謂也라

⑧ 군주의 사랑에 사사로움이 없는 것을 '덕'이라 한다.
君愛無私를 德之謂也라

⑨ '聚'는 '衆人이 마땅하게 여기는 바이다.'라는 의미이다. 중인이 마땅하게 여기게 할 수 있는 것을 '도'라고 한다.
聚는 謂衆所宜也니 能令衆宜를 道之謂也라

常道를 세우고 政令을 시행함에 있어 신뢰를 사용할 수 있는가? 마음이 평화롭고 삼가 경건하여 날마다 〈덕을〉 새롭게 할 수 있는가? 정치를 공평하고 늘 고요하게 하여 신중함을 지킬 수 있는가? 사사로움을 폐하고 공적인 것을 세워 인재를 등용할 수 있는가? 정사에 임하고 백성을 다스림에 있어 자신을 뒤로 할 수 있는가? 미더운 정치를 행할 수 있으면 이는 기강을 바르게 하는 것이고, 날마다 〈덕을〉 새롭게 함을 행할 수 있으면 이는 바른 이치를 실천하는 것이다. 신중함을 지키고 명분을 바르게 하면 거짓과 속임수가 저절로 그치게 되고, 인재를 등용함에 있어 사사로움이 없으면 신하의 덕이 모두 도에 합치하게 되고, 자신을 뒤로 할 수 있으면 위로 천자를 보좌하게 된다.

**立常行政**에 **能服信**[12]**乎**①아 **中和愼敬**하여 **能日新乎**②아 **正衡一靜**[13]하여 **能守愼乎**③아 **廢私立公**하여 **能擧人乎**④아 **臨政官民**에 **能後其身乎**⑤아 **能服信政**이면 **此謂正紀**⑥요 **能服日新**이면 **此謂行理**⑦라 **守愼正名**하면 **僞詐自止**⑧요 **擧人無私**면 **臣德咸道**⑨요 **能後其身**이면 **上佐天子**⑩라

① 신뢰를 사용하면 정령이 시행되고 상도가 세워진다.

---

10) 令當於(正)〔時〕 (時)〔政〕之謂也 : 저본에는 "令當於正 時之謂也"로 되어 있으나, 전후의 문장 형태를 고려하여 "令當於時 政之謂也"로 바로잡았다. 전후의 注文이 "……刑之謂也" "……法之謂也", "……德之謂也"의 형태로 되어 있으므로, 여기서도 "……政之謂也"로 되는 것이 타당하다. 옮겨 적는 사람의 착오로 인해 '正'과 '時'의 위치가 뒤바뀐 것으로 보인다. 여기에서 '正'은 곧 '政'과 같다.
11) (當)〔常〕: 저본에는 '當'으로 되어 있으나, 陶鴻慶(淸)의 ≪讀管子札記≫에 의거하여 '常'으로 바로잡았다. 그는 본문의 '當'도 '常'으로 고쳐야 한다고 보았다.
12) 服信 : 앞의 "其民服信以聽" 구절에 대한 주에서 "服 用也"라고 하였으므로 이에 따랐다.
13) 正衡一靜 : 原註에 근거할 때 '正'은 곧 '政'이다.

服信이면 則政行常立이라

② 진실로 마음이 평화롭고 경건할 수 있으면 그 덕이 날마다 새로워진다.
苟能和敬이면 則其德日新也라

③ '衡'은 '공평하다'는 의미이다. 단지 신중함을 지킬 수 있으면 정치가 공평하고 한결같이 고요하다는 의미이다.
衡은 平也니 言但能守愼則政平而靜一이라

④ 단지 공정하여 사사로움이 없으면 인재를 등용할 수 있다.
但公而無私면 則能擧人也라

⑤ 자신을 뒤로 하면 정사에 임하고 사람들을 다스릴 수 있다.
後其身이면 則能臨政官人也라

⑥ 미더운 정치를 실천할 수 있는 자는 기강을 바르게 한다.
能行信正者[14)]는 正之紀라

⑦ 날마다 〈덕이〉 새로워짐을 실천할 수 있으면 바른 이치를 실천한다고 할 수 있다.
能行日新이면 可謂行之理也라

⑧ 신중할 수 있으면 속임수가 그치게 된다.
能愼이면 則詐息也라

⑨ 사사로움이 없으면 함부로 움직이지 않는다. 그러므로 신하의 덕이 모두 도에 합치하게 된다.
無私則不妄擧라 故臣德皆合於道也라

⑩ 자신을 뒤로 하면 공적인 일을 앞세우게 된다. 그러므로 위로 천자를 보좌할 수 있다.
後身則先公이라 故能上佐天子也라

---

14) 能行信正者 : 본문에 근거할 때 '信正'은 곧 '信政'으로 읽을 수 있다.

# 제44편 구변 九變[1)]

## 단어 18 短語 十八

이 편에서는 백성이 군주를 위해 나라를 지키고 전투하게 되는 9가지 이유와, 어리석은 用兵의 3가지에 대해 말하고 있다.

백성들의 감정이 변하게 되는 데는 9가지 이유가 있다는 것을 말한다.
謂人之情變有九라

무릇 백성들이 지키고 전투하면서 죽음에 이르면서도 윗사람에게 공덕을 바쳤다고 여기지 않는 것은 다음과 같은 이유가 있기 때문에 죽음에까지 이를 수 있다. 〈첫째〉 친척의 墳墓가 있기 때문이고, 〈둘째〉 농토와 주택이 풍족하여 거주하기에 적합하기 때문이다. 그렇지 않으면, 〈셋째로〉 고을과 마을 사람들이 자기 종족과 즐거움을 누릴 수 있기 때문이다. 그렇지 않으면, 〈넷째로〉 백성에 대한 군주의 가르침과 풍속과 자애가 두터워, 다른 나라에 가서는 얻지 못하기 때문이다. 그렇지 않으면, 〈다섯째로〉 山林과 하천에서 산출되는 이익이 먹고 살기에 충분하기 때문이다. 그렇지 않으면, 〈여섯째로〉 地形이 험하여 지키기는 쉽고 적이 공격해 오기는 어렵기 때문이다. 그렇지 않으면, 〈일곱째로〉 형벌이 엄하여 두려워할 만하고 상 주는 게 분명하여 사람들을 권면할 수 있기 때문이다. 그렇지 않으면, 〈여덟째로〉 적에 대한 원한이 깊기 때문이다. 그렇지 않으면, 〈아홉째로〉 군주에게 쌓은 공이 두텁기 때문이다. 이상이 백성들이 지키고 전투하면서 죽음에 이르면서도 윗사람에게 공덕을 바쳤다고 여기지 않게 되는 이유들이다.

凡民之所以守戰至死而不德其上者는 有數以至焉①이니 曰 大者親戚墳墓之所在也②요 田

1) 九變 : 郭沫若(中)은 '變'을 '愛慕' 또는 '思慕'의 의미를 지니는 '戀'의 誤字로 보았다. 따라서 '九變'을 백성이 군주를 사모하게 되는 9가지 이유로 이해하였다. 그리고 이 편의 내용은 ≪墨子≫ 〈備城門〉에 근거를 두고 있다고 보았다.(≪管子集校≫) 原註에서는 백성들이 군주를 위해 몸바쳐 싸우게끔 그들의 감정이 변하는 9가지 이유로 보고 있다. 본서에서는 원주에 따라 풀이하였다.

**宅富厚足居也**③요 **不然則州縣鄉黨與宗族足懷樂也**④요 **不然則上之教訓習俗慈愛之於民也厚**하여 **無所往而得之〔也〕**⑤[2)3)]요 **不然則山林澤谷之利足生也**⑥요 **不然則地形險阻易**(이) **守而難攻也**⑦요 **不然則罰嚴而可畏也(不然則)**[4)]하고 **賞明而足勸也**⑧요 **不然則有深怨於敵人也**⑨요 **不然則有厚功於上也**⑩니 **此民之所以守戰至死而不德其上者也**라

① 혹 지키고 혹 전투하며 비록 죽음에까지 이를지라도, 감히 그 일로 윗사람에게 공덕을 바쳤다고 여기지 않는 것은 거기에 몇 가지 이유가 있기 때문이다. 그러므로 죽음에까지 이를 수 있는 것이다.
或守或戰하고 雖復至死라도 不敢恃之以德於上은 則有數存焉於其間이라 故能至死也라

② 〈사람들의 감정이〉 변하는 첫 번째 이유이다.
一變也라

③ 〈사람들의 감정이〉 변하는 두 번째 이유이다.
二變이라

④ 〈사람들의 감정이〉 변하는 세 번째 이유이다.
三變이라

⑤ 군주의 은혜가 두터워 모두 백성들에게 있고 다른 곳을 향하지 않는다. 그러므로 백성들이 죽음을 무릅쓸 수 있게 하는 것이다. 〈사람들의 감정이〉 변하는 네 번째 이유이다.
君之恩厚하여 皆在於人하고 無所他往이라 故得人之致死니 四變이라

⑥ 〈사람들의 감정이〉 변하는 다섯 번째 이유이다.
五變이라

⑦ 〈사람들의 감정이〉 변하는 여섯 번째 이유이다.
六變이라

⑧ 〈사람들의 감정이〉 변하는 일곱 번째 이유이다.
七變이라

⑨ 〈사람들의 감정이〉 변하는 여덟 번째 이유이다.
八變이라

---

2) 得之〔也〕 : 저본에는 '也'가 없으나, 戴望(淸)의 ≪管子校正≫에 의거하여 보충하였다. ≪太平御覽≫의 인용문에 "得之也"로 되어 있다는 것이다.

3) 上之教訓習俗慈愛之於民也厚 無所往而得之〔也〕 : 陶鴻慶(淸)은 이 구절을 "上之教訓習俗慈愛之於民也厚", "無所往而得之也"로 끊어 읽어야 하고, 그 의미는 '백성에 대한 군주의 은혜가 두터워, 그것을 다른 나라에 가서는 얻지 못한다'는 뜻으로 이해해야 한다고 보았다. 原註의 풀이는 그 의미가 온전치 않다는 것이다.(≪讀管子札記≫)

4) (不然則) : 저본에는 '不然則'이 있으나, 洪頤煊(淸)의 ≪管子義證≫에 의거하여 衍文으로 처리하였다. 原註에서도 "不然則罰嚴而可畏也 賞明而足勸也"를 하나로 묶어 "七變"으로 풀이하고 있다.

⑩ 공이 두터우면 녹봉이 많다. 그러므로 또한 자발적으로 적과 싸우면서도 군주에게 공덕을 바쳤다고 여기지 않는다. 〈사람들의 감정이〉 변하는 아홉 번째 이유이다.
功厚則祿多라 故亦自爲戰이로되 而不德於君이니 九變이라

지금 신뢰하지 못하는 사람들에 의지하여 지혜를 구하고, 힘써 지키려 하지 않는 백성을 써서 나라를 견고하게 하려고 하고, 싸우려 하지 않는 병졸들을 이끌어 승리를 바란다면, 이는 用兵의 세 가지 어리석음이다.

**今恃不信之人而求以智**하고 **用不守之民而欲以固**하고 **將不戰之卒而幸以勝**은 **此兵之三闇也**라

# 제45편 임법 任法

## 구언 1 區言 一

이 편에서는 法에 근거해 나라를 다스려야 한다는 점을 역설하고 있다. "법은 천하의 지극한 도이며, 聖君의 실용적 통치 수단이다."라는 것이다. 군주가 법을 굳게 지키고 있으면, 귀족이나 부자에 의해 좌지우지되지 않을 것이고, 측근의 달콤한 아부나 미인의 아름다움에 의해 유혹되는 일이 없다고 본다. 이는 곧 통치자가 사적인 관계를 멀리하고 공적인 제도에 의해 공평무사하게 국가를 경영해야 한다는 法家 철학의 근본정신을 드러내고 있다.

聖君은 法에 의지하고 〈개인적인〉 智謀에 의지하지 않고, 〈객관적인〉 度數에 의지하고 〈개인적인〉 말에 의지하지 않고, 공적인 것에 의지하고 사적인 것에 의지하지 않고, 大道에 의지하고 자잘한 일에 의지하지 않는다. 이렇게 한 이후에 군주의 몸은 편안하고 세상은 잘 다스려진다.

〈그러나〉 어리석은 군주는 그렇지 않다. 법을 버리고 〈개인적인〉 지모에 의지하기 때문에 백성은 〈실질적인〉 일을 버리고 명예를 좋아하고, 〈객관적인〉 度數를 버리고 〈개인적인〉 말에 의지하기 때문에 백성은 실질을 버리고 헛된 말을 좋아하고, 공적인 것을 버리고 사적인 것을 좋아하기 때문에 백성은 법을 벗어나 함부로 행위하고, 대도를 버리고 자잘한 일에 의지하기 때문에 윗사람은 피곤하고 백성은 미혹되어 국가는 다스려지지 않는다.

**聖君任法而不任智**하고 **任數而不任說**하고 **任公而不任私**하고 **任大道而不任小物**①이니 **然後身佚而天下治**라 **失君則不然**이니 **舍法而任智**라 **故民舍事而好譽**요 **舍數而任說**이라 **故民舍實而好言**이요 **舍公而好私**라 **故民離法而妄行**이요 **舍大道而任小物**이라 **故上勞煩**하고 **百姓迷惑而國家不治**라

① '小物'은 자잘한 일이다.
小物은 小事라

聖君은 그렇지 않다. 道의 핵심을 지키면서 편안히 즐겁게 생활하고, 말 달려 사냥하고 음악 연주를 즐기며, 궁중 생활의 즐거움을 금지하지 않는다. 이리저리 생각하지 않고 염려하지 않으며 걱정하지 않고 도모하지 않으니, 신체에 이롭고 몸이 편안하여 수명이 길어지고, 두 손을 맞잡고 가만히 있어도 천하는 다스려진다. 그러므로 군주가 그 '도'를 쓸 수 있으면, 마음을 쓰지 않고 애써 염려하지 않고 힘쓰지 않아도 토지는 저절로 개간되고 창고는 저절로 가득 차며, 축적된 재물은 저절로 많아지고 군대는 저절로 강해지고, 신하들은 속이지 않고 관리들은 간사한 짓을 행하지 않고, 기이한 기술이나 재주를 지닌 자들이 감히 거창한 말과 과장된 행위로 실정을 왜곡하여 군주를 대하지 않을 것이다.

竽

聖君則不然이니 守道要하여 處佚樂하고 馳騁弋獵하고 鍾鼓竽瑟하고 宮中之樂을 無禁圉也①며 不思不慮하고 不憂不圖②하니 利身體하고 便形軀하여 養壽命하고 垂拱而天下治③라 是故人主有能用其道者④면 不事心하고 不勞意하고 不動力이나 而土地自辟하고 囷倉自實하고 蓄積自多하고 甲兵自彊하고 群臣無詐僞하고 百官無奸邪하고 奇術技藝之人이 莫敢高言孟行以過其情하여 以遇其主矣⑤라

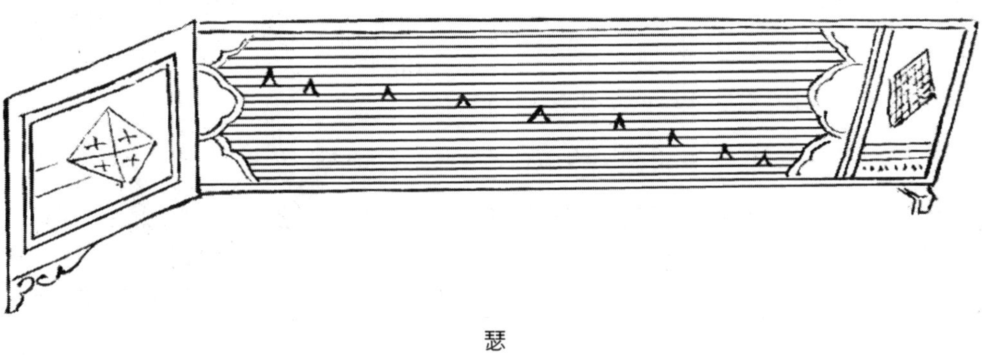
瑟

① 궁중 생활의 즐거움은 몸을 즐겁게 하고 본성을 편안하게 하는 것이다. 그러므로 이를 금지하지 않는다.
宮中之樂은 所以悅體安性이라 故不禁禦之也라
② 단지 법제도에 맡길 뿐이므로 염려하거나 도모하는 바가 없다.
但任法數라 故無所慮圖也라
③ 단지 법제도에 맡기면 일이 간략해진다. 그러므로 몸은 수고롭지 않고 수명은 길어지며 천하는 스스로 다스려진다.
但任法數則事簡이라 故身不勞壽命長而天下自理也라
④ '道'는 위에서 언급한 법제도와 공정한 大道를 가리킨다.
道則謂上法數公正大道라
⑤ '孟'은 '크다'는 의미이고, '遇'는 '대하다'는 의미이다. 감히 허황되고 간사한 말과 망령된 행위로 자신의 군주를 대하지 않는다.
孟은 大也요 遇는 待也니 不敢以謬妄姦言妄行以待其主也라

堯

옛날에 堯임금이 천하를 다스릴 때는 마치 陶工이 진흙을 이겨 도기 그릇을 만들어내듯이, 대장장이가 쇠를 녹여 금속 기구를 만들어내듯이 하였다. 그 백성들은 당기면 다가오고 밀면 나아가며, 시키면 일을 이루고 금지하면 그만두었다.

그러므로 堯임금의 다스림은 법을 밝게 드러내고 政令을 잘 살필 뿐이었다. 〈그러나〉 黃帝가 천하를 다스릴 때는 백성들은 당기지 않아도 다가오고 밀지 않아도 나아갔으며, 시키지 않아도 일을 이루었고 금지하지 않아도 그만두었다. 그러므로 황제가 다스릴 때는 법을 설치하고 바꾸지 않아, 백성들이 그 법에 편안히 적응하게 하였다.

黃帝

**昔者堯之治天下也**에 **猶埴之在埏也**①하여 **唯陶之所以爲**요 **猶金之在罏**하여 **恣冶之所以鑄**니 **其民引之而來**하고 **推之而往**하고 **使之而成**하고 **禁之而止**라 **故堯之治也**에 **善明法(禁)〔察〕(之)令而已矣**[1)]라 **黃帝之治天下也**에 **其民不引而來**하고 **不推而往**하고 **不使而成**하고 **不禁而止**②라 **故黃帝之治也**에 **置法而不變**하여 **使民安其法者也**라

① '埏'은 '반죽하다'는 의미이다. 讀音은 '羶(전)'이다.
埏은 和也요 音은 羶이라
② 黃帝를 堯에 비교하면, 堯는 有爲하였고 黃帝는 無爲하였다.
比黃帝之於堯면 則堯有爲而黃帝無爲라

이른바 仁義禮樂은 모두 법에서 나오는 것이니, 이 법은 선대의 聖王들이 백성을 고르게 만드는 수단이었다. ≪周書≫[2)]에서 말하였다.

"國法은 법이 한결같지 않으면 나라를 지닌 자가 길하지 않다. 백성이 법을 따르지 않으면 길하지 않다. 국가가 〈상황에 따라〉 법을 고쳐 백성을 관리하면 길하다. 신하들이 〈군주가 정한〉 예의와 가르침을 사용하지 않으면 길하지 않다. 업무를 수행하는 뭇 관리들이 법을 벗어나 일을 처리하면 길하지 않다."

그러므로 "법은 고정불변할 수 없는 것이다."라고 말하는 것이니, 〈나라가〉 보존되거나 망하거나 다스려지거나 어지러워지는 것이 모두 그것에 말미암고, 聖君이 천하의 커다란 儀表가 되는 까닭이며, 군주와 신하, 윗사람과 아랫사람, 귀하고 천한 사람들이 모두 그것에 따라 행하는 것이다. 그러므로 '법'이라고 말한다.

**所謂仁義禮樂者**는 **皆出於法**①이니 **此先聖之所以一民者也**②라 **周書曰 國法**③**法不一**이면 **則有國者不祥**④이요 **民不道法**이면 **則不祥**⑤이요 **國更立法以典民**이면 **則祥**⑥이요 **群臣不用禮義教訓**이면 **則不祥**이요 **百官服事者離法而治**면 **則不祥**⑦이라 **故曰 法者 不可恒也**⑧라하니 **存亡治亂之所從出**⑨이요 **聖君所以爲天下大儀也**⑩요 **君臣上下貴賤皆發焉**⑪이라 **故曰法**이라

---

1) 善明法(禁)〔察〕(之)令而已矣 : 저본에는 "善明法禁之令而已矣"로 되어 있으나, 孫星衍(淸)의 ≪管子集校≫에 의거하여 "善明法察令而已矣"로 바로잡았다. '禁'은 '察'의 誤字로 보고 '之'는 衍文으로 본 것이다. 許維遹(中)도 ≪太平御覽≫의 인용문에 의거하여 손성연의 견해를 지지하였다.(≪管子集校≫)
2) 周書 : ≪尙書≫와 비슷한 성격의 책으로, 현재 그 원본은 사라지고 단편들만 남아 있어 ≪逸周書≫로 불린다. 전체 10권 70편으로 구성되어 있으나 그중 11편은 제목만 남아 있다. 西周 시대의 글로 추정되나, 일부는 전국시대의 글도 포함되어 있는 것으로 보인다.

① 법의 집행이 순조로우면 仁義가 생겨난다.
法行順이면 仁義生이라

② 법은 백성을 가지런하게 만드는 수단이다.
法은 所以齊一於民也라

③ 나라를 소유한 자는 법을 지닌다.
有國者는 有法也라

④ 법이 한결같지 않으면 어지러워진다. 그러므로 길하지 않다.
法不一則亂이라 故不祥이라

⑤ '道'는 '따르다'는 의미이다.
道는 從이라

⑥ '更'은 '고치다'는 의미이고, '典'은 '주재하다'는 의미이다. 〈상황에〉 마땅한 이치를 살펴 법을 고침으로써 백성을 관리할 수 있으면 나라가 다스려지므로 길하다는 의미이다.
更은 改也요 典은 主也니 言能觀宜改法以主於人이면 則國理라 故祥也라

⑦ '服'은 '수행하다'는 의미이다.
服은 行也라

⑧ 법이 낡으면 변화해야 한다. 그러므로 고정불변할 수 없는 것이다.
法敝則當變이라 故不可恒이라

⑨ 〈시대 상황에〉 법이 들어맞으면 〈나라가〉 보존되고 다스려지며, 법이 역행하면 어지러워지고 망하게 된다.
法順則存治요 法違則亂亡이라

⑩ 군주는 천하의 儀表가 된다.
君爲天下之儀表也라

⑪ 모두 다 군주와 신하를 본받는다. '發'은 '행하다'는 의미이다.
莫不取法於君臣이라 發은 行也라

옛날의 법에는 세상에서 알현을 청하여 추천을 보증하는 사람이 없었고, 아는 게 많고 많이 배워 말 잘하는 사람이 없었으며, 특이한 복장을 하거나 기이한 행동을 하는 사람도 없었다. 모두 법의 테두리 내에서 행동함으로써 자기 군주를 섬겼다. 그러므로 현명한 왕은 불변하는 원칙으로 다음 두 가지를 지녔다. 하나는 법을 밝히고 그것을 확고하게 지키는 것이요, 다른 하나는 백성의 사적인 행위를 금지하면서 백성을 다스리는 것이다. 이 두 가지는 군주가 항상 지키는 원칙이었다.

**古之法也**①에 **世無請謁任擧之人**②하고 **無(間)〔聞〕**[3)]**識博學辯說之士**③하고 **無偉服**하고 **無奇**

**行**④이니 **皆囊於法以事其主**⑤라 **故明王之所恒者二**이니 **一曰明法而固守之**요 **二曰禁民私而(收)〔牧〕**[4] **使之**⑥니 **此二者**는 **主之所恒也**⑦라

① 법을 세우는 자는 반드시 옛것을 따른다.
立法者는 必師古라

② '任'은 '보증하다'는 의미이다. 법에 따라 인재를 취하면 알현을 청하여 추천을 보증하는 일이 없다.
任은 保也니 以法取人이면 則無請謁之保擧라

③ '間'은 '번잡하게 어지럽히다'는 의미이다. 법이 행해지면 박학하고 말 잘하는 사람이 감히 사리를 아는 것을 어지럽히지 못한다.
間은 雜亂也니 法行이면 則博學辯說之人이 不敢間亂識事也라

④ '偉服'과 '奇行'은 모두 법률과 제도를 넘어서는 자들이니, 이들을 그치게 하는 것은 법을 두려워하기 때문이다.
偉服과 奇行은 皆過越法制者이니 令止息者는 畏法故也라

⑤ '囊'은 거두어 간직하는 것이다. 사람들은 모두 지나친 행위를 거둬들임으로써 법을 따르고, 위로 그 군주를 섬긴다는 의미이다.
囊者는 所以斂藏也니 謂人皆斂藏過行하여 以順於法하고 上事其主라

⑥ 법으로 수렴하여 백성을 부린다는 의미이다.
謂以法收斂而使之라

⑦ 이 두 가지를 폐하면 정치가 어지러워진다.
廢此二者면 則政亂이라

무릇 법은 군주가 백성을 하나로 통일하고 아랫사람들을 부리는 수단이고, 사적인 것은 아랫사람들이 법을 침범하고 군주를 어지럽히는 것이다. 그러므로 聖君은 儀禮를 두고 법을 설치하여 굳게 지킨다. 이 때문에 업무 능력이 뛰어난 인재, 법을 잘 아는 선비, 아는 게 많고 학식이 넓은 사람이 〈나라를〉 어지럽힐 수 없고, 〈병력이〉 많고 강한 자, 부귀한 자, 사적으로 용맹한 자가 〈군주의 자리를〉 침범할 수 없고, 군주 측근의 신뢰받고 친애하는 자들이 〈군주의 말을〉 어길 수 없고, 진

3) (間)〔聞〕: 저본에는 '間'으로 되어 있으나, 王念孫(淸)의 ≪讀書雜志≫에 의거하여 '聞'으로 바로잡았다. 아래 문장에서도 "聞識博學之人"이라는 유사한 표현을 찾아볼 수 있다는 것이다. 安井衡(日)도 아래 문장에 의거하여 '聞'으로 고쳐야 한다고 보았다.(≪管子纂詁≫)

4) (收)〔牧〕: 저본에는 '收'로 되어 있으나, 李哲明(中)의 ≪管子校義≫에 의거하여 '牧'으로 바로잡았다.

기하고 괴이한 물건들이 〈군주의 마음을〉 미혹시킬 수 없고, 법의 테두리를 벗어난 모든 사람과 일이 동요시킬 수 없다. 그러므로 법은 천하의 지극한 도이며, 聖君의 실용적 〈통치〉 수단이다.

**夫法者**는 **上之所以一民使下也**요 **私者**는 **下之所以侵法亂主也**라 **故聖君置儀設法而固守之**라 **然故**로 (諶杵)〔**堪材**〕[5]**習士聞識博學之人**이 **不可亂也**①요 **衆彊富貴私勇者**가 **不能侵也**요 **信近親愛者**가 **不能離也**②요 **珍怪奇物**이 **不能惑也**요 **萬物百事非在法之中者**가 **不能動也**③라 **故法者**는 **天下之至道也**④요 **聖君之實用也**⑤라

① '杵(절구공이)'는 사물을 부수는 도구이니, 간사한 사람이 거짓된 것을 참된 것으로 기탁함으로써 군주의 법을 훼손한다는 의미이다. '習士'는 법을 익힌 선비를 가리키고, '聞識'은 많이 알고 지식이 넓은 것을 가리킨다. 군주가 법을 굳건히 지키므로 이러한 자들이 아무도 어지럽힐 수 없는 것이다.
杵는 所以毁碎於物者也니 謂姦詐之人이 僞託於諶以毁君法이라 習士는 謂習法之士요 聞識은 謂多聞廣識이라 君守法堅이라 故此等莫能亂也라

② '離'는 '어기다'는 의미이다.
離는 猶違也라

③ 진기하고 괴이한 물건은 바른 법에 비교하면 괴이하고 치우친 것이 된다.
珍怪奇物은 比正法爲怪僻이라

④ 도는 법을 뛰어넘는 것이 없다.
道無越於法者라

⑤ 법을 사용함은 나라를 다스리는 실질이 된다.
用法爲理國之實이라

지금 천하는 그렇지 않다. 모두 좋은 법을 지니고 있으나 제대로 지키지 못한다. 이 때문에 업무 능력이 뛰어난 인재, 법을 잘 아는 선비, 아는 게 많고 학식이 넓은 사람이 각자의 지혜로 법을 어지럽히고 군주를 미혹시킬 수 있고, 〈병력이〉 많고 강한 자, 부귀한 자, 사적으로 용맹한 자가 각자의 위엄으로 법을 범하고 군주의 권위를 침범할 수 있으며, 이웃의 제후들이 그들의 권세로 군주의 태자를 폐하

---

5) (諶杵)〔堪材〕 : 저본에는 '諶杵'로 되어 있으나, 孫詒讓(淸)의 ≪札迻≫에 의거하여 '堪材'로 바로잡았다. '諶'은 '堪'의, '杵'는 '材'의 오자라는 것이다. 이때 '堪材'는 '재주와 능력이 출중하여 자신이 맡은 일을 잘 감당해내는 인재'라는 의미가 되고, 이러한 '堪材'는 이어지는 '習士', '聞識', '博學'과 호응하는 말이 된다는 것이다. 아래도 같다.

거나 재상을 세울 수도 있고, 대신들은 사적인 은혜를 베풀어 백성들의 환심을 사거나 공적인 재물을 들어내어 사적으로 선비들에게 녹봉을 내릴 수도 있다. 무릇 이와 같으면서 법이 실행되고 나라가 다스려지길 바란다면 가능하지 않다.

**今天下則不然**이니 **皆有善法而不能守也**라 **然故**(謨杵)〔**堪材**〕**習士聞識博學之士**는 **能以其智亂法惑上**하고 **衆強富貴私勇者**는 **能以其威犯法侵陵**①하고 **隣國諸侯**는 **能以其權置子立相**②하고 **大臣**은 **能以其私附百姓**③하고 **翦公財以祿私士**④라 **凡如是而求法之行**하고 **國之治**면 **不可得也**⑤라

① 군주를 침범하고 능멸한다는 의미이다.
謂侵凌於君也라
② 이웃 나라가 권세에 의지하여 군주의 태자를 폐하고 나라의 재상을 마음대로 세울 수 있다.
隣國恃權하여 能廢置君之子하고 援立國相이라
③ 사적인 은혜를 베풀어 백성들을 꾀어 자기 편에 붙게 한다는 의미이다.
謂用私恩하여 誘百姓使附也라
④ 공적인 재물을 잘라내어 선비들에게 사적인 녹봉을 베푼다는 의미이다. 이들은 모두 군주가 법을 지키지 않기 때문이다.
謂翦公財以祿私士이니 此皆以君不守法故也라
⑤ 법을 상실한 이후로부터는 나라를 다스릴 수 없다는 의미이다.
謂從失法之後에 國不可得理也라

聖君이 다스리면 그렇지 않다. 卿相 대부들은 공적인 재물을 들어내어 사적으로 녹봉을 줄 수 없고, 신하들은 자신이 친하고 아끼는 자들에게 사적으로 이익을 줄 수 없다. 聖君 또한 법을 밝혀 굳건하게 지키고, 신하들은 군주에게 통하는 것에 힘써 마치 바퀴살이 바퀴통으로 모여들 듯이 군주를 섬기고, 백성들은 화목하여 政令을 받들고 법을 따름으로써 각자의 일에 종사한다. 그러므로 말하길, "법을 만드는 자가 있고, 법을 지키는 자가 있고, 법을 본받는 자가 있다."라고 한다. 무릇 법을 만드는 자는 군주이고, 법을 지키는 자는 신하이며, 법을 본받는 자는 백성이다. 군주와 신하, 윗사람과 아랫사람, 고귀한 사람과 미천한 사람 모두 법을 따르면 이를 '크게 다스려짐〔大治〕'이라고 한다.

**聖君則不然**이니 **卿相不得翦**〔**公以祿**〕**其私**[6]하고 **群臣不得辟**(폐)[7]**其所親愛**하고 **聖君亦明其法而固守之**하고 **群臣修通輻湊**①**以事其主**하고 **百姓輯睦聽令道法以從其事**②라 **故曰 有**

**生法**이요 **有守法**이요 **有法於法**이니 **夫生法者**는 **君也**③요 **守法者**는 **臣也**④요 **法於法者**는 **民也**⑤라 **君臣上下貴賤**이 **皆從法**하면 **此謂(爲)**[8)] **大治**라

① 신하들 각자 스스로 군주에게 통함을 얻음이, 마치 바퀴살이 〈바퀴통 가운데로〉 모이는 것과 같다는 의미이다.
   謂各得自通於君이 如輻之輳也라

② '道'는 '따르다'는 의미이다.
   道는 從也라

③ 군주가 처음 법을 제정한다. 그러므로 "법을 만든다."라고 말한다.
   君始制法이라 故曰生法이라

④ 신하는 법을 본받아 실행한다.
   臣則法法而行이라

⑤ 백성은 군주의 법을 본받는다.
   人則法君之法이라

그러므로 군주에게는 세 가지 형태의 통치술이 있다. 무릇 사람을 사랑하여도 사적으로 상을 내리지 않고, 사람을 미워하여도 사적으로 벌을 가하지 않으며, 儀禮를 두고 법을 설치하여 일정한 법도에 의해 〈상과 벌을〉 재량하고 판단하는 자는 '최상의 군주〔上主〕'이다. 사람을 사랑하면 사적으로 상을 내리고, 사람을 미워하면 사적으로 벌을 가하며, 대신들의 충고를 물리치고 좌우 사람들의 의견을 무시하며 오로지 자신의 마음에 의해 판단하는 자는 '보통의 군주〔中主〕'이다. 신하들 가운데 사랑하는 자가 있으면 사적으로 상을 내리고, 미워하는 자가 있으면 사적으로 벌을 가하며, 公法을 물리치고 政教의 바름을 감소시키며, 〈편애하는〉 대신의 말만 듣는 자는 '위태로운 군주〔危主〕'이다. 그러므로 군주 된 자는 사랑하는 사람에게 치우치지 않고 미워하는 사람에게 치우치지 않는다. 사랑하는 것에 치우친 것을 '덕을 잃음'이라 말하고, 미워하는 것에 치우치는 것을 '위엄을 잃음'이라 한다. 위엄과 덕 모두 잃으면 군주가 위태로워진다.

---

6) 卿相不得翦〔公以祿〕其私 : 저본에는 '公以祿'이 없으나, 郭沫若(中)의 ≪管子集校≫에 의거하여 보충하였다.
7) 辟(폐) : 安井衡(日)의 ≪管子纂詁≫에 의거하여 '嬖'로 읽는다.
8) (爲) : 저본에는 '爲'가 있으나, 戴望(清)의 ≪管子校正≫에 의거하여 衍文으로 처리하였다.

**故主有三術**①이니 **夫愛人不私賞也**하고 **惡**(오)**人不私罰也**하며 **置儀設法**하여 **以度量斷者**는 **上主也**요 **愛人而私賞之**하고 **惡人而私罰之**하고 **倍大臣離左右**하고 **專以其心斷者**는 **中主也**요 **臣有所愛而爲私賞之**하고 **有所惡而爲私罰之**②하고 **倍其公法**하고 **損其**(正心)〔**政正**〕③[9)]하고 **專聽其大臣者**는 **危主也**라 **故爲人主者**는 **不重愛人**하고 **不重惡人**일지니 **重愛曰失德**이요 **重惡曰失威**④니 **威德皆失**이면 **則主危也**라

① 최상의 군주, 보통의 군주, 위태로운 군주를 가리킨다.
謂上主中主危主也라
② 대신을 사랑하거나 미워하므로 사적으로 상을 내리거나 벌을 가한다.
爲大臣愛惡之故로 而私賞罰也라
③ 政教의 바름을 감소시킨다는 의미이다.
謂損政教之正이라
④ 군주가 신하에 따라서 사랑하거나 미워하면, 위엄과 덕이 모두 신하에게 있게 된다. 그러므로 '잃는다'고 말한다.
君隨臣愛惡면 則威德皆在於臣이라 故曰失也라

그러므로 현명한 왕은 잡고 있는 〈권력이〉 여섯이니, 살리고 죽이고 부유하게 하고 가난하게 하고 귀하게 하고 천하게 하는 것이다. 이 여섯 가지 권력은 군주가 잡고 있어야 할 것들이다. 군주가 머물러야 할 〈지위가〉 넷이니, 첫째는 文이고 둘째는 武이고 셋째는 위엄이고 넷째는 덕이다. 이 네 가지 지위는 군주가 머물러야 할 곳이다.

**故明王之所操者六**이니 **生之**요 **殺之**요 **富之**요 **貧之**요 **貴之**요 **賤之**라 **此六柄者**는 **主之所操也**라 **主之所處者四**니 **一曰文**이요 **二曰武**요 **三曰威**요 **四曰德**이라 **此四位者**는 **主之所處也**라

자신이 잡고 있어야 할 〈권력을〉 남에게 빌려주는 것을 '권력을 빼앗김'이라 하고, 자신이 머물러 있어야 할 〈지위를〉 남에게 빌려주는 것을 '지위를 잃음'이라 한다. 권력을 빼앗기고 지위를 잃고서 명령이 실행되기를 바라는 것은 실현할 수 없다. 법이 공평하지 않고 명령이 온전하지 않으면 이 또한 권력을 빼앗기고 지위를

---

9) (正心)〔政正〕: 저본에는 '正心'으로 되어 있으나, 丁士涵(淸)의 ≪管子校本≫에 의거하여 '政正'으로 바로잡았다.

잃는 길이 된다. 그러므로 의도적으로 법을 왜곡하고 의도적으로 政令을 훼손하는 것은 聖君이 스스로 경계하는 바이다. 그러므로 귀한 자는 위엄을 지닐 수 없고, 부유한 자는 뇌물을 쓸 수 없고, 미천한 자는 군주를 섬길 수 없고, 측근은 지나치게 가까이 다가올 수 없고, 아름다운 여인은 음란하게 유혹할 수 없다.

**藉人以其所操**를 **命曰奪柄**이요 **藉人以其所處**를 **命曰失位**니 **奪柄失位而求令之行**은 **不可得也**①라 **法不平**하고 **令不全**이면 **是亦奪柄失位之道也**②라 **故有爲枉法**하고 **有爲毁令**은 **此聖君之所以自禁也**③라 **故貴不能威**하고 **富不能祿**[10)]하고 **賤不能事**하고 **近不能親**하고 **美不能淫也**④라

① 이미 권력을 빼앗기고 지위를 잃은 상태에 이른 이후에, 명령이 실행되기를 바라는 것은 가능하지 않다.
既至於奪柄失位之後에 欲求令行은 不可得이라
② 법이 공평하지 않고 명령이 온전하지 않으면 권력과 지위를 보존할 수 없다. 그러므로 "권력을 빼앗기고 지위를 잃는 길이다."라고 말하는 것이다.
法不平令不全이면 則柄位不可得而保라 故曰 奪柄失位之道라
③ 법을 왜곡하고 명령을 훼손하는 것이 있으면 聖君은 이를 금지한다는 의미이다.
言有枉法毁令이면 聖君則能禁止之라
④ 이 다섯 가지 일에 대한 해설은 아래 문장에서 보인다.
此五事解는 見下文이라

〈마음을〉 굳건히 하여 움직이지 않게 하고, 기이하고 삿된 것을 두려워한다. 〈군주의〉 기이함을 바꾸고 삿됨을 변화시키면, 政令이 시행되고 백성의 마음이 움직이게 된다. 그러므로 聖君은 도량형을 설치하고 법률제도를 둠에 있어 천지처럼 존엄하게 하고, 뭇 별처럼 한결같이 하게 하고, 해와 달처럼 밝게 드러내고, 사계절의 운행처럼 미덥게 한다. 이렇게 하기 때문에 정령이 시행되면 백성들이 〈기꺼이〉 따른다.

**植固而不動**하고 **奇邪乃恐**①하니 **奇革而邪化**면 **令往而民移**②[11)]라 **故聖君(失)〔設〕**[12)]**度量**과

10) 祿 : 郭沫若(中)의 ≪管子集校≫에 의거하여 '賂'의 의미로 해석하였다. 아래에서도 마찬가지이다.
11) 奇革而邪化 令往而民移 : 郭沫若(中)의 ≪管子集校≫에 의하면, 劉本·朱本에는 이 구절이 없다고 한다.
12) (失)〔設〕 : 저본에는 '失'로 되어 있으나, 洪頤煊(淸)의 ≪管子義證≫에 의거하여 '設'로 바로잡았다. ≪藝文類聚≫ 및 ≪太平御覽≫의 인용문에는 모두 '設'로 되어 있다는 것이다.

**置儀法**③을 **如天地之堅**④하고 **如列星之固**⑤하고 **如日月之明**⑥하고 **如四時之信**⑦하니 **然故**로 **令往而民從之**⑧라

① 〈군주 마음의〉 세운 바가 굳건하면 움직일 수 없다. 기이하고 삿된 것은 패망에 이르게 한다. 그러므로 그것을 두려워하는 것이다. '奇'의 音讀은 '羈(기)'이다.
所立堅이면 則不可動이니 若奇邪則敗亡旋及이라 故恐이라 奇는 音羈라
② 군주의 기이함과 삿됨이 바뀌고 변화할 수 있으면, 政令이 비로소 시행되고 백성들은 이미 마음을 움직여 선을 따르게 된다.
君之奇邪가 能有革化면 則令纔往하고 而人已移心而從善也라
③ 聖君은 도량형이 바른 기준을 잃은 것을 보면 儀法을 설치하여 고친다.
聖君見有失度量하면 則置儀法以改也라
④ '堅'은 '지극히 존엄하다'의 의미이다.
堅은 謂尊勝이라
⑤ 옛날부터 지금까지 하늘의 별들이 훼손되는 것을 보지 못하였다.
自古至今에 不見天星有虧敗也라
⑥ 〈해와 달은〉 사적으로 빛을 비춤이 없다.
無私耀臨이라
⑦ 추위와 더위의 기운은 반드시 때에 맞게 온다.
寒暑之氣來는 必以時라
⑧ 군주가 위의 네 가지 일을 감당할 수 있다. 그러므로 政令이 시행되면 백성들이 따른다.
君能苞上之四事라 故令往人從也라

그러나 어리석은 군주는 이와 같지 않다. 법을 세우고는 곧 폐지하고, 政令을 내놓고는 다시 거둬들이며, 법을 굽혀 사사로움을 따르고, 政令을 훼손하여 온전치 않게 한다. 그 결과 귀족이 위엄을 지닐 수 있게 되고, 부자가 뇌물을 쓸 수 있게 되며, 미천한 자가 군주를 섬기겠다 나설 수 있게 되고, 측근이 무람없이 굴 수 있게 되고, 아름다운 여인이 음란하게 유혹할 수 있게 된다. 〈어리석은 군주는〉 이 다섯 가지를 자신에게 경계하지 못한다. 이 때문에 뭇 신하들과 백성들은 사적인 관계에 의지하여 군주의 은혜를 바라게 된다. 저들의 바람이 얻어지면 군주의 권위는 날마다 침해당하게 되고, 저들의 바람이 얻어지지 않으면 원망이 날마다 생겨난다. 무릇 날마다 〈군주의 권위가〉 침해당하고 원망이 생겨나게 하는 것은 군

---

그는 '失'을 '設'자의 훼손된 형태로 보았다.

주가 삼가야 할 바이다.

**而失君則不然**이니 **法立而還廢之**하고 **令出而(後)〔復〕**[13]**反之**하고 **枉法而從私**하고 **毁令而不全**이라 **是貴能威之**하고 **富能祿**[14]**之**하고 **賤能事之**하고 **近能親之**하고 **美能淫之也**라 **此五者**를 **不禁於身**①하니 **是以群臣百姓人挾其私而幸其主**②라 **彼幸而得之**면 **則主日侵**③이요 **彼幸而不得**이면 **則怨日産**④이라 **夫日侵而産怨**은 **此(失)〔人〕**[15]**君之所愼也**라

① 군주 자신이 스스로 금지할 수 없다.
君身不能自禁止也라
② 분수에 맞지 않은 은혜를 함부로 바란다.
妄希非分之恩이라
③ 신하가 얻어서는 안 되는 은혜를 얻으면 군주의 권위가 날마다 침해당하게 된다.
臣得不當得之恩이면 則主日見侵也라
④ 만약 바라는 바를 얻지 못하면, 원망과 해치고자 하는 마음이 날마다 생겨난다.
若不得所幸이면 則怨毒日生也라

무릇 군주가 되어 법을 운용할 수 없고, 자신의 뜻대로 할 수 없고, 신하들의 눈치를 살피면서 행하고, 법을 벗어나 귀족 신하의 말을 따르는 것, 이것이 이른바 "귀족이 위엄을 가진다."이다.

부유한 사람이 금과 옥으로 군주를 섬기며 〈원하는 바를〉 구함에, 군주가 법을 벗어나 그의 말을 듣는 것, 이것이 이른바 "부자가 뇌물을 쓴다."이다.

미천한 사람이 굽신굽신하며 지나치게 공경하며 슬픈 표정으로 군주에게 호소함에, 군주가 그로 인해 법을 벗어나 그의 말을 들어주는 것, 이것이 이른바 "미천한 자가 군주를 섬긴다."는 것이다.

가까이서 모시는 자들이 친근함과 친애함으로 군주에게 구함이 있을 때, 군주가 그로 인해 법을 벗어나 그들의 말을 들어주는 것, 이것을 이른바 "측근들이 군주에게 무람없이 군다."이다.

---

13) (後)〔復〕: 저본에는 '後'로 되어 있으나, 王念孫(淸)의 ≪讀書雜志≫에 의거하여 '復'로 바로잡았다. 古本・劉本・朱本에도 '復'로 되어 있고, '復'는 곧 앞의 '還'과 상응하는 글자가 된다는 것이다.
14) 祿 : 郭沫若(中)의 ≪管子集校≫에 의거하여 '賂'의 의미로 해석하였다.
15) (失)〔人〕: 저본에는 '失'로 되어 있으나, 兪樾(淸)의 ≪諸子平議≫에 의거하여 '人'으로 바로잡았다. 앞서 나온 "失君則不然"으로 인해 잘못 쓰였다는 것이다.

아름다운 여인들이 교묘한 말과 아양으로 군주에게 요청함에, 군주가 그로 인해 법을 벗어나 그들의 말을 들어주는 것, 이것을 이른바 “아름다운 여인이 군주를 음란하게 유혹한다.”이다.

**凡爲主而不得用其法**하고 **不〔能〕**[16]**適其意**하고 **顧臣而行**①하고 **離法而聽貴臣**②을 **此所謂貴而威之也**③라 **富人**이 **用金玉事主而(來)〔求〕**[17]**焉**④에 **主離法而聽之**를 **此所謂富而祿之也**⑤라 **賤人**이 **以服約**[18]**卑敬悲色**으로 **告愬其主**⑥에 **主因離法而聽之**를 **〔此〕**[19]**所謂賤而事之也**⑦라 **近者**가 **以逼近親愛**로 **有求其主**에 **主因離法而聽之**를 **此〔所〕**[20]**謂近而親之也**⑧라 **美者**가 **以巧言令色**으로 **請其主**에 **主因離法而聽之**를 **此所謂美而淫之也**⑨라

① 무릇 행할 바가 있을 때, 〈군주가〉 감히 자기 마음대로 행하지 못하고 신하들을 돌아보면서 행한다.
凡有所行에 不敢自專하고 顧望其臣而爲之也라
② 귀족 신하가 비록 법을 벗어나도 그의 말을 따른다.
貴臣雖有離法이로되 亦聽從之라
③ 귀족 신하가 군주에 대해 위엄을 부릴 수 있다는 의미이다.
言貴臣能威於君也라
④ 금과 옥을 가지고 와 군주를 섬긴다는 의미이다.
謂以金玉來事主也라
⑤ 부유한 사람이 군주에게 뇌물을 쓸 수 있다는 의미이다.
言富人能祿於君也라
⑥ ‘服約’은 은근히 순종한다는 의미이다.
服約은 謂屈服隱約也라
⑦ 미천한 사람이 아첨을 잘하여 군주가 이를 따른다는 의미이다.
言賤人善諂하여 君聽之라

---

16) 〔能〕: 저본에는 ‘能’이 없으나, 戴望(淸)의 ≪管子校正≫에 의거하여 보충하였다. 宋本・古本・劉本에는 모두 ‘能’이 있다고 한다.
17) (來)〔求〕: 저본에는 ‘來’로 되어 있으나, 王念孫(淸)의 ≪讀書雜志≫에 의거하여 ‘求’로 바로잡았다. 安井衡(日)도 ‘來’는 ‘求’의 오자로 보았다.(≪管子纂詁≫)
18) 約 : 許維遹(中)은 ‘屈’의 의미로 보았다. 따라서 原註에서 ‘隱約’으로 풀이한 것은 잘못되었다는 것이다.(≪管子集校≫)
19) 〔此〕: 저본에는 ‘此’가 없으나, 戴望(淸)의 ≪管子校正≫에 의거하여 보충하였다. 宋本・朱本 등에도 ‘此’가 들어 있다고 한다.
20) 〔所〕: 저본에는 ‘所’가 없으나, 郭沫若(中)의 ≪管子集校≫에 의거하여 보충하였다. 劉本・趙本에만 ‘所’가 잘못 탈락되었다고 한다.

⑧ 측근들이 친근함에 의지해 군주에게 요청하면 군주가 따른다는 의미이다.
言近者恃親以要君이면 則君從이라

⑨ 아름다운 여인들이 말과 표정으로 군주의 마음을 흔들 수 있으므로 군주 또한 그들의 말을 들어준다는 의미이다.
言美者能以言色淫動於君이라 故君亦聽之라

다스려지는 세상에는 그렇지 않다. 친한 사람과 소원한 사람, 가까운 사람과 먼 사람, 귀한 사람과 미천한 사람, 아름다운 사람과 추한 사람을 구분하지 않고 〈오직〉 법도에 의거하여 판단한다. 〈때문에〉 사람을 죽여도 〈죽는 사람이〉 원망하지 않고, 사람에게 상을 내려도 〈상을 받는 사람이〉 고맙게 여기지 않는다. 천지처럼 公平無私하게 법률 체제에 의해 일을 행하기 때문이다. 이 때문에 관리들은 사사로운 논의를 하지 않고, 선비들은 사사로운 의론을 하지 않으며, 백성들은 사사로운 말을 하지 않으니, 모두 마음을 비우고 군주의 말을 따른다. 군주가 공정한 자세로 일을 논하고 법률 제도에 의해 일을 처리하므로, 천하를 다스리는 일을 맡아도 힘들지 않다.

**治世則不然**이니 **不知親疏遠近貴賤美惡**하고 **以度量斷之**라 **其殺戮人者 不怨也**①요 **其賞賜人者 不德也**②니 **以法制行之**하여 **如天地之無私也**로다 **是以官無私論**하고 **士無私議**하고 **民無私說**하여 **皆虛其匈**[21]**以聽於上**③이라 **上以公正論**하고 **以法制斷**이라 **故任天下而不重也**④라

① 죽임이 그 죄에 합당하므로 원망하지 않는다.
殺當其罪라 故不怨也라

② 공에 의해 상을 받으므로 군주를 고맙게 여기지 않는다.
以功受賞이라 故不德於君也라

③ '匈'은 두려워하는 모습이다.
匈은 恐懼貌라

④ 법률 제도를 행하면 일이 간편하다. 그러므로 일이 힘들지 않다.
法制行則事簡이라 故不重也라

21) 虛其匈 : 原註에서는 '匈'을 '두려워하는 모습'으로 풀이하고 있다. 그러나 許維遹(中)은 趙用賢의 견해에 의거하여 '匈'은 곧 '胸省'과 같고, 따라서 "虛其匈"은 "虛其心"의 의미가 된다고 보았다.(≪管子集校≫)

지금 어지러운 임금은 그렇지 않다. 사사로이 보는 것이 있으므로 보지 못하는 것이 있고, 사사로이 듣는 것이 있으므로 듣지 못하는 것이 있으며, 사사로이 생각하는 것이 있으므로 알지 못하는 것이 있다. 무릇 사사로움은 〈보고 듣고 생각하는 것을〉 가려 군주 자리를 잃게 하는 원인이다.

**今亂君則不然**이니 **有私視也**니 **故有不見也**요 **有私聽也**니 **故有不聞也**요 **有私慮也**니 **故有不知也**①라 **夫私者**는 **壅蔽失位之道也**라

① 무릇 사사로움이 있으면 두루 살피지 못한다. 그러므로 보지 못하고 듣지 못하고 알지 못하는 것이 있다.
凡私則不周라 故有不見聞知也라

군주가 公法을 버리고 사적인 주장을 들으므로, 뭇 신하들과 백성들이 모두 사적인 견해를 펼치고 이단 학설을 세워 온 나라에 전파하니, 붕당 무리들이 결탁하여 사적인 주장을 세우고 벼슬자리를 청탁함으로써 공법을 어지럽히고, 사람들은 군주의 총애를 받으려 마음 쓴다. 〈그럼에도〉 군주에게는 이들을 금지할 수 있는 度量이 없으니, 이에 사사로운 주장이 날마다 늘어나고 公法은 날마다 손상된다. 나라가 다스려지지 않는 것은 이로부터 생겨나게 된다.

**上**이 **舍公法而聽私說**이라 **故群臣百姓皆設私立方以敎於國**①하니 **群黨比周以立其私**하고 **請謁任擧以亂公法**하고 **人用其心以幸於上**이로되 **上無度量以禁之**니 **是以私說日益而公法日損**이니 **國之不治**는 **從此産矣**라

① '方'은 이단적인 학술을 가리킨다.
方은 謂異道術也라

무릇 군주와 신하의 관계는 하늘과 땅의 위치와 같고 백성은 뭇 사물들의 모습과 같으니, 각자 자신이 맡은 직분을 지키면서 군주의 명령을 기다려야 한다. 뭇 신하와 백성들이 어찌 각자의 마음을 써서 사사로움을 세우는가? 그러므로 군주의 명령을 좇아서 행했으면 비록 잘못되고 실패함이 있더라도 형벌이 없어야 한다. 〈반면에〉 군주의 명령 없이 행했으면, 비록 功과 이익이 있더라도 죽을죄에 해당한다. 이 때문에 아랫사람이 윗사람을 섬길 때는 메아리가 소리에 반응하듯이

하고, 신하가 군주를 섬길 때는 그림자가 형체를 따르듯이 한다. 그러므로 윗사람이 명령하면 아랫사람은 반응하고, 군주가 행하면 신하는 따른다. 이것이 다스림의 도이다.

**夫君臣者**는 **天地之位也**요 **民者**는 **衆物之象也**니 **各立其所職以待君令**일지니 **群臣百姓**이 **安得各用其心而立私乎**아 **故遵主令而行之**면 **雖有傷敗**라도 **無罰**①이요 **非主令而行之**면 **雖有功利**라도 **罪死**②라 **然故下之事上也**는 **如響之應聲也**요 **臣之事主也**는 **如影之從形也**라 **故上令而下應**하고 **主行而臣從**하니 **此治之道也**라

① 명령을 좇아서 행했으면 실패는 자신이 초래한 것이 아니다. 그러므로 형벌이 없는 것이다.
遵令而行이면 敗非己致라 故無罰也라

② 명령을 따르지 않고 공을 얻은 것은 법에서 용서하지 않는다. 그러므로 죽을죄에 해당한다.
失令有功은 法所不赦라 故罪死라

무릇 군주의 명령 없이 행하여 공과 이익이 있을 때 그로 인해 상을 주면, 이는 함부로 행위하는 것을 가르치는 짓이다. 군주의 명령을 좇아서 행하다가 일이 잘못되었을 때 벌을 주면, 이는 백성들로 하여금 利害 관계를 우선시하면서 법을 무시하게 하는 짓이다. 뭇 신하와 백성들이 이해 관계를 우선시하면서 사사로운 마음에 따라 행동한다면, 법률 제도가 훼손되고 명령이 실행되지 않을 것이다.

**夫非主令而行有功利**에 **因賞之**면 **是敎妄擧也**①요 **遵主令而行之有傷敗**에 **而罰之**면 **是使民慮利害而離法也**라 **群臣百姓人慮利害而以其私心擧措**면 **則法制毁而令不行矣**라

① 명령을 따르지 않은 행위를 포상하면, 이것은 제멋대로 행위하도록 가르치는 것이다.
賞不從令이면 是敎以妄爲擧措라

# 第46편 명법 明法

## 구언 2 區言 二

이 편에서는 군주의 권위가 확립되어야 한다는 점을 강조하고, 이어서 군주의 권위를 높이기 위해서는 법으로 나라를 다스려야 한다는 점을 역설한다. 요컨대, 법을 밝히고 법에 의한 통치제도를 확립하면, 군주가 몸소 수고하지 않아도 인재 등용이나 상벌 시행과 같은 국정 운영이 자동적으로 이루어진다는 것이다. 앞의 〈任法〉과 더불어 법가사상의 요지를 밝히는 주요 근거가 되는 글이다.

이른바 다스려지는 나라는 군주의 도가 밝게 드러나고, 이른바 어지러운 나라는 신하의 술수가 우세하다. 무릇 군주를 존중하고 신하를 낮추는 것은, 〈신하가 군주를〉 사랑하기 때문이 아니라 〈군주의〉 권세가 우월하기 때문이다. 관리들이 각자의 직무를 처리하는 것은 군주가 은혜롭기 때문이 아니라 반드시 형벌이 따르기 때문이다. 그러므로 군주와 신하의 도가 같으면 어지러워지고, 군주가 독단적으로 명령을 내리면 나라를 잃게 된다.

**所謂治國者**는 **主道明也**①요 **所謂亂國者**는 **臣術勝也**②라 **夫尊君卑臣**은 **非**(計)[1]**親也以**(執)〔**勢**〕[2]**勝也**③요 (百官識)〔**百官論職**〕[3]은 **非惠也刑罰必也**④라 **故君臣共道則亂**⑤이요 **專授則失**⑥이라

① 군주의 도가 밝게 드러나면 公法이 분명해진다. 그러므로 나라가 다스려진다.
主道明이면 則公法明이라 故國治라

---

1) (計) : 저본에는 '計'가 있으나, 丁士涵(淸)의 ≪管子校本≫에 의거하여 衍文으로 처리하였다. "非親也"는 뒤의 "非惠也"와 동일한 문장 구조를 유지한다는 것이다.

2) (執)〔勢〕: 저본에는 '執'으로 되어 있으나, 劉績(明)의 ≪管子補註≫에 의거하여 '勢'로 바로잡았다. 그는 〈明法解〉에 '勢'로 되어 있다는 점을 그 근거로 제시하였다.

3) (百官識)〔百官論職〕: 저본에는 '百官識'으로 되어 있으나, 劉績(明)의 ≪管子補註≫에 의거하여 '百官論職'으로 바로잡았다. 〈明法解〉에 '百官論職'으로 되어 있다는 것이다. 洪頤煊(淸)도 이에 동의하면서, '論'과 '職'의 일부 부수가 탈락되고, 나머지 글자가 합쳐지면서 '識'자가 되었다고 보았다.(≪管子義證≫)

② 신하의 술수가 우세하면 사적인 일들이 세워진다. 그러므로 나라가 어지러워진다.
臣術勝이면 則私事立이라 故國亂이라

③ 군주를 높이고 신하를 낮추게 하는 것은, 그 의도가 군주와 친하게 하기 위해서가 아니라, 단지 군주가 우월한 지위를 잡게 하기 위해서이다.
令尊君卑臣者는 其計非欲使親君也요 但令君執其勝也라

④ 백관으로 하여금 반드시 公의 은혜가 아님을 알게 하면 감히 받지 못하고, 또한 형벌이 반드시 시행된다는 것을 알면 함부로 죄를 면하길 바라지 않는다.
必令百官識非公之惠면 而不敢受요 又知刑罰必行이면 無妄求免罪也라

⑤ 신하가 군주의 일을 행하므로 "도를 함께한다"고 말한다.
臣行君事라 故曰共道라

⑥ 만약 군주가 명령을 내릴 때, 여러 사람의 마음에 부합되지 않은 상태에서 독단적으로 행하면 또한 〈나라를〉 잃게 된다.
若君有所授與에 不合衆心而專之면 亦爲失也라

무릇 나라가 망하는 경우는 네 가지이다. 〈아랫사람들이〉 政令을 구하는데도 정령이 나가지 않는 것을 '사라짐〔滅〕'이라 말하고, 정령이 나갔으나 중도에 머물러 있는 것을 '막힘〔擁〕'이라 말하고, 아랫사람들의 실정과 요구가 군주에게 전해지지 않는 것을 '닫힘〔塞〕'이라 말하고, 아랫사람들의 실정이 위로 전달되다가 중도에 멈춰지는 것을 '침범〔侵〕'이라 말한다. 그러므로 '사라짐', '침범', '닫힘', '막힘'이 생겨나는 것은 법이 확립되지 않았기 때문이다. 이 때문에 先王이 나라를 다스릴 때는 법 밖에서 뜻을 함부로 움직이지 않았고, 법 안에서 사적인 은혜를 베풀지 않았으니, 모든 행위가 법에 부합되지 않음이 없었던 것은 과오를 막고 사적인 것을 물리치기 위해서였다. 권위는 〈군주와 신하〉 양자 모두에게 부여되어서는 안 되고, 정령은 〈군주와 신하〉 두 개의 '문'에서 나와서는 안 된다. 법으로 나라를 다스리는 것은 〈법을〉 들어 설치할 뿐이다.

**夫國有四亡**이니 **令求不出謂之滅**①이요 **出而道留謂之擁**②이요 **下情求不上通謂之塞**③이요 **下情上而道止謂之侵**④이라 **故夫滅·侵·塞·擁之所**(生從)〔從生〕[4]은 **法之不立也**라 **是故先王之治國也**에 **不淫意於法之外**⑤하고 **不爲惠於法之內也**⑥니 **動無非法者**는 **所以禁過而外私**

4) (生從)〔從生〕: 저본에는 '生從'으로 되어 있으나, 陶鴻慶(清)의 ≪讀管子札記≫에 의거하여 '從生'으로 바로잡았다. "夫滅侵塞擁之所從生"은 〈任法〉에 나오는 "存亡治亂之所從出"과 동일한 구조의 문장 형태가 된다는 것이다.

**也**⑦라 **威不兩錯**⑧요 **政不二門**⑨이니 **以法治國**은 **則擧錯而已**⑩라

① 〈아랫사람들이 정령을〉 구하는데도 정령이 나가지 않으면, 아랫사람들이 〈정령을〉 받지 못한다. 그러므로 〈정령이〉 사라진다.
求不出令이면 則下無所稟이라 故滅이라

② 〈정령이〉 전달되는 중도에 머무르고 지체된다. 그러므로 '막힘'이라 말한다.
中道而留止라 故曰擁이라

③ 〈백성의〉 요구가 위로 통하지 않으면 군주와 단절된다. 그러므로 '닫힘'이라 말한다.
求不上通이면 則與君隔絶이라 故曰塞也라

④ 아랫사람들의 실정을 비록 군주에게 전달하고자 해도 중간에 좌우 측근들에 의해 저지당하게 된다. 이같이 되면 신하가 군주의 일을 침범하게 된다.
下情雖欲上通이나 中道爲左右所止니 此則臣侵上事也라

⑤ '淫'은 '노닐다'는 의미이다.
淫은 遊也라

⑥ 법을 굽혀 사적인 은혜를 이루지 않는다.
不屈法以成私惠也라

⑦ '外'는 '보내다'는 의미이다.
外는 遺也라

⑧ 신하가 군주의 권위를 행하는 것은 두 개의 〈권위가〉 설치되는 것이다.
臣行君威는 爲兩置라

⑨ 신하가 군주의 정령을 내면, 이는 '두 개의 문'[5]이 된다.
臣出君政이면 是爲二門이라

⑩ 법으로 나라를 다스릴 수 있다는 의미이니, 단지 법을 들어 설치하기만 하면 실행되지 않는 것이 없다는 것이다.
言能以法理國이니 但擧而置之면 無不行이라

그러므로 법의 제도가 있는 자는 속임수와 거짓으로 농락할 수 없고, 저울로 무게를 다는 자는 가벼움과 무거움의 무게를 속일 수 없으며, 자를 가지고 재는 자는 길과 짧음의 착오가 생길 수 없다. 지금 군주가 법을 놓아두고 세상의 평판으로 인재를 등용하면 신하들은 군주를 떠나 아랫사람들과 친근하게 지낼 것이며, **黨派**의 추천으로 관리를 선발하면 백성들은 교제에 힘쓰고 유용한 인재가 되는 데

---

5) 두 개의 문 : 정령이 나오는 출처가 '군주'와 '신하' 두 군데가 된다는 의미이다.

힘쓰지 않을 것이다. 그러므로 관리들을 다스리지 못하게 되는 것은, 군주가 평판에 의해 상을 내리고 비방을 듣고 벌을 내리기 때문이다. 그러므로 상을 좋아하고 벌을 싫어하는 사람은 公道를 떠나서 私術을 행하고, 朋黨을 지어 서로 사특한 짓을 행하게 된다. 이 때문에 군주를 잊고 밖으로 교제에 힘써 자신들의 평판을 높인다. 〈이처럼〉 무리와 교제하여 평판을 높이고 안팎으로 무리를 지으면, 비록 큰 간신배가 없다 할지라도 군주를 가리는 것이 많아질 것이다.

**是故有法度之制者**는 **不可巧以詐僞**①요 **有權衡之稱者**는 **不可欺以輕重**②이요 **有尋丈之數者**는 **不可差以長短**이라 **今主釋法**하고 **以譽進能**이면 **則臣離上而下比周矣**③요 **以黨擧官**이면 **則民務交而不求用矣**④라 **是故官之失其治也**는 **是主以譽爲賞**하고 **以毁爲罰也**⑤니 **然則喜賞惡**(오)**罰之人**은 **離公道而行私術矣**⑥요 **比周以相爲匿**(특)이라 **是**⑦〔**故**〕**忘主**(**死**)〔**外**〕**交**[6]하여 **以進其譽**라 (**故**)**交衆**(**者**)**譽多**⑧[7]하고 **外內朋黨**이면 **雖**(**有**)〔**無**〕[8]**大姦**이나 **其蔽主多矣**라

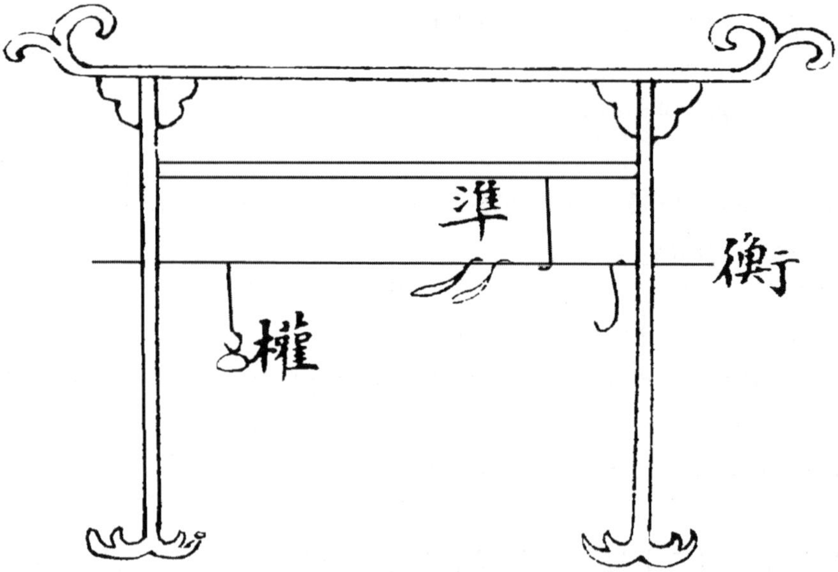


權과 衡

---

6) 比周以相爲匿(특) 是〔故〕忘主(死)〔外〕交 : 王念孫(淸)의 ≪讀書雜志≫에 의거하여 '故'를 보충하고, '死'를 '外'로 바로잡았다. 原註에서는 "比周以相爲匿是"로 끊어 읽고 있으나, 왕염손의 견해에 따라 "比周以相爲匿"으로 끊어 읽는다. 이때 '匿'은 '慝'과 같은 글자로 본다.
7) (故)交衆(者)譽多 : 저본에는 '故'와 '者'가 있으나, 陶鴻慶(淸)의 ≪讀管子札記≫에 의거하여 衍文으로 처리하였다.
8) (有)〔無〕 : 저본에는 '有'로 되어 있으나, 張文虎(淸)의 ≪舒藝室隨筆≫에 의거하여 '無'로 바로잡았다.

① 法度가 아닌 것을 듣지 않으면 속임수와 거짓이 어떻게 행해지겠는가?
非法度不聽이면 則詐僞何施리오
② 저울로 달면 가벼움과 무거움이 즉시 드러난다.
以權衡稱之면 輕重立見(현)이라
③ 아랫사람들과 친근하게 지내는 것은 좋은 평판을 얻기 위해서다.
比周於下는 所以求譽라
④ 사람들과의 교제가 잘 이루어지면 저절로 관직에 나아가게 되니, 어찌 유용한 인재를 구하길 기다리겠는가?
交合則自進官이니 何須求用이리오
⑤ 비방과 평판에 의해 상벌을 행하면, 관리들은 자연히 군주의 다스림 밖으로 벗어나게 된다.
以毁譽爲賞罰이면 則官自然失理라
⑥ 私術을 행하면 자연히 상을 얻게 되는데, 어찌 公道로 나아가 상을 구하겠는가.
行私術이면 自然得賞이어늘 安用就公道而求乎아
⑦ 붕당을 짓는 자들은 공공의 옳은 일이 있으면 모두 숨기고 행하지 않는다.
比周者는 凡有公是之事를 皆匿而不行也라
⑧ 교류하는 벗을 위해 목숨을 바치면 그 평판은 저절로 높아진다.
爲交友致死면 其譽自進이라

그러므로 忠臣은 죄 없이 죽고, 사악한 신하는 공이 없어도 출세한다. 죄 없는 자가 죽고 공 없는 자가 출세하면, 신하들은 사적인 것을 중시하고 공적인 것을 가볍게 여기게 된다. 〈그 결과〉 사적으로 교류하는 사람의 집에는 열 번이나 방문하지만 조정에는 한 번도 나아가지 않고, 자기 가문에 대해서는 백 번이나 깊이 생각하지만 나라를 위해서는 한 번도 생각하지 않는다. 〈그러면〉 조정에 속한 무리가 많아도 군주를 존중하지 않고, 백관이 갖추어져 있어도 나랏일을 맡길 수 없다. 이런 상황을 나라에 사람이 없다고 말한다. 나라에 사람이 없다는 것은, 조정의 신하들이 감소했다는 것이 아니라, 가문과 가문이 서로 자기네의 이익을 늘이는 데 힘쓰느라 군주를 존중하지 않는다는 것이다. 대신들은 서로 존귀해지는 데에 힘쓰느라 나랏일을 돌보지 않고, 하급 관리들은 녹봉을 지키고 교제에 힘쓰느라 관청의 일을 처리하지 않는다. 그러므로 관리들 가운데 유능한 인재가 없게 되는 것이다.

**是以忠臣死於非罪**①하고 **而邪臣起於非功〔也〕**②[9]니 **所死者非罪**요 **所起者非功也**면 **然則爲**

**人臣者重私而輕公矣**③니 **十至〔於〕**[10]**私人之門**④이로되 **不一至於庭**⑤하고 **百慮其家**로되 **不一圖國**⑥이라 **屬數雖衆**이나 **非以尊君也**⑦요 **百官雖具**나 **非以任國也**⑧니 **此之謂國無人**이라 **國無人者**는 **非朝臣之衰也**요 **家與家務於相益**하여 **不務尊君也**라 **大臣務相貴而不任國**하고 **小臣持祿養交**에 **不以官爲事**라 **故官失其能**⑨이라

① 당파 무리가 함께 비방한다. 그러므로 충신들은 죄가 없으면서도 죽게 된다.
朋黨共毁之라 故忠臣非罪而死라

② 당파 무리가 함께 칭찬한다. 그러므로 사악한 신하들이 공이 없으면서도 출세한다.
朋黨共譽之라 故邪臣非功而起라

③ 사적인 일에 힘쓰면 이익을 얻고, 공적인 일에 힘쓰면 화를 당한다. 그러므로 사적인 것을 중시하고 공적인 것을 가볍게 여기게 된다.
私則得利요 公而致禍라 故重私而輕公矣라

④ '私人之門'은 사적으로 교제하는 당파 무리다.
私人之門은 謂所與交私爲朋黨者也라

⑤ 〈庭은〉 군주의 조정을 가리킨다.
謂之君庭이라

⑥ 사적인 것을 중시하고 공적인 것을 가볍게 여기기 때문이다.
重私輕公故也라

⑦ 〈조정에〉 소속된 무리의 수가 비록 많다 해도 당파적 사사로움에 힘쓰지 않는 자가 없다. 그러므로 군주를 존중하지 않는다.
所屬之數가 雖曰衆多로되 無不黨私라 故非尊君也라

⑧ 각자 사적인 것에 힘쓰므로 나라의 일을 맡지 않는다.
各務私라 故不任國事라

⑨ 관리들이 각자가 유능함을 상실하면 사람이 없는 것과 같다.
官各失能이면 則與無人同也라

그러므로 先王이 나라를 다스릴 때는, 법이 인재를 선택하게 하고 군주 자신이 등용하지 않았고, 법이 사람들의 공을 헤아리게 하고 군주 스스로 헤아리지 않았다. 그러므로 유능한 자는 은폐할 수 없고 실패한 자는 거짓으로 꾸밀 수 없으며, 〈재능이 없으면〉 좋은 평판을 받는 자도 등용할 수 없고 〈공이 있으면〉 비방 받는

9) 〔也〕: 저본에는 '也'가 없으나, 丁士涵(淸)의 ≪管子校本≫에 의거하여 보충하였다.
10) 〔於〕: 저본에는 '於'가 없으나, 許維遹(中)의 ≪管子集校≫에 의거하여 보충하였다. 古本・劉本・朱本에도 모두 '於'가 있다고 한다.

자도 물러나게 할 수 없다. 이렇게 하면 군주와 신하 사이가 분명하게 구별되고, 분명하게 구별되면 다스리기가 쉽다. 〈그 결과〉 군주가 비록 몸소 아래 일을 하지 않아도, 법만 지키고 있으면 일들을 처리하는 것이 가능하다.

**是故先王之治國也**에 **使法擇人**하고 **不自擧也**요 **使法量功**하고 **不自度**(탁)**也**①라 **故能(匿)**[11]**而不可蔽**②요 **敗而不可飾也**③며 **譽者不能進**④이요 **而誹者不能退也**⑤라 **然則君臣之間明別**⑥하고 **明別則易**(이)**治也**⑦라 **主雖不身下爲**⑧로되 **而守法爲之可也**⑨라

① 법을 설치하면 사람을 선택하고 공을 헤아리는 조항이 스스로 드러난다. 그러므로 군주 자신이 몸소 등용하고 헤아리는 수고를 하지 않는다.
設法者 自著擇人量功之條라 故不勞自擧度也라

② 진실로 재능이 있는 사람이라면 법이 스스로 그를 등용하니, 〈그 사람의 재능을〉 은폐할 수 없다.
苟有材能이면 則法自擧之니 不可隱蔽也라

③ 공이 없어 실패하면, 법이 이를 스스로 헤아리므로 거짓으로 꾸밀 수 없다.
無功而敗면 法自量之하니 故不可虛飾也라

④ 재능이 없으면, 비록 〈주변 사람들이〉 그 사람을 좋게 평해도 그를 등용할 수 없다.
無材면 雖譽之而不能進也라

⑤ 공이 있으면, 비록 〈주변 사람들이〉 그를 비방하여도 그를 물러나게 할 수 없다.
有功이면 雖誹之而不能退也라

⑥ 현명한 사람, 어리석은 사람, 공이 있는 사람이 각각 분명해져 분별된다는 의미이다.
謂賢不肖有功者가 各明白而分別也라

⑦ 분명하게 분별되면 위선과 과장됨이 없다. 그러므로 다스리기 쉽다.
明別則無僞濫이라 故易治也라

⑧ 몸소 그 일을 행하지 않는다는 의미이다.
謂不身爲其事라

⑨ 단지 법만 지키고 있으면 법이 스스로 처리하니, 군주 자신은 수고롭지 않다.
但守法이면 則法自爲之니 不勞身也라

---

11) (匿) : 저본에는 '匿'이 있으나, 王念孫(淸)의 ≪讀書雜志≫에 의거하여 衍文으로 처리하였다. 뒤에 나오는 〈明法解〉에도 '匿'이 없다는 점, 그리고 ≪韓非子≫ 〈有度〉에도 "能者不可蔽 敗者不可飾(유능한 자는 가릴 수 없고, 실패한 자는 꾸밀 수 없다.)"으로 되어 있다는 점을 그 근거로 들었다.

# 제47편 정세 正世
## 구언 3 區言 三

'正世'는 '세상을 바로잡다'는 의미이다. 세상을 바로잡는 핵심은 법을 바로 세우는 데 있다고 본다. 군주는 법을 바로 세우고, 그것을 바탕으로 백성의 삶을 살펴야 한다는 것이다. 이때 법을 운용하는 데 있어 중요한 것은 賞罰을 명확히 하는 것이며, 이와 더불어 법의 완급을 적절히 조절하는 것이라고 본다. 따라서 군주는 법도를 세움에 있어 옛것만 고집하지 말고, 시대 및 풍속과 더불어 변해야 한다는 것이다. 이러한 법체제가 잘 갖추어지면 군주의 도가 확립되고 백성이 순종하게 된다고 말한다. 이 편 역시 法家의 기본 이념을 드러내고 있다.

옛날에 세상을 바르게 하고 천하를 화합하게 하고자 하는 자는, 반드시 먼저 國政을 살펴보고 事務를 헤아리고 백성의 풍속을 관찰하였으며, 다스림과 어지러움이 생겨나는 근본을 따져보고 얻음과 잃음이 있는 곳을 파악하였다. 이렇게 한 이후에 政事를 행하였으니, 그러므로 법이 올바로 세워질 수 있었고 다스림이 제대로 행해질 수 있었다.

**古之欲正世調天下者**는 **必先觀國政**하고 **料事務**하고 **察民俗**하고 **本治亂之所生**하고 **知得失之所在**하고 **然後從事**①라 **故法可立而治可行**이라

① '從'은 '행하다'는 의미이다.
從은 爲라

무릇 백성들이 불화하고 나라가 편안하지 않은 것은, 그 잘못이 군주에게 있지 않으면 아랫사람들에게 있다.

**夫萬民不和**하고 **國家不安**은 **失非在上**이면 **則過在下**라

지금 가령 군주가 〈법에〉 역행하는 일을 행하고 도를 닦지 않으며, 백성을 죽이

면서 마땅한 이치로 하지 않으며, 세금을 무겁게 하여 백성의 재물을 고갈시키고, 명령을 급하게 내려 백성의 힘을 피곤하게 한다고 하자. 백성의 재물을 고갈시키면 남을 침탈하는 행위를 못하게 할 수 없고, 백성의 힘을 피곤하게 하면 게으르고 거만한 행위를 못하게 할 수 없다. 백성들이 이미 남을 침탈하고 게으르고 거만해졌을 때 그것으로 인해 법에 따라 처벌하면, 형벌이 무거우면 무거울수록 어지러움은 더욱 심해진다.

무릇 백성들이 수고하고 고생하고 궁핍하면, 禁令을 무시하고 죄짓는 것을 가볍게 여기게 된다. 이와 같으면 그 잘못은 군주에게 있다. 잘못이 군주에게 있는데도 군주가 변하지 않으면, 백성들은 그들의 삶을 의탁할 곳이 없게 된다.

**今使人君行逆不修道**하고 **誅殺不以理**하고 **重賦斂**하여 **竭民財**하고 **急使令**하여 **罷**(피)**民力**①이라 **財竭則不能毋侵奪**②하고 **力罷則不能毋墮倪**③니 **民已侵奪墮倪**에 **因以法隨而誅之**면 **則是誅罰重而亂愈起**라 **夫民勞苦困不足**하면 **則簡禁而輕罪**니 **如此則失在上**이라 **失在上而上不變**하면 **則萬民無所託其命**이라

① 시키는 명령이 급박하므로 백성의 힘이 지친다.
使令急故人力疲也라
② 백성의 재물이 고갈되면 남의 것을 빼앗아 군주가 요구하는 세금을 바치게 된다.
人財竭이면 則侵奪以共上稅也라
③ '倪'는 '거만하다'는 의미이다. 게으르고 거만하다는 의미이다.
倪는 傲也니 謂疲墮而傲從也라

지금 군주가 형벌을 가볍게 하고 백성을 관대하게 대하며 세금을 덜어주고 使令을 느슨하게 하는데, 백성들이 함부로 날뛰고 사사로이 행동하고 법제도를 따르지 않으며 지혜로운 체하면서 남에게 사기 치고 힘만 믿고 남과 다투면, 그 허물은 아래 백성들에게 있다. 허물이 백성들에게 있는데 군주가 이를 잘 살펴 변하지 않으면, 포악한 사람들을 제압하지 못하고 사악한 어지러움이 그치지 않게 된다. 포악한 사람을 제압하지 못하고 사악한 어지러움이 그치지 않으면, 군주의 권세는 손상되고 위엄은 날로 쇠약해질 것이다.

**今人主輕刑政**하고 **寬百姓**하고 **薄賦斂**하고 **緩使令**이로되 **然民淫躁行私而不從制**하고 **飾智任詐**하고 **負力而爭**하면 **則是過在下**니 **過在下**에 **人君不廉而變**①하면 **則暴人不勝**하고 **邪亂不止**라

**暴人不勝**하고 **邪亂不止**면 **則君人者勢傷而威日衰矣**라

①'廉'은 '살피다'는 의미이다.
廉은 察也라

그러므로 군주 된 자는 '勝'보다 더 중시할 것이 없다. 이른바 '勝'이란 법이 확립되고 명령이 시행되는 것을 가리킨다. 법이 확립되고 명령이 시행되므로 뭇 신하들은 법을 받들고 각자의 직책을 지키며 관리들은 일정한 태도를 유지하게 된다. 법이 번잡함과 사특함을 조장하지 않으면 백성들은 돈독하고 성실하여 근본인 농업에 힘쓰고 검소하려고 노력한다. 그러므로 〈군주의〉 상은 반드시 백성을 〈善으로〉 이끌기에 충분하고, 위엄은 반드시 〈간사함을〉 제압하기에 충분해야 한다. 그렇게 한 이후에 아래 백성들이 따르게 된다.

**故爲人君者**는 **莫貴於勝**이니 **所謂勝者**는 **法立令行之謂(勝)**[1]라 **法立令行**이라 **故群臣奉法守職**하고 **百官有常**이라 **法不繁匿**(특)하면 **萬民敦慤**하여 **反本而儉力**①이라 **故賞必足以使**②하고 **威必足以勝**③**然後**에 **下從**이라

① 검소하려고 부지런히 힘쓴다는 의미이다.
謂廉嗇而勤力也라
② 백성들이 善을 따르게 한다는 의미이다.
謂使人從善也라
③ 백성의 간사함을 제압한다는 의미이다.
謂勝人姦邪也라

그러므로 옛날의 이른바 밝은 군주는 한 사람이 아니었다. 그들은 상을 설치함에 있어 박하게 하기도 하고 후하게 하기도 하였고, 禁令을 세움에 있어 가볍게 하기도 하였고 무겁게 하기도 하였다. 그 행한 자취가 반드시 같지는 않았으나 또 서로 상반되지도 않았으니, 모두 시대에 따라 변하였고 풍속에 따라서 움직였다.

**故古之所謂明君者**는 **非一君也**①니 **其設賞**에 **有薄有厚**하고 **其立禁**에 **有輕有重**하여 **迹行不必同**이나 **非故相反也**니 **皆隨時而變**하고 **因俗而動**이라

---

1) (勝) : 저본에는 '勝'이 있으나, 李哲明(中)의 ≪管子校義≫에 의거하여 衍文으로 처리하였다. 앞의 "所謂勝者"로 인해 불필요하게 끼어들었다는 것이다.

① 五帝와 三王을 모두 '밝은 군주'라 하였다. 그러므로 "한 사람이 아니다."라고 말하는 것이다.
五帝三王俱曰明君이라 故曰非一이라

무릇 백성들이 조급하고 행실이 치우치면, 상을 두텁게 하지 않을 수 없고 禁令을 엄하게 하지 않을 수 없다. 그러므로 성인이 두터운 상을 설치하는 것은 사치스러운 것이 아니고, 엄한 금령을 세우는 것은 사나운 것이 아니다. 상이 두텁지 않으면 백성들은 이롭게 여기지 않고, 금령이 엄하지 않으면 사악한 사람이 두려워하지 않는다. 사람들이 이롭게 여기지 않는 상을 설치하고 백성들을 부리려고 하면 백성들은 힘을 다하지 않을 것이고, 사람들이 두려워하지 않는 금령을 세우고 금지하려고 하면 사악한 사람들이 그치지 않게 된다. 이 때문에 법을 펼치고 명령을 내려도 백성들은 따르지 않는다. 그러므로 상이 사람들을 장려하기에 부족하면 백성을 쓸 수 없고, 형벌이 두려워할 만하지 않으면 사나운 사람들이 쉽게 금령을 범하게 된다.

**夫民**이 **躁而行僻**이면 **則賞不可以不厚**하고 **禁不可以不重**①이라 **故聖人設厚賞**은 **非侈也**요 **立重禁**은 **非戾也**라 **賞薄則民不利**하고 **禁輕則邪人不畏**니 **設人之所不利**하고 **欲以使**면 **則民不盡力**이요 **立人之所不畏**하고 **欲以禁**하면 **則邪人不止**라 **是故陳法出令而民不從**이라 **故賞不足勸**이면 **則士民不爲用**하고 **刑罰不足畏**면 **則暴人輕犯禁**이라

① 이미 조급하고 행실이 치우치면 교화하기 어려우니, 두터운 상으로 유인하고 엄한 禁令으로 위협할 필요가 있다.
旣躁而僻則難化니 須厚賞以誘之重禁以威之라

백성이란 위엄과 죽임의 위협에 굴복한 이후에 복종하고, 이익을 본 이후에 부려지며, 다스림을 받은 이후에 바르게 되고, 편안한 곳을 얻은 이후에 안정되는 자들이다. 무릇 도적을 제압하지 못하고, 사악한 어지러움이 그치지 않고, 강한 자가 약한 자를 위협하고, 다수가 소수에게 포악하게 대하는 것은 천하의 근심거리이고 만백성이 걱정하는 바이다. 이러한 근심과 걱정을 제거하지 않으면 백성들은 자기 거처에서 편안히 머물지 못하고, 자기 거처에서 편안히 머물지 못하면 백성들은 군주에 대해 절망하게 될 것이다.

**民者**는 **服於威殺然後從**하고 **見利然後用**하고 **被治然後正**하고 **得所安然後靜者也**라 **夫盜賊不勝**하고 **邪亂不止**하고 **彊劫弱**하고 **衆暴寡**는 **此天下之所憂**요 **萬民之所患也**니 **憂患不除**면 **則民不安其居**하고 **民不安其居**면 **則民望絶於上矣**라

무릇 이로움은 다스림보다 큰 것이 없고, 해로움은 어지러움보다 큰 것이 없다. 무릇 五帝와 三王이 공을 이루고 명예를 세워 후세에 드러나게 된 것은, 천하 사람들을 위해 이로움이 이르게 하고 해로움을 제거했기 때문이다. 그들이 행한 일은 반드시 같지는 않지만 힘쓴 바는 동일하다.

**夫利莫大於治**요 **害莫大於亂**이라 **夫五帝三王**이 **所以成功立名**하여 **顯於後世者**는 **以爲天下致利除害也**니 **事行不必同**이나 **所務一也**①라

① 모두 다스림에 힘썼다.
莫不務於理也라

무릇 백성들이 탐욕스럽고 행동이 조급한데 형벌을 가볍게 하고 그 죄와 허물을 밝히지 않으면, 이는 음란함을 조장하고 삿되고 편벽된 자들을 편하게 해주는 행위이다. 백성을 사랑하는 마음이 있으나 실제는 백성을 해치는 결과가 되는 것이다. 이 두 가지는 자세히 살피지 않을 수 없다.

**夫民貪行躁**로되 **而誅罰輕**하고 **罪過不發**①하면 **則是長淫亂而便邪僻也**라 **有愛人之心**이나 **而實合於傷民**②이니 **此二者**를 **不可不察也**③라

① 죄와 허물이 있는 것을 밝혀 드러내지 않는다.
有罪過者를 不發擧也라
② 형벌을 가볍게 함으로써 백성을 사랑하면, 간악한 자들이 대부분 오히려 사람들을 해치게 된다.
輕刑以愛人하면 姦多反傷人也라
③ '두 가지'는 '사람을 사랑함'과 '사람을 해침'을 가리킨다.
二者는 謂愛與傷人이라

무릇 도적을 제압하지 않으면 선량한 백성이 위태롭고, 法令과 禁令이 세워지지

않으면 간사한 자들이 번창하게 된다. 그러므로 일은 마땅히 힘써야 할 것보다 더 급한 것이 없고, 다스림은 완급의 적당함보다 더 중요한 것이 없다. 백성을 통제하는 것이 급박하면 백성들은 핍박받고, 백성은 핍박받으면 궁해지고, 궁해지면 백성은 의지하여 살아갈 바를 잃게 된다. 〈반대로 백성을 통제하는 것이〉 느슨하면 방종하게 되고, 방종하면 음란해지고, 음란해지면 사사로움을 행하게 되고, 사사로움을 행하면 공적인 것을 떠나게 되고, 공적인 것을 떠나면 부리기 어렵다. 그러므로 다스림이 올바로 서지 않는 것은 다스림의 완급이 적당하지 않기 때문이고, 완급이 적당하지 않으면 다스림이 행해지기 어렵다. 그러므로 백성을 다스림에 있어 완급의 적당함은 잘 살피지 않을 수 없다.

**夫盜賊不勝**이면 **則良民危**①하고 **法禁不立**이면 **則姦邪繁**이라 **故事莫急於當務**②요 **治莫貴於得齊**③[2])니 **制民**에 **急則民迫**하고 **民迫則窘**하고 **窘則民失其所葆**④요 **緩則縱**하고 **縱則淫**하고 **淫則行私**하고 **行私則離公**하고 **離公則難用**이라 **故治之所以不立者**는 **齊不得也**⑤요 **齊不得則治難行**이라 **故治民之齊**는 **不可不察也**라

① 선량한 사람이 도적에게 해를 입는다. 그러므로 위태롭다.
良人爲盜所害라 故危라
② 모든 일이 그 힘써야 할 것에 합당하면 다스려진다.
每事當其務則理也라
③ '齊'는 마땅하지 않은 사람이 없는 것을 의미한다.
齊는 謂無非人也라
④ '葆'는 의지하여 살아가는 것을 가리킨다.
葆는 謂所恃爲生者也라
⑤ 〈'齊不得也'는〉 위에 마땅하지 않은 사람이 있는 것을 의미한다.
謂上有非人也라

성인이란 다스림과 어지러움의 도에 밝고, 人事의 처음과 끝을 잘 처리하는 사람이다. 성인이 백성을 다스릴 때는 백성을 이롭게 하는 것만 목적할 뿐이다. 그러므로 성인은 완급의 적당함을 세움에 있어, 옛것만을 사모하지도 않고 현재에만

2) 齊 : 豬飼彦博(日)은 '劑'와 같으며, 완급이 마땅함을 얻음을 의미한다고 보았다.(≪管子補正≫) 한편 王引之(淸)는 '中'의 의미와 같으며, 따라서 原註는 크게 잘못 풀이하였다고 보았다.(≪讀書雜志≫) 본서에서는 '완급의 적당함'으로 해석하였다.

머물지도 않으니, 시대와 더불어 변하고 풍속에 따라 변화한다.

**聖人者**는 **明於治亂之道**하고 **習於人事之終始者也**니 **其治人民也**에 **期於利民而止**①라 **故其位**[3]**齊也**에 **不慕古**하고 **不留今**②하니 **與時變**하고 **與俗化**라

① 사람들을 이롭게 하는 데 이르면 멈추고 다스리지 않는다.
至於利人이면 則止而勿理也라

② '留'는 일정한 상태를 지키면서 변하지 않는 것을 의미한다.
留는 謂守常不變이라

무릇 군주의 도는 법이 확립되고 명령이 시행되는 것〔勝〕을 가장 중시한다. 법이 확립되고 명령이 시행되므로 군주의 도가 확립되는 것이다. 군주의 도가 확립된 이후 아래 백성들이 복종하고, 아래 백성들이 복종하므로 가르침이 세워질 수 있고 교화가 이루어질 수 있는 것이다. 무릇 백성들이 마음으로 복종하고 몸으로 따르지 않으면 禮義의 文으로 교화시킬 수 없으니, 군주는 잘 살피지 않을 수 없다.

**夫君人之道**는 **莫貴於勝**이니 **勝故君道立**①이라 **君道立然後**에 **下從**하고 **下從故教可立而化可成也**라 **夫民不心服體從**이면 **則不可以禮義之文教(也)〔化〕**[4]니 **君人者**는 **不可以不察也**라

① 법이 확립되고 명령이 시행되면 복종하지 않는 자가 없다. 그러므로 군주의 도가 확립되는 것이다.
勝則無不服이라 故君道立也라

3) 位 : 安井衡(日)은 '立'으로 읽어야 한다고 보았다.(≪管子纂詁≫)

4) (也)〔化〕: 저본에는 '也'로 되어 있으나, 郭沫若(中)의 ≪管子集校≫에 의거하여 '化'로 바로잡았다.

# 제48편 치국 治國

## 구언 4 區言 四

이 편은 治國의 핵심에 대해 말하고 있다. 치국의 핵심은 백성을 부유하게 하는 데 있고, 백성을 부유하게 하기 위해서는 농업을 장려해야 한다는 것이다. 농업을 장려하기 위해서는 우선 상공업과 불필요한 장식을 금해야 하고, 다음으로 백성들에게 부과되는 각종 세금을 줄여야 한다고 주장한다. 이와 동시에 생산량을 고르게 분배하는 정책이 필요하고, 이를 위해서는 士·農·工·商 네 직업의 사람들이 서로의 능력을 교환해야 한다는 점에 대해 말한다. 뒷부분에서는 주로 곡식 생산의 중요성에 대해 역설하면서, "곡식은 왕의 근본이 되는 일이고, 군주가 가장 힘써야 하는 일이며, 백성을 보유하는 길이고, 치국의 도이다."라고 말한다.

무릇 나라를 다스리는 도는 반드시 백성을 부유하게 하는 것이 우선이다. 백성이 부유하면 다스리기 쉽고 백성이 가난하면 다스리기 어렵다. 어째서 그런 줄 아는가.

백성이 부유하면 고향을 편안히 여기고 가정을 중시하게 되며, 고향을 편안히 여기고 가정을 중시하면 윗사람을 공경하고 죄를 두려워하게 되며, 윗사람을 공경하고 죄를 두려워하면 다스리기 쉽다. 〈반면에〉 백성이 가난하면 고향을 편안히 여기지 않고 가정을 경시하게 되며, 고향을 편안히 여기지 않고 가정을 경시하면 감히 윗사람을 능멸하고 禁令을 범하게 되며, 윗사람을 능멸하고 금령을 범하면 다스리기 어렵다.

그러므로 다스려지는 나라는 항상 부유하고, 어지러운 나라는 항상 가난하다. 이 때문에 나라를 잘 다스리는 자는 반드시 먼저 백성을 부유하게 한 이후에 다스린다.

**凡治國之道**는 **必先富民**하니 **民富則易**(이)**治也**요 **民貧則難治也**라 **奚以知其然也**오 **民富則安鄉重家**하고 **安鄉重家**면 **則敬上畏罪**하고 **敬上畏罪**면 **則易治也**라 **民貧**이면 **則危鄉輕家**①하고 **危**

鄕輕家하면 則敢陵上犯禁하고 陵上犯禁하면 則難治也라 故治國常富하고 而亂國常貧이라 是以善爲國者는 必先富民然後에 治之라

①'危'는 자신이 머무는 곳을 편안하게 여기지 않는다는 의미이다.
危는 謂不安其所居也라

옛날 79대의 군주[1]들은 法制가 달랐고 명령 체계가 같지 않았으나 모두 천하에서 왕노릇 하였다. 어째서인가? 〈그들은 모두〉 반드시 나라가 부유하고 곡식이 많았기 때문이다. 무릇 나라를 부유하게 하고 곡식을 많게 하는 것은 농업에서 비롯된다. 그러므로 先王들은 농사를 중시하였다.

昔者에 七十九代之君은 法制不一하고 號令不同이나 然俱王天下者는 何也오 必國富而粟多也일새라 夫富國多粟生於農이라 故先王貴之라

무릇 나라를 다스림에 있어 시급한 것은 반드시 먼저 상공업과 화려한 기교를 금지하는 것이다. 상공업과 화려한 기교를 금지하면 백성들은 놀고먹는 일이 없게 되고, 백성들이 놀고먹는 일이 없게 되면 반드시 농사에 힘쓰게 된다. 백성들이 농사에 종사하면 농토가 개간되고, 농토가 개간되면 곡식이 많아지며, 곡식이 많아지면 나라가 부유해진다. 부유한 나라는 군대가 강하고, 군대가 강한 나라는 전쟁에서 승리하고, 전쟁에서 승리하는 나라는 영토가 넓어진다.

凡爲國之急者는 必先禁末作文巧니 末作文巧禁하면 則民無所游食하고 民無所游食하면 則必農①하고 民事農하면 則田墾하고 田墾則粟多요 粟多則國富라 國富者는 兵彊하고 兵彊者는 戰勝하고 戰勝者는 地廣이라

①〈'必農'은〉 반드시 농사에 힘쓰게 된다는 의미이다.
謂必務農이라

이 때문에 先王은 백성을 늘어나게 하고, 군대를 강하게 하고, 영토를 넓히고, 나라를 부유하게 하는 것이 반드시 곡식에서 비롯된다는 것을 알았다. 그러므로

1) 79대의 군주 : 古代로부터 泰山에 封禪의 예를 올린 歷代 군주들을 가리킨다. 일부 고문헌에서는 '72군주'로 언급되기도 한다.

상공업을 금하고 기교를 금지하고 농사를 이롭게 하였다. 지금 상공업과 기교에 힘쓰는 자는 하루 일하고 닷새를 먹고 사는데, 농부들은 일 년 내내 일하여도 스스로 먹고 살기에도 부족하다. 그렇기 때문에 백성들은 농업을 버리고 상공업에 종사하게 되니, 농업을 버리고 상공업에 종사하면 농지는 황폐해지고 나라는 가난해질 것이다.

**是以先王知衆民・彊兵・廣地・富國之必生於粟也**라 **故禁末作**하고 **止奇巧**하여 **而利農事**라 **今爲末作奇巧者**는 **一日作而五日食**①이나 **農夫**는 **終歲之作**이라도 **不足以自食也**라 **然則民舍本事而事末作**하니 **舍本事而事末作**하면 **則田荒而國貧矣**라

① 하루의 이익을 취하면 5일 동안의 식량을 공급할 수 있다는 의미이다.
言取一日之利면 可共五日之食也라

무릇 농사란 한 달로 계산하면 부족하지만 한 해로 계산하면 남는 것이 있다. 그러나 윗사람이 갑자기 시도 때도 없이 세금을 거둬들이면 백성들은 하나를 빌려 둘로 갚는 고리대를 빌려 윗사람의 세금 징수에 납부할 것이다. 농사일이란 때가 있는 것인데, 연못의 물이 반드시 충분하지는 않으니 백성들은 고리대를 빌려 쓰고 고용인이 될 것이다. 〈부자들은〉 가을에 쌀을 5로 사들이고 봄에 10으로 내다 파니, 이 또한 고리대이다.

**凡農者**는 **月不足而歲有餘者也**나 **而上徵暴急無時**①면 **則民倍貸以給上之徵矣**②라 **耕耨者**는 **有時**니 **而澤不必足**③이면 **則民倍貸以取庸矣**④[2]라 **秋糴以五**하여 **春糶以束**은 **是又倍貸也**⑤라

① 수시로 부역과 세금을 요구한다는 의미이다.
謂徭稅不以時라

② '倍貸'는 하나를 빌리고 둘로 갚는다는 의미이다.
倍貸는 謂貸一還二也라

③ 비와 연못의 물이 부족하다는 의미이다.
謂雨澤不足也라

---

2) 民倍貸以取庸矣 : 原註에서는 백성이 부자에게 고리대금을 빌리고, 이를 갚지 못하면 두 배의 노동력으로 갚게 된다는 식으로 풀이하고 있다. 그러나 이러한 풀이는 문맥에 적합하지 않다. 본서에서는 姚永概(淸)의 ≪愼宜軒筆記≫에 의거하여, 백성들이 고리대금을 빌려 고용인을 쓴다는 의미로 풀이하였다.

④ 연못의 물이 부족하면 흉년이 든다. 부자들은 가난한 사람들에게 고리대금을 빌려주고, 두 배로 갚지 못하는 사람이 있으면 두 배로 계산하여 노동력을 취할 것이다.
澤不足이면 則歲凶이니 富者는 倍貸於貧하여 不能還其倍價者는 則計所倍以取庸矣라

⑤ 부자들은 가을에 쌀을 5로 사들이고, 봄이 되면 그 쌀을 내어 곧 10을 거둬들인다는 의미이다. 이것 또한 고리대의 종류다. '束'은 10필이다.
謂富者秋時以五糴之하고 至春出糶하여 便收其束矣니 此亦倍貸之類也라 束은 十疋也라

그러므로 윗사람이 백성에게 배로 취하는 세금 징수가 네 가지[3)]이다. 관문이나 시장에 부과하는 조세, 府의 창고에서 거둬들이는 세금, 10/1의 농지세, 노동력을 동원하는 일이다. 이들은 사계절에 걸쳐 이루어지니 또한 하나의 '고리대'에 해당한다. 무릇 한 사람의 백성이 이들 네 가지 고리대를 감당하게 된다. 그러므로 〈이것을 견디지 못하고〉 도망가는 자들에게 형벌을 가해도 윗사람이 멈추게 할 수 없는 것은, 곡식은 적고 백성은 축적된 것이 없기 때문이다.

**故以上之徵而倍取於民者**가 **四**①니 **關市之租**요 **府庫之徵**이요 (粟什一)〔**什一之粟**〕[4)]이요 **厮輿之事**[5)]라 **此**는 **四時**니 **亦當一倍貸矣**②라 **夫以一民**으로 **養四主**③라 **故逃徙者**를 **刑**④**而上不能止者**는 **粟少而民無積也**라

① 앞에 나온 수시로 세금을 징수하는 것이 하나이고, 연못의 물이 부족한 것이 둘이고, 쌀을 가을에 싸게 사들이고 봄에 비싸게 파는 것이 셋이고, 다음에 나오는 관문, 시장, 창고의 세금 징수가 네 번째이다.
謂上無時之徵이 一也요 澤不足이 二也요 秋糴春糶가 三也요 下關市府庫之徵이 四也라

② '府庫'는 府의 庫에 새롭게 징세하는 것을 의미한다. 백성들은 관문과 시장과 창고의 세금을 내고, 또한 10분의 1의 농지세를 낸다는 말이다. 〈이러한 세금 징수는〉 사계절에 항상 진행된다. 그러므로 또한 하나의 고리대에 해당한다.

---

3) 네 가지 : 原註에서는 '윗사람이 수시로 세금을 징수하는 것', '연못의 물이 부족한 것', '쌀을 가을에 싸게 사들이고 봄에 비싸게 파는 것', '백성들에게 관문·시장·창고의 세금을 징수하는 것'의 네 가지로 풀이하고 있다. 그러나 문맥상으로 볼 때 '네 가지'는 다음에서 언급되고 있는 '관문이나 시장에 부과하는 조세', '府의 창고에서 거둬들이는 세금', '10/1의 농지세', '노동력을 동원하는 일'의 네 가지로 보는 게 타당하다.
4) (粟什一)〔什一之粟〕: 저본에는 '粟什一'로 되어 있으나, 張佩綸(淸)의 ≪管子學≫에 의거하여 '什一之粟'으로 바로잡았다.
5) 厮輿之事 : 張佩綸(淸)은 ≪淮南子≫, ≪春秋左氏傳≫ 등의 注에 의거하여 '厮'는 '役'으로, '輿'는 '衆'의 의미로 보았다.

府庫는 謂府之庫新有徵稅라 言人供關市府庫之徵하고 亦用粟之什一計라 四時常有所用이라 故亦當一倍貸之라

③'四主'는 곧 위의 네 가지 고리대이다.

四主는 卽上四倍貸也라

④〈'刑'은〉 형벌이 있다는 의미이다.

謂有刑罰이라

常山[6]의 동쪽과 黃河·汝水[7] 사이의 지역은 작물이 일찍 생장하고 늦게 쇠락하여 오곡이 쌓이고 잘 익으니, 사계절에 걸쳐 파종하고 오곡을 수확한다. 평년에는 1畝당 2石이 생산되니 농부 한 사람이 200石을 수확한다. 지금 창고는 텅 비고 백성들은 축적된 곡식이 없어 농부가 자식을 팔기까지 하는 것은, 군주에게 〈한 해의 생산량을〉 고르게 배분하는 방책이 없기 때문이다.

그러므로 先王들은 농부·선비·상인·匠人 네 직업의 사람들이 서로 능력을 교환하고 노력을 바꾸게 하여, 한 해가 끝났을 때의 이익이 어느 한쪽으로 치우치지 않게 하였다. 이 때문에 백성들의 노력은 똑같고 얻는 이익은 균등하다. 백성들의 노력이 같으면 농토가 개간되고, 간사하고 기교 부리는 자들이 생겨나지 않는다. 농토가 개간되면 곡식이 많아지고, 곡식이 많아지면 나라가 부유해진다. 간사하고 기교 부리는 자들이 생겨나지 않으면 백성들이 다스려진다. 나라가 부유하고 백성들이 다스려지는 것, 이것이 군왕의 도이다.

**常山之東**과 **河汝之間**은 **蚤生而晩殺**(쇄)하여 **五穀之所蓄孰也**니 **四種而五穫**①이라 **中年**에 **畝二石**이니 **一夫爲粟二百石**이라 **今也**에 **倉廩虛而民無積**하고 **農夫以粥**(육)**子者**는 **上無術以均之也**니라 **故先王使農·士·商·工四民**으로 **交能易作**②하여 **終歲之利**가 **無道相過也**③라 **是以民作一而得均**④이라 **民作一則田墾**하고 **姦巧不生**이라 **田墾則粟多**하고 **粟多則國富**요 **姦巧不生則民治**라 **富而治**는 **此王之道也**라

①'四種'은 사계절에 모두 파종한다는 의미이다. '五穫'은 오곡이 모두 토질에 마땅하여 수확함이 있다는 의미이다.

四種은 謂四時皆種이요 五穫은 謂五穀皆宜而有所穫이라

②'交能易作'은 비록 선비일지라도 농업과 공업에 능하고, 비록 농부라 할지라도 선비의

6) 常山 : 중국의 河北省에 있는 恒山을 가리킨다.
7) 汝水 : 고대의 강 이름으로, 현재의 河南省 汝河를 가리킨다고 한다.

業에 통한다는 의미이다.

交能易作은 謂雖士亦善於農工하고 雖農亦通於士業也라

③ '道'는 '따르다'는 의미이다. 네 직업의 사람들이 각자의 능력을 고르게 하므로, 그 이익이 서로 〈어느 한쪽으로〉 넘치지 않는다.

道는 從也니 四人均能이라 故其利無從相過之也라

④ 네 직업의 사람들이 서로 능력을 교환하고 노력의 결과물을 바꾼다. 그러므로 "똑같다"고 말한다.

四人이 交能易作이라 故曰一也라

곡식을 생산하지 못하는 나라는 망하고, 곡식을 생산하지만 죽는 자가 있는 나라는 霸業을 이루며, 〈많은〉 곡식을 생산하고 죽음에 이르는 백성이 없는 나라는 王業을 이룬다. 곡식은 백성들을 귀의하게 하는 것이다. 곡식은 재물을 모이게 하는 것이다. 곡식은 영토를 귀속시키게 하는 것이다. 곡식이 많으면 천하의 물산이 모두 이르게 될 것이다.

그러므로 舜임금이 한 번 이사를 하자 邑을 이루었고, 두 번 이사를 하자 都邑을 이루었으며, 세 번 이사를 하자 나라를 이루었다. 순임금은 형벌을 엄하게 하거나 禁令을 무겁게 하지 않았으나 백성들은 그에게로 귀의하였다. 순임금을 떠난 자는 반드시 손해를 보았고, 따른 자는 반드시 이익을 얻었다.

**不生粟之國亡**이요 **粟生而死者霸**① 요 **粟生而不死者王**② 이라 **粟也者**는 **民之所歸也**요 **粟也者**는 **財之所歸也**③ 요 **粟也者**는 **地之所歸也**④ 라 **粟多則天下之物盡至矣**라 **故舜一徙成邑**하고 **二徙成都**하고 **參**(삼)**徙成國**이라 **舜**은 **非嚴刑罰重禁令**이나 **而民歸之矣**니 **去者**는 **必害**⑤ 하고 **從者**는 **必利也**라

① 霸者는 간혹 곡식을 널리 쌓을 수 없다. 그러므로 백성들 중에 살지 못하고 죽음에 이르는 자가 있다.

霸者는 或不能廣積粟이라 故人有不生而致死者也라

② 王者는 쌓아놓은 곡식이 이미 많다. 그러므로 백성들은 자신의 생명을 보존하니, 또다시 죽음에 이르는 자가 없다.

王者는 積粟既多라 故人保其生하여 無復(부)致死者也라

③ 곡식이 있으면 사람들이 귀의한다.

有粟이면 則人歸之라

④ 쌓아놓은 곡식이 이미 많으면, 혹 영토 내로 들어와 항복하는 자가 있게 된다.
積粟既多면 或有入地歸降(항)者也라

⑤ 순임금을 배반하고 떠난 자를 가리킨다.
謂背舜而去者라

先王은 백성을 위해 해로움을 제거하고 이익을 잘 일으켰기 때문에 천하 백성들이 귀의하였다. 이른바 이익을 일으킨다는 것은 농사가 잘되도록 돕는 것이다. 이른바 해로움을 제거한다는 것은 농사를 망치는 일들을 금지시키는 것이다. 농사가 잘되면 들어오는 곡식이 많아지고, 들어오는 곡식이 많아지면 나라가 부유해지며, 나라가 부유해지면 백성들이 고향을 편안히 여기고 가정을 중시하게 된다. 고향을 편안히 여기고 가정을 중시하면, 비록 풍습을 바꾸고 백성을 몰아 다른 곳으로 이주시키고 심지어 죽일지라도 백성들은 군주를 미워하지 않는다. 이렇게 되는 것은 곡식 생산에 힘쓴 결과이다.

先王者는 善爲民除害興利라 故天下之民歸之라 所謂興利者는 利農事也요 所謂除害者는 禁害農事也라 農事勝이면 則入粟多하고 入粟多면 則國富하고 國富면 則安鄕重家니 安鄕重家면 則雖變俗易習[①]하고 敺衆移民하여 至於殺之라도 而民不惡(오)也니 此는 務粟之功也라

① 일상적인 풍습을 고치고 바꾼다는 의미이다.
謂改易其常習이라

군주가 농사를 중시하지 않으면 곡식이 적게 되고, 곡식이 적으면 백성이 가난해지고, 백성이 가난해지면 가정을 경시하게 되고, 가정을 경시하면 쉽게 떠나고, 쉽게 떠나면 군주의 政令이 제대로 시행되지 않고, 군주의 정령이 제대로 시행되지 않으면 禁令을 내려도 제대로 통제되지 않고, 금령을 내려도 제대로 통제되지 않으면 전쟁에서 결코 승리할 수 없고 수비도 결코 견고하지 않게 될 것이다.

上不利農則粟少하고 粟少則人貧하고 人貧則輕家하고 輕家則易(이)去하고 易去則上令不能必行하고 上令不能必行則禁不能必止하고 禁不能必止則戰不必勝하고 守不必固矣라

무릇 政令이 제대로 시행되지 않고, 禁令을 내려도 제대로 통제되지 않고, 전쟁

에서 결코 승리하지 못하고, 수비가 결코 견고하지 않으면, 〈이런 군주를〉 寄生하는 군주라 이름한다. 이것은 농사를 중시하지 않아 곡식이 적게 된 폐해다. 곡식은 왕의 근본이 되는 일이고, 군주가 가장 힘써야 하는 일이며, 백성을 보유하는 길이고, 治國의 도이다.

**夫令不必行**하고 **禁不必止**하고 **戰不必勝**하고 **守不必固**를 **命之曰寄生之君**①이니 **此**는 **由不利農少粟之害也**라 **粟者**는 **王之本事也**요 **人主之大務**요 **有人之塗**②요 **治國之道也**라

① 잠시 기생하고 오래갈 수 없다는 의미이다.
謂蹔寄爲生不能長久라

② 그 백성을 보유하는 것은 그 길이 곡식으로 말미암는다는 의미이다.
謂保有其人은 其塗因粟也라

管子 16卷

明 吳郡 趙氏本
唐 司空 房玄齡 註

# 제49편 내업 內業
## 구언 5 區言 五

'內業'은 '인간 내면의 일, 즉 마음을 수양하는 방법'이라는 의미이다. 이 편은 戰國 말기 道家 계통의 작품으로, 老子의 道論을 바탕으로 氣論을 전개하고 있다. 우선 생명 존재의 본질에 대해 논하면서, 인간의 생명을 이루는 핵심은 精氣라는 점을 강조한다. 다음으로 마음을 수양하는 방법에 대해 논하면서, 마음에 도가 머물러야 하는데 이를 위해서는 마음을 지극히 고요한 상태로 유지하는 것이 필요하다는 점을 말한다. 따라서 감각기관에 의해 촉발되는 감각적 욕구를 억누르고 희로애락의 감정을 조절하여 마음을 지극히 고요한 상태에 머물게 할 것을 요구한다. 이렇게 하여 마음이 고요해지면 "피부가 부드러워지고 귀와 눈이 밝아지며 근육이 펼쳐지고 뼈가 강해진다."라고 말함으로써, 마음 수양을 養生法과 연결시키기도 한다.

무릇 사물의 精氣, 이것을 얻으면 〈각종 형태의 사물이〉 생성된다. 즉 아래로 내려가면 오곡을 생성하고, 위로 올라가면 뭇 별들이 되며, 천지 사이에 흐르는 것을 귀신이라 하고, 이것을 가슴속에 품고 있는 사람을 聖人이라 한다. 그러므로 이 氣는 하늘에 오른 것처럼 밝고, 깊은 연못 속에 들어간 것처럼 어둡고, 바다에 있는 것처럼 반지르르하며, 홀연히 내 몸에 있는 듯하기도 하다. 그러므로 이 기는 힘으로는 머물게 할 수 없고 덕으로 안정시킬 수 있으며, 소리쳐 부를 수 없고 조화로운 音으로 맞이할 수 있다. 이것은 경건하게 지키면서 잃지 말아야 하니, 이것을 덕을 이룬다고 한다. 덕이 이루어지면 지혜가 나오고, 〈그러면〉 만물이 모두

〈마땅함을〉 얻게 된다.

**凡物之精**은 〔**得**〕[1] **此則爲生**①이니 **下生五穀**하고 **上爲列星**하고 **流於天地之間**을 **謂之鬼神**하고 **藏於胸中**을 **謂之聖人**이라 **是故**(**民**)〔**此**〕[2]**氣**②는 **杲**(고)**乎如登於天**③하고 **杳**(묘)**乎如入於淵**하고 **淖**(뇨)④**乎如在於海**⑤하고 **卒**[3]**乎如在於己**⑥라 **是故**로 **此氣也**는 **不可止以力**⑦ **而可安以德**⑧하고 **不可呼以聲 而可迎以音**⑨이니 **敬守勿失**이면 **是謂成德**⑩이라 **德成而智出**⑪하니 **萬物**(**果**)〔**畢**〕[4]**得**⑫이라

① '精'은 神氣 중 가장 신령스러운 것을 가리킨다. 이것을 얻으면 〈각종 형태의 사물이〉 생겨난다.
  精은 謂神之至靈者也니 得此則爲生이라

② 精氣 중 최상의 것이 곧 사람의 기운이라는 의미이다.
  謂上之精者則人氣也라

③ '杲'는 밝은 모습이다.
  杲는 明貌也라

④ 〈'淖'는〉 女와 敎의 반절이다.
  女敎反이라

⑤ '淖'는 '반지르하다'는 의미이다.
  淖는 汋潤也라

⑥ 사람이 기를 지니면 존재한다. 그러므로 마치 내 몸에 있는 것과 같다.
  人有氣則存이라 故如在於己也라

⑦ 힘으로 머물게 하면 氣는 더욱 떠나간다.
  以力止之면 氣愈去라

⑧ 마음을 고요히 하고 덕을 생각하고 있으면 氣가 스스로 찾아온다.
  靜心念德하면 氣自來也라

⑨ 宮·商音 등이 잘 조화되게 하면 조화로운 氣가 스스로 찾아온다.
  調其宮商使之克諧하면 氣自來也라

---

1) 〔得〕: 저본에는 '得'이 없으나, 姚永概(淸)의 ≪愼宜軒筆記≫에 의거하여 보충하였다. 原註의 "得此則爲生"에 의거할 때 '此' 앞에 '得'이 있어야 한다는 것이다.

2) (民)〔此〕: 저본에는 '民'으로 되어 있으나, 丁士涵(淸)의 ≪管子校本≫에 의거하여 '此'로 바로잡았다. 아래에 나오는 "是故此氣也"라는 문장이 그 근거가 된다는 것이다.

3) 卒: 安井衡(日)은 '忽然'의 의미로 보았다.(≪管子纂詁≫)

4) (果)〔畢〕: 저본에는 '果'로 되어 있으나, 王念孫(淸)의 ≪讀書雜志≫에 의거하여 '畢'로 바로잡았다.

⑩ 氣를 잃지 않으면 德이 저절로 이루어진다.
不失氣면 德自成이라
⑪ 덕이 이루어지면 지혜가 저절로 나온다.
德成이면 智自出이라
⑫ 지혜로 사물을 안정시키면 사물이 모두 마땅함을 얻게 된다.
以智安物하면 物皆得宜라

무릇 마음의 모습은 저절로 채워지고 저절로 가득 차며, 저절로 생겨나고 저절로 이루어진다. 마음을 잃게 되는 것은, 반드시 걱정함·즐거워함·기뻐함·화냄·욕심냄·이익을 좇음에 의해서이다. 〈따라서〉 걱정함·즐거워함·기뻐함·화냄·욕심냄·이익을 좇음을 제거할 수 있으면 마음이 곧 평온함으로 돌아가게 된다. 저 마음의 실정은 편안함과 안정됨을 이롭게 여기니, 번거롭게 하지 않고 어지럽히지 않으면 마음의 평화가 곧 저절로 이루어진다. 마음은 밝고 분명하여 마치 옆에 있는 듯하고, 홀연하여 잡을 수 없는 듯하며, 은미하고 아득하여 끝까지 파헤치려고 하면 끝이 없는 듯하다. 이 마음의 도는 멀지 않으니, 〈우리는〉 날마다 그것의 덕을 사용하고 있다.

**凡心之刑**①[5]은 **自充自盈**②하고 **自生自成**③하니 **其所以失之**는 **必以憂樂喜怒欲利**④니 **能去憂樂喜怒欲利**면 **心乃反濟**⑤[6]라 **彼心之情**은 **利安以寧**⑥이니 **勿煩勿亂**하면 **和乃自成**⑦이요 **折折乎如在於側**하고 **忽忽乎如將不得**⑧하고 **渺渺乎如窮無極**⑨이니 **此**(稽)〔**道**〕[7]**不遠**이니 **日用其德**⑩이라

① '形'은 방법이다. 마음을 편안하게 하는 방법을 가리킨다.
刑은 法也니 謂得安心之法也라
② '充'과 '盈'은 완전하여 이지러짐이 없는 것을 가리킨다.
充盈은 謂完而無虧也라
③ '生'과 '成'은 마음이 생겨날 때마다 반드시 이루는 바가 있다는 것을 의미한다. 무릇 이들은 모두 마음을 편안하게 하는 방법을 얻었기 때문이다.
生成은 謂每心生必有所成이라 凡此는 皆得安心法故也라

---

5) 刑 : '刑'은 '形'과 통용된다. 原註에서는 '法'으로 풀이하고 있는데, 본서에서는 따르지 않았다.
6) 濟 : '齊'로 읽는다.
7) (稽)〔道〕 : 저본에는 '稽'로 되어 있으나, 張佩綸(淸)의 ≪管子學≫에 의거하여 '道'로 바로잡았다.

④ 이들 여섯 가지가 일상적인 상태를 넘어서 마음을 어지럽히면 마음을 잃게 된다.
此六者가 過常以亂於心이면 則失矣라

⑤ 만약 여섯 가지를 제거할 수 있으면, 마음이 본래 상태로 돌아가 자기 자리를 지키고 평온함을 이룰 수 있다.
若能去六者면 則心反守其所而能濟成也라

⑥ 편안함과 안정됨은 마음이 이롭게 여기는 것들이다.
安寧者는 心之所利也라

⑦ 번잡함과 어지러움이 없으면 마음의 평화는 저절로 이루어진다.
若無煩亂이면 心和自成이라

⑧ '折折'은 밝은 모습이다. 마음이 밝고 분명하여 마치 옆에 있는 것과 같다는 의미이다. 그러나 그것을 구하려고 하면 홀연하여 얻지 못한다.
折折은 明貌니 言心은 明察하여 若在其側이라 及其求之면 則忽忽然而不得이라

⑨ '渺渺'는 은미하고 아득한 모습이다. 마음은 은미하고 아득하여, 그것을 끝까지 파헤치려고 하면 그 끝이 없다는 의미이다.
渺渺는 微遠貌니 言心之微遠하여 如欲窮之면 則無其極이라

⑩ 항상 이것으로 마음을 고찰하면서 멀리하지 않으면 매일 쓸 바가 있다.
常以此로 考心不遠之면 則日有所用也라

무릇 道라는 것은 형체를 채우는 것인데 사람들은 그것을 굳게 지키지 못하니, 도가 떠나가면 다시 돌아오지 않고, 〈비록〉 돌아온다 해도 머물지 못한다. 도는 그것을 찾고자 해도 아무도 그것의 소리를 듣지 못하지만 홀연히 곧 자기 마음속에 들어 있고, 가물가물하여 그것의 형체를 보지 못하지만 점점 나아가면서 나와 더불어 존재한다. 그것의 형체를 보지 못하고 그것의 소리를 듣지 못하지만, 차례로 만물을 이루어주므로 '도'라고 한다.

**夫道者**는 **所以充形也**①로되 **而人不能固**②니 **其往不復**하고 **其來不舍**③하고 **謀乎莫聞其音**④이나 **卒乎乃在於心**하고 **冥冥乎不見其形**⑤이나 **淫淫乎與我俱生**⑥이며 **不見其形**하고 **不聞其聲**이나 **而序其成**이니 **謂之道**⑦라

① 자기 형체 안의 虛는 모두 도이다.
自形內而虛者는 皆道라

② 사람들은 그 虛를 굳게 지키지 못하고, 오히려 이기적 욕망으로 채운다.
人不能固守其虛하고 反以利欲塞也라

③ 이미 이기적 욕망의 마음이 있으면 도는 떠나가고 다시 돌아오지 않는다. 비록 도가 돌아온다 해도 머물 수 있는 곳이 없다.
既有利欲之心이면 則道往而不復이니 雖有其來라도 無處可舍라

④ 지금 도를 찾고자 도모하면 그것의 소리를 듣지 못한다.
今謀欲尋於道면 則不聞其音이라

⑤ 도를 찾아 끝까지 이르면 마음에 가깝다. 마음이라는 좁은 곳은 虛道의 군주로다.
尋至於極하면 則近於心이니 心之方寸은 虛道之君乎인저

⑥ '淫淫'은 점점 커져 나아가는 모습이다. 생명이 있으면 도를 지닌다. 그러므로 "나와 더불어 존재한다."고 말하는 것이다.
淫淫은 增進貌니 有生則有道라 故曰 與我俱生也라

⑦ 〈도는〉 비록 형체와 소리가 없지만 항상 차례로 만물을 이룬다. 그러므로 '도'라고 말한다.
雖無形聲이나 常依序而成이라 故謂之道也라

무릇 道는 고정된 거처가 없으나 선한 마음에 편안히 머문다. 마음이 고요하면 氣가 다스려지고, 이에 도가 머물 수 있다. 저 도는 멀리 있지 않으니 사람들이 그것을 얻어 살아가고, 저 도는 멀리 떨어져 있지 않으니 사람들이 그것에 말미암아 사물을 인식한다. 그러므로 도는 끝이 있어 그 끝을 찾을 수 있는 듯하나, 아득하고 아득하여 그 궁극을 파악할 수 없는 듯하다. 저 도의 특성은 〈시끄러운〉 소리와 음성을 싫어하니, 마음을 닦아 소리를 고요하게 하면 이에 도를 얻을 수 있다.

**凡道**는 **無所**하나 **善心安(愛)〔處〕**①[8] 니 **心靜氣理**하고 **道乃可止**②라 **彼道不遠**하니 **民得以產**③하고 **彼道不離**니 **民因以知**④라 **是故卒乎其如可與索**⑤이나 **眇眇乎其如窮無所**⑥라 **彼道之情**은 **惡**(오) **音與聲**⑦이니 **修心靜音**하면 **道乃可得**이라

① 도는 달리 좋아하는 것이 없고 오직 마음이 편안함을 좋아한다는 말이다.
言道無他善하고 唯愛心安也라

② 만약 마음을 고요히 하면 氣가 저절로 조화롭게 다스려진다. 그러므로 도가 찾아와 머문다.

---

8) 凡道……善心安(愛)〔處〕: 저본에는 '愛'로 되어 있으나, 陶鴻慶(淸)의 ≪讀管子札記≫에 의거하여 '處'로 바로잡았다. 原註에서는 "凡道無所善 心安愛"로 끊어 읽고 있으나, 도홍경은 "凡道無所 善心安處"로 읽어야 한다고 보았다. 여기서 '所'는 곧 '處'와 같은 의미로 쓰였다는 것이다.

若靜心하면 則氣自調理라 故道來止也라

③ 사람이 그것을 얻어 살아가니 곧 도가 사람에게 있는 것이다. 그러므로 멀지 않은 것이다.

人得之以生하니 則道在人이라 故不遠也라

④ 사람이 이미 도에 말미암아 인식하면 도는 항상 머물며 떠나지 않는다.

人旣因道而知면 則道常在而不離라

⑤ 도의 끝을 좇아 찾으면 찾을 수 있을 듯하다.

推尋其終하면 似可與索이라

⑥ 도의 궁극을 파악하고자 하면, 아득하고 아득하여 파악할 길이 없다.

及欲窮之면 則眇眇然無所라

⑦ 소리와 음성은 도를 어지럽히는 것이다. 그러므로 〈도는〉 그것들을 싫어한다.

音聲者는 所以亂道라 故惡之也라

道라고 하는 것은 입으로 말할 수 없고 눈으로 볼 수 없고 귀로 들을 수 없으나, 마음을 닦아 몸을 바르게 하는 근본이다. 사람들은 도를 잃음으로써 죽게 되고 도를 얻음으로써 살게 되며, 일은 도를 잃음으로써 실패하게 되고 도를 얻음으로써 성공하게 된다.

**道也者**는 **口之所不能言也**요 **目之所不能視也**요 **耳之所不能聽也**나 **所以修心而正形也**①니 **人之所失以死**하고 **所得以生也**요 **事之所失以敗**하고 **所得以成也**라

① 〈도는〉 비록 말하거나 보거나 들을 수 없지만, 그것으로 마음을 닦으면 몸이 저절로 바르게 된다.

雖不可以言語視聽이나 用之脩心이면 則外形自正也라

무릇 道는 뿌리도 없고 줄기도 없고 잎도 없고 꽃도 없다. 그러나 만물은 그것에 의해 생겨나고 그것에 의해 이루어지니, 이름하여 '도'라고 한다.

**凡道無根無莖**하고 **無葉無榮**①하나 **萬物以生**하고 **萬物以成**하니 **命之曰道**②라

① 도는 풀이나 나무처럼 뿌리·줄기·꽃·잎사귀를 지니지 않는다.

道는 非如卉木而有根莖花葉也라

② 도는 뿌리와 줄기가 없지만 〈만물을〉 생겨나게 할 수 있고, 꽃과 잎이 없지만 〈만물을〉 이루게 할 수 있다. 그러므로 도는 陰으로 〈드러나기도 하고〉 陽으로 〈드러나기도

하여〉 헤아릴 수 없는 것이다. 그러므로 '도'라고 이름한다.
無根莖而能生하고 無花葉而能成이니 則陰陽不測者也라 故命之曰道라

하늘은 '바름〔正〕'을 주로 하고, 땅은 '고름〔平〕'을 주로 하고, 사람은 '안정됨〔安靜〕'을 주로 한다. 봄·가을·겨울·여름은 하늘의 '때〔時〕'이고, 산·언덕·내·계곡은 땅의 '가지〔枝〕'이며, 기뻐함·화냄·취함·줌은 사람의 '꾀함〔謀〕'이다. 이 때문에 성인은 때와 더불어 변하지만 〈그 본심은〉 변화하지 않고, 사물에 따라 옮겨가지만 〈그 본심은〉 옮겨가지 않는다. 바를 수 있고 고요할 수 있는 이후에 안정되는 것이니, 안정된 마음이 내면에 있으면 귀와 눈이 총명해지고 四肢가 튼튼해져 〈精氣가〉 머무는 곳이 될 수 있다. 精氣란 氣 가운데 정미한 것이다. 氣가 도를 얻으면 곧 생성 현상이 있게 되고, 생성함이 있으면 곧 생각하게 되며, 생각함이 있으면 곧 앎의 작용이 있게 되고, 앎이 있으면 곧 멈추게 된다. 무릇 마음의 모습은 앎이 지나치면 생명을 잃게 된다.

**天主正**①하고 **地主平**②하고 **人主安靜**③이라 **春秋冬夏**는 **天之時也**요 **山陵川谷**은 **地之枝**④요 **喜怒取予**는 **人之謀也**⑤라 **是故聖人與時變而不化**⑥하고 **從物〔遷〕**[9]**而不移**⑦하니 **能正能靜然後**에 **能定**⑧이라 **定心在中**이면 **耳目聰明**하고 **四枝堅固**⑨하여 **可以爲精舍**⑩라 **精也者**는 **氣之精者也**⑪니 **氣**는 **道乃生**⑫하고 **生乃思**⑬하고 **思乃知**⑭하고 **知乃止矣**⑮라 **凡心之形**은 **過知失生**⑯이라

① 사계절을 고르게 분배하는 것은 하늘의 바름이다.
平分四時는 天之正也라
② 만물을 균등하게 생성하는 것은 땅의 고름이다.
均生萬物은 地之平也라
③ 무위하되 이루지 못함이 없는 것은 사람의 안정이다.
無爲而無不爲는 人之安靜也라
④ 〈山陵川谷은〉 땅의 가지가 된다.
爲地之枝條也라
⑤ 네 가지(喜·怒·取·予)는 꾀함의 작용이다.
四者는 謀之用也라
⑥ 때는 스스로 변화할 뿐이고, 성인의 본심은 변하지 않는다.

---

9) 〔遷〕: 저본에는 '遷'이 없으나, 許維遹(中)의 ≪管子集校≫에 의거하여 보충하였다. 原註에서 "物遷而從之"라고 말하고 있으므로 '物' 다음에 '遷'이 있어야 한다는 것이다.

時自變耳요 聖本不化라

⑦ 사물이 옮겨가면 그것을 따르지만 성인의 본심은 옮겨가지 않는다.
物遷而從之나 聖本不移라

⑧ 반드시 바르고 고요한 이후에 안정된다.
必正靜然後定也라

⑨ 마음이 진실로 내면에서 안정되면, 귀와 눈은 저절로 총명해지고 사지는 저절로 튼튼해지는 것이다.
心苟定於中이면 則耳目自聰明하고 四枝自堅固者也라

⑩ 마음은 精氣가 머무는 곳이다.
心者는 精之所舍라

⑪ 氣 가운데 더욱 정미한 것이 精氣가 된다.
氣之尤精者는 爲之精이라

⑫ 氣가 도를 얻으면 생성 현상이 있을 수 있다.
氣得道면 能有生이라

⑬ 생성되면 마음을 지니게 된다. 그러므로 생각하게 된다.
生則有心이라 故思也라

⑭ 생각함이 있으면 앎의 작용이 생겨난다.
思則知生也라

⑮ 지혜를 완성하면 이치가 충족된다. 그러므로 멈추게 된다.
成智則理足이라 故止也라

⑯ 마음을 편안하게 하는 법에 있어, 앎이 과도하면 그 생명을 잃게 된다.
安心之法은 智過其度면 則失其生이라

사물에 대해 무심히 하면서도 변화시킬 수 없는 것을 '神'이라 하고, 일에 대해 무심히 하면서도 변하게 할 수 있는 것을 '智'라 한다. 〈모든 사물을〉 변화시키되 〈그 자신의〉 氣는 바뀌지 않고 〈모든 일을〉 변화시키되 〈그 자신의〉 智는 바뀌지 않는 것, 오직 '하나'를 잡은 군자만이 이것을 할 수 있을 것이다. '하나'를 잡고 놓치지 않으면 만물의 주인이 될 수 있다. 군자가 사물을 부리되 사물에 의해 부림을 받지 않는 것은 '하나'의 이치를 얻었기 때문이다. 다스려진 마음이 내면에 있고, 다스려진 말이 입에서 나오고, 다스려진 일이 백성들에게 더해지면 천하는 다스려질 것이다. 한마디 말이 얻어져 천하가 복종하고, 한마디 말이 정해져 천하가 따르게 되는 것은, 〈마음이 다스려져〉 말이 공정하기 때문이다.

**一物能化謂之神**이요 **一事能變謂之智**①니 **化不易氣**하고 **變不易智**는 **惟執一之君子能爲此乎**②인저 **執一不失**하면 **能君萬物**③이라 **君子使物**하되 **不爲物使**④는 **得一之理**라 **治心在於中**⑤하고 **治言出於口**하고 **治事加於人**⑥하면 **然則天下治矣**라 **一言得而天下服**하고 **一言定而天下聽**은 **公之謂也**⑦라

① '一'은 '無'를 가리킨다. 사물에 무심하면, 사물은 스스로 변화하여 神과 智가 된다는 의미이다.
一은 謂無也니 謂無心於物事而物事自變化하여 以爲神智也라
② 진실로 하나를 잡고 있으므로 그 氣와 智를 바꾸지 않을 수 있다.
苟執一故로 能不易其氣智也라
③ 無心은 有心의 주인이 된다.
無心은 爲有心者主也라
④ 무심하기 때문에 사물을 부릴 수 있고, 사물에 의해 부려지지 않을 수 있다.
無心故로 能使物而物不能使也라
⑤ 진실로 中을 얻으면 마음이 저절로 다스려질 것이다.
苟得中이면 則心自治矣라
⑥ 그러면 상규에서 벗어난 일이 없다.
則無狂事라
⑦ 마음을 다스리는 것을 가리킨다.
理心之謂라

형체가 바르지 않으면 德이 찾아오지 않고, 내면이 고요하지 않으면 마음이 다스려지지 않는다. 형체를 바르게 하여 덕을 끌어당기면 하늘의 仁과 땅의 義가 저절로 이르게 되고, 神明이 지극해지면 만물을 밝게 알게 된다. 내면을 지켜 어긋나지 않게 하여, 사물로 감각기관을 어지럽히지 않고 감각기관으로 마음을 어지럽히지 않으면 내면의 고요함을 얻게 된다.

**形不正**이면 **德不來**요 **中不靜**이면 **心不治**라 **正形攝德**하면 **天仁地義則淫然而自至**①하고 **神明之極**이면 **照(乎)知**②**萬物**[10]이라 **中(義)**[11]**守不忒**③하여 **不以物亂官**④하고 **不以官亂心**⑤하면 **是**

10) 神明之極 照(乎)知萬物 : 저본에는 '乎'가 있으나, 洪頤煊(淸)의 ≪管子義證≫에 의거하여 衍文으로 처리하였다. 原註에서는 "神明之極 照(乎)知"로 끊어 읽고 있는데, 홍이훤은 앞의 〈心術〉에 나오는 "神莫知其極 昭知天下"에 의거하여, "神明之極 照知萬物"로 끊어 읽어야 한다고 보았다. 이때 그는 '照'는 '昭'로 고쳐야 한다고 주장하였는데, '照'는 '昭'와

**謂中得**⑥이라

① 형체를 바르게 하고 덕을 끌어당기고자 하면 단지 하늘의 仁을 본받고 땅의 義를 본받으면 되니, 그러면 덕이 나아와 스스로 이르게 된다는 의미이다. '淫'은 나아가는 모습이다.
言欲正形攝德하면 但能則(칙)天之仁하고 法地之義則德淫然自至라 淫은 進貌也라

② 지혜를 비추는 것은 신명의 지극한 이치다.
照智者는 神明之極理라

③ 항상 내면을 지키면 착오나 어긋남이 없다.
若常守中則無差忒이라

④ 재물을 탐하면 감각기관이 어지러워진다.
貪物則官亂이라

⑤ 감각기관의 감각을 탐하면 마음이 어지러워진다.
貪官則心亂也라

⑥ 감각기관의 감각과 재화를 잊을 수 있으면 내면의 안정된 마음이 저절로 얻어진다.
能忘官貨면 則中心自得也라

神明이 스스로 몸에 머물고 있어, 한 번 오고 한 번 가도 아무도 그것의 존재를 알아차리지 못한다. 그러나 이 신명을 잃으면 반드시 마음이 어지러워지고 얻으면 반드시 마음이 안정된다. 〈그러므로〉 경건히 그것이 머무는 곳(마음)을 깨끗이 하면 精氣가 저절로 찾아올 것이다. 정성스러운 태도로 그것을 생각하고 잡념들을 고요히 하여 다스리며 엄숙한 태도로 삼가 공경하면, 精氣가 이르러 안정될 것이다. 이 정기를 얻어 잃지 않으면 귀와 눈이 음란해지지 않고 마음에 다른 생각이 없게 된다. 내면에 마음이 바르면 만사가 적당한 度數를 얻게 된다.

**有神自在身**①하여 **一往一來**나 **莫之能思**②나 **失之必亂**하고 **得之必治**③니 **敬除其舍**하면 **精將自來**라 **精想思之**④하고 **寧念治之**⑤하고 **嚴容畏敬**하면 **精將至定**⑥이니 **得之而勿捨**면 **耳目不淫**하고 **心無他圖**⑦라 **正心在中**이면 **萬物得度**⑧라

① 내면의 고요함을 얻으면 신명이 저절로 몸에 머물게 된다.

---

통용되는 글자로 보면 된다.

11) (義) : 저본에는 '義'가 있으나, 王念孫(淸)의 ≪讀書雜志≫에 의거하여 衍文으로 처리하였다. 앞에 나오는 "天仁地義"로 인해 '義'가 불필요하게 쓰였다는 것이다.

中得則神自在身也라

② 신명은 헤아릴 수 없는 존재이다. 그러므로 신명이 오고 가도 그것을 파악할 수 없다.
神은 不測者也라 故往來不能思也라

③ 신명을 가리킨다.
謂神也라

④ '除'는 〈마음속에 잡념이〉 있으면 그것에 대해 깊이 생각하는 것을 의미한다.
除는 謂有則想思之라

⑤ 思念을 편안하고 고요하게 하면 마음이 저절로 다스려진다.
寧靜思念하면 則心自治라

⑥ 단지 엄숙하고 경건하게 할 수 있으면 精氣가 이르러 안정된다.
但能嚴敬하면 則精至而定也라

⑦ 이미 精氣를 얻어 지켜 버리지 않으면, 귀와 눈이 음란해지지 않고 마음에 다른 생각이 없게 된다.
既得精守之而勿捨면 則耳目不淫하고 心無他慮也라

⑧ 내면에서 마음이 바르면 지나친 행동이 없게 된다. 그러므로 만사가 적당한 도수를 얻게 된다.
心在中而正하면 則無過擧라 故萬物得度也라

道는 천하에 가득하여 백성이 있는 곳에 두루 퍼져 있으나 백성은 이를 알지 못한다. 〈'도'라는〉 한마디 말을 이해하면, 위로는 하늘의 이치를 관찰하고 아래로는 땅의 이치를 끝까지 헤아리며 〈가운데로는〉 九州의 실정에 두루 통하게 된다. 무엇을 '도를 이해한다'고 하는가? 마음이 편안한가에 달려 있다.

**道滿天下**하여 **普在民所**로되 **民不能知也**①니 **一言之解**면 **上察於天**하고 **下極於地**하고 **蟠滿九州**②12)라 **何謂解之**오 **在於心安**③이라

① 사람들은 모두 도를 지니고 있으나 이를 스스로 알 수 없을 뿐이라는 의미이다.
言人皆有道로되 但不能自知耳라

② '도'라는 한마디의 말을 이해할 수 있으면 〈위로는〉 하늘의 이치를 살필 수 있고 〈아래로는〉 땅의 이치를 다 헤아릴 수 있으며, 가운데로는 九州에 두루 통할 수 있다. '蟠'은 땅에 늘어져 있다는 의미이다.

12) 一言之解……蟠滿九州 : 〈心術 下〉에는 이 부분이 "是故聖人 一言解之 上察於天 下察於地(그러므로 성인은 한마디 말로 이 도를 이해하여, 위로 하늘을 살피고 아래로 땅을 살핀다.)"로 표현되었다.

若能解道之一言하면 則能察天極地하고 而中滿於九州라 蟠은 委地也라

③ 도를 이해했는지는 마음이 편안한가에 달려 있다.
解道者는 在於心安이라

내 마음이 다스려지면 감각기관이 다스려지고, 내 마음이 편안하면 감각기관이 편안하다. 감각기관을 다스리는 것도 마음이고 편안하게 하는 것도 마음이다. 마음은 마음속에 간직되어 있으니, 마음속에 또 마음이 들어 있다. 저 마음속의 마음은 뜻이 앞선 이후에 말이 있게 된다. 뜻이 있는 이후에 〈생각의〉 형태가 드러나고, 〈생각의〉 형태가 드러난 이후에 말이 있게 되며, 말이 있은 이후에 시키는 명령이 있게 되고, 시키는 명령이 있는 이후에 다스려진다. 다스려지지 않으면 반드시 어지러워지고, 어지러워지면 죽게 된다.

**我心治**면 **官乃治**하고 **我心安**이면 **官乃安**①이니 **治之者心也**요 **安之者心也**②라 **心在藏心**③이니 **心之中又有心焉**④이라 **彼心之心**⑤은 (音)〔**意**〕**以先言**⑥이니 (音)〔**意**〕**然後形**⑦[13]하고 **形然後言**⑧하고 **言然後使**⑨하고 **使然後治**라 **不治必亂**⑩하고 **亂乃死**⑪라

① 감각기관의 다스려짐과 편안함은 모두 마음으로부터 생겨난다는 의미이다.
言官之治安은 皆從心生也라

② 감각기관이 다스려지고 편안함은 모두 마음에 말미암는다.
治之與安은 無不由心이라

③ 마음 또한 마음에 간직되어 있다는 의미이다.
言心亦藏於心也라

④ 마음으로 마음을 간직한다. 그러므로 마음속에 또 마음이 있는 것이다.
以心藏心이라 故心中又有心이라

⑤ 마음속에 간직되어 있는 마음을 가리킨다.
謂心中所藏之心이라

⑥ 말은 音으로부터 생겨난다. 그러므로 音은 말에 앞선다.
言從音生이라 故音先言이라

⑦ 音이 있은 이후에 드러난다.
有音然後見(현)也라

---

13) (音)〔意〕以先言 (音)〔意〕然後形 : 저본에는 모두 '音'으로 되어 있으나, 劉績(明)의 ≪管子補註≫에 의거하여 모두 '意'로 바로잡았다. 그는 그 근거로 〈心術 下〉에 "意以先言 意然後形"으로 되어 있다는 점을 들고 있다.

⑧〈생각의〉 형태가 있으면 그것이 곧 말이다.
有形則是言也라

⑨ 말이 있으면 명령을 내리게 된다. 그러므로 시키는 명령이 있게 된다.
有言則出命이라 故有所使令이라

⑩ 시키는 일이 이치에 어긋나므로 어지러워진다.
使而違理故亂이라

⑪ 어지러워지면 흉함과 재앙이 이르게 된다. 그러므로 죽게 된다.
亂則凶禍至라 故死也라

精氣가 내면에 머물고 스스로 생겨나면 신체가 편안하고 빛나게 되니, 이것을 안으로 간직하여 '샘물'로 삼으면 마음이 드넓고 평온해지며, 이것으로 生氣의 '연못'으로 삼으면 '연못'이 마르지 않아 四肢가 튼튼해진다. '샘물'이 마르지 않아 九竅[14]가 잘 통하게 되면, 이에 천지처럼 長生할 수 있고 四海에까지 덕이 미치게 된다. 내면에 미혹된 생각이 없으면 밖으로 사악함과 재앙이 없고, 내면으로 마음이 온전하면 밖으로 형체가 온전해진다. 하늘의 재앙도 만나지 않고 사람의 해침도 받지 않는 사람을 聖人이라 한다.

**精存自生**이면 **其外安榮**①[15]하니 **內藏以爲泉原**②이면 **浩然和平**하고 **以爲氣淵**③이면 **淵之不涸**하여 **四體乃固**④라 **泉之不竭**하여 **九竅遂通**⑤하면 **乃能窮天地**하고 **被四海**⑥니 **中無惑意**하면 **外無邪菑**(재)⑦요 **心全於中**이면 **形全於外**⑧라 **不逢天菑**하고 **不遇人害**⑨를 **謂之聖人**이라

① 精氣가 내면에 존재하면 자연히 長生하게 되고, 그것이 외부 형체에 이르면 몸이 안정되고 활짝 피게 된다.
精存於中이면 則自然長生하고 至於外形이면 靜而榮茂也라

② 안에 精氣를 간직하고 있으면, 마치 샘물처럼 고갈되지 않는다.
內藏於精이면 則無窮竭하니 若水之泉이라

③ 精氣가 이미 광대하고 평온하면 生氣를 생성할 수 있으므로 氣의 연못이 된다는 의미이다.
言精旣浩然和平하면 則能生氣라 故爲氣淵이라

④ 生氣의 연못이 고갈되지 않으므로 사지가 튼튼해진다.
生氣之淵不有竭涸이라 故四體固也라

---

14) 九竅 : 신체 내에 존재하는 눈·코·입 등 아홉 개의 구멍을 말한다.

15) 榮 : 原註에서는 '榮茂'로 풀이하고 있다. 그러나 劉師培(中)는 ≪荀子≫〈解蔽〉 및 본서의 〈地數〉 등에 의거하여 '光色'의 의미로 풀이해야 한다고 보았다.(≪管子斠補≫)

⑤ 정기를 간직한 샘이 마르지 않는다. 그러므로 九竅가 통하게 된다.
藏精之泉不竭이라 故九竅通也라

⑥ 신체가 튼튼하고 九竅가 잘 통하므로 천지처럼 장수할 수 있고 그 덕은 四海에까지 미치게 된다.
體固竅通이라 故能壽畢天地하고 德被四海라

⑦ 사악함과 재앙은 미혹된 생각에서 생겨난다. 그러므로 내면에 미혹된 생각이 없으면 사악함과 재앙이 저절로 소멸된다.
邪菑生於惑意라 故內無惑意면 則邪菑自銷也라

⑧ 내면이 온전하면 외면도 완전해진다.
中全則外完이라

⑨ 하늘의 재앙과 인간의 해침은 재앙을 일으켜 온전하지 않게 하는 것들이다.
天菑人害는 能禍不全者也

사람이 바르고 고요해질 수 있으면 피부가 부드러워지고 귀와 눈이 밝아지며 근육이 펼쳐지고 뼈가 강해진다. 그러면 하늘을 이고 땅을 밟고 도를 파악하고 해와 달을 관찰할 수 있게 된다. 경건히 삼가 어그러짐이 없고 날마다 그 덕을 새롭게 하면, 두루 천하의 실정을 알고 사방의 모든 것을 파악하게 되며, 그 도를 삼가 발휘하게 되니, 이를 內得이라 한다. 그러나 〈도에〉 돌아가지 못하면 생명에 어긋남이 있게 된다.

**人能正靜**이면 **皮膚裕寬**하고 **耳目聰明**하고 **筋信而骨强**①이니 **乃能戴大圜**②**而履大方**③하고 **鑒於大清**④하고 **視於大明**⑤이라 **敬愼無忒**하고 **日新其德**하면 **徧知天下**하고 **窮於四極**하고 **敬發其充**⑥이니 **是謂內得**⑦이라 **然而不反**이면 **此生之忒**⑧이라

① 단지 바르고 고요할 수 있으면 피부가 저절로 부드럽게 되고, 귀와 눈이 저절로 밝아지며, 근육과 뼈가 저절로 펼쳐지고 강해진다.
但能正靜하면 則皮膚自裕寬하고 耳目自聰明하고 筋骨自申强이라

② 〈'大圜'은〉 하늘이다.
天也라

③ 〈'大方'은〉 땅이다.
地也라

④ 〈'大淸'은〉 道이다.
道也라

⑤〈'大明'은〉 해와 달이다.
日月也라
⑥'充'은 도를 가리킨다.
充은 謂道也라
⑦도를 발휘하고 실행한다. 그러므로 내면을 얻는다.
發行於道라 故內得也라
⑧'忒'은 '어긋나다'는 의미이다. 만약 道에게로 돌아가 지키지 않으면 생명에 어긋남이 있게 된다.
忒은 差也니 若不反守於道면 則生有差謬也라

무릇 道는 반드시 두루 미치고 세밀하며, 반드시 관대하고 너그러우며, 반드시 단단하고 견고하다. 善을 지켜 버리지 말고, 사악함을 쫓아내고 경박함을 제거하며, 이미 그 궁극을 알면 道德으로 돌아가라. 내면에 온전한 마음이 자리잡고 있으면 감추어 숨길 수 없으니, 얼굴 모습으로 알 수 있고 피부색으로 드러난다. 선한 기운으로 사람을 맞이하면 형제처럼 친하고, 악한 기운으로 사람을 맞이하면 兵器보다 해롭다. 말 없는 말은 우레와 북소리보다 빠르고, 〈온전한〉 마음의 기운이 드러남은 해와 달보다 밝고 부모보다 세밀하다. 상으로는 善을 권하기에 부족하고, 형벌로는 잘못을 징계하기에 부족하다. 意氣를 얻으면 천하 사람들이 복종하고, 心意가 안정되면 천하 사람들이 따른다.

**凡道**는 **必周必密**①하고 **必寬必舒**②하고 **必堅必固**③라 **守善勿舍**④하고 **逐淫澤**[16]**薄**⑤하고 **旣知其極**이면 **反於道德**⑥하라 **全心在中**이면 **不可蔽匿**⑦이니 (和)〔知〕[17]**於形容**⑧하고 **見**(현)**於膚色**⑨이라 **善氣迎人**하면 **親於弟兄**이요 **惡氣迎人**하면 **害於戎兵**이라 **不言之聲**은 **疾於雷鼓**⑩하고 **心氣之形**은 **明於日月**하고 **察於父母**⑪라 **賞不足以勸善**⑫하고 **刑不足以懲過**⑬니 (氣意)〔意氣〕[18]**得而天下服**⑭하고 **心意定而天下聽**⑮이라

①두루 미치고 세밀하면 샘가 새지 않는다.

---

16) 澤 : 陳奐(淸)은 '釋'과 같은 글자로 보고, 그 의미는 '舍(버리다)'로 보았다.(≪管子集校≫)
17) (和)〔知〕 : 저본에는 '和'로 되어 있으나, 劉績(明)의 ≪管子補註≫에 의거하여 '知'로 바로잡았다. 그는 그 근거로 〈心術 下〉에 "外見於形容 可知於顔色(밖으로 모습에서 드러나고 안색에서 알 수 있다.)"으로 되어 있다는 점을 제시한다.
18) (氣意)〔意氣〕 : 저본에는 '氣意'로 되어 있으나, 姚永槪(淸)의 ≪愼宜軒筆記≫에 의거하여 '意氣'로 바로잡았다. 原註에도 '意氣'로 되어 있다.

周密則愼不泄이라

② 관대하고 너그러우면 널리 촘촘하다.

寬舒則博而密이라

③ 단단하고 견고하면 精氣가 풀어지지 않는다.

堅固則精不解라

④ 버리지 않으면 善이 저절로 이루어진다.

勿舍則善自成이라

⑤ 사악함을 쫓아내고 경박함을 모두 제거한다.

競逐淫邪하고 津澤[19]浮薄이라

⑥ 궁극을 알고 德을 회복하면 常道가 스스로 융성해진다.

知極反德이면 則常道自隆이라

⑦ 내면에 있으면 반드시 겉으로 드러난다.

有諸內면 必形於外也라

⑧ 마음이 조화로운 자는 용모가 맑다.

心和者는 容睟也라

⑨ 내면이 원활한 자는 신체에 윤택이 난다.

內暢者는 體澤也라

⑩ 마음을 온전히 하여 덕으로 사물을 감응시키는 자를 말한다. 덕은 달리지 않아도 빠르고 한나절이 지나지 않아도 천하에 두루 퍼진다. 그러므로 우레와 북소리보다 빠르다.

謂全心以德感物者也라 德者는 不疾而速하고 不崇朝而遍天下라 故疾於雷鼓也라

⑪ 온전한 마음의 기운이 밖으로 드러나면 빛나지 않을 때가 없고 알지 못하는 사람이 없으니, 마치 해와 달보다 밝고 부모보다 세밀한 듯하다.

全心之氣發形於外면 則無不耀하고 無不知하니 若明於日月하고 察於父母也라

⑫ 상을 바라서 善을 행한 것은 근본적으로 善을 행한 것이 아니다.

慕賞乃善은 非本爲善이라

⑬ 형벌을 두려워하여 잘못을 고친 것은 근본적으로 잘못이 없어진 것이 아니다.

畏刑懲過는 非本無過라

⑭ 만약 상을 바라지 않고 형벌을 두려워하지 않고 내적으로 意氣를 얻었으면 이는 진실로 선한 자이다. 그러므로 천하 사람들이 복종한다.

若不慕賞하고 不畏刑하고 意氣內得이면 此誠善也라 故天下服이라

⑮ 心意가 안정되면 다스림이 밝다. 그러므로 천하 사람들이 따른다.

心意定則理明이라 故天下聽也라

---

19) 津澤 : '津'은 '盡', '澤'은 '釋'과 같은 글자로 보았다.

〈순수한〉 氣를 결집하여 모아 神明처럼 되면 만물의 이치가 모두 갖추어진다. 결집하여 모을 수 있는가? 전일하게 할 수 있는가? 점치지 않아도 길흉을 알 수 있는가? 〈멈춰야 할 곳에서〉 멈출 수 있는가? 〈그쳐야 할 곳에서〉 그칠 수 있는가? 남에게서 구하지 않고 자기 자신에게서 구할 수 있는가? 생각하고 생각하고 또 거듭 생각하라. 〈그렇게〉 생각해도 통달하지 못하면 귀신이 통달하게 해줄 것이다. 이는 귀신의 힘이 아니라 精氣의 작용이 지극하기 때문이다. 몸이 이미 바르고 혈기가 이미 고요하며, 뜻을 한결같이 하고 마음을 결집하여 모으며, 귀와 눈의 사용이 어지럽지 않으면, 비록 멀리 있는 일도 가까이 있는 것처럼 〈빠르게 처리할 수〉 있다.

**摶氣如神**하면 **萬物備存**①이라 **能摶乎**아 **能一乎**②아 **能無卜筮而知吉凶乎**③아 **能止乎**아 **能已乎**④[20]아 **能勿求諸人而得之己乎**⑤아 **思之思之**하고 **又重思之**⑥하라 **思之而不通**이면 **鬼神將通之**⑦일지니 **非鬼神之力也**요 **精氣之極也**⑧라 **四體旣正**하고 **血氣旣靜**하고 **一意摶心**하고 **耳目不淫**이면 **雖遠若近**⑨이라

① '摶'은 '결집하여 모으다'는 의미이다. 순수한 기운을 결집하여 모으면 변화시키지 못하는 것이 없다. 그러므로 신명처럼 사물들의 이치가 모두 갖추어진다.
摶은 謂結聚也니 結聚純氣면 則無所不變化라 故如神而物備存矣라

② 모아 결집하면 스스로 하나가 된다.
摶結則自一也라

③ 길함과 흉함은 〈도에〉 따르는지 거스르는지에 달려 있다. 그러므로 점치지 않아도 안다.
吉凶은 在於逆順이라 故不須卜筮而知也라

④ 자신을 바르게 하고 자기 자신에게 구한다는 의미이다.
謂正而求諸己也라

⑤ 남에게서 구하는 자는 미혹되고, 자기 자신에게서 얻는 자는 밝다.
求人者는 惑이요 自得者는 明이라

⑥ 자기 자신에게서 구하는 자는 반드시 그것에 대해 두 번 세 번 생각한다.
求己者는 必須再三思之也라

---

20) 能已乎 : 原註에서는 '已'를 '己'로 보고, "正而求諸己也"로 풀이하고 있다. 그러나 '자기 자신에게서 구한다'는 의미는 다음 구절에서 다시 언급되고 있으므로, 여기서는 '已(그치다)'로 보는 것이 타당하다. ≪莊子≫ 〈庚桑楚〉에서도 "能無卜筮而知凶吉乎 能止乎 能已乎(점치지 않고서도 길흉을 알 수 있는가? 멈출 수 있는가? 그칠 수 있는가?)"로 되어 있다.

⑦ 만약 두 번 세 번 그것에 대해 생각하여도 통달하지 못하면, 혹 귀신이 통달하게 하는 데에 이르게 된다.

若再三思之而不通하면 則或致鬼神爲通之也라

⑧ '지금 귀신에게 이를 수 있는 것은, 귀신이 스스로 그 힘을 드러내기 때문이 아니라, 대개 그것에 대해 골똘히 생각함으로써 精氣의 작용이 지극해졌기 때문이다'라는 의미이다.

言今能致鬼神者는 非鬼神自見(현)其力이요 蓋由思之不已로 精氣之極也라

⑨ 이미 몸이 바르고 氣가 고요하며, 뜻이 한결같고 마음이 결집하여 모이며, 귀와 눈의 사용이 어지럽거나 지나치지 않으면, 일이 비록 멀리 있고 크더라도 가까이 있는 것처럼 빠르게 이룰 수 있다는 의미이다.

言旣體正氣靜하고 意一心摶하고 耳目之用이 不有淫過면 事雖遠大라도 可以近速而成也라

사색은 지혜를 낳고, 태만함과 경솔함은 근심을 낳고, 포악함과 오만함은 원망을 낳고, 근심과 답답함은 병을 낳으니 병이 위중해지면 곧 죽게 된다. 무엇에 대해 깊이 생각하는 것을 버리지 않으면 안으로 오장이 막히고 밖으로 육신이 초췌해지니, 재빨리 이에 대한 조치를 취하지 않으면 머지않아 몸에서 생명이 떠나게 될 것이다. 먹는 것은 결코 배부르지 않게 하고, 생각은 결코 지나치지 않게 하라. 먹는 것을 절제하고 생각함을 적절히 하면 생기가 저절로 이르게 될 것이다.

**思索生知**①요 **慢易**(이)**生憂**②요 **暴傲生怨**③이요 **憂鬱生疾**④이니 **疾困乃死**⑤라 **思之而不舍**면 **內困外薄**⑥일지니 **不蚤爲圖**면 **生將巽舍**⑦라 **食莫若無飽**⑧요 **思莫若勿致**⑨일지니 **節適之齊**면 **彼將自至**⑩라

① 가까이 사색을 만나면 지혜가 저절로 생겨난다.

近而遇思索이면 其知自生이라

② 태만하고 경솔하면 반드시 흉한 재앙에 이르게 된다. 그러므로 근심을 낳는다.

疎慢輕易면 必致凶禍라 故生憂라

③ 잔혹하고 포악하며 오만하고 가혹하면 남을 해치는 일이 반드시 많게 된다. 그러므로 원망을 낳는다.

殘暴傲虐하면 傷害必多라 故生怨也라

④ 근심하고 화나며 답답하고 막히면 가슴이 시원하게 통하지 않는다. 그러므로 병을 낳는다.

憂恚鬱塞이면 懷不通暢이라 故生疾也라

⑤ 이미 아프고 위중해지면 병이 낫지 않고 오래가 죽게 된다고 말할 수 있다.
既疾而困이면 可謂彌留而死라

⑥ 욕망의 사념을 버리지 않으면 안으로 오장이 막히게 되고 밖으로 육신이 초췌해진다.
思欲不捨면 則五藏困於內하고 形骸薄於外也라

⑦ 이미 안으로 막히고 밖으로 초췌해지고 있는데도 여전히 어떤 조치를 취하지 않으니, 이렇게 되면 생명이 그 머무는 곳에서 물러나 죽을 날에 다다르게 된다.
既已內困外薄이로되 尙不圖之하니 如此면 則生將巽遁其舍而至於死期也라

⑧ 배부르게 먹는 자는 잘 체한다.
飽食者는 善閉塞이라

⑨ 어느 하나를 골똘하게 생각하는 자는 〈생각이〉 자주 막히고 고갈된다.
致思者는 多困竭이라

⑩ '齊'는 '적절함'이다. 음식을 절제하고 생각을 적당히 하여 항상 적절함을 넘지 않을 수 있으면, 생기가 저절로 이르게 될 것이라는 의미이다.
齊는 中也니 言能節食適思하여 常莫過中이면 則生將自至라

무릇 사람의 생명은 하늘이 精氣를 내고 땅이 형체를 내어, 이들을 합하여 사람이 된다. 〈그러므로 하늘과 땅의 精氣가〉 조화하면 생명이 생겨나고 조화하지 못하면 생명이 생겨나지 못한다. 조화의 도를 살펴보면 그 정기를 볼 수 없고 그 징험도 찾아볼 수 없으나, 〈천지의 정기가〉 마음에 가득 차 있으면 이로 인해 장수하게 된다. 기뻐함과 화냄이 일정한 도수를 상실하면 곧 그것을 〈제거하는〉 조치를 취하고 다섯 가지 욕망을 조절한다. 두 가지 흉함(기뻐함과 화냄)을 제거하여 기뻐하지도 화내지도 않으면, 평온하고 바른 마음이 가슴에 자리잡게 된다.

**凡人之生也**는 **天出其精**①하고 **地出其形**②하여 **合此以爲人**③이니 **和乃生**④하고 **不和不生**이라 **察和之道**면 **其精不見**하고 **其徵不(醜)〔覩〕**⑤[21]나 **(平正擅匈)**[22] **(論治)〔淪洽〕**[23]**在心**이면 **此以長壽**⑥라 **(忿)〔喜〕**[24]**怒之失度**면 **乃爲之圖**⑦하고 **節其五欲**이니 **去其二凶**⑧하여 **不喜不怒**면 **平**

21) (醜)〔覩〕: 저본에는 '醜'로 되어 있으나, 丁士涵(淸)의 ≪管子校本≫에 의거하여 '覩'로 바로잡았다. 글자 형태가 서로 유사함으로 인해 잘못 쓰여졌다는 것이다.

22) (平正擅匈): 저본에는 '平正擅匈'이 있으나, 丁士涵(淸)의 ≪管子校本≫에 의거하여 衍文으로 처리하였다. 아래에서 나오는 문구가 잘못 끼어들었다는 것이다.

23) (論治)〔淪洽〕: 저본에는 '論治'로 되어 있으나, 郭沫若(中)의 ≪管子集校≫에 의거하여 '淪洽'으로 바로잡았다. '論治'는 곧 '淪洽'의 誤字라는 것이다.

24) (忿)〔喜〕: 저본에는 '忿'으로 되어 있으나, 丁士涵(淸)의 ≪管子校本≫에 의거하여 '喜'로 바로잡았다. 아래에 나오는 "不喜不怒"는 바로 이 "喜怒"를 이어받는 말이라는 것이다.

**正擅匈**⑨이라

① 하늘에서 精氣를 부여받는다는 의미이다.
言稟精於天也라

② 땅에서 옷과 음식을 내어 그 육신을 양육하고 형성한다.
地出衣食하여 以養成其形이라

③ 하늘과 땅의 精氣를 합하여 사람을 이룬다는 의미이다.
言合天地精氣以成人이라

④ 하늘과 땅의 정기가 조화하면 이에 사람의 생명을 이룬다.
二氣和乃成其生也라

⑤ '醜'는 '類'이다. 〈하늘과 땅의 정기의〉 조화를 살펴보고자 하면 정기를 볼 수 없고, 그 징험에 이르러서는 또한 그것이 어떤 종류인지 알지 못한다는 의미이다.
醜는 類也니 言欲察和則精不可見이요 至於徵驗에 又不知其類也라

⑥ 조화의 정기와 종류는 비록 알 수 없고 볼 수 없지만, 단지 마음을 평온하게 하고 바르게 하면 和氣가 가슴속에 홀로 자리잡게 되니, 그것을 적절히 다스리면 또한 마음을 떠나지 않는다. 이와 같으면 수명을 늘리고 장수할 수 있다.
和之精類는 雖不可知見이나 但能平而正하면 則和氣獨擅於胸中하니 論其適理면 又不離心이라 如此면 則可以益算而長壽也라

⑦ 만약 분노가 일정한 도수를 넘어서면 도모하여 제거해야 한다.
若忿怒過度면 則當圖而去之라

⑧ 기뻐함과 화냄이 일정한 도수를 넘어서면 모두 해가 될 수 있다. 그러므로 '두 가지 흉함'이라고 말하는 것이다.
喜怒過度면 皆能爲害라 故曰二凶이라

⑨ 기뻐하지도 않고 화내지도 않으면 '마음이 조화롭다'고 할 수 있다. 그러므로 이미 평온하고 바른 마음이 홀로 가슴 속에 자리잡을 수 있는 것이다.
不喜不怒면 可謂和也라 故能旣平且正이 獨擅於胸中也라

무릇 사람의 생명은 반드시 평온함과 바름으로 유지해야 하는 것이니, 그것을 잃게 되는 원인은 반드시 기뻐함·화냄·걱정함·근심함에 의해서이다. 이 때문에 화냄을 멈추게 하는 것으로는 詩만 한 것이 없고, 걱정함을 제거하는 것으로는 음악만 한 것이 없고, 음악을 조절하는 것으로는 禮만 한 것이 없고, 예를 지키는 것으로는 공경함만 한 것이 없고, 공경함을 지키는 것으로는 고요함만 한 것이 없다. 안으로 고요함을 유지하고 밖으로 공경함을 지키면, 본성을 회복할 수 있으니 〈이

에〉 본성은 크게 안정될 것이다.

**凡人之生也**는 **必以平正**이니 **所以失之**는 **必以喜怒憂患**이라 **是故止怒**에 **莫若詩**① 요 **去憂**에 **莫若樂**이요 **節樂**에 **莫若禮**요 **守禮**에 **莫若敬**이요 **守敬**에 **莫若靜**이라 **內靜外敬**하면 **能反其性**이니 **性將大定**이라

① 시에는 맑은 바람의 위안이 있다. 그러므로 화냄을 멈추게 할 수 있다.
詩有淸風之慰라 故能止怒라

무릇 음식을 먹는 도는, 너무 배부르면 몸이 상하여 좋지 않고, 너무 굶으면 뼈가 마르고 피가 마른다. 배부름과 굶주림 사이를 '和成'[25]이라 하니, 이곳에서 정기가 머무르고 지혜가 생겨난다. 굶주림과 배부름이 알맞은 정도를 잃으면 곧 알맞게 되도록 한다. 배부르면 빠르게 움직이고, 굶주리면 생각을 비우고, 늙으면 〈이런저런〉 생각을 없애도록 한다. 배가 부를 때 빠르게 움직이지 않으면 기가 사지에 통하지 않게 되고, 굶주렸을 때 생각을 비우지 않으면 굶주림이 멈추지 않게 되며, 늙었을 때 〈이런저런〉 생각을 없애지 않으면 몸이 피곤해져 빨리 소진된다. 마음을 크게 하면 용감해지고, 기운을 너그럽게 하면 마음이 넓어지고, 육신이 편안하면 옮겨 다니지 않는다. '하나'를 지켜 온갖 잡다한 것을 버릴 수 있으면, 이익을 보아도 유혹되지 않고 해로운 것을 보아도 두려워하지 않게 되니, 마음이 관대하게 펼쳐져 어질게 되고 홀로 그 몸을 즐기게 된다. 이러한 것을 '雲氣'[26]라 하니, 뜻을 행함이 하늘처럼 넓어진다.

**凡食之道**는 **大充**이면 (傷而形)〔**形傷而**〕[27]**不臧**①하고 **大攝**이면 **骨枯而血沍**②라 **充攝之間**을 **此謂和成**③이라하니 **精之所舍**하고 **而知之所生**④이라 **飢飽之失度**면 **乃爲之圖**⑤하니 **飽則疾動**⑥하고 **飢則廣思**⑦하고 **老則**(長)〔**忘**〕[28]**慮**⑧할지니 **飽不疾動**이면 **氣不通於四末**⑨하고 **飢不廣思**면

25) 和成 : 原註에 근거할 때, 신체가 조화를 유지하고 원활하여 완성됨을 의미한다.
26) 雲氣 : 運氣 또는 調氣와 같은 의미이다. 原註에서는 "調其氣"로 풀이하고 있다. 郭沫若(中)은 '雲'의 古字는 '云'이었고 '云'은 '運'과 통용되므로, 여기서 '雲'은 '運'으로 읽을 수 있다고 보았다.(≪管子集校≫)
27) (傷而形)〔形傷而〕 : 저본에는 '傷而形'으로 되어 있으나, 丁士涵(淸)의 ≪管子校本≫에 의거하여 '形傷而'로 바로잡았다.
28) (長)〔忘〕 : 저본에는 '長'으로 되어 있으나, 郭沫若(中)의 ≪管子集校≫에 의거하여 '忘'으로 바로잡았다. 아래도 같다.

**(飽)〔飢〕**[29]**而不廢**⑩하고 **老不(長)〔忘〕慮**면 **困乃遬竭**⑪이라 **大心而敢**⑫하고 **寬氣而廣**⑬하고 **其形安而不移**⑭라 **能守一而棄萬苛**⑮면 **見利不誘**하고 **見害不懼**하니 **寬舒而仁**하고 **獨樂其身**이라 **是謂雲氣**니 **意行似天**⑯이라

① '大充'은 지나치게 배부른 것을 의미한다.
大充은 謂過於飽라
② '大攝'은 지나치게 굶주린 것을 의미한다. '血沍'는 피가 감소하여 응결하고 마르는 것을 의미한다.
大攝은 謂過於飢요 血沍는 謂血銷減而凝沍라
③ '間'은 '중간'이다. 배부름과 굶주림의 중간을 얻으면 신체가 조화롭고 원활하여 완성됨이 있다.
間은 猶中也니 充攝得中이면 則和暢而有所成也라
④ 정기와 지혜가 '和成'에서 생겨나고 머문다는 의미이다.
言精智生舍於和成이라
⑤ 도수에 합치하도록 도모한다.
圖之令合於度라
⑥ 배부를 때 빠르게 움직이면 食氣가 감소한다.
飽而疾動하면 則食氣銷라
⑦ 굶주렸을 때 생각을 비우면 그 굶주림을 잊게 된다.
飢而廣思면 則忘其飢라
⑧ 늙었을 때 思慮를 길게 하면 늙음을 잊게 된다.
老而長慮면 則遺其老라
⑨ '四末'은 사지이다.
四末은 四支라
⑩ '廢'는 '멈추다'는 의미이다.
廢는 止也라
⑪ 늙게 되면 몸이 더욱 피곤해지고 빠르게 소진된다.
令老則益困而速竭
⑫ 마음이 이미 넓고 커지면 또한 용감해질 수 있다.
心旣浩大면 又能勇敢이라
⑬ 기운을 관대하게 펼침에 이르면 마음이 넓어져 포용하는 바가 있게 된다.

---

29) (飽)〔飢〕: 저본에는 '飽'로 되어 있으나, 兪樾(淸)의 ≪諸子平議≫에 의거하여 '飢'로 바로잡았다. '飽'는 '飢'의 誤字로 보았다.

當寬舒其氣而廣有所容이라

⑭ 육신이 편안하면 뜻이 굳건해진다. 그러므로 옮겨가지 않는다.
形安則志固라 故不移라

⑮ '하나'를 지키면 번다함을 싫어하게 된다. 그러므로 온갖 잡다한 것을 버릴 수 있다.
守一則惡(오)煩이라 故能棄萬苛也라

⑯ 그 기운을 조절할 수 있으므로 구름에 비유된다. 뜻이 행해지는 것이 하늘이 구름을 펼치는 것과 같다.
能調其氣라 故比於雲이라 意之行氣는 似天之布雲也라

무릇 사람의 생명은 반드시 즐거움으로 유지된다. 근심하면 삶의 규칙을 잃고 화내면 단정한 태도를 상실한다. 근심하고 슬퍼하고 기뻐하고 화내는 마음에는 도가 머무를 곳이 없다. 지나친 욕망이 일어나면 잠재우고 어지러움을 만나면 바로잡아, 〈이들 욕망과 어지러움에〉 이끌리거나 따라가지 않으면, 복이 저절로 찾아올 것이다. 저 도가 스스로 찾아오면 그것에 말미암아 더불어 도를 도모할 수 있으니, 도는 고요히 기다리면 얻고 조급하면 잃는다. 마음속의 신령한 기운은 고요하면 찾아오고 조급하면 떠나가니, 그것의 미세함은 안이 없을 정도이고 그것의 거대함은 밖이 없을 정도이다. 그것을 잃게 되는 이유는 조급함으로 해치기 때문이다. 〈따라서〉 마음이 고요함을 잡고 있으면 도는 저절로 안정될 것이다. 도를 얻은 사람은 〈나쁜 기운이〉 피부를 통해 증발하고 털구멍을 통해 빠져나가므로 가슴속에는 나쁜 기운이 없다. 욕망을 절제하는 도를 행하면 만물이 해치지 못한다.

**凡人之生也**는 **必以其歡**①이니 **憂則失紀**하고 **怒則失端**②이라 **憂悲喜怒**에 **道乃無處**③니 **愛慾靜之**하고 **遇亂正之**④하여 **勿引勿推**하면 **福將自歸**⑤라 **彼道自來**면 **可藉與謀**⑥하니 **靜則得之**하고 **躁則失之**라 **靈氣在心**에 **一來一逝**⑦하니 **其細無內**요 **其大無外**라 **所以失之**는 **以躁爲害**니 **心能執靜**이면 **道將自定**이라 **得道之人**은 (理丞而屯泄)〔**理烝而毛泄**〕[30]하여 **匈中無敗**⑧니 **節欲之道**는 **萬物不害**⑨라

① 즐거워하면 志氣가 조화롭다. 그러므로 생명력을 지닌다.
歡則志氣和라 故生也라

30) (理丞而屯泄)〔理烝而毛泄〕: 저본에는 '理丞而屯泄'로 되어 있으나, 王引之(淸)의 ≪讀書雜志≫에 의거하여 '理烝而毛泄'로 바로잡았다.

② 근심함과 화냄이 일상을 넘으면 단정함과 삶의 규칙을 잃는다.

憂怒過常이면 則失其端紀라

③ 근심함과 화냄은 도를 해친다. 그러므로 도가 머무를 곳이 없다.

憂怒則害道라 故道無所處라

④ 지나치게 욕망하면 이를 고요하게 해야 하고, 피폐한 어지러움을 만나면 이를 바로잡아야 한다는 의미이다.

謂若愛慾則當靜之하고 若遇廢亂則當正之라

⑤ 이들을 제거하여 이끌려 오거나 따라가지 말고, 단지 평온한 마음에 맡겨 나아가면 복이 스스로 찾아온다.

去하여 而勿引來而勿推하고 但任平而往이면 福則自歸也라

⑥ '藉'는 '말미암다'는 의미이다. 도가 스스로 오는 것에 말미암아 그와 더불어 도모하면, 뜻이 움직이고 이치가 모두 실현된다.

藉는 因也니 因其自來而與之謀면 則意動而理盡이라

⑦ 고요하면 오고, 조급하면 간다.

靜則來요 躁則逝라

⑧ 피부 결이 반지르하고 모인 것들이 빠지고 흩어지므로 가슴속에 나쁜 기운이 없다는 의미이다.

謂腠理丞達하고 屯聚泄散이라 故胸中無敗라

⑨ 욕망을 절제할 수 있으면 사물이 해치지 못한다.

能節欲이면 則物無害也라

# 제50편 봉선 封禪
## 잡편 1 雜編 一

'封'은 하늘에 대한 제사 의식이고 '禪'은 땅에 대한 제사 의식으로, 封禪은 고대에 王業을 이룬 군주들이 제왕으로서의 위엄을 천하에 드러내기 위해 거행하던 의식이었다. 齊 桓公이 霸業을 이룬 이후 자신의 업적을 과시하기 위해 봉선의 예를 행하려고 하자, 管仲이 여러 가지 이유를 들어 이것을 말리고 있다.

본래의 편은 없어졌다. 지금 司馬遷의 ≪史記≫ 〈封禪書〉에 실린 管子의 글로 보충하였다.
元篇亡이라 今以司馬遷의 封禪書所載管子言으로 以補之라

齊 桓公이 霸業을 이루고 나서 葵丘에서 제후들과 會盟하면서 封禪의 예를 거행하려고 하였다.

**桓公旣霸**하고 **會諸侯於葵丘而欲封禪**이라

管仲이 말하였다.

"옛날에 泰山에서 하늘 제사를 지내고 梁父山에서 땅 제사를 지낸 사람이 72人이라 하였습니다만, 제가 기억하기로는 12人이었습니다. 옛날 無懷氏가 태산에서 하늘 제사를 지냈고 云云山에서 땅 제사를 지냈으며, 虙羲氏(伏羲氏)가 태산에서 하늘 제사를 지냈고 운운산에서 땅 제사를 지냈으며, 炎帝가 태산에서 하늘 제사를 지냈고 운운산에서 땅 제사를 지냈으며, 黃帝가 태산에서 하늘 제사를 지냈고 亭亭山에서 땅 제사를 지냈으며, 顓頊이 태산에서 하늘 제사를 지냈고 운운산에서 땅 제사를 지냈으며, 帝嚳(제곡)이 태산에서 하늘 제사를 지냈고 운운산에서 땅 제사를 지냈으며, 堯임금이 태산에서 하늘 제사를 지냈고 운운산에서 땅 제사를 지냈으며, 舜임금이 태산에서 하늘 제사를 지냈고 운운산에서 땅 제사를 지냈으며, 禹임금이 태산에서 하늘 제사를 지냈고 會稽山에서 땅 제사를 지냈으며, 湯임금이 태산에서 하늘 제사를 지냈고 운운산에서 땅 제사를 지냈으며, 周 成王이 태산에서 하늘 제사를 지냈고 社首山에서 땅 제사를 지냈습니다. 모두 天命을 받은 이후에 封禪의 예를 행하였습니다."

**管仲曰 古者封泰山禪梁父(보)者는 七十二家나 而夷吾所記者는 十有二焉이니 昔無懷氏①가 封泰山하고 禪云云②이요 虙羲가 封泰山하고 禪云云이요 神農이 封泰山하고 禪云云이요 炎帝가 封泰山하고 禪云云이요 黃帝가 封泰山하고 禪亭亭③이요 顓頊이 封泰山하고 禪云云이요 帝嚳이 封泰山하고 禪云云이요 堯가 封泰山하고 禪云云이요 舜이 封泰山하고 禪云云이요 禹가 封泰山하고 禪會稽요 湯이 封泰山하고 禪云云이요 周成王이 封泰山하고 禪社首④니 皆受命然後得封禪이니이다**

泰山圖

① 옛날의 왕으로, 伏羲氏 이전의 왕이다.
古之王者로 在伏羲前이라

② 云云山은 梁父山의 동쪽에 있다.
云云山은 在梁父東이라

③ 亭亭山은 牟陰에 있다.
亭亭山은 在牟陰이라

④ 〈'社首'는〉 산의 이름으로 博縣에 있다. 어떤 사람은 "鉅平의 남쪽 15리에 있다."고 한다.
山名이니 在博縣이라 或云 在鉅平南十五里라

桓公이 말하였다.

"과인이 북쪽으로 山戎을 정벌하고 孤竹을 지났으며, 서쪽으로 大夏를 정벌하고 流沙를 건너서 말을 묶어두고 수레를 걸어놓고 卑耳山에 올랐으며, 남쪽으로 召陵까지 이르러 熊耳山에 올라 江水와 漢水를 바라보았소. 군사 會盟을 3회, 평화 회맹을 6회, 총 아홉 번 제후들을 규합하여 천하를 바로잡았는데 제후들이 아무도 나의 말을 어긴 적이 없소. 옛날에 三代가 천명을 받은 것과 또한 무엇이 다르겠소."

**桓公曰 寡人**이 **北伐山戎**하고 **過孤竹**이요 **西伐大夏**하고 **涉流沙**하여 **束馬懸車**하고 **上卑耳之山**①이요 **南伐至召陵**하고 **登熊耳山以望江漢**이라 **兵車之會三而乘車之會六**하니 **九合諸侯**하여 **一匡天下**로되 **諸侯莫違我**라 **昔三代受命**이 **亦何以異乎**아

① 장차 산에 오르려고 말을 묶어두고 수레를 걸어두었다. '卑耳'는 곧 齊나라 말로 이른바 '辟耳'[1]이다.

將上山하여 纏束其馬하고 懸鉤其車也라 卑耳는 卽齊語所謂辟耳라

이에 管仲이 桓公을 말로 궁지에 몰아서는 안 되겠다는 것을 알고, 구체적인 사례를 들면서 말하였다.

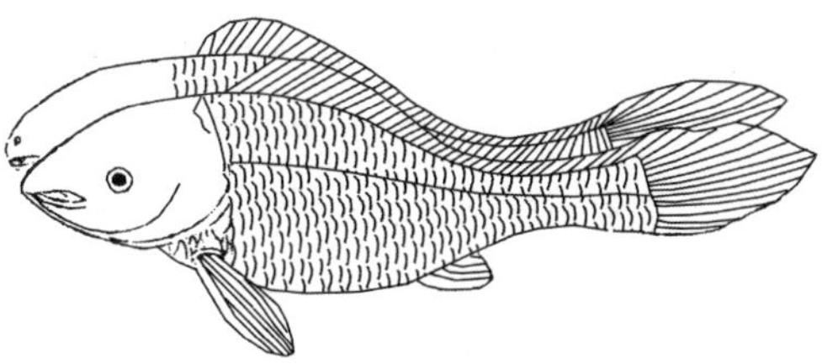

比目魚

比翼鳥

"옛날에 **封禪**의 예를 행할 때는 鄗上의 기장과 **北里**의 벼로 제물을 준비하고, **長江**과 **淮河** 사이에서 생산되는 한 줄기에 세 가닥이 나는 〈**靈茅**[2]로〉 자리를 준비하였습니다. 동해 사람들은 **比目魚**를 바쳤고 서해 사람들은 **比翼鳥**를 바쳤습니다. 그 후에도 요구하지 않아도 자발적으로 바치는 것이 15가지나 되었습니다. 지금 **鳳凰**과 **麒麟**이 나타

1) 辟耳 : 산 이름이다. 현재 중국 山西省의 平陸 서북쪽에 있다.
2) 靈茅 : 고대에 封禪의 예를 행할 때 사용하던 띠풀이다. '菁茅'라고 부르기도 한다.

나지 않고 좋은 곡식도 생산되지 않는데, 쑥대나 명아주나 강아지풀만 무성하고 올빼미나 부엉이가 자주 출몰합니다. 그런데 이런 상황에서 봉선을 행하고자 하는 것은 불가하지 않겠습니까."

이에 환공이 그만두었다.

於是에 管仲睹桓公不可窮以辭하고 因設之以事曰 古之封禪에 鄗(확)上之黍와 北里之禾①로 所以爲盛하고 江淮之間의 一茅三脊②으로 所以爲藉也라 東海致比目之魚③하고 西海致比翼之鳥④하고 然後有不召而自至者十有五焉이니이다 今鳳凰麒麟不來하고 嘉穀不生이로되 而蓬蒿藜莠茂하고 鴟梟數(삭)至어늘 而欲封禪은 毋乃不可乎아 於是에 桓公乃止라

① '鄗上'은 산이다. '鄗'은 음이 '臛(확)'이다. '鄗上'과 '北里'는 모두 지명이다.
鄗上은 山也라 鄗은 音臛이라 鄗上北里는 皆地名이라

② 이른바 靈茅이다.
所謂靈茅라

③ 각자 하나의 눈만 지니고 있어 둘이 짝을 짓지 않으면 갈 수 없는 물고기로, 그 이름은 鰈이다.
各有一目하여 不比不行이니 其名曰鰈(접)이라

④ 각자 하나의 날개만 지니고 있어 둘이 짝을 짓지 않으면 날지 못하는 새로, 그 이름은 鶼鶼이다.
各有一翼하여 不比不飛하니 其名曰鶼鶼(겸겸)이라

鳳凰

麒麟

# 제51편 소문 小問

## 잡편 2 雜編 二

'小問'은 '자잘한 질문들'이라는 의미이다. 이 편에서는 다양한 형태의 문답들, 즉 齊桓公이 질문하고 管仲이 대답하는 형식의 내용들을 담고 있다. 크게는 富國强兵을 이루는 방법부터, 작게는 자잘한 일상사에까지 다양한 문제와 주제들을 다루고 있다.

齊 桓公이 管子에게 물었다.

"나라가 다스려져 어지러움이 없고, 〈시비가〉 분명해져 은폐되는 일이 없기 위해서는 어떻게 해야 하오?"

관자가 대답하였다.

"역할 분담을 분명히 하여 직책을 맡기면, 나라가 다스려져 어지러움이 없고 〈시비가〉 분명해져 은폐되는 일이 없게 될 것입니다."

환공이 물었다.

"나라를 부유하게 하기 위해서는 어떻게 해야 하오?"

관자가 대답하였다.

"농사에 힘쓰고 때에 맞춰 움직이면, 나라가 반드시 부유해질 것입니다."

**桓公問管子曰 治而不亂**하고 **明而不蔽**는 **若何**오 **管子對曰 明分任職**이면 **則治而不亂**하고 **明而不蔽矣**니이다 **公曰 請問富國奈何**오 **管子對曰 力地而動於時**면 **則國必富矣**니이다①

① 땅으로부터 얻는 이익을 위해 부지런히 힘쓰고, 그 움직임이 반드시 天時에 부합해야 한다는 의미이다.
謂勤力於地利하고 其所動作必合於天時라

桓公이 또 물었다.

"과인은 仁을 널리 행하고 義를 크게 펼쳐 천하를 이롭게 하고자 하는데, 어떻게 하면 되겠소?"

관자가 대답하였다.

"포악한 자를 죽이고 잘못된 행위를 금지하며, 멸망한 나라의 후손을 보존해주고 끊어진 제사를 이어주며 무고한 자를 사면해주면, 仁이 넓어지고 義가 크게 펼쳐질 것입니다. 제가 듣기에, 무릇 포악한 자를 죽이고 잘못된 행위를 금지하며 무고한 자를 사면해주는 자는, 반드시 전쟁에 이기는 무기와 적을 공격하여 취하는 계책을 지닌 이후에 포악한 자를 죽이고 잘못된 행위를 금지하고 무고한 자를 사면할 수 있다고 합니다."

**公又問曰 吾欲行廣仁大義**하여 **以利天下**컨대 **奚爲而可**오 **管子對曰 誅暴禁非**① **存亡繼絶而赦無罪**②면 **則仁廣而義大矣**니이다 (公曰)〔夷〕**吾聞之也**[1]에 **夫誅暴禁非而赦無罪者**는 **必有戰勝之器攻取之數而後**에 **能誅暴禁非而赦無罪**니이다

① 이것은 義를 크게 펼치는 행위이다.
此大義也라
② 이것은 仁을 넓히는 행위이다.
此廣仁也라

桓公이 물었다.
"청컨대, 전쟁에서 이기는 무기는 무엇이오?"
管子가 대답하였다.
"천하의 호걸을 선발하고, 천하의 우수한 資材를 끌어모으고, 천하의 뛰어난 기술자들을 불러들이면 전쟁에서 이기는 무기를 얻게 될 것입니다."
환공이 물었다.
"적을 공격하여 취하는 책략은 어떻게 하는 것이오?"
관자가 대답하였다.
"적의 시설을 헐어버리고 적의 쌓아둔 자재를 흩트리고 적의 식량을 빼앗으면, 견고한 성이 문제 되지 않을 것입니다."

**公曰 請問戰勝之器**라 **管子對曰 選天下之豪傑**하고 **致天下之精材**하고 **來天下之良工**하면 **則有戰勝之器矣**니이다 **公曰 攻取之數**는 **何如**오 **管子對曰 毁其備**하고 **散其積**하고 **奪之食**하면 **則無**

1) (公曰)〔夷〕吾聞之也 : 저본에는 '公曰吾聞之也'로 되어 있으나, 王念孫(淸)의 《讀書雜志》에 의거하여 '夷吾聞之也'로 바로잡았다. 이하는 모두 관자의 대답이며, 환공의 물음은 아래의 '請問戰勝之器'로 시작된다는 것이다.

**固城矣**①니이다

① 시설을 헐어버리고 식량을 빼앗으면 지킬 수단이 없으므로 그 성은 견고하지 않게 될 것이다. 이렇게 하는 것이 공격이다.
毁備奪食하면 則無以守라 故其城不固라 此謂攻也라

桓公이 물었다.
"그러면 〈천하의〉 선비들을 얻기 위해서는 어떻게 해야 하오?"
管子가 대답하였다.
"기쁜 마음으로 예를 갖추어 대우하고, 후대하여 속이지 않으면 천하의 선비들이 이르게 될 것입니다."
환공이 물었다.
"천하의 우수한 자재를 끌어오기 위해서는 어떻게 해야 하오?"
관자가 대답하였다.
"남이 5를 주면 나는 6을 주고 남이 9를 주면 나는 10을 주어, 정해진 값이 없게 합니다."
환공이 물었다.
"〈천하의〉 기술자들을 오게 하는 것은 어떻게 하오?"
관자가 대답하였다.
"〈노임을〉 3배로 주면 천 리를 멀다 않고 〈오게 될〉 것입니다."

**公曰 然則取**(之)〔士〕[2]를 **若何**①오 **管子對曰 假**[3]**而禮之**②하고 **厚而勿欺**③면 **則天下之士至矣**니이다 **公曰 致天下之精材**를 **若何**④오 **管子對曰 五而六之**하고 **九而十之**하여 **不可爲數**⑤니이다 **公曰 來工**을 **若何**오 **管子對曰 三倍**면 **不遠千里**⑥니이다

① 〈천하의〉 선비들을 얻는 것을 말한다.
謂取其士라
② '假'는 '은혜를 빌리다'는 의미이다.

---

2) (之)〔士〕: 저본에는 '之'로 되어 있으나, 王念孫(淸)의 ≪讀書雜志≫에 의거하여 '士'로 바로잡았다.
3) 假 : 原註에서는 "假借之恩"으로 풀이하고 있으나, 張佩綸(淸)의 ≪管子學≫에 의거하여 '嘉'의 의미로 해석하였다. 고대 문헌에서 '假'와 '嘉'는 통용되었다는 것이다.

假는 謂假借之恩이라

③ '厚'는 덕으로 중용한다는 의미이다.

厚는 謂重之以德이라

④ '精材'는 군대의 기물로 쓰일 수 있는 좋은 재목을 가리킨다.

精材는 謂美材可爲軍之器用也라

⑤ 우수한 자재를 끌어오고자 하는 자는 반드시 그 값을 높게 쳐주어야 한다. 그러므로 다른 곳에서 5의 값을 주면 나는 6의 값을 지불하고, 다른 곳에서 9의 값을 주면 나는 10의 값을 지불하여, 항상 1 정도 더 비싸게 사들여 정해진 값이 없게 한다. 이렇게 하면 천하의 우수한 자재를 끌어들일 수 있다.

欲致精材者는 必當貴其價라 故他處直(치)五면 我酬之六하고 他處直九면 我酬之十하여 常令貴其一分하여 不可爲之定數라 如此則天下精材可致也라

⑥ 기술자들의 노임을 항상 다른 곳의 3배로 주면, 기술자들이 천 리를 멀다 않고 모두 오게 될 것이다.

酬工匠之庸을 直常三倍他處면 則工人不以千里爲遠하고 皆至矣라

桓公이 말하였다.

"과인은 이미 전쟁에서 이기는 무기를 알고, 적을 공격하여 취하는 책략을 알았소. 청건대, 군대를 동원하여 성읍을 습격할 때 먼저 행할 바와 나중에 행할 바를 알아야 지리적 이로움을 놓치지 않을 것인데, 어떻게 해야 하오?"

管子가 대답하였다.

"돈을 〈아낌없이〉 쓰고, 적국의 지도를 잘 살펴야 합니다."

환공이 물었다.

"야전에서 반드시 이기기 위해서는 어떻게 해야 하오?"

관자가 대답하였다.

"權道와 속임수로 합니다."

환공이 물었다.

"과인은 천하의 사정을 두루 알고 싶은데, 어떻게 해야 하오?"

관자가 대답하였다.

"내가 알지 못하는 것을 고르게 보충하면, 천하는 충분히 다 알 수 있습니다."

**桓公曰 吾已知戰勝之器**와 **攻取之數矣**라 **請問行軍襲邑**에 **擧錯而知先後**라야 **不失地利**어늘 **若**

**何**오 **管子對曰 用貨**하고 **察圖**①니이다 **公曰 野戰必勝**은 **若何**오 **管子對曰 以奇**②니이다 **公曰 吾欲徧知天下**어늘 **若何**오 **管子對曰** (小)〔**齊**〕[4] **以吾不識**이면 **則天下不足識也**③니이다

① 돈을 써서 反間計[5]를 행하면 먼저 행할 바와 나중에 행할 바를 알게 되고, 적국의 지도를 살피면 지리적 이점을 놓치지 않게 된다.
用貨爲反間하면 則知其先後요 察彼國圖면 則不失地利也라
② '奇'는 權道와 속임수로 적을 이기는 것을 의미한다.
奇는 謂權譎以勝敵也라
③ 만약 널리 듣고 많이 보면서, 자신이 알지 못하는 것을 고루 보충하면 천하를 두루 알 것이다. 〈그러면〉 내가 아는 바의 천하는 또한 다른 사람이 알 수 없을 것이다.
若能博聞多見하여 齊其所不識하면 則知天下遍矣니 吾之所識天下는 亦無人能識之也라

桓公이 말하였다.

"전쟁을 치르는 일과 외부 정찰이 걱정되오."

〈管子가 대답하였다.〉

"무릇 백성이 반드시 죽기를 각오하지 않으면 지키고 싸우는 어려운 전투에 함께 내보낼 수 없고, 반드시 신뢰하지 못하면 믿고서 외부 정찰을 할 수 없습니다. 무릇 죽기를 각오하지 않는 백성을 의지하여 전쟁을 수행하고자 하는 것과, 믿을 수 없는 백성에 의지하여 외부 정찰을 하고자 하는 것, 이들은 용병에 있어 두 가지 어리석음입니다."

〈환공이 물었다.〉

"백성들이 반드시 죽기를 각오하게 만들고, 반드시 믿을 수 있게 하기 위해서는 어떻게 해야 하오?"

관자가 대답했다.

"세 가지 근본을 밝혀주십시오."

환공이 물었다.

---

4) (小)〔齊〕 : 저본에는 '小'로 되어 있으나, 張文虎(淸)의 ≪舒藝室隨筆≫에 의거하여 '齊'로 바로잡았다. 原註에 "齊其所不識 則知天下遍矣"로 되어 있으므로 '小'는 '齊'로 고쳐야 한다는 것이다.

5) 反間計 : 중국의 대표적 병법인 36계 가운데 33번째 계책이다. '間'은 적으로 하여금 서로 의심하여 믿지 못하도록 한다는 의미이고, 反間은 아군을 이간하려는 적의 계략을 역이용하여 적을 이간한다는 의미이다. 적의 첩자를 역이용하여 적을 속이는 기만전술이다.

"무엇을 세 가지 근본이라 하오?"

관자가 대답하였다.

"세 가지 근본이란, 첫째는 마음을 확고하게 해주는 것이고, 둘째는 삶을 존귀하게 해주는 것이며, 셋째는 인질입니다."

환공이 물었다.

"무슨 뜻이오?"

관자가 대답하였다.

"고국은 부모의 묘지가 있는 곳이니, 〈고국을 지키고자 하는 마음이〉 확고합니다. 농지와 주택, 爵位와 俸祿은 그들의 삶을 존귀하게 해주는 것입니다. 아내와 자식은 인질이 됩니다. 이들 세 가지를 갖추어준 이후, 그들의 위엄을 크게 받들어주고 그들의 투지를 격려해주면, 백성들은 반드시 죽기를 각오하고 우리를 속이지 않을 것입니다."

**公曰 守戰**과 **遠見**[6]이 **有患**①이라 **夫民不必死**면 **則不可與出乎守戰之難**②이요 **不必信**이면 **則不可恃而外知**③라 **夫恃不死之民而求以守戰**과 **恃不信之人而求以外知**는 **此兵之**(三)〔二〕[7]**闇也**④[8]니이다 **使民必死必信**은 **若何**오 **管子對曰 明三本**이니이다 **公曰 何謂三本**고 **管子對曰 三本者**는 **一曰固**요 **二曰尊**이요 **三曰質**이니이다 **公曰 何謂也**오 **管子對曰 故國**은 **父母墳墓之所在**니 **固也**⑤요 **田宅爵祿**은 **尊也**요 **妻子**는 **質也**라 **三者備然後**에 **大其威**하고 **厲其意**하면 **則民必死而不我欺也**⑥니이다

① 나라를 다스리는 자는 반드시 나라 안에 들어와서는 지켜야 하고 나라 밖으로 나가서는 싸워야 한다. 지금 나는 이 두 가지에 대해 근심거리가 있게 되리라는 것을 예견한다. 爲國者는 必入守出戰이니 今吾於此二者에 預見其患矣라

② 나라를 지키고 적과 싸우는 험난한 일은 반드시 죽기를 각오한 이후에야 행할 수 있다.

---

6) 守戰 遠見 : 原註에서는 '守'와 '戰'을 분리시키고, '遠見'은 '미리 예견하다'는 의미로 풀이하고 있다. 그러나 俞樾(淸)은 '守戰'과 '遠見'의 두 개 사항으로 보고, '遠見'은 뒤에 나오는 '外知'와 같은 의미로 보았다.(≪諸子平議≫) 다음에 이어지는 문장이 "夫民不必死 則不可與出乎守戰之難 不必信 則不可恃而外知……"로 되어 있다는 점을 고려할 때, 유월의 견해가 타당하다.

7) (三)〔二〕: 저본에는 '三'으로 되어 있으나, 丁士涵(淸)의 ≪管子校本≫에 의거하여 '二'로 바로잡았다.

8) 夫民不必死……此兵之(三)〔二〕闇也 : 張佩綸(淸)의 ≪管子學≫에 의거하여 관자의 말로 보았다.

守戰之難은 必致死然後可出也라

③ 사람들은 반드시 진실로 신뢰한 이후에 군주를 위해 보고 듣는 일을 한다. 그러므로 외부의 일을 안다.

人必誠信然後에 爲君視聽이라 故知外事也라

④ 진실로 〈백성이〉 죽음을 각오하지 않고 신뢰하지 않으면, 지키는 것이 어둡고, 싸우는 것이 어둡고, 바깥일을 아는 것이 어둡다. 그러므로 '세 가지 어두움'이라 말한다.

苟不死不信이면 則守闇이요 戰闇이요 外闇이라 故曰三闇이라

⑤ 사람들이 이미 근본을 그리워하고 〈부모의〉 묘지를 애달파하면 〈그것을 지키고자 하는〉 그 마음이 확고하다.

人旣戀本而哀墳墓하면 則其心固라

⑥ 나를 속이지 않으면 믿을 수 있다.

不我欺則信也라

桓公이 管子에게 백성을 다스리는 것에 대해 물으니, 관자가 대답하였다.

"무릇 백성을 다스리는 자는 반드시 백성의 고충을 알아주고, 덕으로 감싸주고, 형벌로 두렵게 하지 말고, 힘으로 금지하지 말아야 합니다. 이 네 가지에 신중한 사람은 백성을 다스리기에 충분합니다."

환공이 말하였다.

"과인은 이 네 가지가 훌륭하다는 것은 알겠는데, 어째서 이렇게 〈그 조목이〉 적은 것이오?"

관자가 대답하였다.

"무릇 〈조목이〉 적은 것은 나라를 지닌 자의 근심거리가 아닙니다. 옛날에 천자는 사방 천 리의 땅 한가운데 서서 〈다스렸지만〉 네 가지 말로 모두 갖출 수 있었으니, 어째서 적다고 하겠습니까? 무릇 백성을 다스리는 자가 백성의 고충을 알지 못하면 백성이 싫어하고, 덕으로 감싸지 않으면 백성이 많이 원망하고, 형벌로 두렵게 하면 백성이 자주 속이고, 힘으로 금지하면 떠나간 자가 돌아오지 않고 오던 자도 머뭇거리며 다가오지 않습니다. 그러므로 聖王이 백성을 다스리는 방법은 번잡하지 않습니다."

**桓公問治民於管子**하니 **管子對曰 凡牧民者**는 **必知其疾**①하고 **而憂**[9]**之以德**하고 **勿懼以罪**하고

9) 憂 : 張佩綸(淸)은 '優'의 假借字로 보았다.(≪管子學≫)

**勿止以力**②[10)]이라 **愼此四者**는 **足以治民也**니이다 **桓公曰 寡人睹其善也**나 **何爲其寡也**③오 **管子對曰 夫寡**는 **非有國者之患也**④니 **昔者**에 **天子中立地方千里**로되 **四言者該焉**이니 **何爲其寡也**⑤오 **夫牧民〔者〕**[11)]가 **不知其疾**이면 **則民疾**⑥하고 **不憂以德**이면 **則民多怨**하고 **懼之以罪**면 **則民多詐**⑦하고 **止之以力**이면 **則往者不反**⑧하고 **來者(鷙)〔鷲〕**[12)]**距**⑨라 **故聖王之牧民也**는 **不在其多也**니이다

① '疾'은 근심과 고통을 의미한다.
疾은 謂患苦也라

② 徭役을 번거롭게 하면 멈춰서 다가오지 않는다.
煩力役하면 則止而不來라

③ 네 가지 말은 비록 훌륭하기는 하지만, 이것들에 의해 나라를 다스리기에는 너무 적은 것 같다는 의미이다.
謂四言雖善然이나 以之理國은 恐其太少라

④ 문제는 이들을 실천할 수 없는 것에 있는 것이지, 〈조목이〉 적은 것에 있지 않다.
患在不能行이요 不在寡少也라

⑤ '該'는 '갖추다'는 의미이다. 네 가지 말은 천 리의 백성들을 교화하기에 충분하니, 적다고 할 수 없다는 의미이다.
該는 備也니 謂四言은 足以備千里之化니 不爲少라

⑥ '疾'은 '미워하고 싫어하다'는 의미이다.
疾은 謂憎嫌之也라

⑦ 속임수를 써서 죄를 피한다.
設詐以避罪也라

⑧ 그 요역의 고통에 진저리를 낸다.
創其力役之苦라

⑨ '鷲'는 '의심하다'는 의미이다. '距'는 '멈추다'는 의미이다. 그 요역이 번거롭게 많다는 소문을 들으면 의심스러워하면서 멈춘다.
鷲는 疑也요 距는 止也니 聞其役煩이면 則疑而止也라

---

10) 勿止以力 : 張佩綸(淸)은 '止'는 '禁止'의 의미이고, '力'은 原註에서 '力役'으로 해석하고 있는데 옳지 않다고 보았다.(≪管子學≫)

11) 〔者〕 : 저본에는 '者'가 없으나, 丁士涵(淸)의 ≪管子校本≫에 의거하여 보충하였다.

12) (鷙)〔鷲〕 : 저본에는 '鷙'로 되어 있으나, 王念孫(淸)의 ≪讀書雜志≫에 의거하여 '鷲'로 바로잡았다. '鷙'는 곧 '鷲'의 誤字라는 것이다.

桓公이 말하였다.

"훌륭하오. 〈그러나〉 이와 같은 것에서 그치지 않으니, 또한 어떤 것으로 이들을 실행해야 하오?"

管仲이 대답하였다.

"믿음을 바탕으로 삼고 仁을 극진히 하고 엄숙한 태도로 예를 갖추는 것, 이 네 가지를 신중하게 실천하는 것이 그것을 구체적으로 실행하는 방법입니다."

환공이 말하였다.

"청컨대, 그 상세한 내용을 알고 싶소"

관중이 대답하였다.

"믿음이 있으면 백성들이 군주를 신뢰하고, 仁하면 백성들이 군주를 사모하고, 엄숙하면 백성들이 군주를 두려워하고, 禮를 갖추면 백성들이 군주를 아름답게 여깁니다. 옛말에 말하길 '목숨을 버리더라도 변하지 않는 것이 믿음이고, 자신이 원하지 않는 것을 남에게 베풀지 않는 것이 仁이며, 내면이 단단하고 외면이 바른 것이 엄숙함이고, 질박함과 믿음으로 사양하는 것이 禮이다.'라고 하였습니다."

**桓公曰 善**타 **勿已如是**니 **又何以行之**①오 **管仲對曰 質信極**(忠)〔仁〕②[13]하고 **嚴以有禮**니 **愼此四者 所以行之也**니이다 **桓公曰 請問其說**이라 **管仲對曰 信也者 民信之**요 (忠)〔仁〕**也者 民懷之**요 **嚴也者 民畏之**요 **禮也者 民美之**라 **語曰 澤命不渝**[14]가 **信也**③요 **非其所欲**을 **勿施於人**이 **仁也**④요 **堅中外正**이 **嚴也**요 **質信以讓**이 **禮也**⑤라하니이다

① 그 일이 이미 좋기는 하지만, 그러나 단지 이와 같은 것에서 그치지 않는다. 다시 어떤 일로 이 네 가지 말을 실행해야 하는가?
其事旣善이나 雖然이나 不但如是而已이니 更有何事로 以行此四言也오

② '質'은 '主'다. 주로 믿음을 얻을 수 있고, 또한 지극히 충실하다는 의미이다.
質은 主也니 謂主能得信하고 又極忠也라

③ 은택의 命은 변하지 않으니, 이와 같은 것이 믿음이라는 의미이다.

---

13) (忠)〔仁〕: 저본에는 '忠'으로 되어 있으나, 宋翔鳳(淸)의 ≪管子識誤≫에 의거하여 '仁'으로 바로잡았다. 아래도 같다.

14) 澤命不渝 : 劉績(明)은 "≪詩經≫ 〈鄭風 羔裘〉에서 '舍命不渝(생명을 버려도 변하지 않네.)'라고 하였으니, 대개 澤은 곧 釋이고, 釋은 舍와 같은 의미이다."라고 하였다.(≪管子補註≫) 이같은 견해에 許維遹(中)도 동의하면서, 原註에서 '澤'을 '恩澤'으로 풀이한 것은 잘못되었다고 보았다.(≪管子集校≫)

謂恩澤之命은 不有渝變이니 如此者가 信也라

④ 仁한 자는 백성들에게 진실하다.
仁者는 忠於人也라

⑤ 주로 믿음을 실천하고 또한 겸손하고 사양할 수 있으면, 이와 같은 것이 禮이다.
主行於信하고 又能遜讓이면 如此者가 禮也라

桓公이 말하였다.

"훌륭하오. 백성을 다스림에 있어 무엇을 먼저 해야 하오?"

管子가 대답하였다.

"일을 먼저 해야 할 때가 있고, 政事를 먼저 해야 할 때가 있고, 덕을 먼저 베풀어야 할 때가 있습니다. 태풍과 폭우가 백성에게 해가 되지 않고, 가뭄이 백성의 근심이 되지 않고, 온갖 냇물이 순조롭게 흐르고, 풍년이 들고, 쌀 빌리는 값이 낮고, 짐승들과 사람이 모여 함께 음식을 먹고, 백성들은 병에 걸리지 않는다고 합시다. 이때를 당하여, 백성의 삶은 부유하고 의기양양하니, 백성을 다스리는 자는 풍년에 후하게 거둬들여 창고를 채우고 숲과 못에서의 사냥을 금지합니다. 이런 것을 가리켜 '일을 먼저 한다'고 합니다. 형벌로 〈죄를〉 추궁하고 禮樂으로 가르쳐 그 방종함을 그치게 하니, 이런 것을 가리켜 '정사를 먼저 한다'고 합니다. 태풍과 폭우가 백성에게 해가 되고, 가뭄이 백성의 근심이 되고, 곡식이 제대로 익지 않고, 기근이 들어 빌려주는 쌀값이 비싸지고, 백성이 병에 걸린다고 합시다. 이때를 당하여 백성의 생활은 가난하고 피곤하니, 백성을 다스리는 자는 창고와 산림과 늪지대를 열어 재물을 공급해야 합니다. 즉 일은 나중에 하고 恕(헤아려 살핌)를 먼저 행하여 백성들의 피곤한 삶을 구제합니다. 이런 것을 가리켜 '덕을 먼저 베푼다'고 합니다. 〈풍년에〉 거둬들일 때는 백성의 재물을 빼앗지 말고, 〈흉년에〉 베풀 때는 덕을 잃지 말아야 합니다. 군주가 부유하고 백성이 넉넉한 것, 이것이 聖王이 행할 지극한 일입니다."

환공이 말하였다.

"훌륭한 말이오."

**桓公曰 善哉**라 **牧民何先**고 **管子對曰 有時先事**하고 **有時先政**하고 **有時先德**이라 **(有時先恕)**[15)]

15) (有時先恕) : 저본에는 '有時先恕'가 있으나, 王念孫(淸)의 ≪讀書雜志≫에 의거하여 衍文

**飄風暴雨不爲人害**하고 **涸旱不爲民患**하고 **百川道**①[16]하고 **年穀熟**하고 **糴貸賤**하고 **禽獸與人聚食民食**②하고 **民不疾疫**이러니 **當此時也**에 **民富且驕**하니 **牧民者**는 **厚收善歲**하여 **以充倉廩**③하고 **禁藪澤**하니 **此謂先之以事**니이다 **隨之以刑**하고 (**敬**)〔**教**〕[17]**之以禮樂**하여 **以振其淫**④을 **此謂先之以政**이니이다 **飄風暴雨爲民害**하고 **涸旱爲民患**하고 **年穀不熟**하고 **歲饑**하여 **糴貸貴**하고 **民疾疫**이면 **當此時也**에 **民貧且罷**(피)하니 **牧民者**는 **發倉廩山林藪澤**하여 **以共其財**하고 **後之以事**하고 **先之以恕**하여 **以振其罷**니 **此謂先之以德**이라 **其收之也**엔 **不奪民財**⑤하고 **其施之也**엔 **不失有德**⑥이라 **富上而足下**가 **此聖王之至事也**니이다 **桓公曰 善**타

① 온갖 냇물의 흐름이 모두 옛길을 따른다.
百川之流가 皆從故道라

② 풍년이 들면 짐승들이 사람이 먹는 음식을 먹는다.
年穀熟이면 則禽獸食人之食이라

③ '善歲'는 풍년이 듦을 가리킨다.
善歲는 謂有年이라

④ '振'은 '멈추다'는 의미이다. 예악은 사람들의 음란함과 방종함을 멈추게 하는 것이다.
振은 止也니 禮樂者는 所以止人淫放이라

⑤ 풍년을 가리킨다.
謂善歲也라

⑥ 흉년을 가리킨다.
謂凶年也라

桓公이 管仲에게 물었다.

"과인이 霸業을 이루고자 하였는데, 그대들의 공으로 이미 패업을 이루었소. 지금 내가 다시 王業을 이루고자 하는데 가능하겠소?"

관중이 대답하였다.

"공께서는 鮑叔牙를 불러서 물어보셔야 합니다."

鮑叔이 이르러 환공이 또 묻자, 포숙이 대답하였다.

---

으로 처리하였다.

16) 道 : 原註에서는 "從故道"로 풀이하고 있으나, 王念孫(淸)은 '順'의 의미로 보았다.(≪讀書雜志≫)

17) (敬)〔教〕: 저본에는 '敬'으로 되어 있으나, 丁士涵(淸)의 ≪管子校本≫에 의거하여 '教'로 바로잡았다. '敬'은 '教'의 오자라는 것이다.

“공께서는 賓胥無를 불러 물어보셔야 합니다.”

빈서무가 급히 들어오자 환공이 또 물으니, 빈서무가 대답하였다.

“옛날에 왕업을 이룬 사람은 군주의 덕이 크고 신하의 덕이 적었습니다. 지금은 신하의 덕이 군주보다 큽니다.”

환공이 뒷걸음치면서 계면쩍어 멀찌감치 물러섰다. 세 사람도 마침내 천천히 따라갔다. 환공이 말하였다.

“옛날에 太王[18]이 어질었고, 王季[19]가 어질었고, 文王이 어질었고, 武王이 어질었소. 무왕이 殷나라를 정벌하여 승리하였으나 7년 만에 세상을 떠났고, 周公 旦이 成王을 도와 천하를 다스려 겨우 세상을 제어할 수 있었소. 지금 과인의 자식이 과인만 못하고, 과인 또한 그대들보다 못하오. 이로써 볼 때 과인이 왕업을 이룰 수 없는 것은 분명하오.”

**桓公問管仲曰 寡人欲霸**온대 **以二三子之功**으로 **既得霸矣**라 **今吾有**[20]**欲王**한대 **其可乎**아 **管仲對曰 公當召叔牙而問焉**①이니이다 **鮑叔至**에 **公又問焉**하니 **鮑叔對曰 公當召賓胥無而問焉**이니이다 **賓胥無趨而進**에 **公又問焉**하니 **賓胥無對曰 古之王者**는 **其君豐**하고 **其臣(教)〔殺(쇄)〕**②[21]이나 **今君之臣豐**③이니이다 **公遵遁繆然遠(二)〔立〕**[22]하니 **三子遂徐行而進**④[23]이라 **公曰 昔者**에 **大(태)王賢**코 **王季賢**코 **文王賢**코 **武王賢**이라 **武王伐殷**하여 **克之**로되 **七年而崩**이라 **周公旦**이 **輔成王而治天下**하여 **僅能制於四海之內矣**라 **今寡人之子**는 **不若寡人**하고 **寡人不若二三子**하니 **以此觀之**면 **則吾不王必矣**라

① 관중은 환공이 왕업을 이룰 수 없음을 알았으나, 사실대로 대답하기 어려웠으므로 포숙아를 추천하여 그에게 묻게 한 것이다.
管仲知桓公不可王이나 難以實對라 故推令問叔牙라

---

18) 太王 : 周 文王의 선조가 되는 古公亶父(고공단보)를 가리킨다.

19) 王季 : 周 文王의 부친이 되는 季歷을 가리킨다.

20) 有 : 宋翔鳳(淸)은 ‘又’의 의미로 읽어야 한다고 보았다.(≪管子識誤≫)

21) (教)〔殺(쇄)〕 : 저본에는 ‘教’로 되어 있으나, 王引之(淸)의 ≪讀書雜志≫에 의거하여 ‘殺’로 바로잡았다. ‘教’는 ‘殺’의 誤字라는 것이다.

22) (二)〔立〕 : 저본에는 ‘二’로 되어 있으나, 郭沫若(中)의 ≪管子集校≫에 의거하여 ‘立’으로 바로잡았다.

23) 公遵遁繆然遠(二)〔立〕 三子遂徐行而進 : 原註에서는 “古之王者……”로 시작되는 賓胥無의 말이 이어지는 것으로 보고 있다. 그러나 王念孫(淸)·豬飼彦博(日) 등 대부분의 주석가들은 빈서무의 말은 “……今君之臣豐”으로 끝나고, 이 구절은 빈서무의 말을 듣고 나서 환공이 부끄러워하는 태도를 묘사한 글로 보았다.

② 군주의 덕이 크고 신하의 덕이 적으면 군주가 신하를 제어할 수 있다. 그러므로 왕업을 이룰 수 있는 것이다.
君豐臣(敎)〔殺〕[24)]면 則君能制臣이라 故可以王也라

③ 〈신하의〉 덕이 군주보다 크다는 의미이다.
言德豐於君也라

④ 다음과 같은 의미이다. '〈지금까지〉 공이 좇아서 행한 일들은 모두 비할 수 없이 방탕하고 그릇된 일들로, 〈그 잘못됨이〉 여러 신하보다 매우 큽니다. 다만 천천히 점차적으로 나아갈 수 있을 뿐, 천하에서 왕업을 이루는 것은 아마도 힘들 것입니다.'
言公之所遵行者는 皆流遁繆妄之事로 無所比니 可謂遠於二三子요 但當徐而漸以取進耳니 欲王天下는 恐未可라

桓公이 물었다.

"나는 백성을 이기고 싶은데, 어떻게 해야 하오?"

管仲이 대답하였다.

"그것은 군주가 할 말이 아닙니다. 백성을 이기는 것은 쉽지만, 무릇 백성을 이기는 도는 천하의 大道가 아닙니다. 군주가 백성을 이기고자 하면 관리를 시켜 감옥의 죄수 명부를 상세히 기록하고, 죄 있는 자를 고발하면 상을 주며, 자주 살펴 형벌을 엄하게 합니다. 이렇게 하면 백성을 이길 것입니다. 그러나 백성을 이기는 도는 천하의 대도가 아닙니다. 백성으로 하여금 公을 두렵게 여기도록 하여 친근하게 보지 않게 만들면, 재앙이 빠르게 公 자신에게 이르게 될 것입니다. 비록 백성을 이길 수 있다 해도 오래 유지되지 않을 것이니, 〈위급한 상황에서〉 백성이 결코 아무도 움직이지 않을 것입니다. 위험합니다. 군주의 나라가 위태롭습니다."

**桓公曰 我欲勝民**①이어늘 **爲之奈何**오 **管仲對曰 此非人君之言也**②라 **勝民爲易**(이)나 **夫勝民之爲道**는 **非天下之大道也**라 **君欲勝民**이면 **則使有司疏獄而謁**케하고 **有罪者償**③하고 **數**(삭)**省而嚴誅**④일지니 **若此則(民勝)〔勝民〕**[25)]**矣**라 **雖然**이나 **勝民之爲道**는 **非天下之大道也**라 **使民畏公而不見親**⑤이면 **禍亟及於身**⑥일지니 **雖能**이나 **不久**⑦니 **則人(持)〔特〕**[26)]**莫之弑**[27)]**也**라 **危**

---

24) (敎)〔殺〕: 저본에는 '敎'로 되어 있으나, 王引之(淸)의 ≪讀書雜志≫에 의거하여 '殺'로 바로잡았다.

25) (民勝)〔勝民〕: 저본에는 '民勝'으로 되어 있으나, 許維遹(中)의 ≪管子集校≫에 의거하여 '勝民'으로 바로잡았다.

26) (持)〔特〕: 저본에는 '持'로 되어 있으나, 姚永概(淸)의 ≪愼宜軒筆記≫에 의거하여 '特'으

**哉**⑧라 **君之國**岌**乎**라

① 백성을 이겨 복종하게 하고자 한다는 의미이다.
言欲勝服於民이라

② 군주의 말은 仁으로 교화시켜야 하는 것이지, 곧바로 형벌을 써서 이기는 것이어서는 안 된다.
人君之言은 當仁以化之니 不可直用刑勝也라

③ 감옥에 갇힌 죄수의 명부를 상세히 기록하고, 죄지은 자를 고발하면 상을 준다는 의미이다.
謂疏錄獄囚하고 謁告有罪者면 則償之也라

④ 자주 잘못한 자를 살펴 형벌을 엄하게 한다.
數省有過하여 嚴其誅罪라

⑤ 형벌이 엄하기 때문이다.
嚴刑故也라

⑥ 二世[28]는 형벌을 엄하게 하다가, 그 자신은 望夷宮에서 죽임을 당했다.
二世嚴刑이라가 身戮望夷라

⑦ 비록 백성을 이길 수는 있으나, 오래 유지되거나 편안할 수 없다.
雖能勝人이나 不可久安이라

⑧ '持'는 '협박을 당하다'는 의미이다. '弑'는 '부모를 죽이다'는 의미이다.
持는 謂見劫執也요 弑는 謂殺親也라

桓公이 마구간을 시찰하다가 마구간 지기에게 물었다.

"마구간에서는 어떤 일이 가장 어려운가?"

마구간 지기가 미처 대답을 못하자, 管仲이 대답하였다.

"제가 일찍이 말 사육사를 해본 적이 있었는데, 馬板[29]을 짜는 것이 가장 어렵습니다. 굽은 나무를 〈마구간 바닥에〉 먼저 깔아놓으면, 굽은 나무는 또 다른 굽은 나무를 요구하게 됩니다. 굽은 나무를 이미 깔아놓았으면 곧은 나무는 쓸 데가 없게 되는 것입니다. 〈반대로〉 곧은 나무를 먼저 깔아놓으면 곧은 나무는 또 다른 곧은 나무를 요구하게 됩니다. 곧은 나무를 이미 깔아놓았으면 굽은 나무 또한 쓸

로 바로잡았다. 글자 형태가 서로 비슷함으로 인해 잘못 쓰여졌다는 것이다.
27) 弑 : 尹桐陽(中)은 '試'와 통용되는 글자로 '用'의 의미라고 보았다.(≪管子新釋≫)
28) 二世 : 秦제국의 두 번째 황제 胡亥를 가리킨다.
29) 馬板 : 마구간의 바닥에 깔아놓는 나무이다.

데가 없게 되는 것입니다."

**桓公觀於廐**에 **問廐吏曰 廐**는 **何事最難**고 **廐吏未對**한대 **管仲對曰 夷吾嘗爲圉人矣**①로되 **傅馬棧最難**②이니이다 **先傅曲木**하면 **曲木又求曲木**③이니 **曲木已傅**면 **直木無所施矣**④요 **先傅直木**이면 **直木又求直木**이니 **直木已傅**면 **曲木亦無所施矣**⑤니이다

① '圉'는 말을 기르는 사람이다.
圉는 養馬者라
② 차례로 엮는 것을 가리킨다. '棧'은 말이 밟고 서 있는 나무다.
謂編次之라 棧은 馬所立木也라
③ 馬板을 짜는 자가 굽은 나무를 먼저 대면 그다음에도 굽은 나무를 필요로 하니, 같은 종류를 구하는 것이다.
編棧者가 先附曲木이면 其次還須曲木이니 求其類라
④ 이미 굽은 나무를 쓰고 나서 이어서 곧은 나무를 덧대면, 비슷한 종류가 아니어서 馬板이 온전치 않게 될 것이다. 소인을 쓰면 군자는 물러나게 됨을 비유하였다.
旣用曲木하고 又施直木이면 則失其類而棧敗矣니 喩小人用이면 則君子退也라
⑤ 군자를 쓰면 소인이 물러나게 됨을 비유하였다.
喩君子用則小人退라

桓公이 管仲에게 물었다.
"나는 大國 가운데 복종하지 않는 나라를 정벌하고자 하는데, 어떻겠소?"
관중이 대답하였다.
"먼저 국경 안의 사람들을 사랑한 이후에 국경 밖의 불선한 자들을 미워할 수 있습니다. 먼저 卿과 大夫의 집안을 안정시킨 이후에 이웃의 적국을 위태롭게 할 수 있습니다. 그러므로 先王은 반드시 〈자기 나라를〉 올바로 세운 이후에 〈다른 나라를〉 폐하였고, 반드시 〈자기 나라를〉 이롭게 한 이후에 〈다른 나라를〉 해롭게 하였습니다."

**桓公謂管仲曰 吾欲伐大國之不服者**어늘 **奈何**오 **管仲對曰 先愛四封之內然後**에 **可以惡**(오)**竟外之不善者**①요 **先定卿大夫之家然後**에 **可以危隣之敵國**②이라 **是故先王必有置也然後**에 **有廢也**③요 **必有利也然後**에 **有害也**④니이다

① 국경 안의 사람들이 사랑을 받으면 백성들이 죽음을 무릅쓰게 되니, 국경 밖의 불선한

자들을 미워할 수 있다.

四封之內見愛면 則人致死니 可以惡竟外之不善者라

② 卿과 大夫의 집안이 이미 안정되면 나라가 강해진다. 그러므로 이웃 나라를 위태롭게 할 수 있다.

卿大夫之家旣定이면 則國强이라 故可以危隣國이라

③ 자기 나라가 올바로 선 이후에 다른 나라를 폐한다.

己國有置然後에 廢他國也라

④ 자기 나라를 이롭게 할 수 있은 다음에 다른 나라를 해롭게 할 수 있다.

能利己國然後에 可以害他國也라

桓公이 즉위하자 사당에 희생 소의 피를 뿌리고 기도하게 하였다. 축관 鳧已疵가 제사용 고기를 올리고 기도하였다.

"군주의 잡다한 질병을 없애주시고, 또 군주의 허황됨만 많고 실속이 적은 결점도 없애주십시오."

그러자 환공이 기분이 상해 눈을 부릅뜨고 축관 鳧已疵를 노려보았다. 축관 鳧已疵는 술을 붓고 제사 지내며 기도하였다.

"또한 군주의 현명한 척하는 점을 없애주십시오."

환공이 화가 나 축관을 죽이려 하다가 그만두었다. 이러한 상황이 관중에게 보고되자, 관중은 이에 환공이 霸業을 이룰 수 있음을 알았다.

**桓公踐位**에 **令釁社塞**(새)[30]**禱**①니 **祝鳧已疵**가 **獻胙**②하고 **祝曰 除君苛疾**③하고 **與(若)〔君〕**[31]**之多虛而少實**④하소서 **桓公不說**(열)하고 (瞑)〔瞋〕[32]**目而視祝鳧已疵**라 **祝鳧已疵**가 **授酒而祭之**하고 **曰 又與君之若賢**⑤하소서 **桓公怒**하여 **將誅之而未也**니 **以復管仲**⑥에 **管仲**은 **於是**에 **知桓公之可以霸也**⑦라

① 희생 소를 잡아 피를 사당에 뿌리는 것을 '釁社'라고 한다.

殺牲以血澆落於社를 曰釁社라

---

30) 塞(새) : 豬飼彦博(日)은 '賽'와 같은 글자로, 그 의미는 '기도한 바에 보답하다'라는 의미라고 하였다.(≪管子補正≫)

31) (若)〔君〕: 저본에는 '若'으로 되어 있으나, 王引之(淸)의 ≪讀書雜志≫에 의거하여 '君'으로 바로잡았다. 아래에 나오는 "與君之若賢"이 그 증거가 된다는 것이다.

32) (瞑)〔瞋〕: 저본에는 '瞑'으로 되어 있으나, 王念孫(淸)의 ≪讀書雜志≫에 의거하여 '瞋'으로 바로잡았다. 글자 형태가 서로 유사함으로 인해 잘못 쓰여진 글자라는 것이다.

② '祝'은 축관이고, '鳧已疵'는 그 이름이다. '胙'는 제사용 고기다.
祝은 祝史요 鳧〔已〕[33]疵는 其名也라 胙는 祭肉也라

③ 군주의 잡다한 질병을 없애달라고 기도하였다.
祝令除君煩苛之疾이라

④ '若'은 '似'이다. 군주의 재능이 대체로 있는 듯하지만 실속이 없다는 의미이다. 이와 같은 것 또한 없애달라고 기도하였다.
若은 似也니 謂君之材能이 多似有而非實이니 如此者를 亦祝去之也라

⑤ 군주가 현명한 척하니, 이 또한 제거해야 한다는 의미이다.
謂君似賢하니 亦當去之라

⑥ '復'은 '告'와 같다.
復은 猶告也라

⑦ 축관이 군주의 나쁜 점을 신에게 일러바치자, 군주가 화가 나 축관을 죽이려고 하였다. 이 마음은 善에 힘쓰고자 하는 마음이다. 그러므로 더불어 패업을 이룰 수 있음을 알았다.
祝史가 誣君之惡한대 君怒而將誅之니 是心務善也라 故知可與霸也라

桓公이 말을 타고 있는데 호랑이가 바라보고 엎드렸다. 환공이 管仲에게 물었다.

"오늘 과인이 말을 타고 있는데 호랑이가 과인을 바라보고 감히 움직이지 못하였소. 그 이유가 무엇이오?"

관중이 대답하였다.

"혹시 군주께서 얼룩말을 타고 배회할 때 해를 마주하고 달리지 않았습니까?"

환공이 대답하였다.

"그랬소."

관중이 대답하였다.

"이는 駮[34]의 형상처럼 보였기 때문입니다. 駮은 호랑이와 표범을 잡아먹기 때문에 호랑이가 두려워한 것입니다."

---

33) 〔已〕: 저본에는 '已'가 없으나, 본문에 의거하여 보충하였다.

34) 駮 : ≪山海經≫에 나오는 동물의 이름이다. ≪산해경≫에서 다음과 같이 말한다. "또 서쪽으로 3백 리를 가면 中曲山이 있다.……거기에는 짐승 한 마리가 있는데 그 모습은 말과 같다. 몸은 하얗고 꼬리는 검으며 하나의 뿔이 있다. 호랑이 발톱을 하고 있는데, 그 울음 소리는 북을 두드리는 것과 같다. 이름하여 '駮'이라 하는데 호랑이와 표범을 잡아먹는다.〔又西三百里曰中曲之山……有獸焉 其狀如馬 而白身黑尾一角 虎牙爪 音如鼓音 其名曰駮 是食虎豹〕"

**桓公乘馬**어늘 **虎望見之而伏**이라 **桓公問管仲曰 今者**에 **寡人乘馬**어늘 **虎望見寡人而不敢行**하니 **其故何也**오 **管仲對曰 意者**컨대 **君乘(駮)〔駁〕**[35] **馬而洀**(반)**桓**에 **迎日而馳乎**①아 **公曰 然**이라 **管仲對曰 此**는 **駁象也**라 **駁**은 **食虎豹**라 **故虎(疑)〔恐〕**[36] **焉**이니이다

① '洀'은 고대의 '盤'자이다.
洀은 古盤字라

駁

楚나라가 莒나라를 공격하였다. 莒나라의 군주가 齊나라에 사신을 보내 구원을 요청하였다. 桓公이 莒나라를 구해주려고 하였다. 管仲이 말하였다.

"군주께서는 구해주지 마십시오."

환공이 물었다.

"그 이유는 무엇이오?"

관중이 대답하였다.

"제가 그 사신과 말하면서 세 번 그의 군주를 모욕했는데도 그의 안색이 변하지 않았습니다. 제가 관리를 보내 사신에게 주는 예물을 만족스럽지 않게 주었더니, 세 번이나 사람을 보내 〈예물을 더 달라고〉 죽어라 하고 다투었습니다. 莒나라의 군주는 소인입니다. 군주께서는 구해주지 마십시오."

환공은 결국 구해주지 않았고, 莒나라는 멸망하였다.

**楚伐莒**(거)에 **莒君使人求救於齊**라 **桓公將救之**어늘 **管仲曰 君勿救也**니이다 **公曰 其故何也**오 **管仲對曰 臣與其使者言**에 **三辱其君**이로되 **顏色不變**①이요 **臣使官無滿其禮**에 **三**②**强其使者**[37] 하며 **爭之以死**③라 **莒君**은 **小人也**니 **君勿救**④하소서 **桓公果不救而莒亡**이라

---

35) (駮)〔駁〕: 저본에는 '駮'으로 되어 있으나, 安井衡(日)의 ≪管子纂詁≫에 의거하여 '駁'으로 바로잡았다.

36) (疑)〔恐〕: 저본에는 '疑'로 되어 있으나, 王念孫(淸)의 ≪讀書雜志≫에 의거하여 '恐'으로 바로잡았다.

37) 無滿其禮 三强其使者 : 原註에서는 '三'을 '禮'에 붙여서 "無滿其禮三 强其使者"로 끊어 읽고 있다. 이에 대해 丁士涵(淸)은 '三'은 '强'에 붙여 "三强其使者"로 읽어야 하며, 이는 앞

① 자신의 군주를 모욕했는데도 안색이 변하지 않으면 수치를 모르는 것이다.
辱其君而色不變이면 則無羞恥也라
② 세 번 접대의 예를 베풀었는데 모두 만족하지 않았다.
三加其禮로되 皆不滿足이라
③ 만족하지 못하는 의미를 알지 못하고 그저 억지로 강요하면, 죽자 하고 다투게 되니, 이는 지혜롭지 않은 것이다.
不識不滿之意하고 纔激强之면 則爭之以死하니 是不智라
④ 그 사신이 현명하지 못하므로 그 군주가 소인이라는 것을 안다.
其使不賢이라 故知其君小人也라

桓公이 바야흐로 만물이 소생하는 봄 3월에 들판을 바라보고 있었다. 환공이 물었다.

"어떤 사물이 군자의 덕에 비유될 수 있는가?"

隰朋이 대답하였다.

"무릇 곡식은 안으로는 껍질이 자리잡고 있고, 가운데로는 〈잎사귀가〉 성처럼 둘러싸고 있으며, 겉에는 兵器 같은 까끄라기가 있습니다. 그러나 감히 스스로를 자랑하지 않고, 스스로를 '粟'이라고 칭합니다. 이러한 곡식의 모습은 군자의 덕에 비교될 수 있을 것입니다."

管仲이 말하였다.

"벼의 싹은 처음에 조그마하니, 그 유순함이 참으로 어린아이와 같습니다. 그것이 장성함에 있어서는, 그 자긍심 있고 강직한 모습이 참으로 선비와 같습니다. 그것이 성숙함에 이르러서는, 유연하게 늘어지니 참으로 군자와 같습니다. 천하 사람들은 이것을 얻으면 편안하고, 이것을 얻지 못하면 위태롭습니다. 그러므로 '禾'[38]라고 이름한 것입니다. 이것이야말로 군자의 덕에 비유될 수 있습니다."

환공이 말하였다.

"훌륭한 말이오."

**桓公**이 **放春三月**에 **觀於野**①라 **桓公曰 何物可比於君子之德乎**아 **隰朋對曰 夫粟**은 **內甲以處**하고

---

의 "三辱其君"과 對句가 된다고 보았다.(≪管子校本≫) 다른 주석가들도 대체로 정사함의 견해에 동조한다.

38) 禾 : 和와 통한다.

**中有卷城**하고 **外有兵刃**②이나 **未敢自恃**하고 **自命曰粟**③이니 **此其可比於君子之德乎**니이다 **管仲曰 苗**는 **始其少也**에 **眴眴**④**乎**[39]니 **何其孺子也**⑤요 **至其壯也**에 **莊莊乎**니 **何其士也**⑥요 **至其成也**에 **由由乎**[40] **(茲免)**[41]니 **何其君子也**⑦라 **天下得之則安**⑧하고 **不得則危**라 **故命之曰禾**⑨니 **此其可比於君子之德矣**니이다 **桓公曰 善**타

① 봄에는 만물이 바야흐로 일어난다. 그러므로 '放春'이라고 말한 것이다.
春物放發이라 故曰放春이라

② 곡식은 껍질이 안에 자리잡고 있고, 잎사귀가 밖에 머물면서 마치 성처럼 감싸고 있으며, 싹의 가느다란 까끄라기가 겉에 있어 병기를 지닌다.
種粟者는 甲在內而處하고 葉居外而卷若城하고 苗之纖芒在外하여 有兵刃이라

③ 곡식이란 사물은 쓰임이 비록 이와 같지만 감히 스스로 자랑하지 않는다. 그러므로 스스로 이름하기를 '粟'이라 한다. '粟'은 삼가는 모양에 대한 이름이다.
粟之物은 用雖如此나 然不敢自恃라 故自名曰粟이니 粟則謹促[42]之名也라

④〈'眴'은〉 胡와 絹의 반절이니, 눈을 깜짝이는 모습이다.
胡絹切이니 目搖也라[43]

⑤ '眴眴'은 유순한 모습이다. 곡식의 싹이 처음 나올 때는 유순하다. 그러므로 갓난아이와 비슷하다.
眴眴은 柔順貌니 穀苗始則柔順이라 故似孺子也라

⑥ '壯'은 싹이 길고 큰 모습으로 변화해가는 것을 가리킨다. '莊莊'은 자긍심 있고 강직한 모습이다.
壯은 謂苗轉長大요 莊莊은 矜直貌也라

⑦ '由由'는 '기뻐하다'는 의미로, 알곡의 모습이다. '茲免'은 더욱 부지런히 힘쓴다는 의미이다.
由由는 悅也니 實貌라 茲勉[44]은 謂益有謹勵라

---

39) 眴眴乎 : 丁士涵(淸)은 '眴眴'은 '恂恂'으로 되어야 한다고 보았다. 原註에서 "柔順貌"로 풀이하고 있는데, 이는 '恂恂'의 의미와 부합한다는 것이다.(≪管子校本≫)

40) 由由乎 : 何如璋(淸)은 '由由'는 '油油'와 통한다고 보고, 벼 이삭이 영글어 유연하게 늘어지는 모습을 의미한다고 보았다.(≪管子析疑≫)

41) (茲免) : 저본에는 '茲免'이 있으나, 郭沫若(中)의 ≪管子集校≫에 의거하여 衍文으로 처리하였다. 문장 구조상 앞에서 "眴眴乎 何其孺子也", "莊莊乎 何其士也"로 표현되었기 때문에, 여기서도 "由由乎 何其君子也"로 되는 것이 옳다는 것이다. '茲免'은 본래 注文이었는데, 후세에 옮겨쓰는 사람이 正文으로 잘못 옮겼다고 보았다.

42) 促 : 踀(삼가다)의 의미로 쓰인 것으로 보인다.

43) 胡絹切 目搖也 : 劉本·朱本에는 이 여섯 글자가 없다. 丁士涵(淸)은 후대 사람이 함부로 덧붙인 글로 보았다.(≪管子校本≫)

⑧ 사람은 곡식으로 생명을 삼는다.
人以穀爲命이라
⑨ 사람의 생명을 조화시키기 때문이다.
以其和調人之性命이라

桓公이 북쪽으로 孤竹國을 정벌할 때, 卑耳山 계곡의 10리 앞에 미처 이르지 못하여, 갑자기 멈추고 깜짝 놀라 바라보면서 활을 당겨 쏘려고 하였으나 당기기만 하고 감히 쏘지 못하였다. 좌우 신하들에게 물었다.

"앞에 사람을 보았느냐?"

좌우 신하들이 대답하였다.

"보지 못하였습니다."

환공이 말하였다.

"이번 일이 이루어지지 않을 것 같구나. 과인은 매우 당혹스럽다. 방금 과인이 한 사람을 보았는데, 키가 한 척이지만 사람 모습을 갖추었고, 冠을 썼으며, 오른쪽으로 옷을 들어 올리고 말 앞에서 빠르게 달렸다. 이번 일이 이루어지지 않을 것 같구나. 과인은 매우 당혹스럽다. 어떻게 이런 사람이 있을 수 있는가?"

管仲이 대답하였다.

"제가 듣기에, 산을 오르는 神 중에 兪兒라는 자가 있다고 하는데, 키가 한 척이지만 사람의 모습을 갖추었다고 합니다. 霸業을 이룰 군주가 나타나 산에 오르면 그 神이 나타나고, 또한 말 앞에서 빠르게 달리면서 인도한다고 합니다. 옷을 들어 올리는 것은 앞에 물이 있다는 것을 알려주는 것이고, 오른쪽으로 옷을 들어 올리는 것은 오른쪽을 따라 물을 건너야 한다는 것을 알려주는 것입니다."

卑耳山 계곡에 이르자, 물 건너는 일을 인도하는 자가 보고하였다.

"왼쪽을 따라 건너면 그 깊이가 冠에까지 닿고, 오른쪽을 따라 건너면 그 깊이가 무릎에까지 닿습니다. 오른쪽으로 건너면 모두 건널 수 있습니다."

환공이 관중이 탄 말 앞에 서서 절하면서 말하였다.

"仲父의 성인됨이 이와 같은 지경에 이르렀는데, 과인이 죄를 지은 지 오래되었구려."

---

44) 勉 : 본문의 '免'은 '勉'과 통용한다.

관중이 대답하였다.

“저 夷吾가 듣기에, 성인은 형체가 드러나지 않은 것을 앞서 안다고 합니다. 지금 저는 형체가 있은 이후에 그것을 알았으니, 저는 성인이 아니라 단지 〈옛날 사람들의〉 가르침을 잘 받들었을 뿐입니다.”

**桓公**이 **北伐孤竹**에 **未至卑耳之谿十里**에 **闟**(흡)**然止**하고 **瞠然視**①하며 **援弓將射**나 **引而未敢發也**라 **謂左右曰 見是前人乎**아 **左右對曰 不見也**니이다 **公曰 事其不濟乎**인저 **寡人大惑**이라 **今者寡人見人**하니 **長尺而人物具焉**하고 **冠**하고 **右祛衣**하며 **走馬前疾**이니 **事其不濟乎**인저 **寡人大惑**이라 **豈有人若此者乎**아 **管仲對曰 臣聞登山之神**에 **有俞兒者**라하니 **長尺而人物具焉**이라 **霸王之君興而登山**이면 **神見**(현)하고 **且走馬前疾**하며 **道也**라 **祛衣**는 **示前有水也**요 **右祛衣**는 **示從右方涉也**니이다 **至卑耳之谿**에 **有贊水者**②**曰 從左方涉**이면 **其深及冠**이요 **從右方涉**이면 **其深至膝**이니 **若右涉**이면 **其大濟**니이다 **桓公**이 **立拜管仲於馬前曰 仲父之聖**이 **至若此**로되 **寡人之抵罪也久矣**③라 **管仲對曰 夷吾聞之**컨대 **聖人先知無形**이라 **今已有形而後知之**니 **臣**은 **非聖也**요 **善承教也**④니이다

① ‘闟’은 멈춰 선 모습이다. ‘瞠’은 깜짝 놀라 바라보는 모습이다.
闟은 住立貌요 瞠은 驚視貌라

② 물을 건너는 일을 인도하는 자이다.
謂贊引渡水者라

③ ‘抵’는 ‘맞닥뜨리다’는 의미이다. 仲父가 성인임을 알지 못하였으니, 이는 과인이 죄를 지은 지 오래된 것이다.
抵는 當也라 不知仲父之聖이니 是寡人當有罪久矣라

④ 옛날 사람들의 가르침을 잘 받들었다.
善承古人之法이라

桓公이 管仲을 시켜 寗戚을 데리고 와서 〈신하로 삼고자〉 하였다. 영척이 응하여 말하였다.

“물이 넓고도 넓구나!”

관중은 그 말의 뜻을 알지 못하여 점심때까지 고민하고 있었다. 여종이 물었다.

“공은 무엇을 고민하시는가요?”

관중이 말하였다.

"여종이 알 일이 아니다."

여종이 말하였다.

"공께서는 나이가 어리다고 어리게 여기지 말고, 미천한 사람이라고 천하게 여기지 마십시오. 옛날에 吳나라와 邗나라가 전쟁을 벌이고 있었습니다. 젖니가 아직 빠지지 않은 사람은 군대에 들어갈 수 없었는데, 邗나라의 아이가 자신의 젖니를 뽑고 마침내 군대에 들어가 邗나라를 위해 많은 공을 세웠습니다. 百里徯는 秦나라에서 소를 치던 사람이었는데, 穆公이 등용하여 재상으로 삼자 마침내 제후들을 제패할 수 있었습니다. 이런 사실들로 볼 때 미천한 사람을 어찌 천시할 수 있고, 나이 어린 사람을 어찌 어리게만 여길 수 있겠습니까?"

관중이 말하였다.

"너의 말이 맞다. 公(환공)께서 나더러 영척을 데리고 오라고 하였는데, 영척은 나에게 '물이 넓고도 넓구나'라고 말하였다. 나는 그 의미를 알지 못하겠구나."

여종이 말하였다.

"시에서 '넓고도 넓은 물이여, 왕성하게 뛰노는 물고기로다. 아직 가정을 꾸리지 못하였는데 어찌 나를 불러 머물게 하는가.'라고 하였습니다. 영척 선생은 가정을 꾸리고 싶은 것입니다."

**桓公**이 **使管仲求寧戚**이라 **寧戚應之曰 浩浩乎**라 **管仲不知**하여 **至中食而慮之**라 **婢子曰 公何慮**오 **管仲曰 非婢子之所知也**라 **婢子曰 公其毋少少**하고 **毋賤賤**하소서 **昔者**에 **吳(干)〔邗〕**[45]**戰**①에 **未齔**(츤)[46]**不得入軍門**②이로되 **國子擿其齒**하고 **遂入**하여 **爲(干)〔邗〕國多**③라 **百里徯**는 **秦國之飯牛者也**나 **穆公擧而相之**하여 **遂霸諸侯**라 **由是觀之**컨대 **賤豈可賤**하고 **少豈可少哉**리잇가 **管仲曰 然**타 **公使我求寧戚**이로되 **寧戚應我曰 浩浩乎**라하니 **吾不識**케라 **婢子曰 詩有之**하니 **浩浩者水**요 **育育者魚**④라 **未有室家而安召我居**⑤오 **寧子其欲室乎**인저

① '干'은 강변의 땅이다.

干은 江邊地也라

---

45) (干)〔邗〕: 저본에는 '干'으로 되어 있으나, 兪樾(淸)의 《諸子平議》에 의거하여 '邗'으로 바로잡았다. 原註에서는 "江邊地也"로 풀이하고 있으나, 유월은 춘추시대 吳나라 근처에 자리잡고 있던 소국의 이름이라고 보았다. 아래도 같다.

46) 齔(츤): 原註에서는 "毁齒也"라고 풀이하고 있으나, 본서에서는 '齔'의 본래 의미에 따라 '젖니를 갈다'로 풀이하였다.

② '齕'은 이를 훼손한다는 의미이다.
齕은 毁齒라

③ 전쟁의 공로가 많은 것을 '多'라고 하였다. 강변의 전투에서 나라의 어린아이가 공을 많이 세웠다는 의미이다.
戰功曰多니 言於干戰에 國子功多也라

④ 물이 넓고도 넓어 성대하고, 물고기가 왕성하게 헤엄치면서 그 가운데서 서로 노닌다. 이것은 당시 사람들이 모두 배우자를 얻어 가정을 꾸렸음을 비유한 것이니, 영척은 배필을 얻고자 하는 마음이 있었으므로 이 시를 읊어서 자신의 뜻을 드러낸 것이다.
水浩浩然盛大하고 魚育育然相與而遊其中이라 喩時人皆得配偶以居其室家니 寗戚有伉儷之思라 故陳此詩以見(현)意라

⑤ 누가 나를 부르려거든 배필을 주어 그와 더불어 거처하게 해야 한다는 의미이다.
言誰當召我면 授之配匹하여 與之爲居乎也라

桓公이 管仲과 문을 닫아걸고 莒를 정벌할 모의를 하였는데, 실행을 하기도 전에 이미 그 소문이 나라 안에 돌았다. 환공이 노여워하면서 관중에게 말하였다.

"과인과 仲父가 문을 닫아걸고 莒를 정벌할 모의를 하였는데 실행을 하기도 전에 이미 그 소문이 나라 안에 돌고 있으니, 어찌 된 영문인지 모르겠소."

관중이 말하였다.

"나라 안에 반드시 성인이 있는가 봅니다."

환공이 말하였다.

"그런가 보오. 지난날 부리던 자들 가운데 쟁기를 잡고 위를 쳐다보던 자가 있었는데, 반드시 그 자일 것이오."

이에 그 사람을 다시 근무하도록 하고 다른 사람과 서로 바꾸지 않게 하였다. 잠시 후 東郭郵가 이르자, 환공은 접대인에게 명하여 손님을 인도하여 자리에 오르게 하였다. 환공은 그와 주인과 손님의 계단을 나누어 따로 서서[47] 그에게 물었다.

"그대가 莒를 정벌한다고 말한 자인가?"

동곽우가 말하였다.

"그렇습니다. 저입니다."

---

47) 주인과……서서 : 환공은 주인이 이용하는 동쪽 계단에, 동곽우는 손님이 이용하는 서쪽 계단에 선 것이다.

환공이 물었다.

“과인은 莒를 정벌한다고 말하지 않았는데, 그대가 莒를 정벌한다고 말한 것은 어찌 된 일인가?”

동곽우가 대답하였다.

“제가 듣건대, 군자는 모의를 잘하고 소인은 추측을 잘한다고 합니다. 저는 추측을 하였습니다.”

환공이 물었다.

“그대는 어떻게 그것을 추측하였는가?”

동곽우가 대답하였다.

“무릇 즐거워 기뻐하는 자는 안색이 악기의 색깔을 띠게 되고, 슬픔에 가득 차 고요한 자는 안색이 상복의 색깔을 띠게 되며, 세차게 기운이 충만하여 엄지손가락과 엄지발가락이 〈저절로〉 움직이는 자는 안색이 兵器의 색깔을 띠게 됩니다. 일전에 저는 두 분이 누대 위에 계신 것을 보았는데, 입을 열고 닫지 않으니 이 모습은 ‘莒’를 말하고 있었고, 손을 들어 가리키는 곳이 그 형세상 莒에 해당하였습니다. 또한 제가 볼 때 작은 제후국들 가운데 복종하지 않은 나라는 오직 莒뿐이었습니다. 이에 저는 莒를 정벌한다고 말한 것입니다.”

환공이 말하였다.

“훌륭하구나. ‘은미한 것에 의해 명확하게 예측한다’고 하는 것이 바로 이것을 말하는구나! 그대는 앉으라. 과인은 그대와 함께 〈莒의 정벌을〉 모의할 것이다.”

**桓公與管仲闔門而謀伐莒**(거)어늘 **未發也**에 **而已聞於國矣**라 **桓公怒謂管仲曰 寡人與仲父闔門而謀伐莒**어늘 **未發也**에 **而已聞於國**이니 **其故何也**오 **管仲曰 國必有聖人**이니이다 **桓公曰 然**타 **夫日之役者**에 **有執(席食)〔庶鉿〕**[48] **以視上者**니 **必彼是邪**(야)①로다 **於是**에 **乃令之復役**하고 **毋復相代**②라 **少焉東郭郵至**에 **桓公令儐者延而上**③하고 **與之分級而(上)〔立〕**[49]④하고 **問焉曰 子言伐莒者乎**아 **東郭郵曰 然**하니다 **臣也**로소이다 **桓公曰 寡人不言伐莒而子言伐莒**는 **其故何也**오 **東郭郵對曰 臣聞之**컨대 **君子善謀**하고 **而小人善意**⑤라하니 **臣意**[50]**之也**니이다 **桓公曰 子**

48) (席食)〔庶鉿〕: 저본에는 ‘席食’으로 되어 있으나, 孫詒讓(淸)의 ≪札迻≫에 의거하여 ‘庶鉿’로 바로잡았다. ‘庶’는 곧 ‘蹠’의 생략된 형태이고, ‘鉿’는 곧 ‘耜’와 같다는 것이다.

49) (上)〔立〕: 저본에는 ‘上’으로 되어 있으나, 王念孫(淸)의 ≪讀書雜志≫에 의거하여 ‘立’으로 바로잡았다. 앞의 “令儐者延而上”으로 인해 잘못 쓰였다는 것이다. ≪呂氏春秋≫와 ≪說苑≫과 ≪論衡≫에도 모두 ‘立’으로 되어 있다고 한다.

**奚以意之**오 **東郭郵曰 夫欣然喜樂者**는 **鐘鼓之色也**요 (夫)[51)] **淵然**[52)] **清靜者**는 **縗絰之色也**요 **漻然豐滿**⑥**而手足拇動者**⑦는 **兵甲之色也**라 **日者**에 **臣視二君之在臺上也**하니 **口開而不闔**하니 **是言莒也**⑧요 **擧手而指**하니 **勢當莒也**라 **且臣觀小國諸侯之不服者**는 **唯莒**라 **於是**⑨에 **臣故曰 伐莒**니이다 **桓公曰 善哉**로다 **以微射明**하니 **此之謂乎**⑩인저 **子其坐**하라 **寡人與子同之**⑪하리라

① 환공과 관중이 모의할 때, 앞에 부리는 사람 중에 자리를 깔고 앉아 음식을 먹고 있던 자가 있었는데, 그가 곁눈질하면서 위로 바라보았으니 군주를 살피기 위한 것이었다. 반드시 이자가 우리의 모의를 알았을 것이다.
桓公與管仲謀時에 役人於前하여 乃有執席而食이어늘 私目上視하니 所以察君也라 必是人者가 知吾謀也라

② 당시 자리를 깔고 앉아 음식을 먹던 자는 남을 대신해 일꾼으로 들어와, 그로 인해 군주를 살필 수 있었다. 지금 서로 바꾸지 말라고 하였으니 저 또한 군주가 자신의 존재를 알아차렸음을 알았으니, 반드시 와야 한다.
時執席而食者는 代人入役하여 因得察君이라 今不令相代하니 彼亦知君覺己니 必當來也라

③ '儐'은 손님을 인도하여 안내하는 자를 말한다.
儐은 謂贊引賓客者也라

④ 환공이 손님의 예로 그를 대우하였으므로 그와 계단을 나누어 따로 올라갔으니 그로 하여금 손님의 자리에 나아가게 하였다는 의미이다.
公以客禮待之라 故與之分級而上하니 謂使之就賓階也라

⑤ 뜻으로 잘 헤아린다.
善以意度(탁)之也라

⑥ 군대의 형세와 기운이 왕성한 곳에 마음이 가 있으므로 그 모습이 충만하다.
心在兵武形氣盛이라 故其貌豐滿이라

⑦ 내면에 용맹함이 들어 있으면 외부 형체가 반드시 반응한다. 그러므로 엄지손가락과 엄지발가락이 움직이는 것이다.
中勇이면 外形必應이라 故手足拇動也라

⑧ '莒'자는 '口'가 둘이다. 그러므로 두 사람이 입을 열고 〈입술이〉 서로 마주 보고 있는 것을 통해 '莒'를 말하고 있음을 알았다.
莒字는 兩口라 故二君開口相對에 卽知其言莒라

---

50) 意 : 王念孫(淸)은 '億'과 같은 글자로 보았다.(≪讀書雜志≫)
51) (夫) : 저본에는 '夫'가 있으나, 丁士涵(淸)의 ≪管子校本≫에 의거하여 衍文으로 처리하였다.
52) 淵然 : 豬飼彦博(日)의 ≪管子補正≫에 의하면 ≪呂氏春秋≫에는 '湫然'으로 되어 있다고 한다.

⑨ 오직 莒만이 복종하지 않았다. 이에 이것을 안 것이다.
唯莒不服이라 於是知之라
⑩ 얼굴색에 드러나는 은미한 기색으로 정벌할 나라를 명확히 알았다는 의미이다.
言以形色之微로 知伐國之明也라
⑪ 莒를 정벌할 모의를 함께한다.
同伐莒之謀也라

어떤 객이 齊 桓公을 뵙고, 높은 관직에 임명해줄 것과 봉록으로 천 鍾을 주기를 요청하였다. 환공이 이 사실을 管仲에게 알리니, 관중이 말하였다.

"군주께서는 그에게 주십시오."

객이 이 사실을 듣고 말하였다.

"저는 벼슬하지 않겠습니다."

환공이 물었다.

"어째서인가?"

객이 대답하였다.

"제가 듣건대, 남의 말을 듣고 사람을 등용하는 사람은, 내보낼 때도 남의 말을 따른다고 합니다. 저는 벼슬하지 않겠습니다."

**客或欲見於齊桓公**하고 **請仕上官**과 **授祿千鍾**이라 **公以告**하니 **管仲曰 君予之**하소서 **客聞之曰 臣不仕矣**로소이다 **公曰 何故**오 **對曰 臣聞**컨대 **取人以人者**①는 **其去人也**에 **亦用人**이라하니이다 **吾不仕矣**로소이다

① 남의 말이 그렇다고 한 이후에 사람을 취한다.
以人之言然後取人이라

管子 17卷

明 吳郡 趙氏本
唐 司空 房玄齡 註

# 제52편 일곱 가지 유형의 신하와 군주 七臣七主
## 잡편 3 雜編 三

군주와 신하의 다양한 유형에 대해 말하고 있다. 우선 여섯 유형의 잘못된 군주의 모습에 대해 언급하고, 이어서 여섯 유형의 잘못된 신하의 모습을 제시한다. 이들 여섯 유형의 잘못된 군주와 신하의 단점들을 모두 없애게 되면, 한 가지 유형의 올바른 군주와 신하의 모습이 드러나게 된다. 이렇게 하여 본 편에서는 뺄셈의 방식으로 가장 바람직한 군주와 신하의 모습을 그려내고 있다.

혹 평온한 생각과 텅 빈 마음으로 일곱 유형의 군주의 도에 대해 의론하기를 청한다면, 여섯 유형의 잘못과 한 유형의 올바름을 얻어 스스로를 돌이켜 비추어야 〈각각의〉 득실을 알게 된다. 〈또한〉 이로써 일곱 신하의 유형을 바로잡으면, 여섯 유형의 잘못과 한 유형의 올바름을 파악하게 된다. 〈군주가 이들 여섯 유형의 잘못과 한 유형의 올바름을 파악한다면〉 아, 훌륭하도다! 성대한 일이로다!

**或以平虛**로 **請論七主之**(過)〔**道**〕①[1]면 **得六過一是**하여 **以還自鏡**이라야 **以知得失**②하며 **以繩七臣**이면 **得六過一是**라 **嗚呼美哉**라 **成事**(疾)〔**矣**〕③[2]로다

---

1) (過)〔道〕: 저본에는 '過'로 되어 있으나, 陳奐(淸)의 ≪管子集校≫에 의거하여 '道'로 바로잡았다. 다음 문장에서 "六過一是"를 언급하고 있으므로, "七主之過"라고 말하면 뜻이 통하지 않게 된다는 것이다.

2) 成事(疾)〔矣〕: 저본에는 '疾'로 되어 있으나, 丁士涵(淸)의 ≪管子校本≫에 의거하여 '矣'로 바로잡았다. '疾'은 '矣'의 誤字라는 것이다. 原註에서는 "疾 美也"로 풀이하고 있으나, '疾'에는 '美'의 의미를 찾아볼 수 없다. 그리고 정사함은 '成'은 '盛'과 통하는 글자로 보았다.

①〈'平虛'는〉 평온한 생각과 텅 빈 마음을 의미한다. '七主'의 의미는 다음과 같다. 아래 문장에 근거하면 오직 여섯 명으로, 모두 잘못된 군주이다. 이들 여섯 명의 잘못을 없게 할 수 있으면 올바른 군주 한 명이 되니, 잘못된 군주가 여섯 명이고 올바른 군주가 한 명이다. 그러므로 "일곱 군주"라고 말하는 것이다.

謂平意虛心也라 七主는 據下唯有六者니 皆過主라 能無此六者過면 則爲一是主也니 過主六이요 是主一이라 故曰七主也라

② 여섯 군주의 잘못을 파악하면 한 명의 올바른 군주가 되니, 이를 통해 스스로 그 득실을 비추어 알 수 있다.

得六過則爲一是니 以自鑒得失可知也라

③ '疾'은 '아름답다'는 의미이다. '繩'은 '바로잡다'는 의미이다. 여섯 가지 형태의 과오에 의해 일곱 유형의 신하를 바로잡아, 신하에게 이들 여섯 가지 잘못이 없게 하므로 한 유형의 올바른 신하가 된다는 의미이다. 군주와 신하가 모두 한 가지 덕을 지니므로 아름다움을 이룰 수 있는 것이다.

疾은 美也요 繩은 謂彈正也니 言以六過로 繩七臣하여 令臣無六過라 是故爲一이라 君臣咸有一德이라 故能成美也라

'법령을 펼쳐 사용하는 군주〔申主〕'는 형세에 맡기고 度數를 지킴으로써 불변하는 원칙으로 삼으며, 가깝고 먼 일들을 두루 청취함으로써 밝은 지혜를 이어간다. 일이 모두 요점을 얻어 상세히 살펴지면 법령이 공고해지고, 상과 벌이 반드시 시행되면 아랫사람들이 법에 복종한다. 〈그러나 도덕으로 세상을 다스리는 군주는〉 때에 신중히 하여 조화를 얻으니, 백성은 소박한 상태로 돌아간다.

**申主**는 **任勢守數以爲常**①하고 **周聽近遠以續明**②하고 **皆要審則法令固**하고 **賞罰必則下服度**③라 (不備待)〔**備時**〕[3)]**而得和**면 **則民反素也**④라

① '申'은 법령을 펼쳐 사용한다는 의미이다.

申은 謂陳用法令이라

② 멀고 가까운 일들을 두루 청취하면 그 밝음이 끊이지 않게 된다.

近遠之事를 周而聽之면 則其明不絕이라

③ 일이 모두 요점을 얻어 상세히 살펴지면 법령이 공고해지고, 상과 벌이 반드시 시행되면 아랫사람들이 모두 그 법령과 제도에 복종하게 된다.

---

3) (不備待)〔備時〕: 저본에는 '不備待'로 되어 있으나, 張佩綸(淸)의 ≪管子學≫에 의거하여 '備時'로 바로잡았다. 이때 '備'는 '愼'의 의미라고 한다.

事皆得要而詳審이면 則法令固하고 賞罰必而下皆服其法度也라

④ 도덕으로 세상을 다스리는 군주는 지극히 어질고 백성을 감화시켜, 조화를 얻음이 이것으로부터 이르게 되므로 사람들은 모두 소박한 상태로 돌아간다는 의미이다. 지금 申主는 그렇게 할 수 없다. 그러므로 이것으로 허물을 삼는 것이다.
謂以道德理世之君은 至仁感物하여 德[4)]和自此而至니 故人皆反於朴素라 今申主不能然이라 故以爲過也라

'은혜로운 군주〔惠主〕'는 상을 풍성하게 주고 하사품을 넉넉히 주어 국고를 소진하며, 간사한 자들을 사면해주고 잘못이 있는 자들을 방면하여 법을 훼손한다. 국고가 소진되면 군주의 권위가 쇠약해지고, 법이 훼손되면 간사함의 문호가 열리게 된다. 그러므로 "〈은혜로움이〉 지나치면 오히려 패망하게 된다."고 말한다.

**惠主**는 **豐賞厚賜以竭藏**하고 **赦姦縱過以傷法**하니 **藏竭則主權衰**하고 **法傷則姦門闓**라 **故曰 泰則反敗矣**①라

① 은혜를 베풂이 너무 심하므로 오히려 패망을 이루게 된다는 의미이다.
謂爲惠太過故反成敗也라

'법을 침범하는 군주〔侵主〕'는 좋아하고 싫어하는 바가 법에 어긋남으로써 스스로를 해치고, 알기 어려운 것을 함부로 결단하는 것을 좋아함으로써 밝은 지혜를 막으며, 〈신하의 일을〉 좇아가 엿보면서 몰래 살피기를 좋아한다. 일을 처리하는 데 일정함이 없고, 법령을 펼쳐도 〈일에〉 합치되지 않으면, 나라의 권세를 잃게 된다.

**侵主**는 **好惡**(오)**反法以自傷**①하고 **喜決難知以塞明**②하고 **從狙而好小察**③이라 **事無常而法令申不啎**면 **則國失勢**④라

① 법을 넘어서 일을 행하는 것을 '侵'이라 한다. 좋아하는 바와 싫어하는 바가 모두 법에 어긋난다. 그러므로 스스로를 해치게 되는 것이다.
越法行事를 謂之侵이니 所好所惡가 皆反於法이라 故自傷이라

② 알기 어려운 것을 〈함부로〉 결단하면 이치에 합당하지 않다. 그러므로 밝은 지혜가 막힌다.
決難知則理不當이라 故明塞也라

4) 德 : 본문에 따라 '得'으로 읽었다.

③ '狙'는 '엿보다'는 의미이다. 이미 관직에 임명한 신하가 어떤 일을 행하면 반드시 좇아가 그 일을 엿본다는 의미이다.
狙는 伺也니 謂旣任臣有所爲면 必從而伺之라

④ '悟'는 '伍'의 古字로, '서로 합치하다'는 의미이다. 비록 법령을 반포해도 일에 합치되지 않아 법이 제대로 실행되지 않는 것은, 권세를 잃게 되는 원인이 된다는 의미이다.
悟는 古伍字니 謂偶合也라 言雖申布法令이나 於事不合하여 法旣不行은 所以失勢也라

'荒淫한 군주〔荒主〕'는 눈으로는 五色을 마음껏 즐기고, 귀로는 五聲을 좋아하며, 이웃 나라들과의 관계를 고려하지 않고, 諫官의 의견을 듣지 않는다. 〈그 결과〉 신하들은 방자하게 행동하게 되고, 나라의 권세는 크게 기울게 된다. 〈행하는 바가〉 이치에 합치되지 않으면 해악이 자기 자신에게 미치게 된다.

**(芒)〔荒〕主**[5]는 **目伸五色**하고 **耳常**[6]**五聲**①하고 **四隣不計**②하고 **司聲**[7]**不聽**③하니 **則臣下恣行而國權大傾**하고 **不悟則所惡及身**④이라

① '芒'은 어두워 밝게 알지 못하는 모습이다. '伸'은 '방자하다'는 의미이다.
芒은 謂芒然不曉識之貌요 伸은 謂放恣也라

② 사방 이웃 나라들과 自國 사이에 틈이 발생해도 이를 헤아려 알려고 하지 않는다.
四隣與己爲隙에 不計(탁)度而知之也라

③ 民情을 살피는 관리는 군주가 좋아하는 바에 따를 뿐, 어지러움을 다스리라는 백성의 소리를 듣지 않는다.
司聲之官은 隨君所好하여 不爲聽其理亂之音也라

④ 행하는 바가 이미 이치에 부합하지 않으므로 해악이 도리어 자신에게 미치게 된다.
所爲旣不合理라 故惡還及身이라

'수고로운 군주〔勞主〕'는 군주와 신하 사이의 직분을 분명하게 밝히지 않아, 위아래가 서로 간섭하게 된다. 군주와 신하의 〈권세가〉 같으면 형벌이 〈크게〉 발생하고 많아지며, 형벌이 많아지고 〈크게〉 발생하면 나라가 각박해진다. 〈이러한 권신

---

5) (芒)〔荒〕主 : 저본에는 '芒主'로 되어 있으나, 陶鴻慶(淸)의 ≪讀管子札記≫에 의거하여 '荒主'로 바로잡았다. 고대에 '芒'과 '荒'은 통용되었으며, '荒主'는 다음에 나오는 '芒主'와 구별된다는 것이다.
6) 常 : 許維遹(中)은 '尙'으로 읽고, 그 의미는 '好'라고 보았다.(≪管子集校≫)
7) 司聲 : 原註에서는 '民情을 살피는 관리'로 해석하고 있으나, 郭沫若(中)은 '諫官'으로 보았다.(≪管子集校≫)

을〉 제거하려고 하면 〈나라가〉 어지러워지고 임명하면 〈군주가〉 위태로워지니, 후대를 어찌 얻을 수 있겠는가?

**勞主**는 **不明分職**하여 **上下相干**①이라 **臣主同**이면 **則刑振以豐**하고 **豐振以刻**②이니 **去之而亂**하고 **臨之而殆**니 **則後世何得**③이리오

① 신하를 임명하는 이치를 잃고 몸소 수고하면서도 공적이 없으므로 '수고로운 군주'라고 말한다는 것이다.
言失任臣之理하고 勞而無功이라 故曰勞主라
② 신하와 군주의 권세가 같으면 〈군주와 신하〉 모두 권위를 떨치게 된다. 그러므로 형벌이 크게 발생하고 또한 많아진다. 형벌이 많아지고 또 제멋대로 발생하면 각박한 정치가 아니고 무엇이겠는가?
臣主同勢면 則俱奮威權이라 故刑罰大振而且豐多라 刑豐而又妄振이면 非刻而何也리오
③ 권세를 지닌 신하가 군주를 뒤흔들 때, 군주가 그를 제거하고자 하면 반드시 〈나라가〉 어지러워지고, 그에게 관직을 맡기면 반드시 〈군주가〉 위태로워진다. 이미 〈나라가〉 어지러워지고 〈군주가〉 위태로우면 반드시 패망하게 된다. 그러므로 후대를 얻지 못하게 된다.
權臣振主에 君欲去之면 必爲亂이요 任而臨之면 必危殆니 旣亂且危면 敗亡必及이라 故後代無得也라

'위엄을 떨치는 군주〔振主〕'는 기뻐함과 노여워함에 일정한 법도가 없고, 형벌이 엄하고 용서함이 없다. 신하들이 두려움에 떨어 어찌할 바를 알지 못하면, 사람들은 先君의 다스림으로 되돌아가고자 한다. 〈군주의 행동거지가〉 이치에 합치되지 않으면 법령은 날로 쇠퇴하고 나라는 견고함을 잃게 된다.

**振主**는 **喜怒無度**하고 **嚴誅無赦**①라 **臣下振(怒)〔恐〕**[8]하여 **不知所錯**면 **則人反其故**②니 **不悟則法數日衰**하고 **而國失固**③라

① 위엄을 발동하는 것을 '振'이라 한다.
動發威嚴을 謂之振也라
② '故'는 先君의 다스림을 가리킨다.
故는 謂先君之理라

8) (怒)〔恐〕: 저본에는 '怒'로 되어 있으나, 王引之(淸)의 ≪讀書雜志≫에 의거하여 '恐'으로 바로잡았다. 앞의 "振主喜怒" 구절로 인해 '怒'가 잘못 끼어들었다는 것이다.

③ 행동거지가 이미 이치에 합치되지 않으므로 법령이 쇠퇴하고 나라가 견고함을 잃게 된다.

擧錯旣不合理라 故數衰而國失固라

'흐리멍덩한 군주〔芒主〕'는 사람들의 실정에 통달하지 못한다. 이런 상태로 의심나는 바를 질문하므로 신하들은 〈군주에 대한〉 믿음이 없다. 〈이에〉 신하들은 모두 각자 알아서 일을 처리하니 일이 많아진다. 일이 많아지면 혼미해지고, 혼미해지면 나중에 처리할 일과 급하게 처리할 일이 동시에 세워진다. 〈행하는 바가〉 이치에 부합되지 않으니 〈군주가〉 보는 일들이 좋지 않게 보인다. 〈이에〉 군주는 남은 권세의 힘으로, 자신을 책망하지 않고 남을 벌준다.

**芒主**는 〔不〕[9]**通人情**하여 **以質疑**라 **故臣下無信**이니 **盡自治其事則事多**①요 **多則昏**이요 **昏則緩急俱植**②이라 **不牾則見所不善**③하니 **餘力自失而罰**④이라

①〈군주가〉 이미 스스로 밝지 못하므로 사람들의 실정에 통달하지 못한다. 이런 상태로 의심스러운 바를 질문하면 신하들은 〈군주를〉 믿을 수가 없게 된다. 〈이에〉 신하들은 모두 각자의 생각에 따라 일을 처리하며, 신하들마다 일을 만들어내므로 일이 많아진다.

旣不自曉라 故(下)〔不〕[10]通人情이니 以問所疑면 則臣下無所取信이니 皆自任胸臆하여 以理其事하며 人人生事故事多也라

② '植'은 '세우다'는 의미이다. 이미 혼미하여 밝지 못하므로 나중에 처리해야 할 일과 급하게 처리해야 할 일을 동시에 세운다.

植은 立也니 旣昏而不明이니 故緩急之事를 俱可立이라

③ 행하는 바가 이미 이치에 합치되지 않는다. 그러므로 그가 보는 일들이 모두 좋게 보이지 않는다.

所爲旣不合理라 故其所見之事가 皆不善이라

④ 여전히 잡은 권세와 남은 힘이 있어, 자기 자신을 책망하지 않고, 다른 사람에게 분노를 옮겨 그를 벌준다.

尙有執權餘力하여 己不自責하고 乃遷怒而罰之라

그러므로 군주가 잘 헤아리고 편안하면, 관리는 엄숙하고 엄정하며, 백성은 소

---

9) 〔不〕: 저본에는 '不'이 없으나, 張佩綸(淸)의 ≪管子學≫에 의거하여 보충하였다.

10) (下)〔不〕: 저본에는 '下'로 되어 있으나, 張佩綸(淸)의 ≪管子學≫에 의거하여 '不'로 바로잡았다. '下'는 '不'의 誤字라는 것이다.

박하고 친밀하며, 관청에는 못된 관리가 없고 조정에는 姦臣이 없으며, 아랫사람들에게는 침탈하고 다투는 일이 없고 세상에는 형벌 받는 사람이 없게 된다. 그러므로 한 사람의 다스려짐과 어지러워짐은 그의 마음에 달려 있고, 한 나라의 존속됨과 망함은 그 군주에 달려 있다.

**故主虞而安①이면 吏肅而嚴하고 民樸而親하고 官無邪吏하고 朝無姦臣하고 下無侵爭하고 世無刑民②이라 故一人之治亂은 在其心③이요 一國之存亡은 在其主④라**

① '虞'는 '헤아리다'는 의미이다. 군주가 마땅한 바를 헤아리고 행동할 수 있으므로 편안하다. 다만 군주가 헤아리고 편안하면 아래의 몇 가지 일에 이르게 된다.
虞는 度(탁)也니 主能度宜而行故安이라 但主能度而安이면 則致下數事라
② 무릇 이들은 모두 군주가 잘 헤아리고 편안하기 때문이다.
凡此는 皆主虞而安故也라
③ 그 사람 마음의 삿됨과 올바름에 달려 있다.
在其心之邪正이라
④ 그 군주의 지혜로움과 우둔함에 달려 있다.
在其主之智愚라

천하의 得失은 한 사람으로부터 나온다.[11] 군주가 근본(농업과 잠업)을 좋아하면 백성은 황무지 개간하기를 좋아하고, 군주가 재화를 좋아하면 백성은 시장에서 장사하고, 군주가 궁궐을 좋아하면 목수들의 기술이 정교해지고, 군주가 화려한 무늬를 좋아하면 길쌈하는 여인들의 손놀림이 화려해진다.

무릇 楚나라 왕이 가는 허리를 좋아하자 미인들이 음식을 줄였고, 吳나라 왕이 劍術을 좋아하자 나라의 용사들이 죽음을 가볍게 여겼다. 죽는 것과 굶는 것은 세상 사람들이 공통적으로 싫어하는 것이다. 그런데도 그렇게 하는 이유는 무엇인가? 군주가 좋아하는 것을 따랐기 때문이다. 하물며 군주가 음악을 좋아하고 즐기면 그 결과는 어떻겠는가?

---

11) 천하의……나온다 : 이 구절부터 아래의 "백성 중에는 군주를 원망하는 자가 없다.〔百姓無怨於上〕" 구절까지는 지금까지의 내용과 연결되지 않는다. 즉 앞 단락까지는 여러 유형의 잘못된 군주의 모습을 거론하면서 올바른 군주의 모습을 밝히고 있었는데, 여기서부터는 군주가 스스로 금하고 극복해야 할 원칙들 및 陰陽五行家의 時令사상이 언급되고 있다. 그러므로 張佩綸(淸)은 이 부분을 〈禁藏〉에 들어가야 할 내용이 잘못 끼어든 것으로 보았다.(≪管子學≫)

**天下得失**은 **道一人出**①하니 **主好本**이면 **則民好墾草萊**②하고 **主好貨**면 **則人賈市**하고 **主好宮室**이면 **則工匠巧**하고 **主好文采**면 **則女工靡**라 **夫楚王好小腰而美人省**(생)**食**하고 **吳王好劒而國士輕死**하니 **死與不食者**는 **天下之所共惡**(오)**也**로되 **然而爲之者**는 **何也**오 **從主之所欲也**니 **而況愉樂音聲之化乎**아

① '道'는 '따르다'는 의미이다. '한 사람'은 군주이다. 밝은 군주는 얻고 아둔한 군주는 잃는다.
道는 從也요 一人은 爲主也라 明主得하고 闇主失이라

② '근본'은 농업과 蠶業을 가리킨다.
本은 謂農桑也라

무릇 남자가 농사짓지 않고 여자가 길쌈하지 않고 匠人이 쓸모없는 것을 만드는 데 힘을 쓰면서, 토지에서 작물이 잘 자라고 창고가 가득 차길 바라는 것은 가능하지 않다. 토지에서 작물이 자라지 않으면 백성이 빈곤하고, 백성이 빈곤하면 반역의 기운이 생겨나고, 반역의 기운이 생겨나면 政令이 시행되지 않는다. 이때 강한 적이 움직여 일어나면 비록 계책이 뛰어난 자라도 나라를 보존할 수 없다. 무엇으로 그러함을 증명하는가?

옛날에 紂임금이 그랬다. 紂는 어질고 충성스러운 신하들을 죽였고, 남을 비방하는 무리를 가까이하였으며, 여인을 총애하였다. 살인을 좋아하되 용기가 없었고, 부유함을 좋아하되 가난한 사람들을 잊었다. 줄기차게 사냥을 일삼았고, 지칠 줄 모르고 음악을 즐겼으며, 아름다운 누대와 궁실이 있지만 거처에 만족할 줄 몰랐고, 네 필이 끄는 수레 천 대가 있어도 수레 타는 데 만족할 줄 몰랐으며, 재능 있는 여자 樂士 삼천 명을 두었고, 온갖 악기의 소리가 끊이지 않았다. 백성은 초췌하고 궁핍했고, 선비들은 〈군주를 위해〉 죽지 않았다. 마지막에는 주변에 아무도 없었고 백성은 반역의 마음을 품었으니, 周 武王을 만나 마침내 주나라의 포로가 되었다. 이는 물질에 미혹되어 백성의 실정을 놓친 것이고, 지나친 즐거움을 즐기다가 뒤에 올 근심을 잊은 것이다. 그러므로 재물을 사용하는 데 일정한 정도가 없으면 나라가 망하고, 일을 일으키는 데 때에 맞지 않게 하면 반드시 그 재앙을 입게 된다.

**夫男不田**하고 **女不(緇)〔績〕**①[12)]하고 **工技力於無用**②이로되 **而欲土地之毛**③와 **倉庫滿實**은 **不可得也**라 **土地不毛則人不足**하고 **人不足則逆氣生**④하고 **逆氣生則令不行**이니 **然彊敵發而起**면 **雖善者**라도 **不能存**⑤이라 **何以效其然也**오 **曰 昔者(桀)**[13)]**紂是也**니 **誅賢忠**하고 **近讒賊之士而貴婦人**하고 **好殺而不勇**하고 **好富而忘貧**하고 **馳獵無窮**하고 **鼓樂無厭**하고 **瑤臺玉(餔)〔館〕**[14)]**不足處**⑥하고 **馳車千駟不足乘**하고 **材女樂三千人**⑦하고 **鐘石絲竹之音不絶**하고 **百姓罷**(피)**乏**하고 **君子無死**⑧하고 **卒莫有人**하고 **人有反心**에 **遇周武王**하여 **遂爲周氏之禽**⑨이라 **此營**[15)]**於物而失其情者也**⑩요 **偸於淫樂而忘後患者也**라 **故設用無度**면 **國家踣**(복)⑪하고 **擧事不時**면 **必受其菑**라

① '緇'는 '검은 비단'을 가리킨다.
　緇는 謂黑繒이라

② 쓸모없는 기물을 만드는 데 힘을 쏟는 것을 의미한다.
　謂勤力於無用之器物也라

③ '毛'는 좋은 모를 가리킨다.
　毛는 謂嘉苗라

④ 부족하면 원망하고 노여워한다. 그러므로 윗사람을 거스르는 기운이 생겨난다.
　不足則怨怒라 故逆上之氣生이라

⑤ 계책을 잘 세우는 것을 의미한다.
　謂善爲計謀라

⑥ '玉餔'는 좋은 음식이다.
　玉餔는 猶玉食이라

⑦ 재능을 지닌 여자 악사를 가리킨다.
　謂有材能之女樂也라

⑧ 군주를 위해 죽음을 무릅쓰지 않는다는 의미이다.
　言不爲君致死라

⑨ 周나라에 사로잡히게 되었다.
　爲周所禽獲也라

---

12) (緇)〔績〕: 저본에는 '緇'로 되어 있으나, 王引之(淸)의 ≪讀書雜志≫에 의거하여 '績'으로 바로잡았다. 고대에 두 글자가 서로 유사함으로 인해 잘못 쓰여졌다는 것이다.

13) (桀): 저본에는 '桀'이 있으나, 王念孫(淸)의 ≪讀書雜志≫에 의거하여 衍文으로 처리하였다. 아래에서 "遇周武王 遂爲周氏之禽"이라고 언급하고 있으므로, '桀'은 해당하지 않는다는 것이다.

14) (餔)〔館〕: 저본에는 '餔'로 되어 있으나, 宋翔鳳(淸)의 ≪管子識誤≫에 의거하여 '館'으로 바로잡았다. '玉館'은 곧 '璇室'과 같다고 한다.

15) 營: 許維遹(中)은 ≪淮南子≫의 高誘 注에 의거하여 '惑'의 의미로 해석하였다.(≪管子集校≫)

⑩ '物'은 누대・정자・수레・음악을 가리키니, 사치를 부리기 위한 것들이다.
物은 謂臺榭車音이니 所以爲侈靡者라
⑪ '蹃'은 '흩어져 망하다'는 의미이다.
蹃은 謂散亡이라

무릇 창고는 이유 없이 비지 않고, 상인과 관리는 이유 없이 무너지지 않고, 법령은 이유 없이 어지러워지지 않고, 국가는 이유 없이 망하지 않는다. 저 계절에는 봄과 가을이 있고, 한 해에는 풍년과 흉년이 있고, 政事에는 급하게 해야 할 것과 느슨하게 해야 할 것이 있다. 정사에 급하게 해야 할 것과 느슨하게 해야 할 것이 있기 때문에 물건값에 높고 낮음이 있고, 한 해에 풍년과 흉년이 있기 때문에 백성에게는 남음과 부족함이 있고, 계절에 봄과 가을이 있기 때문에 곡식에는 귀중함과 흔함이 있고, 조정에서 〈곡식값이〉 지나치게 〈높은 것과 낮은 것을〉 조절하지 않기 때문에 떠돌이 상인들이 10배 100배의 이득을 얻고 농업을 버린다. 백성이 농사를 짓지 않고 빈부의 차이가 끝이 없는 것은 모두 이것에서 생기고, 성곽이 지켜지지 않고 병사들을 부리지 못하는 것은 모두 이것으로부터 시작된다.

**夫倉庫非空虛也**①요 **商宦非虛壞也**②요 **法令非虛亂也**③요 **國家非虛亡也**④라 **彼時有春秋**요 **歲有(敗)〔賑〕**[16]**凶**이요 **政有急緩**이라 **政有急緩**이라 **故物有輕重**⑤이요 **歲有(敗)〔賑〕凶**이라 **故民有(義)〔羨〕**[17]**不足**⑥이요 **時有春秋**라 **故穀有貴賤**⑦이요 **而上不調淫**이라 **故游商得以什伯〔棄〕**[18]**其本也**⑧라 **百姓之不田**하고 **貧富之不訾**는 **皆用此作**⑨이요 **城郭不守**하고 **兵士不用**은 **皆道此始**⑩라

① 반드시 사치의 비용에 한도가 없으므로 텅 빈다.
必侈費無度라 故空이라
② 반드시 근본(농업)을 버리고 말단(상업)을 좇으므로 무너진다.
必棄本逐末이라 故壞也라
③ 〈법령을〉 반드시 위에서는 폐기하고 아래에서는 무시하므로 어지러워진다.

16) (敗)〔賑〕: 저본에는 '敗'로 되어 있으나, 陶鴻慶(淸)의 ≪讀管子札記≫에 의거하여 '賑'으로 바로잡았다. '敗'는 '賑'의 誤字라는 것이다. 그리고 ≪說文解字≫에 "賑 富也(賑은 '부유하다'는 의미이다.)"로 되어 있다고 한다. 아래도 같다.
17) (義)〔羨〕: 저본에는 '義'로 되어 있으나, 王念孫(淸)의 ≪讀書雜志≫에 의거하여 '羨'으로 바로잡았다. '義'는 '羨'의 誤字라는 것이다.
18) 〔棄〕: 저본에는 '棄'가 없으나, 原註에 의거하여 보충하였다.

必上替下陵이라 故亂이라

④ 반드시 도를 뒤집고 이치에 어긋나므로 망한다.

必倒道背理라 故亡也라

⑤ 정사가 급하면 물건값이 낮고, 정사가 느슨하면 물건값이 높다.

政急物輕이요 政緩物重이라

⑥ 한 해 농사가 이미 흉년이면, 비록 의로운 일이 있다 할지라도 그 의례를 행하기에 〈재물이〉 부족하다.

歲旣敗凶이면 雖有義事라도 不足以行其禮라

⑦ 봄에는 곡식이 귀하고 가을에는 곡식이 흔하다.

春穀貴요 秋穀賤이라

⑧ '淫'은 '지나치다'는 의미이다. '곡물의 가격이 지나치게 높거나 낮으면, 조정에서는 곡식을 거둬들이거나 풀어줌으로써 가격을 조정해야 한다. 이것을 하지 않으므로 떠돌이 상인들이 10배 100배의 이익을 얻게 되고, 이 때문에 농업이 버려지게 된다.'는 의미이다.

淫은 過也라 謂穀物過於貴賤이면 則上當收散以調之라 此之不爲故游商得什伯之贏하여 以棄其本也라

⑨ '眥'는 한계이다. 모두 지나친 것을 조정하지 않는 것으로부터 일어난다.

眥는 限也니 皆從不調淫而作也라

⑩ '道'는 '따르다'는 의미이다.

道는 從이라

무릇 나라가 망하고 가문이 쓰러지는 것은, 토지가 없어서가 아니라 그들이 일하는 것에 성과가 없기 때문이다. 흉년에 장마가 나거나 가뭄이 드는 것은, 비나 이슬이 없기 때문이 아니라 그 건조함과 습함이 때에 맞지 않기 때문이다. 난세에 정치가 번잡한 것은, 법령이 없어서가 아니라 벌주고 상주는 사람이 마땅한 사람이 아니기 때문이다. 포악한 군주와 미혹된 군주는, 심복이 없어서가 아니라 신하를 취하고 버리는 것이 마땅한 방법이 아니기 때문이다.

**夫亡國踣家者**는 **非無壤土也**요 **其所事者**가 **非其功也**일새요 **(夫)**[19]**凶歲(雷)〔霖〕**[20]**旱**은 **非無雨露也**요 **其燥濕**이 **非其時也**일새요 **亂世煩政**은 **非無法令也**요 **其所誅賞者**가 **非其人也**일새요

---

19) (夫) : 저본에는 '夫'가 있으나, 張佩綸(淸)의 ≪管子學≫에 의거하여 衍文으로 처리하였다.
20) (雷)〔霖〕 : 저본에는 '雷'로 되어 있으나, 丁士涵(淸)의 ≪管子校本≫에 의거하여 '霖'으로 바로잡았다.

**暴主迷君**은 **非無心腹也**요 **其所取舍**가 **非其術也**라

그러므로 현명한 군주는 여섯 가지 힘쓰는 것과 네 가지 금지하는 것이 있다. 여섯 가지 힘쓰는 것은 무엇인가? 첫째는 절약이고, 둘째는 현명한 신하의 보좌이고, 셋째는 법률 제도이고, 넷째는 〈죄 있는 자를〉 반드시 벌함이고, 다섯째는 天時이고, 여섯째는 토지에 마땅함이다.

네 가지 금지하는 것은 무엇인가? 봄에는 동물을 죽이거나 나무를 베지 못하게 하고, 큰 언덕을 파서 옮기지 못하게 하고, 큰 沼澤地의 초목을 불태워 없애지 못하게 하고, 큰 나무를 베지 못하게 하고, 큰 산을 파헤치지 못하게 하고, 큰 불을 놓지 못하게 하고, 大臣을 죽이지 못하게 하고, 곡식으로 세금을 거둬들이지 못하게 한다. 여름에는 작은 물길을 막아 큰 냇물로 통하게 하지 말고, 큰 계곡을 막지 못하게 하고, 토목 공사를 일으키지 못하게 하고, 새나 짐승을 사냥하지 못하게 한다. 가을에는 죄를 사면하거나 죄인을 석방하거나 형벌을 완화하지 못하게 한다. 겨울에는 작위를 부여하거나 봉록을 주는 것을 금지하고 오곡을 〈저장하는 것을〉 방해하지 못하게 한다.

**故明主**는 **有六務四禁**이라 **六務者**는 **何也**오 **一曰節用**이요 **二曰賢佐**요 **三曰法度**요 **四曰必誅**요 **五曰天時**요 **六曰地宜**라 **四禁者**는 **何也**오 **春**에 **無殺伐**하고 **無割大陵**①하고 **倮大衍**②하고 **伐大木**하고 **斬大山**하고 **行大火**하고 **誅大臣**하고 **收穀賦**③라 **夏**에 **無遏水達名川**④하고 **塞大谷**하고 **動土功**하고 **射鳥獸**⑤라 **秋**에 **無赦過釋罪緩刑**이라 **冬**에 **無賦爵賞祿**하고 **傷伐五穀**⑥이라

① '割'은 파서 옮기는 것을 가리킨다.
割은 謂掘徙之也라

② '倮'는 불을 질러 모두 태워 없애게 하는 것을 말한다.
倮는 謂焚燒令蕩然俱盡이라

③ 무릇 이들은 봄에 금지하는 것들이다.
凡此春之禁也라

④ 작은 물길을 막아 큰물에 합치는 것을 말한다.
謂堰塞小水合大水라

⑤ 무릇 이들은 여름에 금지하는 것들이다.
凡此夏之禁이라

⑥ 오곡의 저장이다.
五穀之藏이라

그러므로 봄철 政事에서 禁令을 행하지 않으면 온갖 초목이 소생하지 않고, 여름철 정사에서 금령을 행하지 않으면 오곡이 자라지 않고, 가을철 정사에서 금령을 행하지 않으면 간사한 자들을 제어하지 못하고, 겨울철 정사에서 금령을 행하지 않으면 땅 기운이 갈무리되지 않는다.

네 가지를 모두 범하면 陰陽의 기운이 조화하지 않고, 비와 바람이 때를 맞추지 않고, 큰물이 고을과 읍에 넘쳐흐르고, 태풍이 집을 날리고 나무를 꺾으며, 거센 불이 땅을 불사르고 초목을 태우며, 하늘에서는 겨울 우레가 울리고 땅에서는 겨울 벼락이 치고, 초목이 여름에 잎을 떨구고 가을에 꽃 피우며, 겨울잠을 잘 벌레들이 땅속으로 들어가지 않고, 죽어야 할 것들이 살아나고, 겨울잠을 자야 할 벌레들이 깨어나 울고, 풀숲에는 박각시나방의 애벌레와 두꺼비가 많고, 산에는 모기가 많고, 가축은 번식하지 않고, 백성 중에는 요절하는 자가 많고, 나라는 가난해지고 법은 어지러워지며, 반역의 기운이 아래에서 발생한다.

그러므로 말하길, "누대가 줄지어 있는 것은 나라를 망하게 하는 柱廊이고, 바삐 달리는 수레가 나라 안에 가득한 것은 외적을 불러들이는 말〔馬〕이며, 깃털과 劒과 진주로 장식한 것은 자기 생명을 끊는 도끼이고, 화려한 허리띠는 功을 불사르는 불가마다."라고 한다. 현명한 왕은 그러함을 알기 때문에 이들을 멀리하고 가까이 하지 않는다. '이것'을 버리고 '저것'을 취하면 군주의 도는 갖추어질 것이다.

**故春政不禁**하면 **則百長不生**이요 **夏政不禁**하면 **則五穀不成**이요 **秋政不禁**하면 **則姦邪不勝**이요 **冬政不禁**하면 **則地氣不藏**이라 **四者俱犯**이면 **則陰陽不和**하고 **風雨不時**하고 **大水漂州流邑**①하고 **大風(漂)〔飄〕**[21] **屋折樹**하고 **(火暴)〔暴火〕**[22] **焚地燋草**②하고 **天冬雷**하고 **地冬霆**③하고 **草木夏落而秋榮**하고 **蟄蟲不藏**하고 **宜死者生**하고 **宜蟄者鳴**하고 **苴多螣蟆**④하고 **山多蟲蟁**⑤하고 **六畜不蕃**하고 **民多夭死**하고 **國貧法亂**하고 **逆氣下生**이라 **故曰 臺榭相望者**는 **亡國之廡也**요 **馳車充**

---

21) (漂)〔飄〕: 저본에는 '漂'로 되어 있으나, 孫星衍(淸)의 ≪管子集校≫에 의거하여 '飄'로 바로잡았다.

22) (火暴)〔暴火〕: 저본에는 '火暴'으로 되어 있으나, 王念孫(淸)의 ≪讀書雜志≫에 의거하여 '暴火'로 바로잡았다. '暴火'로 되어야 '大水', '大風'과 對句가 될 수 있다는 것이다.

**國者**는 **追寇之馬也**⑥요 **羽劒珠飾者**는 **斬生之斧也**요 **文采纂組者**는 **燔功之窯也**라하니라 **明王知其然**이라 **故遠而不近也**니 **能去此取彼**면 **則人主道備矣**⑦라

① '漂流'는 '제방을 넘쳐흐르다'는 의미이다. 그러므로 물이 성과 읍으로 흐르게 되는 것이다.
漂流는 謂滿溢於隄防이라 故漂流城邑이라
② 가뭄이 심하면 풀이 햇빛에 그을려진다.
旱甚則草燋라
③ '霆'은 벼락이다.
霆은 震이라
④ '苴'는 풀이 무성하여 가리는 곳을 가리킨다.
苴는 謂草之翳薈라
⑤ '蝱'은 곧 모기이다.
蝱은 卽蚊이라
⑥ '追'는 '召'와 같다. 바삐 달리는 수레는 외적을 불러들이는 원인이 된다는 의미이다.
追는 猶召也니 言馳車는 所以召寇라
⑦ '이것'은 진주로 장식한 것 등을 가리키고, '저것'은 절약하고 백성을 사랑하는 것을 가리킨다.
此는 謂珠飾等物이요 彼는 謂節用愛民이라

무릇 法이란 功을 일으키고 포악한 자를 두렵게 하는 것이고, 律이란 각자의 분수를 정하고 분쟁을 그치게 하는 것이며, 政令이란 사람들에게 일을 알게 하는 것이다. 〈요컨대〉 法律과 政令은 백성들에게 規矩와 繩墨[23]의 역할을 하는 수단이다. '矩'가 바르지 않으면 네모를 그려낼 수 없고, '繩'이 펼쳐지지 않으면 곧음을 얻을 수 없다. 법령은 군주와 신하가 함께 세우는 것이지만, 권세는 군주 홀로 지켜야 하는 것이다. 그러므로 군주가 지켜야 할 것을 잃으면 위태로워지고, 신하와 관리가 지켜야 할 것을 잃으면 어지러워진다. 죄지은 자가 관리에 의해 판결되면 다스려지고, 권세가 군주에 의해 결단되면 위엄이 있으며, 백성이 법을 신뢰하면 친해진다. 이 때문에 현명한 왕은 법을 살피고 권세를 신중히 사용하여, 아래와

---

23) 規矩와 繩墨 : '規矩'는 그림쇠와 곱자를 의미하고, '繩墨'은 먹줄을 의미한다. 이들은 목수가 나무를 깎고 다룰 때 기준으로 사용되는 도구들이다. 따라서 여기서 "規矩와 繩墨"은 백성들이 따라야 할 '기준'이나 '법도'의 의미로 사용되고 있다.

위가 각자의 본분을 지니게 한다.

**夫法者**는 **所以興功懼暴也**요 **律者**는 **所以定分止爭也**요 **〔政〕**[24] **令者**는 **所以令人知事也**니 **法律政令者**는 **使民規矩繩墨也**라 **夫矩不正**이면 **不可以求方**이요 **繩不信**①이면 **不可以求直**이라 **法令者**는 **君臣之所共立也**나 **權勢者**는 **人主之所獨守也**라 **故人主失守則危**하고 **臣吏失守則亂**이라 **罪決於吏則治**②요 **權斷於主則威**요 **民信其法則親**이라 **是故明王審法愼權**하여 **下上有分**③이라

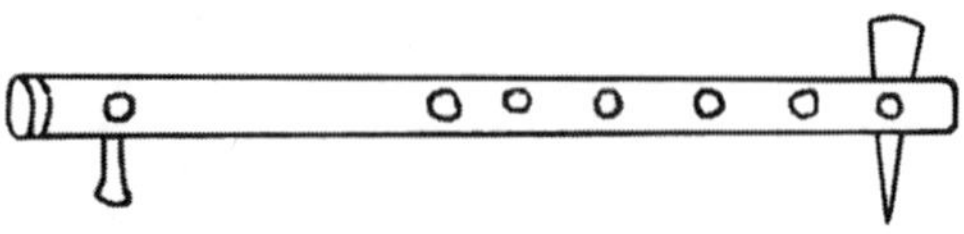

規(그림쇠)

繩(먹줄)

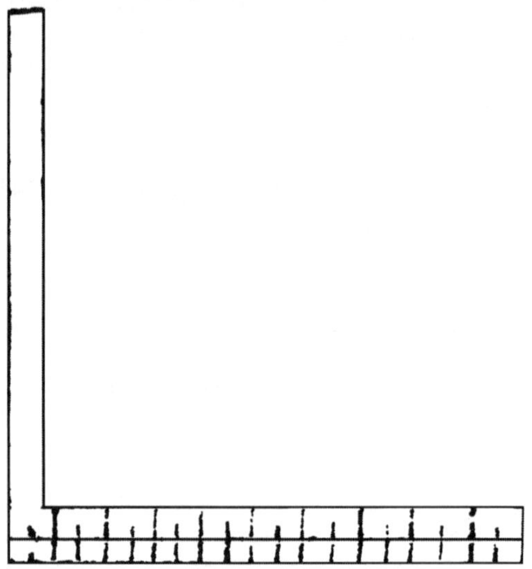

矩(곱자)

① 〈'信'은〉 음이 '申'이다.
 音申이라
② 죄를 지은 자는 관리가 반드시 판결할 수 있다. 판결하므로 다스려진다.
 有罪者는 吏必能決이니 決之故理라
③ 아랫사람들은 형벌을 신중하게 처리하고 윗사람은 권세를 잡고 있으니, 각자 본분을 지닌다.
 下愼罰이요 上執權이니 各有其分也라

무릇 사사로움이 발생하는 것은 반드시 군주에게서 비롯된다. 무릇 군주가 근본을 좋아하면 반듯한 선비가 앞에 있게 되고, 군주가 이익을 좋아하면 남을 비방하거나 찬양하는 선비가 옆에 있게 되며, 군주가 자주 후하게 상 주는 것을 좋아하

24) 〔政〕 : 저본에는 '政'이 없으나, 何如璋(淸)의 ≪管子析疑≫에 의거하여 보충하였다. 다음 문장에서 "法律政令者"라고 말하고 있으므로, 여기서 '政令'이 되어야 한다는 것이다.

지만 공적에 따라 〈합당하게 하지〉 않으면 올바른 선비가 쓰이지 못하고, 무거운 법을 자주 내려도 그 죄에 합당하지 않으면 간사함이 그치지 않는다. 현명한 왕은 그러함을 잘 알기 때문에, 반드시 시행되는 정령을 공포하고, 반드시 승복하는 벌을 내세운다. 그러므로 백성은 반드시 나아갈 바를 알고 반드시 떠나야 할 바를 아니, 밀면 나아가고 부르면 다가온다. 이는 마치 높은 곳에서 무거운 것을 떨어뜨리는 것과 같고, 땅에 도랑을 파서 물을 끌어들이는 것과 같다. 그러므로 법은 번잡하지 않고 관리는 수고롭지 않으며, 백성은 禁令을 범하는 자가 없다. 그러므로 백성 중에는 군주를 원망하는 자가 없다.

**夫凡私之所起**는 **必生於主**①니 **夫上好本**이면 **則端正之士在前**②이요 **上好利**면 **則毁譽之士在側**③이요 **上多喜善賞〔而〕**[25)] **不隨其功**이면 **則士不爲用**④이요 **數**(삭)**出重法而不(克)〔充〕**[26)] **其罪**면 **則姦不爲止**⑤라 **明王知其然**이라 **故見**(현)**必然之政**하고 **立必勝之罰**이라 **故民知所必就而知所必去**니 **推則往**하고 **召則來**에 **如墜重於高**하고 **如瀆水於地**⑥라 **故法不煩而吏不勞**하고 **民無犯禁**이라 **故(有)**[27)] **百姓無怨於上**이라

① 군주가 근본을 좋아하지 않으면 사사로움이 생겨난다.
主不好本則私生이라

② '本'은 道와 德의 정치를 말한다.
本은 謂道德之政이라

③ 〈군주가〉 이익을 좋아하면 기교 부리는 자에게 마음이 기울어진다. 그러므로 남을 비방하거나 찬양하는 선비가 옆에 있게 된다.
好利則傾巧라 故毁譽之士在側이라

④ 〈군주가〉 비록 입으로는 善을 좋아한다고 말하지만, 공이 있는 사람에 이르러서는 상을 주지 않는다. 그러므로 "선비가 쓰이지 못한다."고 말하는 것이다.
雖曰好善이나 及其有功則不能賞이라 故曰 士不爲用이라

⑤ '克'은 '승복하다'는 의미이다.
克은 謂勝伏이라

---

25) 善賞〔而〕 : 저본에는 '而'가 없으나, 豬飼彦博(日)의 ≪管子補正≫에 의거하여 보충하였다. 古本·朱本·劉本에도 들어 있다는 것이다. 여기서 '善賞'은 곧 '重賞'의 의미라고 한다.
26) (克)〔充〕 : 저본에는 '克'으로 되어 있으나, 李哲明(中)의 ≪管子校義≫에 의거하여 '充'으로 바로잡았다. '克'은 '充'의 誤字이고, "不充其罪"는 곧 '不當其罪'의 의미라는 것이다.
27) (有) : 저본에는 '有'가 있으나, 豬飼彦博(日)의 ≪管子補正≫에 의거하여 衍文으로 처리하였다.

⑥ 이로써 불러오기가 쉬움을 비유하였다.
以譬招來之易(이)也라

군주 또한 법을 따라야 하고 신하 또한 법을 따라야 하는 것이니, 법에 의해 판단되고 刑名에 의해 결단되면 〈근거 없이〉 비방하거나 찬양하는 일이 없다. 그러므로 군주가 법을 따르면 군주의 지위가 안정되고, 신하가 법을 따르면 뇌물이 그치고 백성 중에 간사한 자가 없게 된다. 아, 아름답도다! 형명에 의해 판단하면 그 말이 윤택이 난다.

**上亦法**이요 **臣〔亦法〕**[28]이니 **法**①**斷名決**이면 **無誹譽**②라 **故君法則主位安**이요 **臣法則貨賂止而民無姦**이라 **嗚呼美哉**로다 **名斷言澤**③이라

① 〈군주〉 또한 신하를 위해 법을 세운다는 의미이다.
言亦爲臣立法이라
② 刑名에 의거하여 결단하면 이치가 합당하고 일이 흡족하다. 그러므로 비방하거나 찬양하는 일이 없다.
依名而斷決이면 則理當而事愜이라 故無誹譽라
③ 刑名에 의거해 판단하면 그 말이 순조롭고 윤택이 난다.
依名而斷이면 則其言順而澤이라

'가식적인 신하〔飾臣〕'는 〈군주와〉 친해지는 것과 고귀한 신분이 되는 것을 바라는 마음을 극복하는 것을 명예로 삼고, 爵祿에 담담함으로써 고상함으로 삼는다. 명예를 좋아하면 실질이 없고, 고상함에 힘쓰는 자는 부릴 수 없다. 그러므로 ≪記≫에서 말하길, "실질이 없으면 권세가 없고, 고삐를 놓치면 말을 어떻게 제어하는가?"라고 하였다.

**飾臣**은 **克親貴以爲名**①하고 **恬爵祿以爲高**②하니 **好名則無實**③하고 **爲高則不御**④라 **故記曰 無實則無勢**⑤하고 **失轡則馬焉制**⑥리오하니라

① 허명은 실질의 꾸밈을 구한다. '克'은 '이기다'는 의미이다. 친함과 귀함을 구하지 않는

---

28) 〔亦法〕: 저본에는 '亦法'이 없으나, 丁士涵(淸)의 ≪管子校本≫에 의거하여 보충하였다. 다음 문장에서 "君法則主位安 臣法則貨賂止"라고 말하고 있으므로, 여기서도 "上亦法 臣亦法"으로 되어야 한다는 것이다.

것으로 자기 자신의 욕망을 이겨내는 것을 특별히 명예로 삼는다는 의미이다.
虛名求實之飾이라 克은 勝也니 謂不求親貴以自克勝을 特此爲名이라

② 작록을 버리는 체함으로써 스스로 담백함에 편안히 머물고, 이로써 자신의 고상함으로 삼는다.
佯棄爵祿하여 以自安恬하고 以此爲高라

③ 겉으로는 아름다운 이름이 드러나지만, 안으로는 반드시 실질이 없다.
美名外揚이나 內實必喪이라

④ 작록에 욕심이 없는 자는 군주가 부릴 수 없다.
恬爵祿者는 君不能御也라

⑤ 권세는 반드시 실질에 의해 생겨난다.
勢必以實生이라

⑥ 말을 부릴 때는 반드시 고삐로 하고, 신하를 부릴 때는 반드시 봉록으로 한다.
制馬必以轡하고 制臣必以祿이라

〈법률을〉 '침범하는 신하〔侵臣〕'는 몰래 엿보는 것을 일삼음으로써 법령을 훼손하고, 교활한 친구를 좋아하여 사사로운 청탁을 행한다. 그러므로 사적인 도가 행해지면 법률과 제도가 침범되고, 형법이 번거로우면 간사함이 금지되지 않으며, 군주가 형벌을 엄격하게 하면 민심을 잃는다.

**侵臣**은 **事小察以折法令**①하고 **好佼(反)〔友〕**[29]**而行私請**②이라 **故私道行則法度侵**③하고 **刑法繁則姦不禁**하고 **主嚴誅則失民心**이라

① 법을 왜곡하여 일을 행하는 것을 '侵'이라 한다.
枉法行事를 謂之侵이라

② '佼'는 교묘히 속이는 것을 의미하고, 이치를 위배하는 것이 '反'이다.
佼는 謂佷詐也요 背理爲反이라

③ 법과 제도를 침범하지 않으면 사적인 것을 이룰 방법이 없다.
不侵法度면 則無以成其私라

'아첨하는 신하〔諂臣〕'는 종과 북과 같은 악기들을 많이 만들고, 여인들을 많이 치장시켜 군주를 미혹시킨다. 그러므로 군주가 미혹되면 군주는 〈위태로워지는〉

29) (反)〔友〕: 저본에는 '反'으로 되어 있으나, 張佩綸(淸)의 ≪管子學≫에 의거하여 '友'로 바로잡았다.

조짐을 헤아리지 않고, 諫言을 맡은 관리는 단지 봉록만 취할 뿐이다. 이 때문에 아첨하는 신하가 귀하게 대우받고 법을 지키는 신하가 천시되면, 이를 "은밀히 군주를 고독하게 만든다."라고 한다.

**(亂)〔諂〕**[30] **臣**은 **多造鐘鼓**하고 **衆飾婦女**하여 **以惛上**이라 **故上惛則隟不計而司聲直祿**① 이라 **是以諂臣貴而法臣賤**이면 **此之謂微孤**②[31]라

① 군주가 이미 어리석고 어두우면 비록 위태롭고 망할 조짐이 있어도 그것을 헤아려 알지 못하고, 간언을 맡은 관리는 단지 봉록만 가져갈 뿐 자기 직무를 돌보지 않는다.
上旣惛暗이면 雖有危亡之隟이라도 不能計度(탁)而知之하고 其司聲之官은 直得祿而已요 不憂其職務也라

② 아첨하는 신하를 귀히 대우하고 법을 지키는 신하를 천시하면 머지않아 나라가 위태롭게 된다. 그러므로 그 군주는 쇠미하고 고독해진다.
諂貴法賤이면 則危亡日至라 故其君衰微而孤獨이라

'어리석은 신하〔愚臣〕'는 죄를 무겁게 하고 형벌을 두텁게 하는 것으로 자신의 일로 삼고, 세금 거둬들이는 것을 무겁게 하고 조세를 많이 부과하는 것을 군주를 위하는 일로 여긴다. 〈그 결과〉 그 자신은 미움을 받고 군주는 비방을 받게 된다. 그러므로 ≪古記≫에서 이런 것을 일컬어 말하길, "어리석은 자의 충성은 군주를 참소하고 해친다."고 하였으니, 바로 이를 말한다.

**愚臣**은 **深罪厚罰以爲行**① 하고 **重賦斂**하고 **多(兌道)〔稅租〕**[32]로 **以爲上**② 하니 **使身見憎而主受其謗**③ 이라 **故記稱之曰 愚忠讒賊**이라하니 **此之謂也**④ 라

① 가혹한 법률 조문으로 죄를 파고들고 그 형벌을 무겁게 만드는 것, 이것이 어리석은 신하의 행위이다.

---

30) (亂)〔諂〕: 저본에는 '亂'으로 되어 있으나, 陳奐(淸)의 ≪管子集校≫에 의거하여 '諂'으로 바로잡았다. 아래 문장에서 "是以諂臣貴" 구절이 나오는 것으로 볼 때, 여기서도 '亂臣'이 아니라 '諂臣'이 되어야 한다는 것이다. 다른 주석가들도 대부분 이 점에 동의한다.

31) 微孤 : 原註에서는 "其君衰微而孤獨"으로 풀이하고 있다. 그러나 許維遹(中)은 ≪說文解字≫의 "微 隱行也(微는 '은밀히 행하다'는 의미이다.)"에 의거하여, '微孤'를 '은밀히 군주를 고독하게 만들다'로 풀이한다. 마지막 구절에 나오는 "微攻"도 이와 같은 용법에 해당한다는 것이다.(≪管子集校≫)

32) (兌道)〔稅租〕: 저본에는 '兌道'로 되어 있으나, 豬飼彦博(日)의 ≪管子補正≫에 의거하여 '稅租'로 바로잡았다. '兌道'는 '稅租'의 誤字로 의심된다는 것이다.

深文入罪하고 厚致其罰이 此愚臣之行이라

② '兌'는 '기뻐하다'는 의미이다. 세금을 많이 거둬들여 이로써 군주를 기쁘게 하는 방법으로 삼는다는 의미이다.

兌은 悅也니 謂多賦斂하여 以悅道於君이라

③ 형벌을 무겁게 하고 세금을 많이 거둬들이면 사람들이 반드시 그를 미워한다.

厚罰多斂이면 人必憎之라

④ 어리석은 신하는 비록 군주에게 공로가 있다 할지라도, 그것은 곧 참소하고 해치는 것에 해당한다.

愚臣은 雖有(忠)〔功〕[33]於主나 乃比之讒賊이라

'간사한 신하〔姦臣〕'는 백성의 실정을 매우 극단적으로 말함으로써 군주를 놀라게 하고, 〈상대편〉 당파의 죄를 이끌어내어 원수가 된다. 원수를 제거하다 보면 무고한 자를 벌주게 되고, 무고한 자를 벌주면 〈모든 사람과 원수 관계가 되어〉 원수와 동거하게 된다. 그러므로 〈간사한 신하는 군주가〉 미워할 만한 일을 군주에게 말하길 좋아함으로써 자기 자신은 신뢰하게 하니, 〈이에〉 군주는 친한 신하를 잃게 된다.

**姦臣**은 **痛言人情以驚主**①하고 **開罪黨以爲讎**②하니 **除讎則罪不辜**③하고 **罪不辜**면 **則與讎居**④라 **故**(善)〔**喜**〕[34]**言可惡**(오)**以自信**하고 **而主失親**⑤이라

① '痛'은 매우 극단적인 말이다.

痛은 甚極之辭라

② 〈상대편〉 당파의 죄를 들춰내어 위로 군주에게 들리게 하니, 상대편 당파와 원수가 된다.

開引罪黨하여 上聞於君이니 與之爲讎라

③ 상대는 단지 〈간신의〉 원수일 뿐 반드시 모두 죄가 있는 것은 아니다. 지금 그들을 제거하면 무고한 사람을 벌주는 것이다.

彼但讎耳며 未必皆有罪니 今而除之면 則罪不辜之人也라

④ 이미 무고한 사람을 죽이면 사람들이 모두 '나'를 원수로 여긴다. 그러므로 함께 거주

---

33) (忠)〔功〕: 저본에는 '忠'으로 되어 있으나, 郭沫若(中)의 ≪管子集校≫에 의거하여 '功'으로 바로잡았다.

34) (善)〔喜〕: 저본에는 '善'으로 되어 있으나, 陶鴻慶(淸)의 ≪讀管子札記≫에 의거하여 '喜'로 바로잡았다. 原註에서도 "好言可惡之事以告於君"이라고 하였으므로 '喜'가 되어야 한다는 것이다.

하는 자들 가운데 원수가 아닌 사람이 없다.

既殺不辜면 則人皆讐己라 故所與居者 莫非讐也라

⑤〈군주가〉 미워할 만한 일을 군주에게 일러바치길 좋아한다. 이는 군주가 자신을 신뢰하길 바라는 것이다. 군주가 결국 그를 신뢰하면 군주는 친한 신하들을 잃게 된다.

好言可惡之事以告於君이니 此는 求君之信己也라 君果信之면 則失其所親也라

'어지럽히는 신하〔亂臣〕'는 거짓으로 자신의 공로와 봉록을 사양하고, 아랫사람에게 후한 상을 줄 것을 드러나게 요청한다. 집안에 머물 때는 남을 비난하는 것에 힘쓰다가 밖으로 나가면 남을 칭찬하는 척하는 데에 몰두한다. 남을 칭찬하는 것으로 이름을 사고 남을 비방하는 것으로 군주를 상하게 하지만 대중은 이를 알지 못한다. 이를 일러 '은밀하게 군주를 공격함'이라고 한다.

**亂臣**은 **自爲辭功祿**하고 **明爲下請厚賞**①이요 **居爲非母**하고 **動爲善棟**②이요 **以**(非)〔**是**〕**買名**하고 **以**(是)〔**非**〕**傷上**③[35]이나 **而衆人不知**니 〔**此**〕[36]**之謂微攻**④이라

① 자기 자신에게 공이 있어 마땅히 봉록을 얻어야 할 상황이면, 이를 사양하는 체함으로써 좋은 평판을 얻는다. 아랫사람 중 아직 반드시 상을 받아야 할 상황이 아니면, 그에게 상을 줄 것을 드러나게 요청함으로써 대중의 마음을 얻는다.

己有功하여 當得祿이면 則佯辭之하여 以爲名하고 其下未必當賞이면 則明然爲之請하여 以求衆心也라

② 가만히 집에 머물 때는 사람들을 비난하는 데에 힘쓰다가, 움직여 밖에 나가면 거짓으로 남을 칭찬하는 데 몰두한다.

其居也에 與衆非者爲母요 其動也에 與佯爲善者爲棟梁也라

③ 그가 자신의 이름을 사는 수단으로 남을 비난하는 방법을 쓰니, 비록 그가 군주를 위한다고 말해도 반드시 군주를 상하게 한다.

其所以買名者는 用非道니 雖曰爲之라도 必傷於上이라

④ 거짓으로 善을 행하는 것은 점차적으로 군주를 공격하게 된다는 의미이다.

言爲僞善은 漸攻於君이라

35) 以(非)〔是〕買名 以(是)〔非〕傷上 : 저본에는 "以非買名 以是傷上"으로 되어 있으나, 張文虎(淸)의 ≪舒藝室隨筆≫에 의거하여 "以是買名 以非傷上"으로 바로잡았다.

36) 〔此〕: 저본에는 '此'가 없으나, 陳奐(淸)의 ≪管子集校≫에 의거하여 보충하였다. 앞의 "此之謂微孤"와 동일한 어법이라는 것이다.

# 제53편 속마음을 드러내지 않음 禁藏

## 잡편 4 雜編 四

'禁藏'이라는 제목은 첫머리에 나오는 두 글자를 취해 만든 것이다.[1] '금장'의 의미는 '나의 속마음은 가슴에 감추어 밖으로 드러나지 않게 한다'는 뜻이다. 본편에서는 이러한 권모술수적인 발언들 외에도, 法家 및 兵家와 관련된 발언들이 자주 보인다. 아울러, 계절의 변화에 따라 그에 합당한 政令을 시행해야 한다는 '時令' 사상도 언급되고 있다. 전체적으로 보면, 특별한 주제 의식 없이, 군주의 통치술과 관련된 여러 내용을 모아놓은 것으로 볼 수 있다.

〈간사함이나 음모가 상대방의〉 가슴속에 감춰져 밖으로 나오지 못하면 재앙이 만 리 밖으로 피해진다. 이것으로 상대를 제어할 수 있는 것은, 오직 자기 자신으로 상대를 파악할 수 있기 때문이다.

**禁藏於胸脅之內**면 **而禍避於萬里之外**니 **能以此制彼者**는 **唯能以己知人者也**①라

① 다음과 같은 의미이다. '나 자신을 헤아려 상대방을 살피면 상대방의 실정이 숨김없이 〈모두 드러난다.〉 그러므로 〈상대방의〉 간사함과 음모가 가슴속으로 감춰져 드러나지 못한다. 〈이렇게 상대방의〉 간사함이 숨겨지고 재앙이 그치므로 〈간사함과 재앙이〉 만 리 밖으로 멀리 사라진다. 상대가 간사함을 일으키거나 재앙을 만들어낼 수 없으면 나는 상대를 제어할 수 있다. 무릇 이런 것은 모두 나 자신으로 상대를 파악하기 때문이다.'
言度(탁)己以察彼면 則無隱情이니 故姦謀藏於胸脅이라 姦藏禍息이니 故遠避於萬里之外라 彼不能興姦生禍면 則我能制之라 凡此는 皆以己知人故也라

무릇 겨울에 얼음을 물에 띄우지 않는 것은 얼음이 아까워서가 아니고, 여름에 불을 때지 않는 것은 불이 아까워서가 아니다. 신체에 적합하지 않고 편하지 않기

---

1) 禁藏이라는……것이다 : 이처럼 첫 구절의 글자로 篇名으로 삼는 사례는 고대의 문헌들에서 종종 찾아볼 수 있다. ≪論語≫와 ≪孟子≫의 제목들이 그러했고, ≪莊子≫의 〈外物〉 〈馬蹄〉 〈秋水〉 등이 그러했다.

때문이다. 무릇 현명한 왕이 궁궐을 아름답게 꾸미지 않는 것은 작은 궁궐을 좋아하기 때문이 아니고, 악기 연주를 듣지 않는 것은 음악을 싫어해서가 아니다. 그것들이 농업에 해가 되고 백성을 가르치는 데에 방해가 되기 때문이다. 그러므로 군주는 먼저 자기 자신에게 신중한 이후에 신하들을 대하고, 관리들 또한 안을 신중히 한 이후에 밖에 힘쓰며, 백성들 또한 농업에 힘쓰고 상업을 멀리한다.

**夫冬日之不濫**은 **非愛冰也**①요 **夏日之不煬**은 **非愛火也**니 **爲不適於身**하고 〔**不**〕[2] **便於體也**②라 **夫明王**이 **不美宮室**은 **非喜小也**요 **不聽鐘鼓**는 **非惡**(오)**樂也**니 **爲其傷於本事而妨於教也**③라 **故先愼於已而後彼**하고 **官亦愼內而後外**④하고 **民亦務本而去末**⑤이라

① '濫'은 물에 얼음을 띄워 물이 차가워지도록 하는 것을 말하니, 이른바 '氷水'이다.
濫은 謂泛冰於水以求寒이니 所謂濫槳이라
② 겨울의 얼음과 여름의 불은 모두 신체에 적합하지 않고 편하지 않다.
冬之(水)〔冰〕[3]과 夏之火는 皆於身體不適便이라
③ 궁궐을 아름답게 꾸미고 악기 연주를 들으면 政事를 망치고 백성을 가르치는 것에 방해가 된다.
美宮室하고 聽鐘鼓면 則傷事而妨教라
④ '안'은 본질적인 업무이고, '밖'은 말단의 일이다. 군주가 신중하면 신하들이 본받는다.
內則本務요 外則末業이니 君愼之則臣效라
⑤ 관리들이 신중하면 백성이 본받는다.
官愼之則民效也라

백성을 그들이 즐거워하는 곳에 거처하게 하고, 그들이 이익으로 여기는 일에 종사하게 하고, 그들이 좋게 여기는 것으로 상을 주고, 그들이 싫어하는 것으로 벌을 주고, 그들이 여분으로 여기는 것으로 펼쳐주고, 그들이 형벌로 여기는 것으로 公認한다. 아래 백성 중 죽임을 당하는 자가 없는 것은 〈죄 있는 자는〉 반드시 죽이기 때문이고, 〈죄 없이〉 죽임을 당하는 자가 있는 것은 〈죄 있는 자를〉 반드시 죽이지 않기 때문이다. '형벌 있음에 의해 형벌 없음에 이른다'는 것은, 그 법이 지

---

2) 〔不〕: 저본에는 '不'이 없으나, 戴望(淸)의 ≪管子校正≫에 의거하여 보충하였다. ≪太平御覽≫의 인용문에는 '不'자가 들어 있다는 것이며, 原註에 의거해 볼 때도 '不'이 있는 것이 타당하다고 본다.
3) 冬之(水)〔冰〕: 저본에는 '水'로 되어 있으나, 본문에 의거하여 '冰'으로 바로잡았다.

키기 쉬워 백성이 온전하기 때문이다. '형벌 없음에 의해 형벌 있음에 이른다'는 것은, 그 형벌이 번잡하여 간사한 자가 많기 때문이다. 무릇 먼저 쉬우면 나중에 어렵고, 먼저 어려우면 나중에 쉽다. 〈법을 사용하는 것이〉 모두 이와 같다.

현명한 군주는 그러함을 알기 때문에, 반드시 형벌을 내려야 할 때는 용서함이 없고 반드시 상을 주어야 할 때는 변경함이 없다. 이는 주는 것을 좋아하고 죽이는 것을 즐기기 때문이 아니라, 사람들이 이로움에 이르고 해로움을 없게 하기 위해서다. 노인을 봉양하고 약한 사람을 기르며 만백성을 온전히 살게 하는 데 있어 이보다 더 밝은 방법이 없다.

**居民於其所樂**①하고 **事之於其所利**②하고 **賞之於其所善**③하고 **罰之於其所惡**(오)④하고 **信**[4]**之於其所餘(財)**⑤[5]하고 **功之於其所(無)誅**⑥[6]라 **於下無誅者**는 **必誅者也**⑦요 **有誅者**는 **不必誅者也**⑧니 **以有刑至無刑者**는 **其法易**(이)**而民全**⑨이요 **以無刑至有刑者**는 **其刑煩而姦多**⑩라 **夫先易者後難**⑪이요 **先難而後易**⑫니 **萬物盡然**⑬이라 **明主知其然**이라 **故必誅而不赦**하고 **必賞而不遷者**는 **非喜予而樂其殺也**요 **所以爲人致利除害也**⑭니 **於以養老長弱**하고 **完活萬民**에 **莫明焉**⑮이라

① 즐거워하는 곳에 머물면 그곳 땅에 힘쓰면서 다른 곳으로 옮겨가지 않는다.
居其所樂이면 則敦土而不遷이라

② 이익이 되는 일에 종사하면 권면하지 않아도 스스로 힘쓰게 된다.
事其所利면 則不勸而自勵라

③ 좋게 여기는 것으로 상을 주면 모두 기뻐하며 공을 세운다.
賞其所善이면 則皆悅而立功이라

④ 싫어하는 것으로 벌을 주면 그것을 꺼리면서 범하지 않는다.
罰其所惡면 則忌愼而無犯이라

⑤ 군주는 모두 여분의 재물을 지니고 있으니, 상 줄 것을 약속하면 반드시 그것을 지킨다. 그러므로 "믿게 한다"라고 말한다.
君人者莫不有餘財니 期賞而必이라 故曰信이라

⑥ 반드시 잔악한 자를 제어하고 죽이는 형벌을 멈춘 이후에 공을 이룰 수 있다.

---

4) 信 : 丁士涵(淸)은 '屈信'의 '信(申)'으로 읽어야 한다고 보았다.(≪管子校本≫)

5) (財) : 저본에는 '財'가 있으나, 許維遹(中)의 ≪管子集校≫에 의거하여 衍文으로 처리하였다. 原註에 나오는 '餘財'로 인해 후대 사람이 불필요하게 첨가하였다는 것이다.

6) 功之於其所(無)誅 : 저본에는 '無'가 있으나, 張佩綸(淸)의 ≪管子學≫에 의거하여 '無'를 衍文으로 처리하였다. 여기서 '功'은 '公'으로 읽어야 한다고 한다.

必勝殘息誅하고 然後可以爲成功이라

⑦ 죄 있는 자는 반드시 죽인다. 그러므로 죄를 그치게 할 수 있다. 이른바 형벌로 형벌을 그치게 하고 죽임으로 죽임을 그치게 한다는 것이다.

有罪必誅라 故能息이니 所謂以刑止刑하고 以殺止殺也라

⑧ 죄가 있어도 결코 죽이지 않는다. 그러므로 죽이는 형벌이 그치지 않게 되는 것이다.

有罪不必誅라 故誅不息也라

⑨ 형벌의 시행이 잦아 용서함이 없으면 사람들이 감히 죄를 범하지 못한다. 그러므로 "형벌 있음에 의해 형벌 없음에 이른다."고 말한다. 이렇게 되는 것은 그 법이 간결하여 백성의 생명이 온전히 유지되기 때문이다.

刑兹無赦면 人不敢犯이라 故曰 以有刑至無刑이라하니 若此者는 其法簡易하여 而民完全이라

⑩ 죽이는 형벌을 느슨하고 관대하게 하면 사람들이 쉽게 죄를 범한다. 그러므로 "형벌 없음에 의해 형벌 있음에 이른다."라고 말한다. 이렇게 되는 것은 그 형벌이 번잡하여 〈그것을 이용하는〉 간사한 사람이 많기 때문이다.

緩誅宥死면 人則輕而犯之라 故曰 無刑至有刑이라하니 若此者는 其刑煩漫하여 而姦人多라

⑪ 형벌 없음의 상태에서 형벌 있음의 상태로 이른다. 그러므로 "먼저 쉬우면 나중에 어렵다."고 말하는 것이다.

無刑至有刑이라 故曰 先易而後難이라

⑫ 형벌 있음의 상태에서 형벌 없음의 상태로 이른다. 그러므로 "먼저 어려우면 나중에 쉽다."라고 말하는 것이다.

有刑至無刑이라 故曰 先難而後易라

⑬ 법을 사용하는 데 있어 모두 이와 같다.

皆同之於用法이라

⑭ 상을 줄 때 변경하지 않는 것은 주는 것을 좋아하기 때문이 아니고, 형벌을 줄 때 용서하지 않는 것은 죽이는 것을 즐기기 때문이 아니다. 그러나 그 형벌과 상을 반드시 시행하는 것은, 사람들이 이익에 이르고 해로움을 없애게 하기 위해서다.

賞不遷은 非喜與요 誅不赦는 非樂殺이라 然必其誅賞은 則爲人致利除害故也라

⑮ 노인을 봉양하고 사람을 살리는 데 있어, 〈형벌을 줘야 할 때〉 반드시 형벌을 주고 〈상을 줘야 할 때〉 반드시 상을 주는 것보다 더 밝은 방법이 없다는 의미이다.

言養老活人에 無明於必誅賞이라

무릇 불법자를 법으로 처리하면 나라가 잘 다스려진다. 법이란 천하의 표준이고, 의심스러운 것을 결단하고 옳고 그름을 밝히는 수단이며, 백성의 생명이 걸려 있는 것이다. 그러므로 현명한 왕은 법의 집행을 신중히 하여 친척이나 오래된 친

구나 귀족이라 하여 법을 바꾸지 않고, 관리들이 고위직 관리의 위엄으로 인해 감히 법령을 훼손시키지 않게 하며, 백성이 진주나 옥이나 보배로 뇌물을 써서 禁令을 어기지 않게 한다. 그러므로 군주는 법을 친척보다 존엄하게 여기고, 관리들은 법령을 시행함에 있어 스승이나 고위직 관리보다 공손히 받들며, 백성은 가르침을 받들기를 신성한 보배보다 중시한다. 그 결과 법이 세워져도 사용되지 않고, 형벌이 설정되어도 시행되지 않는다.

**夫不法法則治**①라 **法者**는 **天下之儀也**②요 **所以決疑而明是非也**요 **百姓所縣命也**③라 **故明王愼之**하여 **不爲親戚故貴易其法**④하고 **吏不敢以長官威嚴危其命**⑤하고 **民不以珠玉重寶犯其禁**⑥이라 **故主上視法**은 **嚴於親戚**⑦하고 **吏之擧令**은 **敬於師長**⑧하고 **民之承敎**는 **重於神寶**⑨라 **故法立而不用**하고 **刑設而不行也**⑩라

① 불법을 저지른 자는 반드시 법으로 바로잡으므로 다스려진다는 의미이다.
言不法者는 必以法正之라 故治라

② '儀'는 '표준'이라는 의미이다.
儀는 謂表也라

③ 형벌에 조금이라도 착오가 생기면 백성들은 손발을 둘 곳이 없게 된다. 그러므로 "생명이 걸려 있다."고 말하는 것이다.
刑罰一差면 人無所措手足이라 故曰 縣命이라

④ '故'는 오래 사귀어온 친구라는 의미이다.
故는 謂恩舊라

⑤ '危'는 '훼손시키다'는 의미이다.
危는 謂毁敗라

⑥ 이른바 "군주가 욕심이 없으면, 비록 상을 준다 하여도 〈백성은〉 훔치지 않을 것이다."[7] 이다.
所謂君無欲焉이면 雖賞之라도 不竊이라

⑦ 친척을 위해 법을 바꾸지 않는다. 그러므로 법이 존엄하다.
不爲親戚易法이라 故法嚴이라

⑧ 스승이나 고위직 관리 때문에 법령을 훼손하지 않는다. 그러므로 법령을 공경한다.

7) 군주가……것이다 : 이 말은 ≪論語≫ 〈顔淵〉에 나오는 다음과 같은 말에 그 출처를 두고 있다. "季康子가 도둑을 걱정하면서 孔子에게 그 대책을 물었다. 공자가 대답하였다. '진실로 그대가 욕심이 없다면, 비록 상을 준다 할지라도 백성은 도둑질하지 않을 것이다.' 〔季康子患盜 問於孔子 孔子對曰 苟子之不欲 雖賞之不竊〕"

不爲師長危令이라 故令敬也라

⑨ 귀중한 보배 때문에 금령을 범하지 않는다. 그러므로 〈군주의〉 가르침을 중시한다. 무릇 보배에는 영험함이 있다. 그러므로 "신성한 보배"라고 말한다.

不爲重寶犯禁이라 故敎重이라 夫寶有靈이라 故曰 神寶라

⑩ 법을 어기는 사람이 없으면 그 형벌과 법을 사용할 곳이 없다.

無犯之人이면 則無所用其刑法이라

무릇 功 있는 자에게 베푸는 은혜가 고르지 않으면, 비록 지위가 높다 할지라도 부려지는 자가 적다. 죄를 사면하는 것이 일관적이지 않으면, 비록 德이 두텁다 할지라도 〈죄를 사면하는 것을〉 칭찬하지 않는 자가 많다. 일을 시행하는 것이 때에 맞지 않으면, 비록 힘을 다한다 할지라도 그 공이 이루어지지 않는다. 黨派 무리에게 형벌을 가하는 것이 합당하지 않으면, 비록 베어 죽이는 자가 많다 할지라도 그 포악함을 금지하지 못한다.

**夫施功而不鈞**이면 **位雖高**라도 **爲用者少**① 요 **赦罪而不一**이면 **德雖厚**라도 **不譽者多**② 요 **擧事而不時**면 **力雖盡**이라도 **其功不成**③ 이요 **刑(賞)〔黨〕**[8] **不當**이면 **斷斬雖多**라도 **其暴不禁**이라

① '施功'은 공이 있는 자에게 은혜를 베푼다는 의미이다. 은혜를 베푸는 것이 고르지 않으면, 공이 있는 자가 원망한다. 그러므로 비록 높은 지위를 지니고 있다 할지라도 사람들은 부려지지 않는다.

施功은 謂施恩於有功者라 施恩不均이면 則有功者怨이라 故雖有高位라도 人不爲用이라

② 죄를 사면해주는 것이 일관되지 않으면 그 해독이 무고한 사람에까지 미치게 되니, 비록 두터운 덕을 지녔다 할지라도 사람들 중 그 누가 그를 칭찬할 것인가?

赦罪不一이면 則毒流不辜니 雖有厚德이라도 人誰譽之리오

③ 바야흐로 겨울이 되는 때에 벼를 심으면, 비록 后稷처럼 부지런하다 할지라도 좋은 싹을 가꾸어낼 수 없다.

方冬植禾면 雖勤似后稷이라도 不能成其嘉苗라

무릇 공정함이 더해지면 비록 죄가 무겁다 할지라도 아랫사람들에게 원망의 기운이 없고, 사사로움이 더해지면 비록 상이 많다 할지라도 선비들이 그로 인해 장려되지 않는다. 법을 집행하는 것이 도에 따르지 않으면 백성이 순종할 수 없고,

8) (賞)〔黨〕: 저본에는 '賞'으로 되어 있으나, 郭沫若(中)의 ≪管子集校≫에 의거하여 '黨'으로 바로잡았다. '賞'은 '黨'의 誤字라는 것이다.

일처리가 합당하지 않으면 많은 백성으로도 이룰 수 없다. 공격하지도 않고 방어하지도 않으면, 마땅히 어리석은 사람이라고 할 뿐이다.

**夫公之所加**면 **罪雖重**이라도 **下無怨氣**하고 **私之所加**면 **賞雖多**라도 **士不爲(歡)〔勸〕**[9]이라 **行法不道**면 **衆民不能順**①이요 **擧措不當**이면 **衆民不能成**②이라 **不攻不備**③면 **當(今)〔命〕**[10]**爲愚人**[11]이라

① 도를 지닌 사람은 반드시 도에 따른다.
有道之人은 必順於道라
② 많은 무리로도 이룰 수 없는데, 하물며 무리가 없는 경우에 있어서랴?
衆尙不成일진대 況無衆乎아
③ 무릇 준비를 갖춘 자는 반드시 공격을 방어한다.
夫設備者는 必防攻也라

그러므로 성인이 政事를 돌볼 때, 궁궐을 검소하게 하고 수레를 적절히 하여 나라의 창고를 채울 수 있으면 나라는 반드시 부유해지고 지위는 반드시 존귀해질 것이다. 의복을 적절히 하고 노리개를 없애 근본(농업과 잠업)에 힘쓸 수 있으면 財用이 반드시 넉넉해지고 몸이 반드시 편안해질 것이다. 무익한 일과 도움이 되지 않는 비용을 없애고 예물을 주고받으며 예를 행할 수 있으면, 뜻을 같이하는 무리가 반드시 많아지고 〈이웃 나라와의〉 교류가 반드시 친근해질 것이다. 무릇 일반 사람들은 재물을 운용하는 데 있어 과도하게 하면서, 힘을 고갈시키고 마음을 수고롭게 한다. 그러므로 곤궁하고 넉넉하지 못하다. 그 결과 크게는 나라를 잃고, 작게는 자기 몸을 위태롭게 한다.

**故聖人之制事也**에 **能節宮室**하고 **適車輿**하여 **以實藏**①이면 **則國必富**하고 **位必尊〔矣〕**[12]요 **能**

---

9) (歡)〔勸〕: 저본에는 '歡'으로 되어 있으나, 張佩綸(淸)의 ≪管子學≫에 의거하여 '勸'으로 바로잡았다. 고대에 '歡'과 '勸'은 종종 통용되었다고 한다.

10) (今)〔命〕: 저본에는 '今'으로 되어 있으나, 安井衡(日)의 ≪管子纂詁≫에 의거하여 '命'으로 바로잡았다. '今'은 '命'의 誤字라는 것이다.

11) 不攻不備 當(今)〔命〕爲愚人 : 마지막 이 구절은 앞의 문장들과 연결되지 않는다. 아마도 모종의 착간이 있는 듯하다.

12) 〔矣〕: 저본에는 '矣'가 없으나, 丁士涵(淸)의 ≪管子校本≫에 의거하여 보충하였다. 다음에 나오는 "身必安矣", "交必親矣" 등의 표현을 고려할 때, 이 구절에도 '矣'가 있어야 한다는 것이다.

**適衣服**하고 **去玩好**하여 **以奉本**② 이면 **而用必贍**하고 **身必安矣**요 **能移無益之事**와 **無補之費**하고 **通幣行禮**하면 **而黨必多**하고 **交必親矣**③라 **夫衆人者**는 **多營於物**하여 **而苦其力**하고 **勞其心**이라 **故困而不贍**④하니 **大者**는 **以失其國**이요 **小者**는 **以危其身**이라

① 궁궐과 수레에 재물을 낭비하지 않으면 창고가 저절로 채워진다.
不費於宮室車輿면 則庫藏自實也라
② '근본'은 농업과 잠업을 말한다.
本은 謂農桑이라
③ 무익하고 도움이 되지 않는 비용을 없애고 예를 행한다. 그러므로 뜻을 같이하는 무리가 많아지고 교류가 친근해진다.
移無益無補之費而行禮라 故黨多交親也라
④ 운용하는 재물이 분수를 넘어선다. 그러므로 수고롭고 넉넉하지 않다.
營物過分이라 故勞而不贍이라

무릇 사람의 심정은 바라는 것을 얻으면 즐거워하고 싫어하는 것을 만나면 근심하니, 이것은 귀한 사람이나 천한 사람이나 모두 공통적이다. 〈또한〉 좋아하는 것을 가까이하면 바라지 않을 수 없고 멀리하면 잊을 수 없는 것은 인간의 심정이 모두 그러하다. 그러나 좋아하고 싫어하는 것이 서로 다르다. 사람들은 각자 바라는 것을 행하고 〈그에 따라〉 안전함과 위험함이 서로 다르게 나타나게 되는데, 그런 이후에 그 사람이 현명한지 어리석은지가 드러난다.

**凡人之情**은 **得所欲則樂**하고 **逢所惡**(오)**則憂**니 **此**는 **貴賤之所同有也**라 **近之不能勿欲**①하고 **遠之不能勿忘**은 **人情皆然**이라 **而好惡不同**하여 **各行所欲**②하고 **而安危異焉**③하니 **然後**에 **賢不肖之形見**(현)**也**라

① 좋아하는 사물을 가리킨다.
謂所好之物이라
② 각자 원하는 바를 행한다.
各以所欲行之라
③ 이치에 적합한 것을 바라면 안전하고, 이치에 위배되는 것을 바라면 위험하다.
適理而欲則安이요 背理而欲則危라

무릇 재물은 많기도 하고 적기도 한데 〈재물에 대한〉 사람의 욕망은 같을 수 없

고, 일은 이루어지기도 하고 실패하기도 하는데 〈현명한 자와 어리석은 자의〉 뜻이 이루어짐은 같을 수 없으며, 행위에는 나아감과 물러남이 있는데 〈현명한 자와 어리석은 자의〉 힘이 동일할 수 없다. 그러므로 몸은 中庸의 자리에 세우고, 몸을 기를 때는 절제해야 한다.

궁궐은 건조함과 습기를 피할 정도면 충분하고, 음식은 血氣를 조화롭게 할 정도면 충분하며, 의복은 추위와 더위에 적합할 정도면 충분하고, 의례는 귀함과 천함을 구별할 정도면 충분하며, 오락은 기쁨과 즐거움을 표현할 정도면 충분하고, 棺槨은 뼈를 썩게 할 정도면 충분하며, 〈시신을 덮은〉 옷과 이불은 육신을 썩게 할 정도면 충분하고, 묘지는 그 위치를 표시하여 기록할 정도면 충분하다.

**夫物有多寡而情不能等**①이요 **事有成敗而意不能同**②이요 **行有進退而力不能兩也**③라 **故立身於中**④하고 **養有節**이니 **宮室**은 **足以避燥濕**이요 **食飮**은 **足以和血氣**요 **衣服**은 **足以適寒溫**이요 **禮儀**는 **足以別貴賤**이요 **遊虞**는 **足以發歡欣**이요 **棺槨**은 **足以朽骨**이요 **衣衾**은 **足以朽肉**이요 **墳墓**는 **足以道記**⑤라

① 현명한 사람은 욕망이 적고, 어리석은 사람은 욕망이 많다.
賢者欲寡요 不肖者欲多也라
② 현명한 사람은 그 뜻이 많이 이루어지고, 어리석은 사람은 그 뜻이 많이 실패한다.
賢者는 意多成이요 不肖者는 意多敗也라
③ 현명한 사람은 앞으로 나아갈 수 있으나, 어리석은 사람은 오직 뒤로 물러날 뿐이다.
賢者能進이나 不肖者唯退也라
④ 많음과 적음, 이룸과 실패함, 나아감과 물러남의 중간을 가리킨다.
謂多寡成敗進退之中也라
⑤ 그 장소를 표시하여 각기 기록을 남긴다.
道識(지)其處하여 各有記也라

〈자신에게〉 도움이 되지 않는 功業을 일으키지 않고, 무익한 일을 하지 않는다. 그러므로 뜻을 안정시켜 감정을 미혹시키지 않는다. 감정이 미혹되지 않으면 귀와 눈이 밝고 衣食이 충분하게 된다. 귀와 눈이 밝고 의식이 충분하면 남을 침범하고 다투는 일이 생겨나지 않고 원망과 노여움이 없게 된다. 〈그 결과〉 위아래가 서로 친해져 무력을 쓸 일이 없게 될 것이다.

**不作無補之功**[①]하고 **不爲無益之事**라 **故意定而不營**[13)]**氣情**하고 **氣情不營**이면 **則耳目穀**[②]하고 **衣食足**이며 **耳目穀**하고 **衣食足**이면 **則侵爭不生**하고 **怨怒無有**하니 **上下相親**하여 **兵刃不用矣**라

① 비록 공이 있다고 할지라도 자기 자신에게는 도움 됨이 없다.
雖曰有功이나 於身無補라
② '穀'은 '좋다'는 뜻이다. 귀 밝음과 눈 밝음이 훼손되지 않는다는 의미이다.
穀은 善也니 謂聰明不虧라

그러므로 〈의식주 등을〉 몸에 적절하게 하고 義를 행하며 검소하게 생활하면서 공손히 경건한 태도를 취하면, 福이 없더라도 禍 또한 오지 않을 것이다. 〈그러나〉 교만하고 사치하여 법도를 떠나고 도리를 끊어버리면, 화가 없더라도 복 또한 이르지 않을 것이다. 그러므로 군자는 위로 도리를 끊은 자를 보고서 스스로 두려워하고, 아래로 미치지 못한 자를 보고서 자기 자신을 헤아려본다. 그러므로 말하길, "명예는 공연히 나오지 않고, 근심은 〈이유 없이〉 홀로 생겨나지 않으며, 복은 집을 가리지 않고, 화는 특정한 사람을 찾아가지 않는다."라고 하니, 바로 이것을 말한다. 자신이 듣고 보는 것으로 잘 살필 수 있으면 일은 반드시 분명해질 것이다.

**故適身行義**하고 **儉約恭敬**하면 **其唯無福**이로되 **禍亦不來矣**[①]요 **驕傲侈泰**하고 **離度絶理**면 **其唯無禍**로되 **福亦不至矣**[②]라 **是故君子**는 **上觀絶理者**하여 **以自恐也**[③]요 **下觀不及者**하여 **以自隱也**[④]라 **故曰 譽不虛出**[⑤]하고 **而患不獨生**[⑥]이요 **福不擇家**[⑦]하고 **禍不索人**[⑧]이라하니 **此之謂也**[⑨]라 **能以所聞瞻察**이면 **則事必明矣**[⑩]라

① 화와 복 둘 다 없는 것이 곧 善의 지극함이다.
禍福兩無가 乃善之至라
② 화와 복 둘 다 있는 것이 곧 禍의 지극함이다.
禍福兩有가 乃禍之至라
③ 도리를 끊은 자가 화에 이르는 것을 보므로 두려워한다.
觀絶理者致禍라 故恐이라
④ '隱'은 '헤아리다'는 의미이다. 자기 자신을 헤아려서 미치지 못하는 일이 있으면 마땅히 본받는다.
隱은 度(탁)也니 度己有不及之事면 當效之也라

---

13) 營 : 豬飼彦博(日)은 '熒(의혹하다)'과 같은 의미의 글자로 보았다.(≪管子補正≫)

⑤ 반드시 선을 행함에서 나온다.
必出於行善이라

⑥ 반드시 악을 행함에서 생겨난다.
必生於爲惡이라

⑦ 비록 천한 집안이라 해도 선을 행하면 복이 또한 찾아올 것이다.
雖賤家라도 行善이면 福亦來矣라

⑧ 비록 귀한 사람이라 해도 악을 행하면 화가 또한 이르게 될 것이다.
雖貴人이라도 行惡이면 禍亦至矣라

⑨ 무릇 이들은 자기 자신을 닦아 복에 이르게 하고, 귀함을 믿다가 화를 불러들이지 않게 하고자 하는 것이다.
凡此는 欲令修己以致福하고 無恃貴以招禍라

⑩ 귀로 듣는 것과 눈으로 보는 것은 모두 그 옳고 그름을 살필 수 있으니, 이와 같으면 밝게 드러나지 않는 일이 없을 것이라는 의미이다.
謂耳所聞과 目所瞻은 皆能審察其是非니 如此면 則無事不明矣라

그러므로 무릇 다스려지느냐 혹은 어지러워지느냐의 실질은 모두 군주로부터 시작된다. 그러므로 나라를 잘 다스리는 자는 해로움은 제어하고 이로움은 끌어당긴다. 이로움과 해로움을 잘 다스리는 군주는 재물은 많고 허물은 적을 것이다.

**故凡治亂之情**은 **皆道上始**①라 **故善者**는 **圉之以害**하고 **牽之以利**②하니 **能利害者**는 **財多而過寡矣**③라

① '道'는 '~로부터'라는 의미이다. 일이 분명하면 다스려지고, 이와 반대면 어지러워진다.
道는 從也니 事明則理하고 反是則亂也라

② 해로움이 있으면 제어하고, 이로움이 있으면 끌어당긴다.
有害則圉하고 有利則牽이라

③ 이로움과 해로움이 나로부터 말미암으면 해로움은 피하고 이로움은 취한다. 이로움을 취하면 재물이 많아지고, 해로움을 피하므로 허물이 적어진다.
利害由己면 則避害而取利니 取利則財多요 避害故過寡矣라

무릇 사람의 실정은 이로움을 보면 아무도 그것을 향해 나아가지 않을 수 없고, 해로움을 보면 아무도 그것을 피하지 않을 수 없다. 상인이 장사를 할 때, 이틀에 갈 길을 하루에 가고 밤낮을 가리지 않고 움직여, 천 리를 멀다 않고 가는 것은 앞에 이

익이 있기 때문이다. 어부가 바다에 들어갈 때, 바다 깊이가 만 길이나 되는데도 역류하는 파도에 나아가고, 백 리의 위험을 무릅쓰면서 밤낮 나오지 않는 것은 물에 이익이 있기 때문이다. 그러므로 이익이 있는 곳이 비록 천 길 높은 산에 있다 해도 오르지 않는 곳이 없고, 아주 깊은 물속에 있다 해도 들어가지 않는 곳이 없다.

그러므로 나라를 잘 다스리는 군주는 권세와 이익의 자리에 있으니, 〈그러면〉 백성들이 스스로 군주를 찬미하고 편안히 여겨, 밀지 않아도 가고 당기지 않아도 오며, 번잡하게 하거나 어지럽게 하지 않아도 백성들은 스스로 부유하게 된다. 이는 마치 새가 알을 품고 있을 때, 형체도 없고 소리도 없지만 어느 순간 새끼가 만들어져 나오는 것을 보는 것과 같다.

**夫凡人之情**은 **見利莫能勿就**하고 **見害莫能勿避**라 **(其)商人〔之〕通賈**[14)]에 **倍道兼行**하고 **夜以續日**하여 **千里而不遠者**는 **利在前也**①요 **漁人之入海**에 **海深萬仞**이라도 **就(彼)〔波〕**[15)] **逆流**②하고 **乘危百里**하며 **宿夜不出者**는 **利在水也**라 **故利之所在**가 **雖千仞之山**이라도 **無所不上〔焉〕**[16)]이요 **深(源)〔淵〕**[17)] **之下**라도 **無所不入焉**이라 **故善者**는 **勢利之在**하니 **而民自美安**③하여 **不推而往**하고 **不引而來**하고 **不煩不擾而民自富**④니 **如鳥之覆卵**에 **無形無聲而唯見其成**⑤이라

① 빨리 도달하면 이익을 얻으므로, 빠른 속도로 가면서 게으름을 부리지 않는다.
疾至則得利라 故速行而不倦也라

② 海潮가 일면 물이 역류한다는 의미이다.
謂海潮起면 則水逆流라

③ 권세와 이익이 군주 자신에게 있으면, 백성들이 군주를 찬미하고 편안히 여긴다.
勢利在身이면 則人美而安之라

④ 무릇 이들은 모두 권세와 이익이 이르게 하는 바이다.
凡此는 皆勢利之所致라

---

14) (其)商人〔之〕通賈 : 저본에는 "其商人通賈"로 되어 있으나, 郭嵩燾(淸)의 ≪讀管札記≫에 의거하여 '其'를 衍文으로 처리하고 '之'를 보충하였다. 아래에서 "漁人之入海"로 표현하고 있으므로, 여기서도 "商人之通賈"로 되어야 한다는 것이다.

15) (彼)〔波〕 : 저본에는 '彼'로 되어 있으나, 安井衡(日)의 ≪管子纂詁≫에 의거하여 '波'로 바로잡았다. 古本에는 '波'로 되어 있다는 것이다. 劉本·朱本 등에도 '波'로 되어 있다.

16) 〔焉〕 : 저본에는 '焉'이 없으나, 許維遹(中)의 ≪管子集校≫에 의거하여 보충하였다. 아래에서 "無所不入焉"이라고 말하고 있으므로 문장 형태상 여기에도 '焉'이 있어야 한다는 것이다.

17) (源)〔淵〕 : 저본에는 '源'으로 되어 있으나, 王念孫(淸)의 ≪讀書雜志≫에 의거하여 '淵'으로 바로잡았다. 唐 高祖의 이름(李淵)을 피하기 위해 '淵'을 '源'으로 바꾸었다는 것이다.

⑤ 무릇 권세와 이익이 사람들을 끌어들이는 것은 마치 새가 알을 품고 있는 것과 같으니, 〈새가 알을 품고 있으면〉 형체도 없고 소리도 없지만 어느 순간 새끼가 깨어 나옴을 보게 된다.
夫勢利致人은 若烏之覆卵焉하니 雖無形聲이나 俄見其成也라

무릇 나라를 다스리는 근본은 天時를 얻어 '날줄〔經〕'로 삼고, 人心을 얻어 '벼리〔紀〕'로 삼는다. 법령은 '그물을 펼치는 근간〔維綱〕'이 되고, 관리는 '그물〔網罟〕'이 되며, 什과 伍의 백성 조직은 군대의 대오가 되고, 상과 형벌은 文과 武가 된다.

夫爲國之本은 得天之時而爲經①하고 得人之心而爲紀②니 法令爲維綱③이요 吏爲網罟④요 什伍以爲行列⑤이요 賞誅爲文武⑥라

① '經'은 근본으로 삼는 수단이다.
經은 所以本之也라
② '紀'는 총괄하여 묶는 수단이다.
紀는 所以總之也라
③ '維綱'은 그물을 펼치는 수단이다.
維綱은 所以張也라
④ '網罟'는 감싸는 수단이다.
網罟는 所以苞之라
⑤ '行列'은 나란히 줄 세우는 것이다.
行列은 所以開具之也라
⑥ 상은 文이고, 형벌은 武이다.
賞則文이요 誅則武라

농기구를 수선하는 것은 군사장비를 〈수선하는 것에〉 해당하고, 밭 갈고 농사짓는 것은 공격 전투에 해당하고, 쟁기를 밀고 당기는 것은 칼과 창으로 베고 찌르는 것에 해당하고, 도롱이를 입는 것은 갑옷을 입는 것에 해당하고, 삿갓은 방패에 해당한다. 그러므로 농기구가 갖추어지면 전쟁 무기가 갖추어지고, 농사일에 익숙해지면 공격 전투가 정교해질 것이다.

繕農具면 當器械①니 耕農은 當攻戰②이요 推引銚耨以當劍戟③이요 被簑以當鎧鑐④요 菹笠以當盾櫓⑤라 故耕器具則戰器備⑥하고 農事習則功[18]戰巧矣⑦라

① 농기구가 이미 수선되면, 군사 장비를 정비할 수 있다.
農具既繕이면 則器械可修也라

② 밭 갈고 농사짓는 것에 게으르지 않은 것은, 마치 공격 전투에서 물러나지 않는 것과 같다.
耕農之不怠는 若攻戰之不退也라

③ 쟁기를 사용하는 자는 반드시 밀고 당기는데, 이는 마치 칼과 창으로 베고 찌르는 것과 같다.
用銚耨者는 必推引之니 若劍戟擊刺라

④ 簑는 '도롱이'이다. 이것을 착용하는 것은 비와 이슬을 막기 위해서인데, 마치 군사장비에 갑옷이 있는 것과 같다. 갑옷을 몸에 착용하면 마치 베옷을 입고 몸을 지지는 것과 같다. 그러므로 '鑐'[19]라고 말하는 것이다.
簑는 雨衣니 被著(착)之는 所以禦雨露니 若武備之有鎧鑐라 著甲周身若褐炙니 故曰鑐라

⑤ 늪지의 풀을 취해 삿갓을 만드니, 마치 군사장비에 방패가 있는 것과 같다.
取菹澤草以爲笠이니 若武備之有盾櫓也라

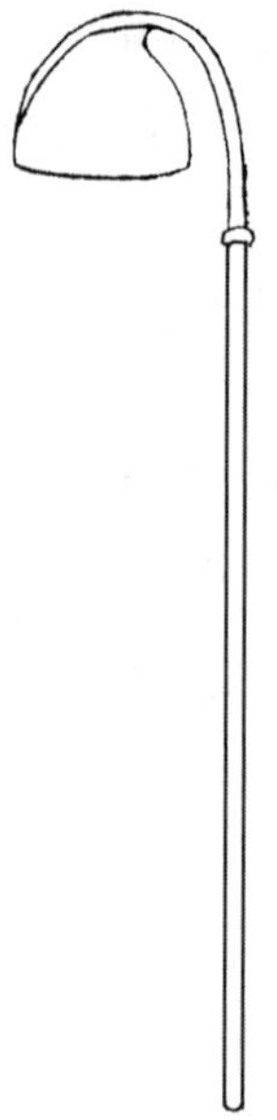
耨

戟

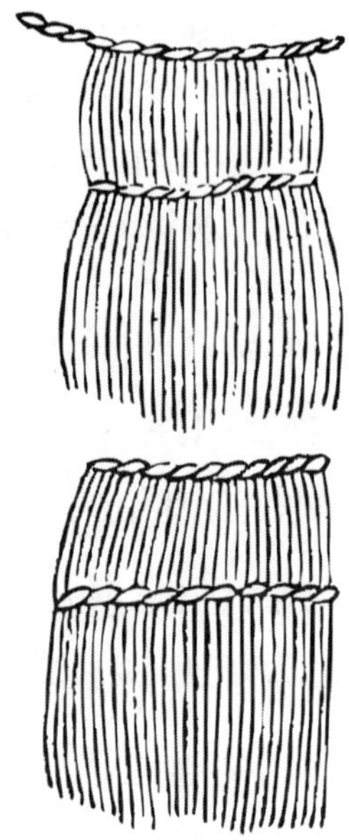
簑

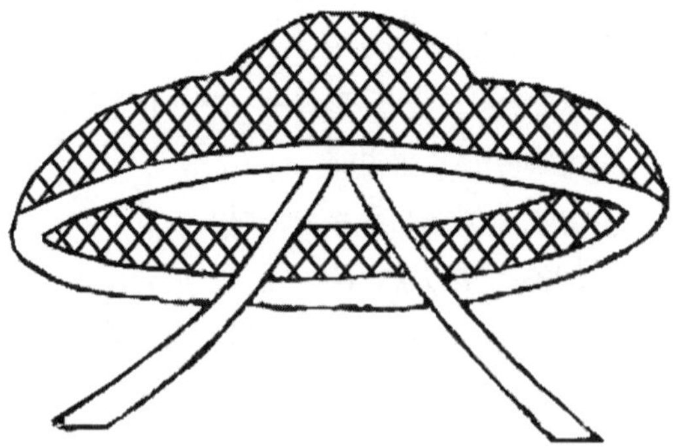
笠

⑥ 농기구를 갖추면 전쟁에 사용하는 기구들을 갖춘다.
具耕器면 則備戰用也라

⑦ 농사일에 익숙하면 공격 전투를 감당할 수 있다.
習農이면 則當功戰이라

봄 3월이 되면 방을 그을리고 부엌을 건조시키며, 나무 구멍을 문질러 불을 바꾸고,[20] 우물을 퍼내어 물을 바꾼다. 이들은 〈봄철에〉 번성하는 독기를 제거하기

18) 功 : '攻(공격하다)'과 통용한다.
19) 鑐 : '갑옷'이라는 의미 외에도, '쇠를 녹이다'라는 의미가 들어 있다.

위해서다. 봄 제사를 지내면서 오랜 병을 낳게 해달라고 기도할 때, 물고기를 祭物로 바치고 누룩으로 빚은 술을 祭酒로 삼는다. 〈제사가 끝나면〉 손님들을 서로 불러들이는데, 이는 친한 사람들과 친목을 도모하기 위해서다. 짐승을 죽이지 않게 하고, 새 알을 깨지 않게 하고, 나무를 베지 못하게 하고, 어린싹을 죽이지 않게 하고, 죽순을 꺾지 않게 한다. 이들은 온갖 식물의 성장을 돕기 위한 것이다. 홀아비와 과부에게 곡식을 하사하고, 고아와 자식 없는 노인을 구휼하고, 곡식 종자가 없는 사람에게 종자를 대여해주고, 세금을 내지 못하는 이들을 도와준다. 이들은 가난한 백성들을 권면하기 위한 것이다. 五政[21]을 시행하고, 가벼운 죄를 사면해주고, 구속한 백성을 풀어주고, 원수들을 화해시킨다. 이들은 농사철의 일을 세워 곡식 생산에 힘쓰기 위한 것이다.

**當春三月**에 **萩室**[22]**熯造**①[23]하고 **鑽燧易火**하고 **杼**[24]**井易水**하니 **所以去茲毒也**②요 **舉春祭塞久禱**[25]에 **以魚爲牲**하고 **以蘖爲酒**하여 **相召**③하니 **所以屬親戚也**요 **毋殺畜生**하고 **毋拊卵**④하고 **毋伐木**하고 **毋夭英**⑤하고 **毋(拊)〔折〕**[26]**竿**⑥하니 **所以息百長也**⑦요 **賜鰥寡**하고 **振**[27]**孤獨**하고 **貸無種**하고 **與無賦**하니 **所以勸弱民**⑧이요 **發五正**⑨[28]하고 **赦薄罪**하고 **出拘民**하고 **解仇讐**⑩하니 **所以建時功**하여 **施生穀也**⑪라

①'熯'은 불로 건조시키는 것을 의미한다. 3월에는 陽氣가 왕성하게 일어나 염병(장티푸

---

20) 나무……바꾸고 : 고대에는 철이 바뀔 때마다 그 계절의 나무에 구멍을 뚫고 비벼서 새로이 불을 얻었다. 봄에는 느릅나무와 버드나무, 여름에는 대추나무와 살구나무, 늦여름에는 뽕나무와 산뽕나무, 가을에는 떡갈나무와 졸참나무, 겨울에는 홰나무와 박달나무를 써서 불을 얻었다. 이들 나무는 모두 각 계절의 五行에 맞추어졌다.

21) 五政 : 木·火·土·金·水의 五行에 맞춰 일 년을 5계절로 구분하고, 각 계절에 합당한 정치를 시행하는 것을 의미한다.

22) 萩室 : 王念孫(淸)의 ≪讀書雜志≫에 의하면 고대에 '萩'는 '樵'와 통용되었다고 한다. 따라서 '萩室'은 '방을 그을리다'는 의미가 된다.

23) 造 : 王念孫(淸)의 ≪讀書雜志≫에 의거하여 '竈'로 읽는다. 고대 문헌들에서 '造'와 '竈'는 종종 통용되었다는 것이다.

24) 杼 : '抒(우물을 퍼내다)'와 통용한다.

25) 塞久禱 : 張佩綸(淸)은 '塞'은 '賽'와 통하고, '久'는 '疚'로 읽어야 한다고 보았다.(≪管子學≫)

26) (拊)〔折〕: 저본에는 '拊'로 되어 있으나, 豬飼彦博(日)의 ≪管子補正≫에 의거하여 '折'로 바로잡았다.

27) 振 : '賑'으로 읽는다. 宋本에는 '賑'으로 되어 있다.

28) 五正 : 原註에서는 "正 謂五官正也"로 풀이하고 있다. 그러나 張佩綸(淸)은 '正'은 '政'과 통하며, '五政'은 '五德', '五刑', '五藏'과 상응한다고 보았다.(≪管子學≫)

스)이 발생하기 쉽다. 개오동나무는 역한 냄새로 독기를 물리친다. 그러므로 새로 지은 방에서 이것을 태워서 재앙을 물리친다.

熯은 謂以火乾也니 三月之時는 陽氣盛發하여 易(이)生瘟疫이라 楸[29]木은 鬱臭以辟毒氣라 故燒之於新造之室하여 以禳祓也라

② 사계절에는 불을 바꾸니, 봄철이 되면 느릅나무와 버드나무의 불을 얻는다. 봄철의 우물은 또다시 물을 퍼서 물을 바꾸어야 한다. 무릇 이들은 모두 그 계절에 번성하는 독기를 제거하는 행위들이다.

四時易火니 至春則取楡柳之火라 春時之井은 又當復杼之하여 以易其水라 凡此는 皆去時滋長之毒이라

③ 오래 기도하였지만 아직 보답을 받지 못한 것은 제사 지내는 것을 중단해야 한다. '相召'는 '이때에 말미암아 친한 손님을 부른다'는 의미이다.

久禱而未報者는 當享塞之라 相召는 謂因此時召親賓이라

④ '拊'는 '두드려 벗기다'는 의미이다.

拊는 謂擊剝之也라

⑤ '英'은 〈봄에〉 처음 생겨나는 초목을 가리킨다.

英은 謂草木之初生也라

⑥ '竿'은 처음 생겨나는 죽순이다.

竿은 笋之初生也라

⑦ 온갖 식물의 성장을 돕기 위한 것이다.

所以生息百物之長이라

⑧ 가난하고 약한 사람들을 권면한다는 의미이다.

謂勸勉貧弱之人也라

⑨ '正'은 五官의 우두머리를 의미한다.

正은 謂五官正也라

⑩ 원수들은 화해하여 돌아가게 한다.

仇讐者和解하여 令反去라

⑪ 이때에 이르러 농사일을 세워서 곡식 생산에 힘을 쏟는다는 의미이다. 이들은 모두 봄철의 政令이다.

謂及時立農功하여 施力爲生穀이라 凡此는 皆春令이라

여름에는 五德을 장려하고, 작위와 봉록을 더해주고, 관직 지위를 높여주고, 효도하고 공손한 사람을 예우하고, 어질면서 공이 있는 사람은 賦役을 면제해준다.

---

29) 楸 : 본문의 '萩'와 통용한다.

이는 공 세우는 것을 권장하기 위한 것이다.

**夏**에 **賞五德**①하고 **滿爵祿**하고 **遷官位**하고 **禮孝弟**하고 **復賢力**하니 **所以勸功也**②라

①'五德'은 五常의 덕을 의미한다.
五德은 謂五常之德이라
②어질면서 공이 있는 사람은 부역을 면제해줘야 한다. 이들은 모두 여름의 政令이다.
賢而有功은 當復除之라 此는 皆夏令이라

가을에는 五刑을 집행하고 큰 죄를 지은 자를 죽이니, 이는 음란함과 사악함을 금지하고 도적을 그치게 하기 위한 것이다.

**秋**에 **行五刑**하고 **誅大罪**하니 **所以禁淫邪**하고 **止盜賊**①이라

①무릇 이들은 모두 가을의 政令이다.
凡此는 皆秋令이라

겨울에는 五穀을 거두어 저장하고 만물을 모아들이니, 이는 사물을 거둬들이고 백성을 새롭게 하기 위한 것이다.

**冬**에 **收五藏**①하고 **最**(촬)**萬物**②하니 **所以內〔物〕**[30]**作民**[31]**也**③라

①오곡의 저장이다.
五穀之藏이라
②'最'은 '모으다'는 의미이다.
最은 聚라
③이들은 모두 겨울의 政令이다.
凡此는 皆冬令이라

사계절의 일이 갖추어지면 백성의 功이 백 배가 될 것이다. 그러므로 봄에는 仁을 행하고, 여름에는 忠을 행하며, 가을에는 거둬들이고, 겨울에는 갈무리한다. 〈그리고〉 天時를 따르고, 땅의 마땅함을 얻고, 사람들 사이의 조화에 부합하도록 한다. 그러므로 바람과 비는 때에 맞게 내리고 오곡은 잘 여물며, 초목은 무성하

30) 〔物〕: 저본에는 '物'이 없으나, 豬飼彥博(日)의 ≪管子補正≫에 의거하여 보충하였다.
31) 作民: ≪字通≫에서 "作民은 新民이다."라고 하였다.

고 가축은 번식하며, 나라는 부유하고 군대는 강하며, 백성은 재주가 있고 명령은 제대로 시행된다. 〈그 결과〉 안으로는 번잡하고 어지러운 정치가 없고, 밖으로는 강한 적의 근심이 없다.

**四時事備而民功百倍矣**①라 **故春仁**하고 **夏忠**하고 **秋急**[32)]하고 **冬閉**②하고 **順天之時**하고 (約)〔得〕[33)] **地之宜**하고 **忠人之和**③라 **故風雨時**하고 **五穀實**하고 **草木美多**하고 **六畜蕃息**하고 **國富兵彊**하고 **民材而令行**④이니 **內無煩擾之政**하고 **外無彊敵之患也**라

① 사계절에 대해 일이 모두 갖추어졌다. 그러므로 사람들은 백 배의 공을 지니게 된다.
於四時에 事皆備라 故人有百倍之功이라

② 생성하는 것은 仁이고, 기르는 것은 忠이다. 거둬들이는 것이 '急'에 해당하고, 저장하는 것이 '閉'에 해당한다.
生者는 仁也요 長者는 忠也라 收當急也요 藏當閉也라

③ '忠'은 '稱'과 같다. 일이 사람의 이치에 부합하면 조화롭게 된다.
忠은 猶稱也니 事稱人理則和라

④ 사람들은 재주가 많고 군주의 명령을 잘 따른다. 그러므로 명령이 실행된다.
人多材藝而順上命이라 故令行也라

무릇 군주의 움직임이 순리를 따른 이후에 나라가 화평하고, 때를 잃지 않은 이후에 나라가 부유해지며, 법을 잃지 않은 이후에 백성이 다스려진다. 그러므로 나라는 이유 없이 부유해지지 않고, 백성은 이유 없이 다스려지지 않는다. 백성이 다스려지지 않으면서 나라가 창성하고 나라가 어지럽지 않고서 망하는 경우는, 옛날부터 지금까지 아직 일찍이 있은 적이 없다.

**夫動靜順然後和(也)**[34)]요 **不失其時然後富**요 **不失其法然後治**라 **故國不虛富**①하고 **民不虛治**②니 **不治而昌**하고 **不亂而亡者**는 **自古至今**에 **未嘗有也**③라

① 반드시 때를 잃지 않은 이후에 부유해진다.

---

32) 急 : 許維遹(中)의 ≪管子集校≫에 의하면, 고대에 '急'과 '遒'는 통용되었고, '遒'는 곧 '聚'의 의미를 지닌다고 보았다. 原註에서도 "收當急也"라고 하였다.

33) (約)〔得〕 : 저본에는 '約'으로 되어 있으나, 王念孫(清)의 ≪讀書雜志≫에 의거하여 '得'으로 바로잡았다. 초서에서 '約'과 '得'이 서로 비슷함으로 인해 잘못 쓰여졌다는 것이다.

34) (也) : 저본에는 '也'가 있으나, 丁士涵(清)의 ≪管子校本≫에 의거하여 衍文으로 처리하였다. '也'가 없어야 다음에 이어지는 "不失其時然後富", "不失其法然後治" 구절과 어울리게 된다는 것이다.

必不失(財)〔時〕[35]然後富也라

② 반드시 법을 잃지 않은 이후에 다스려진다.

必不失法然後治라

③ 창성하면 반드시 나라가 다스려지고, 망하면 반드시 나라가 어지러워진다. 이와 반대되는 경우는 옛날이나 지금이나 아직 있은 적이 없다.

昌必國理요 亡必國亂이니 反是者는 古今所未有라

그러므로 나라에 사사로이 용감한 자가 많으면 그 나라의 군대는 약해지고, 관리들 중 사사로이 지혜를 쓰는 자가 많으면 그 나라의 법이 어지러워지며, 백성 중 사적인 이익에 힘쓰는 자가 많으면 그 나라는 가난해진다. 그러므로 〈군주의〉 덕이 넓고 두터워야 백성이 그를 위해 목숨을 바치고, 상과 벌이 반드시 실행되어야 백성이 군주를 믿게 할 수 있다.

**故國多私勇者**면 **其兵弱**①이요 **吏多私智者**면 **其法亂**②이요 **民多私利者**면 **其國貧**③이라 **故德莫若博厚**라야 **使民死之**④요 **賞罰莫若必成**이라야 **使民信之**라

① 사사로이 용감하면 공식적인 전투에서 겁을 낸다. 그러므로 군대가 약해진다.

私勇則怯於公戰이라 故兵弱이라

② 지혜를 사사로이 쓰면 자기의 이익에 힘쓰고 공적인 것을 배반한다. 그러므로 어지러움이 많아진다.

私智則營己而背公이라 故多亂이라

③ 사적인 이익을 추구하면 자신의 집에 이익을 쌓아둔다. 그러므로 나라가 가난해진다.

私利則積之於家라 故國貧이라

④ 덕이 넓고 두터우면 사람들을 깊이 감동시킨다. 그러므로 군주를 위해 목숨을 바친다.

博厚則感人深이라 故死之也라

무릇 백성을 잘 다스리는 자는 성곽으로 하지 않고, 什長으로 보좌하게 하고 伍長으로 관리하게 한다.[36] 伍長은 모두 유능한 사람이어야 하고, 백성은 모두 자기 마을에서만 살게 하고, 마을 사람들은 모두 자기 집에서만 거주하게 한다. 그러므

35) (財)〔時〕: 저본에는 '財'로 되어 있으나, 본문에 의거하여 '時'로 바로잡았다.

36) 什長으로……한다 : 什長과 伍長은 중국 고대에 향촌 지역민들을 관리하기 위해 두었던 직책이다. 본서의 〈立政〉에서 "열 집이 什이 되고 다섯 집이 伍가 되는데, 什과 伍에는 모두 什長과 伍長을 둔다.〔十家爲什 五家爲伍 什伍皆有長焉〕"라고 하였다.

로 도망치는 자는 숨을 곳이 없고 이사 가는 자는 받아들여지는 곳이 없으니, 〈도망친 자는〉 찾지 않아도 잡게 되고 〈이사 간 자는〉 부르지 않아도 스스로 돌아온다. 그러므로 백성은 유랑하거나 도망가고자 하는 생각이 없고, 관리들은 그들을 추격하거나 사로잡을 걱정거리가 없다. 그러므로 군주의 정치가 백성에게 통할 수 있고, 백성의 마음은 군주에게 귀의할 수 있다.

**夫善牧民者**는 **非以城郭也**요 **輔之以什**하고 **司之以伍**①라 **伍無非其人**②하고 **人無非其里**③하고 **里無非其家**④라 **故奔亡者**는 **無所匿**이요 **遷徙者**는 **無所容**⑤이니 **不求而約**하고 **不召而來**⑥라 **故民無流亡之意**요 **吏無**(備追)〔**追捕**〕[37]**之憂**⑦라 **故主政可往於民**하고 **民心可繫於主**⑧라

① 什長과 伍長을 가리킨다.
謂什長伍長이라

② 모름지기 伍長도 유능한 자를 선발하여 맡긴다.
雖伍長도 亦選能者하여 爲之也라

③ 객이 의탁할 곳이 없다는 의미이다.
謂無客寄라

④ 떠나서 다른 사람의 집에 머물지 않는다는 의미이다.
言不離居他人家라

⑤ 什長과 伍長을 두어 살피게 하여, 다른 곳에 의탁하지 못하게 한다.
有什伍司之하여 不容他寄也라

⑥ 도망가거나 이사 가는 자는 숨겨지거나 받아들여지는 곳이 없다. 그러므로 찾지 않고 부르지 않아도 스스로 찾아온다.
亡徙는 無所容匿이라 故不求召而自來라

⑦ 사람들이 유랑하거나 도망가지 않으니, 어느 곳에서 그들을 사로잡고 추격하겠는가?
人不流亡하니 何所(備)〔捕〕[38]而追之리오

⑧ 군주에게 귀속한다는 의미이다.
謂繫屬於主라

무릇 법이 백성을 제어하는 것은, 陶工이 진흙을 이기고 대장장이가 쇠를 불리

37) (備追)〔追捕〕: 저본에는 '備追'로 되어 있으나, 王引之(淸)의 ≪讀書雜志≫에 의거하여 '追捕'로 바로잡았다. 저본의 '備追'는 '追捕' 두 글자의 순서가 뒤바뀌고, 또 '捕'가 '備'로 잘못 쓰여진 결과물이라는 것이다.

38) (備)〔捕〕: 저본에는 '備'로 되어 있으나, 王引之(淸)의 ≪讀書雜志≫에 의거하여 '捕'로 바로잡았다.

는 것과 같다. 그러므로 이로움과 해로움이 있는 곳에 따라 백성이 나아가고 물러나는 것을 살펴보면, 마치 불이 습한 곳을 피해 건조한 곳으로 번져가고, 물이 높은 곳을 피해 낮은 곳으로 흘러가는 것과 같다.

**夫法之制民也**는 **猶陶之於埴**과 **冶之於金也**①라 **故審利害之所在**에 **民之去就**면 **如火之於燥濕**과 **水之於高下**②라

① 사람들이 법을 따르는 것은, 마치 진흙이 陶工에 따르고 쇠가 대장장이에 따르는 것과 같다.
人之從法은 若埴金之從陶冶也라

② 불이 건조한 곳으로 번져가고 물이 아래로 흘러가는 것은, 사람이 이익을 향해 나아가는 것과 같다.
火水之就燥下는 猶人之就利라

무릇 백성이 살아가게 하는 것은 옷과 음식이고, 음식을 생겨나게 하는 것은 물과 흙이다. 백성을 부유하게 하는 데에는 요령이 있고, 백성을 먹여 살리는 데에는 일정한 비율이 있으니, 비율을 〈한 사람당〉 30畝로 하면 한 해를 살아가기에 충분하다. 해에는 풍년과 흉년이 아울러 있으니 1畝당 1石을 거둬들이면 한 사람당 30석을 지니게 된다. 날것으로 먹는 과일이나 열매가 10석에 해당하고 쌀겨와 가축이 10석에 해당하니, 한 사람당 50석을 지니게 된다. 베와 비단과 삼베 실을 팔아 얻는 기타 수익과 여분의 이익은 그 가운데 포함시키지 않는다. 그러므로 나라에는 여분의 저장이 있고, 백성에게는 여분의 식량이 있다.

**夫民之所生**은 **衣與食也**요 **食之所生**은 **水與土也**라 **所以富民有要**하고 **食民有率**이니 **率三十畝而足於卒歲**라 **歲兼美惡**에 **畝取一石**이면 **則人有三十石**이요 **果蓏素食當十石**①이요 **糠粃六畜當十石**이니 **則人有五十石**이라 **布帛麻絲**는 **旁入奇利**니 **未在其中也**②라 **故國有餘藏**이요 **民有餘食**③이라

① 과일과 열매는 불로 익히지 않고서 먹는다. 그러므로 '素食'이라고 말한다.
果蓏는 不以火化而食이라 故曰素食이라

② '奇'는 '餘'와 같으니, 50석 안에 들어가지 않는다는 말이다.
奇는 餘니 言不在五十石之中也라

③ 백성이 매년 50석을 지니므로 저장한 재물에 모두 여유가 있다.
每年人有五十石이라 故藏皆餘也라

무릇 錣과 鈞[39]은 수량의 많고 적음을 정하는 도구이고, 저울추와 저울대는 물건의 무거움과 가벼움을 보는 도구이며, 戶籍과 田結[40]은 빈부의 고르지 않음을 파악하는 근거이다. 그러므로 훌륭한 군주는 반드시 먼저 백성의 농토를 파악하고, 그것을 통해 백성의 상황을 파악한다. 농토가 갖추어진 이후에 백성의 생활이 풍족할 수 있다.

**夫(敍)〔錣〕[41]鈞者**는 **所以〔定〕[42]多寡也**①요 **權衡者**는 **所以視重輕也**요 **戶籍田結者**는 **所以知貧富之不訾[43]也**②라 **故善者**는 **必先知其田**하고 **乃知其人**③하니 **田備然後民可足也**라

① '敍鈞'은 그 균등함을 차례로 비교한다는 의미이다.
敍鈞은 謂敍比其鈞平이라
② 가구마다 호적을 비치하고 농토마다 그 생산량을 정해놓으면, 백성의 빈부를 〈백성의 실제 상황을〉 헤아려 파악하는 사람에게 의지하지 않고도 알 수 있다는 의미이다.
謂每戶置籍하고 每田結其多少면 則貧富不依訾限者[44]可知也라
③ 농토가 많으면 사람도 많아지고, 농토가 적으면 사람도 적어진다.
田多則人多요 田少則人少라

무릇 천하를 소유하려는 자 가운데, 〈적국의〉 내부 실정에 근거하여 정벌하는 자는 帝가 되고, 〈적국의 군주가 행하는〉 일에 근거하여 정벌하는 자는 王이 되며, 〈적국의〉 정치에 근거하여 정벌하는 자는 霸가 된다. 계략을 꾀하여 功業을 이루는 방법에는 다섯 가지가 있다.

**凡有天下者**에 **以情伐者**는 **帝**①요 **以事伐者**는 **王**②이요 **以政伐者**는 **霸**③니 **而謀有功者**는 **五**④라

---

39) 錣과 鈞 : 고대에 사용된 도량형의 단위들이다.
40) 田結 : 토지 사용과 분배에 관한 증서이다.
41) (敍)〔錣〕: 저본에는 '敍'로 되어 있으나, 丁士涵(淸)의 ≪管子校本≫에 의거하여 '錣'로 바로잡았다. 劉本·朱本에도 '錣'로 되어 있다고 한다.
42) 〔定〕: 저본에는 '定'이 없으나, 郭沫若(中)의 ≪管子集校≫에 의거하여 보충하였다. 다음에 나오는 문장이 "所以視重輕也", "所以知貧富之不訾也"의 형태로 되어 있는 것을 볼 때, "所以多寡也" 구절에서도 '所以' 다음에 모종의 글자가 탈락되어 있음을 알 수 있다.
43) 訾 : 原註에서는 '訾限'으로 풀이하고 있으나, 許維遹(中)의 ≪管子集校≫에 의거하여 '齊'로 해석하였다.
44) 訾限者 : 어떤 한계나 상황을 헤아리는 사람을 의미한다.

① 적의 내부 실정을 깊이 파악하여 정벌하는 자는 帝라는 의미이다.
謂深知敵之內情而伐者는 帝也라
② 적국의 군주가 행하는 일에 실수가 있는 것을 보고 정벌하는 자는 王이다.
見於其事有失而伐者는 王이라
③ 적국의 정치에 실수가 있는 것을 보고 정벌하는 자는 霸이다.
見其政有失而伐者는 霸라
④ 계략을 꾀하여 功業을 이룰 수 있다는 의미이다.
謂計謀可以成功이라

첫째, 적국에서 총애받는 자들을 찾아 그 나라 군주의 권위를 분산시킨다. 한 사람이 두 마음을 지니게 되면 적국의 내부는 반드시 쇠약해질 것이다. 신하들을 쓰지 못하게 되면 그 나라를 위태롭게 할 수 있다.

**一曰 視其所愛**하여 **以分其威**①니 **一人兩心**이면 **其內必衰也**②라 **臣不用**이면 **其國可危**③라

① 적국의 총애받는 자들이 각자 권세를 지니게 하면 그 나라 군주의 권위가 분산된다.
令敵國之所愛者各權이면 則其威分也라
② 군주의 위엄이 분산되면 사람마다 각자 딴마음을 품게 된다. 딴마음으로 분산되면 힘이 갖추어지지 않는다. 그러므로 내부적으로 쇠퇴하게 된다.
威分이면 則每人各懷二心이요 心二면 則力不齊라 故內衰也라
③ 신하들이 이미 군주를 위해 힘을 쓰지 않으므로, 그 나라를 위태롭게 할 수 있다.
臣旣不爲君用力이라 故其國可危라

둘째, 적국에서 미움받는 자를 살펴서 그에게 많은 뇌물을 주면, 적국의 실정을 속속들이 얻게 된다. 〈미움받는 자가〉 그 나라의 내부에 있으면서 실정을 밖으로 알리면, 그 나라의 실정을 알 수 있다.

**二曰 視其(陰)**[45]**所憎**하여 **厚其貨賂**면 **得情可深**①이니 **身內情外**면 **其國可知**②라

① 적국에서 미움받는 자를 살펴서, 많은 뇌물을 주어 적국의 실정을 나에게 보고하게 한다. 그러므로 적국의 실정을 속속들이 얻는다.
視敵所憎者하고 多與賂하여 令以國情告己라 故深得其情이라

45) (陰) : 저본에는 '陰'이 있으나, 王念孫(淸)의 ≪讀書雜志≫에 의거하여 衍文으로 처리하였다.

② 미움받는 자가 적국의 국내에 머물면서 그 나라의 실정을 밖으로 알리면 그 나라의 실정을 알 수 있다는 의미이다.
謂所憎者가 身在國內하고 情乃告外하면 其國可知也라

셋째, 〈적국의 군주가〉 음란한 음악을 듣고 마음이 〈욕망으로〉 가득 차게 하고, 악기와 미인을 보내 조정 내부의 소통이 막히게 하고, 아첨하는 신하와 화려한 색깔의 말을 보내 나라 밖의 사정에 어둡게 한다. 조정 내부의 소통이 막히고 나라 밖의 사정에 어두우면, 〈적국의 政事를〉 실패하게 할 수 있다.

**三曰 聽其淫樂**하여 **以廣其心**①하고 **遺以竽瑟美人**하여 **以塞其內**②하고 **遺以諂臣文馬**하여 **以蔽其外**③라 **外內蔽塞**이면 **可以成敗**④라

① 적국의 군주가 음란한 음악을 듣게 하여, 마음이 욕망으로 가득 차게 한다.
使之聽淫樂하여 心廣於嗜欲이라

② 악기 연주와 미녀에 탐닉하면 마음이 미혹되고 어지러워진다. 그러므로 그 조정 내부의 소통이 막히게 된다.
耽於竽瑟美女면 則心惑亂이라 故其內閉塞也라

③ 귀는 아첨하는 신하의 말에 미혹되고, 눈은 화려한 색깔의 말〔馬〕에 미혹되면 귀와 눈이 멀게 될 것이다. 그러므로 나라 밖의 사정에 어둡게 된다.
耳惑於諂臣하고 目惑於文馬면 則耳目喪矣라 故其外蔽也라

④ 조정 내부의 소통이 막히고 나라 밖의 사정에 어두우면, 이치가 막히고 미혹된다. 그러므로 실패하지 않는 일이 없게 된다.
內外蔽塞이면 則理擁而見惑이라 故莫不敗라

넷째, 반드시 적국의 군주와 매우 친밀하게 사귀어 마치 친형제처럼 지낸다. 〈그렇게 한 다음〉 말 잘하는 선비를 은밀히 들여보내 〈적국의 군주와〉 계책을 도모하게 하고, 용사들을 들여보내 적국의 기세를 높이게 한다. 〈이후〉 사람을 다른 나라에 들여보내 적국과의 맹약을 배반하고 사신을 끊게 하여 서로의 뜻이 어긋나게 한다. 그러면 반드시 〈두 나라의〉 병사들이 다투게 되어 두 나라가 서로 대적하게 될 것이니, 〈이에〉 반드시 그들의 폐단을 이용한다.

**四曰 必深親之**하여 **如**(典之)〔**與**〕[46]**同生**①하고 **陰內**(납)**辯士**[47]하여 **使圖其計**②하고 **內**(납)**勇**

---

46) (典之)〔與〕: 저본에는 '典之'로 되어 있으나, 陶鴻慶(淸)의 ≪讀管子札記≫에 의거하여

**士**하여 **使高其氣**③하고 **內**(납)**人他國**하여 **使倍其約**하고 **絶其使**하여 **拂其意**④라 **是必士鬬**하여 **兩國相敵**일지니 **必承其弊**⑤라

① '典'은 '항상'의 의미이다. 항상 그와 친형제처럼 지낸다.
典은 常也니 若常與之同生也라
② 은밀히 말 잘하는 사람을 동원하여, 적국과 더불어 계책을 도모하게 한다.
私俠辯士하여 令與敵國圖計라
③ 상대가 용사를 얻으면, 그를 믿고 기세가 높아질 것이다.
彼得勇士면 則恃而氣高也라
④ 다시 사람을 다른 나라에 들여보내 배반하고 절교하게 하여, 두 나라의 뜻이 서로 어긋나게 만든다.
更納人於他國하여 令背絶하고 使兩國之意相違也라
⑤ 또한 이미 서로 의심하면 두 나라의 병사들이 반드시 다투게 되니, 두 나라가 대적하면 작은 나라는 상처를 입고 큰 나라는 곤경에 빠지게 되니, 〈이에〉 그들 양국의 폐단에 힘입음으로써 한꺼번에 두 나라를 획득하는 공을 세운다.
亦旣相疑면 其士必鬬니 兩國敵則小傷大困이니 以承其弊하여 乃有一擧兩獲之功也라

다섯째, 적국의 계책을 깊이 살피고, 적국의 충신을 염탐하고, 그 부리는 사람들을 살피고, 내부적으로 서로 믿지 못하게 하여, 〈군주와 신하 사이의〉 뜻이 멀어지게 한다. 뜻이 멀어지고 〈군주가 신하를〉 명령할 수 없으면, 반드시 내부적으로 스스로 해치게 된다. 〈이렇게 하여〉 적국의 충신들이 이미 죽었으므로 정권을 빼앗을 수 있다.

**五曰 深察其謀**①하고 **(謹)〔詗〕**[48]**其忠臣**②하고 **揆其所使**③하고 **令內不信**하여 **使有離意**④라 **離(氣)〔意〕**[49]**不能令**이면 **必內自賊**⑤이라 **忠臣已死**라 **故政可奪**⑥이라

① 그 계책의 득실을 알고자 한다.
欲知其謀得失也라

---

'與'로 바로잡았다. '典'은 '與'의 誤字이고, '之'는 衍文이라는 것이다.

47) 陰內(납)辯士 : 豬飼彦博(日)은 '內'은 '納'의 의미로 쓰였고, '辯士'는 '智士'와 같다고 보았다. 전국시대에는 말 잘하는 것을 숭상하여 '智士'를 '辯士'로 칭했다는 것이다.(≪管子補正≫)

48) (謹)〔詗〕 : 저본에는 '謹'으로 되어 있으나, 姚永概(淸)의 ≪愼宜軒筆記≫에 의거하여 '詗'으로 바로잡았다. '謹'을 '詗'의 誤字로 본 것이다.

49) (氣)〔意〕 : 저본에는 '氣'로 되어 있으나, 郭沫若(中)의 ≪管子集校≫에 의거하여 '意'로 바로잡았다. 原註에서도 "君臣意離別……"로 언급하고 있다.

② 그 신하가 잘 쓰이는지 아닌지를 알고자 한다.
欲知其臣之用不(부)라

③ 부리는 사람이 현명한지 어리석은지를 알고자 한다.
欲知其所使賢不肖라

④ 안으로 이미 서로 믿지 못하고 의심하면, 군주와 신하 사이의 뜻을 끊게 한다.
內旣不信相疑면 則使其君臣之意絶이라

⑤ 군주와 신하 사이의 뜻이 끊어지면 군주가 신하를 명령할 수 없고, 이미 명령하지 못하면 자기들끼리 서로 해치고 죽이게 된다.
君臣意離別이면 不可使令이요 旣不令이면 則自相殘殺이라

⑥ 신하들은 죽고 나라는 모두 병들었다. 그러므로 그 나라의 정권을 빼앗을 수 있다.
人之云亡이요 邦國殄瘁라 故其政可奪이라

이상의 다섯 가지가 功業을 도모하는 방법이다.

**此五者**가 **謀功之道也**라

管子 18卷

明 吳郡 趙氏本
唐 司空 房玄齡 註

# 제54편 사회복지 정책 入國

## 잡편 5 雜編 五

'入國'이라는 제목은 첫머리의 두 글자를 취해 얻는 것이다. 본편에서는 管仲이 齊나라에서 시행하였다고 하는 여러 가지 사회복지 정책들을 언급하고 있다. 여기에는 '경로 정책', '어린이 보호 정책', '장애인 보호 정책', '국가 유공자 보훈 정책' 등 현대의 사회복지 정책과도 연결되는 9가지 정책이 구체적으로 제시되고 있다.

〈管仲이〉 처음 齊나라에 들어와 教化를 시행하였다는 의미이다.
謂始有國入而行化라

〈管仲이〉 齊나라에 들어온 지 40일 만에 아홉 가지 施惠 정책을 시행하였다. 첫째는 노인을 노인의 예로 봉양하는 일이고, 둘째는 어린아이를 보살피는 일이고, 셋째는 고아를 구휼하는 일이고, 넷째는 장애가 있는 사람을 돌보는 일이고, 다섯째는 홀로된 사람들을 짝지어주는 일이고, 여섯째는 병자를 위로하는 일이고, 일곱째는 곤궁한 사람들을 구제하는 일이고, 여덟째는 곤란한 상황에 처한 사람들을 도와주는 일이고, 아홉째는 나라에 몸 바친 사람들에게 제사 지내주는 일이다.

**入國四旬**[1]에 (五)[2]**行九惠之敎**①하니 **一曰老老**②요 **二曰慈幼**요 **三曰恤孤**요 **四曰養疾**[3]이요

---

1) 旬 : 原註에서는 '巡'으로 풀이하고 있으나, 대부분의 주석가들은 '旬'의 본래 의미 즉 '열흘'로 해석하고 있다.

2) (五) : 저본에는 '五'가 있으나, 豬飼彦博(日)의 ≪管子補正≫에 의거하여 衍文으로 처리하였다. "入國四旬 五行九惠之敎"를 원문 그대로 해석하면, "나라에 들어온 지 40일 만에 아홉 가지 시혜 정책을 다섯 번 시행하였다."가 되는데, 40일 만에 어떤 정책을 다섯 번 시

**五曰合獨**이요 **六曰問(疾)〔病〕**[4)]이요 **七曰通窮**이요 **八曰振困**이요 **九曰接絶**[5)]이라

① '旬'은 곧 '순행하다'는 의미이다. 사방팔방으로 다니면서 아홉 가지 시혜 정책을 시행하였다는 의미이다.
旬은 卽巡也니 謂四面五方行而施九惠之教라
② 노인을 봉양하는 예로 노인을 봉양하였다.
以養老之禮로 養老者라

이른바 노인을 노인의 예로 봉양한다는 것은 다음과 같다. 무릇 성과 읍에 모두 노인을 관장하는 관청을 둔다. 나이 70 이상 된 노인은 아들 한 명의 조세와 부역을 면제해주고, 3개월마다 고기를 보낸다. 나이 80 이상 된 노인은 아들 두 명의 조세와 부역을 면제해주고, 매월 고기를 보낸다. 나이 90 이상 된 노인은 가족 모두의 조세와 부역을 면제해주고, 날마다 술과 고기를 보낸다. 자제들에게는 음식을 정성껏 준비하고, 노인이 바라는 바를 묻고 그가 좋아하는 것을 구해드리라고 권고한다. 이들이 죽으면 나라에서 棺槨을 제공한다. 이런 것을 '노인을 노인의 예로 봉양한다'고 한다.

**所謂老老者**는 **凡國都**에 **皆有掌老**①하고 **年七十已上**은 **一子無征**②하고 **三月有饋肉**③이요 **八十已上**은 **二子無征**하고 **月有饋肉**이요 **九十已上**은 **盡家無征**하고 **日有酒肉**이라 **(死上共棺槨)勸子弟**하여 **精膳食**하고 **問所欲**하여 **求所嗜**④라 〔**死**면 **上共棺槨**〕[6)]이라 **此之謂老老**라

① 노인을 관장하는 관청을 설치한다는 의미이다.
謂置掌老之官이라
② 나라의 조세와 부역에 참여하지 않는다.
不預國之征役이라

---

행한다는 것은 현실적으로 성립하기 힘들다.
3) 養疾 : 아래에서 언급되는 "所謂養疾者……"의 내용을 통해 볼 때, 여기서 '疾'은 신체적 불구나 장애를 의미한다.
4) (疾)〔病〕: 저본에는 '疾'로 되어 있으나, 王引之(淸)의 ≪讀書雜志≫에 의거하여 '病'으로 바로잡았다. 아래의 이 부분을 설명하는 문장에서 "凡國都皆有掌病", "士人有病者", "此之謂問病" 등으로 표현하고 있으므로 '疾'이 아니라 '病'으로 되어야 한다는 것이다.
5) 接絶 : 사당을 세워 나라를 위해 죽은 사람들을 제사 지낸다는 의미이다.
6) (死上共棺槨)……〔死上共棺槨〕: '死上共棺槨'이 저본에는 "勸子弟" 앞에 있었으나, 金廷桂(中)의 ≪管子參解≫에 의거하여 "求所嗜" 다음으로 옮겼다. 아래에 나오는 "能事而後止" 및 "殊身而後止" 구절을 볼 때, 이렇게 옮기는 것이 타당하다는 것이다.

③ 관청에서 고기를 보내는 것을 말한다.
謂官饋之肉이라

④ 노인에게 무엇을 바라는지를 묻고, 그가 절실하게 원하는 것을 찾아서 제공한다.
問老者何所欲求하고 訪其所以必欲而供也라

이른바 어린아이를 보살핀다는 것은 다음과 같다. 무릇 성과 읍에 모두 어린아이를 관장하는 관청을 둔다. 백성의 자녀 중 자식이 아직 어리고 약한데도 양육을 감당하지 못하여 부담이 되는 자가 있으면, 세 명의 어린아이가 있는 경우 부인의 세금과 부역을 면제해주고, 네 명의 어린아이가 있는 경우 가족 전체의 세금과 부역을 면제해준다. 다섯 명의 어린아이가 있는 경우는, 〈가족 전체의 세금과 부역을 면제해주는 것 외에,〉 또 보모를 붙여주고 두 사람분의 식량을 제공하는데, 그 아이들이 일을 할 수 있게 된 이후에 이를 중지한다. 이런 것을 '어린아이를 보살핀다'고 한다.

**所謂慈幼者**는 **凡國都**에 **皆有掌幼**하여 **士民有子**에 **子有幼弱不勝養爲累者**①면 **有三幼者**는 **無婦征**하고 **四幼者**는 **盡家無征**하고 **五幼**는 **又予之葆**②하고 **受二人之食**③하되 **能事而後止**④라 **此之謂慈幼**라

① '勝'은 '감당하다'는 의미이다. 스스로 양육하는 것을 감당하지 못하므로 부담이 된다는 의미이다.
勝은 堪也니 謂不堪自養故爲累라

② '葆'는 지금의 '보모'이다.
葆는 今之教母라

③ 관청에서 두 사람분의 식량을 제공한다.
官給二人之食이라

④ 어린아이가 점차 자라서 스스로 일을 할 수 있게 된 이후에 그 양육을 그친다.
幼者漸長하여 能自管事然後에 止其養이라

이른바 고아를 구휼한다는 것은 다음과 같다. 무릇 성과 읍에 모두 고아를 관장하는 관청을 둔다. 백성이 죽은 후 그 자식이 홀로되고 어린데 그를 양육할 부모도 없고 스스로 살아갈 수 없는 아이는, 그 마을의 아는 사람이나 친구에게 위탁한다. 고아 한 명을 양육하는 사람은 아들 한 명의 조세와 부역을 면제해주고, 고

아 두 명을 양육하는 사람은 아들 두 명의 조세와 부역을 면제해주고, 고아 세 명을 부양하는 사람은 전 가족의 조세와 부역을 면제해준다. 고아를 관장하는 관리는 〈고아가 있는 곳을〉 자주 찾아가 방문하고, 반드시 고아가 먹는 음식과 굶주리는지 춥지 않은지, 신체가 말랐는지 쪘는지를 살피면서 고아를 가엽게 여기며 돌본다. 이런 것을 '고아를 구휼한다'고 하는 것이다.

**所謂恤孤者**는 **凡國都**에 **皆有掌孤**하고 **士(人)〔民〕**[7]**死**하여 **子孤幼**호되 **無父母所養**①하고 **不能自生者**는 **屬之其鄕黨知識故人**이라 **養一孤者**는 **一子無征**하고 **養二孤者**는 **二子無征**하고 **養三孤者**는 **盡家無征**이라 **掌孤**는 **數**(삭)**行問之**하여 **必知其飮食飢寒**과 **身之膌胜而哀憐之**②라 **此之謂恤孤**라

① 이미 부모가 없고, 또한 그를 양육할 친척도 없다.
既無父母하고 又無所養之親也라

② '膌'은 '마르다'는 의미이고, '胜'은 '살찌다'는 의미이다.
膌은 瘦也요 胜은 肥也라

이른바 '장애가 있는 사람을 돌본다'는 것은 다음과 같이 한다. 무릇 성과 읍에 모두 장애인들을 관장하는 관청을 둔다. 귀머거리・맹인・벙어리・절름발이・반신불수・두 손이 오그라들어 펴지 못하는 사람은 스스로 살아갈 수 없는 자들이니, 나라에서 그들을 거두어 부양한다. 장애인을 관리하는 부서에서는 그들에게 옷과 음식을 제공하되, 그들의 신체가 사망한 이후에 그것을 멈춘다. 이런 것을 '장애가 있는 사람을 돌본다'고 한다.

**所謂養疾者**는 **凡國都**에 **皆有掌(養)**[8]**疾**하고 **聾・盲・喑啞・跛躄・偏枯・握遞**①는 **不耐自生者**니 **上收而養之**라 **疾**②**官**[9]**而衣食之**③하되 **殊身**[10]**而後止**④니 **此之謂養疾**이라

---

7) (人)〔民〕: 저본에는 '人'으로 되어 있으나, 丁士涵(淸)의 ≪管子校本≫에 의거하여 '民'으로 바로잡았다. 앞에서도 '士民'이 나왔고 뒤에서도 '士民'이라는 말이 언급되고 있으므로, 여기서도 '士民'으로 되는 게 옳다는 것이다.
8) (養) : 저본에는 '養'이 있으나, 王引之(淸)의 ≪讀書雜志≫에 의거하여 衍文으로 처리하였다.
9) 疾官 : 原註에서는 '疾'에서 끊고, '疾'을 "療疾(질병을 치료하다)"로 풀이하고 있다. 그러나 兪樾(淸)은 '疾官' 두 글자를 연결시켜 읽어야 하고, 여기서 '官'은 곧 '館'의 의미가 된다고 보았다.(≪諸子平議≫)
10) 殊身 : 原註에서는 '殊'를 '離'의 의미로 보고, '殊身'을 '질병이 몸에서 떨어져 나가다'로 풀이하였다. 그러나 王念孫(淸)은 ≪說文解字≫에 의거하여 '殊'를 '死'의 의미로 보고,

① '遞'는 '들러붙다'는 의미이다. 두 손이 서로 맞잡힌 채로 들러붙어 펼쳐지지 못하는 자를 '握遞'라 한다는 의미이다.
遞는 著(착)也니 謂兩手相拱著而不申者를 謂之握遞라

② 이미 그들을 부양하고, 또 병을 치료도 해준다.
旣養之하고 又與療疾이라

③ 관청에서 옷과 음식을 공급해준다는 의미이다.
謂官給之衣食이라

④ '殊'는 '떨어지다'는 의미이다. 질병이 몸에서 떨어진 이후에 그들에 대한 부양을 멈춘다.
殊는 猶離也니 疾離身而後止其養이라

이른바 '홀로된 사람들을 짝지어준다'는 것은 다음과 같다. 무릇 성과 읍에 모두 중매를 관장하는 관청을 둔다. 아내가 없는 사내를 '홀아비〔鰥〕'라 하고, 남편이 없는 여인을 '과부〔寡〕'라 한다. 이들 홀아비와 과부를 모아 서로 결합시키고, 농토와 집을 주어 가정을 꾸리게 하며, 3년이 지난 이후에 나라의 부역에 종사하게 한다. 이런 것을 '홀로된 사람들을 짝지어준다'라고 한다.

**所謂合獨者**는 **凡國都**에 **皆有掌媒**라 **丈夫無妻曰鰥**이요 **婦人無夫曰寡**니 **取鰥寡而合和之**하고 **予田宅而家室之**하고 **三年然後事之**①니 **此之謂合獨**이라

① '事'는 나라의 부역에 종사한다는 의미이다.
事는 謂供國之職役也라

이른바 '병자를 문병한다'는 것은 다음과 같다. 무릇 성과 읍에 모두 掌病(병자를 관장하는 관청)을 둔다. 선비와 백성 중에 병이 든 사람은 掌病의 관리가 군주의 명령으로 문병한다. 90세 이상은 매일 한 번 문병하고, 80세 이상은 이틀에 한 번 문병하고, 70세 이상은 사흘에 한 번 문병하고, 그 이하의 서민들은 닷새에 한 번 문병한다. 병이 심한 자는 위에 보고하여, 군주가 몸소 문병한다. 掌病의 관리들은 전국을 돌아다니면서 병자를 문병하는 것을 업무로 삼는다. 이상을 '병자를 문병

---

'殊身'은 곧 '몸이 사망하다'로 풀이해야 한다고 주장하였다.(≪讀書雜志≫) 그리고 현실적으로 신체적 장애는 질병이 아니므로, '질병이 몸에서 떨어져 나가다'는 말은 성립될 수 없다.

한다'고 한다.

**所謂問(疾)〔病〕**[11]**者**는 **凡國都**에 **皆有掌病**하고 **士(人)〔民〕**[12]**有病者**를 **掌病以上令問之**니 **九十以上**은 **日一問**하고 **八十以上**은 **二日一問**하고 **七十以上**은 **三日一問**하고 **衆庶**는 **五日一問**하되 **疾甚者**는 **以告**하여 **上身問之**라 **掌病**은 **行於國中**하여 **以問(疾)〔病〕爲事**니 **此之謂問病**이라

이른바 '곤궁한 사람들을 구제한다'는 것은 다음과 같다. 무릇 성과 읍에 모두 곤궁한 사람들을 관장하는 관청을 둔다. 만약 곤궁한 부부가 거처할 곳이 없거나 곤궁한 빈객에게 식량이 떨어졌다면, 그 마을에 거처하는 사람 중 이 사실을 보고한 자에게는 상을 주고, 보고하지 않은 자에게는 벌을 준다. 이런 것을 '곤궁한 사람들을 구제한다'라고 한다.

**所謂通窮者**는 **凡國都**에 **皆有(通)〔掌〕**[13]**窮**하고 **若有窮夫婦無居處**하고 **窮賓客絶糧食**이면 **居其鄕黨**이 **以聞者有賞**하고 **不以聞者有罰**이니 **此之謂通窮**이라

이른바 '곤란한 상황에 처한 사람들을 도와준다'는 것은 다음과 같다. 흉년이 들면 일용노동자들은 병들고 많이 사망한다. 〈이에〉 형벌을 느슨하게 하고 죄가 있으면 사면해주고 곡식 창고를 열어 먹을 것을 대준다. 이런 것을 '곤란한 상황에 처한 사람들을 도와준다'고 한다.

**所謂振困者**는 **歲凶**에 **庸人訾厲**①하고 **多死喪**이니 **弛刑罰**하고 **赦有罪**하고 **散倉粟以食之**라 **此之謂振困**이라

① '訾'는 '앓다'는 의미이고, '厲'는 '병'의 의미이다.
訾는 疾也요 厲는 病也라

이른바 '나라에 몸 바친 사람들에게 제사 지내준다'는 것은 다음과 같다. 선비와 백성 중 군주를 위해 죽거나 전쟁터에 동원되었다가 죽은 자는, 그를 아는 사람이

11) (疾)〔病〕: 앞에서와 같다.
12) (人)〔民〕: 앞에서와 같다.
13) (通)〔掌〕: 저본에는 '通'으로 되어 있으나, 王引之(淸)의 ≪讀書雜志≫에 의거하여 '掌'으로 바로잡았다.

나 친구로 하여금 나라에서 물자를 하사받아 제사 지내주게 한다. 이런 것을 '나라에 몸 바친 사람들에게 제사 지내준다'고 한다.

**所謂接絶者**는 **士民**에 **死上事**하고 **死戰事**는 **使其知識故人**으로 **受資於上**① **而祠之**라 **此之謂接絶也**라

① '資'는 '물자'를 가리킨다.
資는 謂財用이라

# 제55편 군주가 지켜야 할 아홉 가지 원칙 九守[1)]

## 잡편 6 雜編 六

군주가 나라를 경영할 때 지켜야 할 원칙들에 대해 말하고 있다. 군주의 자리에서 지켜야 할 것, 군주가 밝은 지혜를 유지하는 법, 군주가 남의 말을 듣는 법 등 9가지 원칙을 간단명료하게 제시하고 있다.

〈군주가 군주의 자리에 있을 때는〉 편안하고 여유가 있고 고요히 침묵하며, 부드러움으로 절도를 삼고 자기 자신을 먼저 안정시키며, 마음을 비우고 뜻을 평온하게 하고서 〈신하의 諫言을〉 기다린다.

이상은 '군주의 자리'에 대한 원칙이다.

**安徐而靜**①하고 **柔節先定**②하고 **虛心平意**하여 **以待須**③라
**右**는 **主位**④라

① 군주가 군주의 자리에 있을 때, 편안하고 여유가 있어야 하고 또 고요히 침묵해야 한다.
人君居位에 當安徐而又靜默이라
② 온화함과 부드러움으로 節操를 삼고, 먼저 자기 자신을 안정시킬 수 있는 다음에 남을 안정시킬 수 있다.
以和柔爲節하고 先能定己然後에 可定人이라
③ 마음을 텅 비우고 뜻을 평온하게 하고서 신하의 간언을 기다린다. '須' 또한 '기다리다'는 의미이다.
虛其心하고 平其意하여 以待臣之諫說이라 須는 亦待也라
④ 군주가 군주의 자리에 있을 때는 이와 같이 해야 한다.
人主居位에 當如此라

눈은 '밝게 보는 것'을 중시하고, 귀는 '밝게 듣는 것'을 중시하며, 마음은 '지혜로

---

1) 九守 : ≪鬼谷子≫ 〈符言〉에 본 편의 내용과 거의 유사한 글이 들어 있다. ≪귀곡자≫의 저자가 본 편의 글을 모방하여 베끼고 제목만 바꾼 것으로 보인다.

움'을 중시한다. 천하의 눈으로 보면 보지 못하는 것이 없고, 천하의 귀로 들으면 듣지 못하는 것이 없으며, 천하의 마음으로 사려하면 알지 못하는 것이 없다. 〈천하 사람들의 '눈'과 '귀'와 '마음'이 군주에게로〉 한꺼번에 몰려들게 되면 '밝음'이 막히지 않을 것이다.

이상은 '군주의 밝음'에 대한 원칙이다.

**目貴明**하고 **耳貴聰**하고 **心貴智**라 **以天下之目視**면 **則無不見也**요 **以天下之耳聽**이면 **則無不聞也**요 **以天下之心慮**면 **則無不知也**하여 **輻湊竝進**하면 **則明不塞矣**[①]라
**右**는 **主明**[②]이라

① 성인은 자기 자신의 귀 밝음과 눈 밝음과 사려에 의존하지 않고 천하 사람들에게 맡긴다는 의미이다. 그러므로 눈 밝은 자들이 군주를 대신해 보고, 귀 밝은 자들이 군주를 대신해 듣고, 지혜로운 자가 군주를 대신해 꾀를 내어, 군주에게로 한꺼번에 몰려드니 이 또한 마땅하지 않은가? 그러므로 '밝음'이 막힐 수 없다고 말하는 것이다.
言聖人不自用其聰明思慮하고 而任之天下라 故明者爲之視하고 聽者爲之聽하고 智者爲之謀하여 輻湊竝進하니 不亦宜乎아 故曰 明不可塞이라

② 군주의 '밝음'은 천하 사람들의 귀와 눈을 이용하여 보고 듣는 것에 달려 있다.
主明은 在於用天下耳目視聽之라

남의 말을 듣는 방법은, 뜬소문을 듣고 거절하지 말고, 뜬소문을 듣고 허락하지 말라는 것이다. 〈뜬소문을 듣고〉 허락하면 지키는 원칙을 잃게 되고, 〈뜬소문을 듣고〉 거절하면 〈간언의〉 문을 닫게 된다. 높은 산은 바라보아도 그 높이를 측량할 수 없고, 깊은 연못은 그 깊이를 재어도 헤아릴 수 없다. 〈이러한 높은 산이나 깊은 연못처럼 처신하면 神明의 덕에 짝하게 되니〉 신명의 덕은 지극히 바르고 고요하다.

이상은 '군주가 남의 말을 듣는 것'에 대한 원칙이다.

**聽之術**은 **曰勿望而距**요 **勿望而許**[①]라 **許之則失守**요 **距之則閉塞**[②]이라 **高山仰之**나 **不可極也**요 **深淵度**(탁)**之**나 **不可測也**[③]니 **神明之德**은 **正靜其極也**[④]라
**右**는 **主聽**이라

① 남의 말을 듣는 방법은 반드시 자세히 살펴야 하는 것이니, 뜬소문을 듣고 거절하거나 허락해서는 안 된다.
聽言之術은 必須審察이니 不可望風하여 則有所距하고 有所許也라

② 미처 자세히 살피지 않고 문득 거절하거나 허락하므로, 혹 지키는 원칙을 잃거나, 혹 〈간언의 문이〉 닫게 된다.

既未審察하고 輒有距而許之라 故或失守어나 或閉塞이라

③ 자세히 살피지 않는 자는 항상 상대방에 의해 파악된다. 그러므로 마치 높은 산이나 깊은 연못처럼 처신하여, 그 높이를 측정하거나 그 깊이를 헤아릴 수 없게 해야 한다고 경계하는 것이다.

不審察者는 常爲彼所知라 故戒之하여 當如高山深淵하여 不可極而測之라

④ 이미 산이나 연못처럼 처신하면 그 덕이 신명에 짝하게 되어 바르고 고요하게 된다. 이와 같은 자는 곧 그 바름과 고요함이 지극하게 될 것이다.

既如山淵이면 則其德配神明하여 而正且靜이니 如此者는 乃其窮極矣라

상을 쓰는 자는 신뢰가 중요하고, 형벌을 쓰는 자는 '반드시 행함'이 중요하다. 형벌은 반드시 행한다는 점과, 상을 주는 것이 신뢰할 수 있다는 점을 귀와 눈으로 확인하게 하면, 직접 보지 않은 자들도 모두 은연중 변하게 될 것이다. 〈군주의 마음이〉 진실로 천지에 펼쳐지고 神明에 통하면 간사한 자와 거짓된 자를 보게 된다.

이상은 '군주가 상벌을 시행하는 것'에 관한 원칙이다.

**用賞者**는 **貴**(誠)〔信〕[2)]하고 **用刑者貴必**이니 **刑賞信必於耳目之所見**이면 **則其所不見**이 **莫不闇化矣**라 **誠暢乎天地**하고 **通於神明**이면 **見姦僞也**①라

**右**는 **主賞**이라

① 이미 천지에 펼쳐지고 신명에 통하였으므로 간사하고 거짓된 자가 있으면 반드시 볼 수 있다.

既暢天地하고 通神明이라 故有姦僞면 必能見之라

첫째 하늘에 대해 물어야 하고, 둘째 땅에 대해 물어야 하고, 셋째 사람에 대해 물어야 하고, 넷째 상하와 좌우와 전후에 대해 물어야 한다. 〈이렇게 하면〉 미혹됨이 그 어디에 있겠는가?

이상은 '군주가 諮問하는 것'에 대한 원칙이다.

**一曰天之**요 **二曰地之**요 **三曰人之**①요 **四曰上下左右前後**②니 **熒惑**[3)]이 **其處安在**③리오

---

2) (誠)〔信〕: 저본에는 '誠'으로 되어 있으나, 許維遹(中)의 ≪管子集校≫에 의거하여 '信'으로 바로잡았다. 아래에서 "刑賞信必於耳目之所見"으로 말하고 있는 것은 바로 이 '信'을 이어받는 표현이라는 것이다.

右는 主問이라

① 天·地·人 三才의 도는 그윽하고 심원하니, 반드시 현자에게 물어본 이후에 행해야 한다는 의미이다.
言三才之道는 幽窈深遠하니 必問於賢者而後行之라

② 무릇 이들은 모두 逆行과 順行의 마땅함이 있다. 그러므로 〈현자에게〉 이들에 관해 물어보아야 한다.
凡此皆有逆順之宜라 故須問之라

③ 또한 火星이 머물러있는 곳을 알아야 한다.[4)]
又須知法星所在也라

마음은 九竅의 일을 처리하지 않지만 구규는 스스로 다스려지고, 군주는 五官의 일을 처리하지 않지만 오관은 스스로 다스려진다. 착한 일을 행하는 자는 군주가 상을 주고, 잘못을 행하는 자는 군주가 벌을 준다. 군주가 〈신하들이 행하는 善·不善의〉 행위에 따라서, 그것에 근거하여 상이나 벌을 주면 수고롭지 않을 것이다. 성인은 〈신하들이 하는〉 행위에 따라서 상이나 벌을 주므로 그들을 장악할 수 있고, 상황에 따라서 이치를 닦으므로 〈군주의 자리를〉 오래 유지할 수 있다.

이상은 군주가 '因'의 원리를 운용하는 것에 대한 원칙이다.

**心不爲九竅**나 **九竅治**①요 **君不爲五官**이나 **五官治**②라 **爲善者**는 **君予之賞**하고 **爲非者**는 **君予之罰**하니 **君因其所以來**하여 **因而予之**[5)]면 **則不勞矣**③라 **聖人因之**[6)]라 **故能掌之**④요 **因之修理**라 **故能長久**라

右는 主因이라

① 마음을 九竅에 맡기면, 구규는 스스로 다스려진다.

---

3) 熒惑 : 原註에서는 '法星' 즉 火星으로 보았다. 그러나 王念孫(淸)은 '미혹됨'으로 해석해야 한다고 보았다.(≪讀書雜志≫)

4) 火星이……한다 : 고대에 火星의 출현은 전란이 일어날 불길한 징조로 여겨졌다. 그러므로 통치자는 항상 火星의 소재에 관심을 두었다.

5) 所以來 因而予之 : 原註에서는 "自來而又得賞"으로 풀이하고 있다. 그러나 劉績(明)은 "所以來"는 '착한 일이나 잘못을 행하는 것'을 의미하고, "因而予之"는 '그에 따라 상이나 벌을 준다'는 것을 의미하는 것으로 보았다.(≪管子補註≫) 본서에서는 유적의 견해를 따랐다.

6) 聖人因之 : 原註에서는 "因來而賞"으로 풀이하고 있다. 그러나 이 구절 역시 앞에서와 마찬가지로 '착한 일이나 잘못을 행하는 것에 따라서 상이나 벌을 준다'는 의미로 해석해야 할 것이다.

心任九竅면 九竅自治라

② 군주가 五官에 맡기므로 오관은 스스로 다스려진다.

君任五官이라 故五官自治라

③ 스스로 오고 또한 상을 받으니, 어떤 수고로움이 있겠는가?

自來而又得賞이니 何勞之有아

④ '掌'은 '장악하다'는 의미이다. 오는 것에 말미암아 상을 주면 사람들이 모두 '나'에게 귀의하게 된다. 그러므로 그들을 장악할 수 있는 것이다.

掌은 主也니 因來而賞이면 物皆屬己라 故能主之라

군주는 〈자기 자신을〉 엄밀하게 단속하지 않을 수 없다. 군주가 엄밀하게 단속하지 않으면 뭇 신하들이 어지러워진다. 군주가 고요하여 단서를 드러내지 않고 외부와 내부가 서로 통하지 않으면, 어찌 군주가 원망하는 바를 알겠는가? 〈군주가 마음의〉 문을 닫고 열지 않으면, 군주가 좋게 여기는지 나쁘게 여기는지 추정할 단서가 없다.

이상은 '군주가 엄밀하게 단속함'에 대한 원칙이다.

**人主**는 **不可不周**①니 **人主不周**면 **則群臣下亂**②이라 **寂乎其無端也**③요 **外內不通**이면 **安知所怨**④[7]이리오 **關(開)〔閉〕**[8]**不開**면 **善否無原**⑤이라

**右**는 **主周**라

① '周'는 '삼가고 엄밀하다'는 의미이다.

周는 謂謹密也라

② 엄밀하게 단속하지 않으면 국가의 중요한 기밀이 새어나간다. 그러므로 신하들이 서로 다투고 어지러워진다.

不周면 則泄其機事라 故臣下交爭而亂也라

③ 신중하고 엄밀하길 이와 같이 해야 한다.

愼密者當如是라

④ 외부와 내부가 통하지 않으면 일이 밖으로 새 나가지 않는다. 그러므로 원망이 없다.

外內不通이면 則事不泄이라 故無怨이라

⑤ 이미 그 〈마음의〉 빗장을 열지 않으므로 좋게 여기는지 나쁘게 여기는지 그 근원을 알 수 없다.

---

7) 安知所怨 : 原註에서는 '원망이 없다'로 풀이하고 있는데 문맥상 좀 어색하다. 여기서 '所怨'의 주체는 군주로 보는 게 타당하다.

8) (開)〔閉〕 : 저본에는 '開'으로 되어 있으나, 王引之(淸)의 ≪讀書雜志≫에 의거하여 '閉'로 바로잡았다.

旣不開其關閈이라 故善之與不善을 不得知其原矣라

첫째는 멀리 내다보는 것이고, 둘째는 멀리 있는 소리도 잘 듣는 것이며, 셋째는 밝은 지혜를 심는 것이다. 천 리 밖의 것과 은미하게 숨어 있는 것을 밝게 아는 것을 "간사함을 통찰한다"고 한다. 간사함이 통찰되면 재앙적 변화가 막히게 될 것이다.

이상은 '군주가 살펴보는 것'에 대한 원칙이다.

**一曰長目**이요 **二曰飛耳**[9]요 **三曰樹明**이라 **明知千里之外**와 **隱微之中**를 **曰**(動)〔**洞**〕[10]**姦**이라 **姦**(動)〔**洞**〕**則變更**[11]**矣**①라

**右**는 **主參**이라

① 간사함이 보이지 않는 곳에 숨어 있으면 그 이치가 장차 움직일 것이다. 간사함이 이미 움직이면 자연히 변화가 일어날 것이다.
姦在隱微면 其理將動이니 姦旣動矣면 自然變更이라

名에 근거하여 實을 살피고, 實에 비추어 名을 정한다. 名과 實은 서로 의존하여 생겨나고, 서로 번갈아 상대의 내용이 된다. 名과 實이 일치하면 다스려지고 일치하지 않으면 어지러워진다. 名은 實에서 생겨나고, 實은 德에서 생겨나고, 德은 理에서 생겨나고, 理는 智에서 생겨나고, 智는 합당함에서 생겨난다.

이상은 '名을 바로잡는 것'에 관한 원칙이다.

(修)〔**循**〕[12]**名而督實**하고 **按實而定名**하니 **名實相生**하고 **反**[13]**相爲情**이라 **名實當則治**요 **不當則亂**이니 **名生於實**하고 **實生於德**하고 **德生於理**하고 **理生於智**하고 **智生於當**이라

**右**는 **督名**이라

---

9) 飛耳 : 豬飼彦博(日)은 '멀리 있는 소리도 잘 듣는 것'을 의미한다고 하였다.(≪管子補正≫)
10) (動)〔洞〕: 저본에는 '動'으로 되어 있으나, 兪樾(淸)의 ≪諸子平議≫에 의거하여 '洞'으로 바로잡았다. 발음이 비슷함으로 인해 잘못 쓰여졌다는 것이다. 아래도 같다. ≪鬼谷子≫에는 이 구절이 "是謂洞天下之姦(이것을 천하의 간사함을 통찰한다고 한다.)"으로 되어 있다고 한다.
11) 更 : 郭沫若(中)의 ≪管子集校≫에 의거하여 '梗'으로 읽는다. 간사함이 통찰되면 禍變이 梗塞된다는 것이다.
12) (修)〔循〕: 저본에는 '修'로 되어 있으나, 王念孫(淸)의 ≪讀書雜志≫에 의거하여 '循'으로 바로잡았다. 본서의 〈形勢〉을 통해 이를 확인할 수 있다는 것이다.
13) 反 : 丁士涵(淸)은 '還反'의 의미로 보았다.(≪管子校本≫)

# 제56편 여론을 청취하는 방법 桓公問
## 잡편 7 雜編 七

齊 桓公이 나라를 온전히 유지하는 방법에 대해 자문을 구하자, 이에 대해 管子가 답변하는 내용으로 구성되어 있다. 관자가 제시하는 國政 운영의 핵심은 백성의 생각과 비판을 널리 들으라는 것이다. 이를 위해 관자는 군주의 잘못을 자유롭게 비판할 수 있는 토론의 장이 활성화되어야 한다는 점을 강조한다.

齊 桓公이 管子에게 물었다.

"나는 지닌 것은 잃지 말고 얻은 것은 잃지 말아야 한다고 생각하는데, 그렇게 하기 위한 방법이 있소?"

관자가 대답하였다.

"무엇을 새로 만들려고 하거나 인위적으로 일을 벌이지 말고, 때가 이르면 거기에 따르십시오. 개인적으로 좋아하고 싫어하는 것으로 공정함을 해치지 마십시오. 백성이 싫어하는 것을 살펴서 스스로 경계를 삼으십시오. 黃帝가 明臺를 세워 사람들과 의논한 것은 위로 賢者들을 살펴 얻기 위한 것이었습니다. 堯임금이 네거리에 집을 짓고 여러 사람의 의견을 물은 것은 아래로 백성의 고충을 듣기 위한 것이었습니다. 舜임금이 깃발을 세워놓고 여러 사람의 좋은 견해를 구한 것은 군주의 귀가 가려지지 않게 하기 위해서였습니다. 禹임금은 조정에 諫言하는 북을 세워놓고 충고하는 말을 아뢰도록 하였습니다. 湯임금은 번화한 거리에 亭舍를 지어놓고 백성이 비판하는 소리를 들었습니다. 武王은 靈臺를 세워놓고 보고를 받았으며 현명한 이를 등용하였습니다. 이것들이 옛날의 성스러운 제왕과 현명한 왕들이 '지

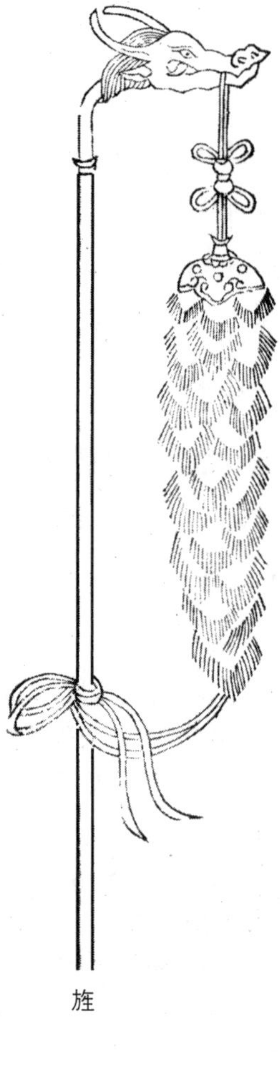

旌

닌 것은 잃지 않고 얻은 것은 잃지 않는' 방법이었습니다."

**齊桓公問管子曰 吾念有而勿失**하고 **得而勿(忘)〔亡〕**[1]하니 **爲之有道乎**아 **對曰 勿創勿作**하고 **時至而隨**하며 **毋以私好惡**(오)**害公正**하고 **察民所惡**하여 **以自爲戒**①하소서 **黃帝立明臺之議者**는 **上觀於賢也**요 **堯有衢室之問者**는 **下聽於人也**요 **舜有告善之旌而主不蔽也**요 **禹立諫鼓於朝而備訊唉**②[2]요 **湯有總街之庭**하여 **以觀人誹也**요 **武王有靈臺之復而賢者進也**③니 **此古聖帝明王**이 **所以有而勿失**하고 **得而勿(忘)〔亡〕者也**니이다

① 사람들 중에 나의 잘못된 행위를 싫어하는 자가 있다.
人有所惡己行之非라
② '訊'은 '묻다'는 의미이고, '唉'는 '놀라면서 묻다'는 의미이다.
訊은 問也요 唉는 驚問也라
③ '復'은 '고하다'는 의미이다.
復은 謂白也라

桓公이 말하였다.

"나는 先王들의 행위를 본받아 여론을 듣는 기관을 만들려고 하는데, 무어라 이름 짓는 게 좋겠소?"

管子가 대답하였다.

"'비판적 토론방의 회의〔嘖室之議〕'라고 이름 지으십시오."

또 관자가 말하였다.

"법이 간단하면 실행하기 쉽고, 형벌이 자세하면 사람들이 죄를 범하지 않고, 일이 간략하면 따르기 쉽고, 구하는 것이 적으면 만족하기 쉽습니다. 백성 중 군주가 잘못하는 것을 비판하는 사람을 '올곧은 선비〔正士〕'라 하니, 그를 '비판적 토론방의 회의'에 들이십시오. 고위 관리들이나 실무를 담당하는 관리들이 모두 그 일을 잘 받들어 실행하여 잊지 않게 하십시오. 이것은 '비판적 토론방의 회의'에서 해야 하는 일이니, 東郭牙[3]에게 그 일을 맡기십시오. 그는 군주 앞에서도 政事를 바

1) (忘)〔亡〕: 저본에는 '忘'으로 되어 있으나, 許維遹(中)의 ≪管子集校≫에 의거하여 '亡'으로 바로잡았다. ≪太平御覽≫의 인용문에도 '亡'으로 되어 있다는 것이다. 아래도 같다.
2) 訊唉 : 原註에서는 "訊 問也 唉 驚問也"로 풀이하고 있다. 그러나 豬飼彦博(日)은 '訊'은 '告'이고, '唉'는 '欸'와 같은 글자로 '呰'의 의미라고 보았다.(≪管子補正≫)
3) 東郭牙 : 춘추시대 齊나라의 대부로 諫官을 맡았다. 본서 〈小匡〉에 "東郭牙爲大諫(東郭牙가

르게 하기 위해 諫爭할 수 있는 인물입니다.”

환공이 말하였다.

“좋소.”

**桓公曰 吾欲效而爲之**한대 **其名云何**오 **對曰 名曰嘖室之議**①하소서 **曰 法簡而易**(이)**行**하고 **刑審而不犯**하고 **事約而易從**하고 **求寡而易足**하니이다 **人有非上之所過**를 **謂之正士**②라하니 **內**(납)**於嘖室之議**③하소서 **有司執事者**는 **咸以厥事奉職**하여 **而不忘(爲)〔焉〕**[4]이라 **此嘖室之事也**니 **請以東郭牙爲之**하소서 **此人能以正事爭於君前者也**니이다 **桓公曰 善**타

① 토론하는 자들이 시끄럽게 떠들면서 비판한다는 의미이다.
謂議論者言語讙嘖이라

② 군주에게 허물이 있는 것을 보고 비판하는 사람은 ‘올곧은 선비’라 할 수 있다.
見上有過而非之면 可謂正士라

③ 올곧은 선비의 말을 받아들여 ‘간언하는 방의 회의’에 회의의 주제로 붙인다.
納正士之言하여 著爲嘖室之議라

---

大諫을 맡았다.)”라는 말이 언급되고 있다.

4) (爲)〔焉〕: 저본에는 ‘爲’로 되어 있으나, 戴望(淸)의 ≪管子校正≫에 의거하여 ‘焉’으로 바로잡았다. 古本·劉本·朱本 등에는 ‘焉’으로 되어 있다는 것이다.

# 제57편 지형을 살펴 治水 정책을 수립함 度地

## 잡편 8 雜編 八

'度地(탁지)'는 '지형을 헤아려 살피다'는 의미이다. 본편에서는 齊 桓公과 管仲 사이에 이루어지는 대화의 형식을 빌려, '지형 살핌'의 중요성에 대해 논하고 있다. 우선 첫머리에서 지형을 살펴 도성을 건설하는 문제에 대해 잠시 언급하고 있다. 이어서 국가를 경영하는 데 장애가 되는 '다섯 가지 해로움'을 언급하면서, 그중 '水害'의 문제를 집중적으로 거론하고 있다. 따라서 본편은 사실상 물로 인한 피해를 막기 위한 여러 가지 방책 즉 治水의 문제를 중점적으로 다루고 있다고 볼 수 있다.

예전 어느 날 桓公이 管仲에게 물었다.

"과인이 지형을 헤아려 도성을 건설하려고 하는데 어떻게 하면 좋겠소?"

관중이 대답하였다.

"제가 듣건대, 霸王이 될 수 있는 사람은 대개 천하의 성인이라고 합니다. 그러므로 성인이 도성을 세울 때는 반드시 경사지지 않는 곳에 세우고, 지형이 기름지고 산을 바라보고 있고 좌우로는 물이나 늪지가 인접해 있으며 성안에는 도랑을 파서 큰 냇물로 흘러가게 할 수 있는 곳을 찾아 선택합니다. 이에 그 천연자원과 땅에서 생기는 이익으로 백성과 가축을 기릅니다. 그러면 천하 사람들이 모두 군주의 덕에 귀의하고 그 의로움을 따릅니다.

**昔者**에 **桓公問管仲曰 寡人請問度**(탁)**地形而爲國者**어늘 **其何如而可**오 **管仲對曰 夷吾之所聞**컨대 **能爲霸王者**는 **蓋天**(子)〔下〕[1]**聖人也**라 **故聖人之處國者**는 **必於不傾之地**①요 **而擇地形之肥饒者**하고 **鄕山**하고 **左右**(經)〔緣〕**水若澤**②[2]하고 **內爲落渠之寫**하여 **因大川而注焉**③이요

1) (子)〔下〕 : 저본에는 '子'로 되어 있으나, 豬飼彦博(日)의 ≪管子補正≫에 의거하여 '下'로 바로잡았다.

2) (經)〔緣〕水若澤 : 저본에는 '經'으로 되어 있으나, 王引之(淸)의 ≪讀書雜志≫에 의거하여 '緣'으로 바로잡았다. '經水'는 아래에 나오는 "命曰經水"로 인해 잘못 쓰여졌다는 것이다. 한편 왕인지는 '若'을 '及'으로 읽는다.

**乃以其天材**[3]**地〔利〕之所生(利)**[4]으로 **養其人以育六畜**④하면 **天下之人**이 **皆歸其德而惠其義**⑤라

① 〈도성을〉 세우는 곳이 깊고 두터우며 언덕이 탄탄한 것을 '기울지 않다'고 말한다는 의미이다.
言其處深厚岡原複壯者를 謂之不傾이라
② 도읍지는 혹 산의 왼쪽에 위치하거나 혹 산의 오른쪽을 향해 있고, 또 물이나 늪지에 인접해 있는 곳에 세운다.
其國都或在山左하고 或向山右하고 及緣水澤然後建이라
③ 도읍지 안에 다시 물이 흐르는 도랑을 파서 큰 냇물로 흘러가게 한다는 의미이다.
謂於都內에 更爲落水之渠하여 以注於大川이라
④ '天材'는 오곡에 속하는 것들을 天時에 따라서 심는 것들이라는 의미이다.
天材는 謂五穀之屬을 因天時而植者也라
⑤ '惠'는 '따르다'는 의미이다.
惠는 順이라

이에 지역을 분별하여 구획하니, 州가 되지 못하는 것을 術이라 하고, 術이 되지 못하는 것을 里라 합니다. 그러므로 100가구가 모여 里가 되고, 里 열 개가 모여 術이 되고, 術 열 개가 모여 州가 되고, 州 열 개가 모여 都가 되고, 都 열 개가 모여 霸國이 됩니다. 패국이 되지 못하는 것은 제후국인데, 〈패국은 제후국들을 이끌고〉 천자를 받듭니다. 천자는 수많은 제후국을 거느리는데, 그중에 公·侯·伯·子·男의 구분이 있습니다. 천자는 이들 한가운데에 도읍을 정하니, 이것을 일러 천연자원을 이용하고 땅의 이익을 집중한다고 합니다.

**乃別**하여 **制斷之**①하니 **〔不滿〕**[5]**州者謂之術**②이요 **不滿術者謂之里**③라 **故百家爲里**하고 **里十爲術**하고 **術十爲州**하고 **州十爲都**하고 **都十爲霸國**하니 **不如霸國者**는 **國也**④니 **以奉天子**⑤라 **天子有**

---

3) 天材 : 原註에서는 오곡의 종류로 풀이하고 있다. 그러나 문맥상 '천연자원'으로 풀이하는 것이 좀 더 타당하다.
4) 地〔利〕之所生(利) : 저본에는 '地之所生利'로 되어 있으나, 張佩綸(淸)의 ≪管子學≫에 의거하여 '地利之所生'으로 바로잡았다. 그는 그 근거로 〈乘馬〉에 "因天材 就地利"라는 구절이 있다는 점을 들었다.
5) 〔不滿〕 : 저본에는 '不滿'이 없으나, 豬飼彥博(日)의 ≪管子補正≫에 의거하여 보충하였다. 아래에서 "術十爲州"라고 기술하고 있는 것으로 볼 때, '不滿' 두 글자가 잘못 탈락되었다는 것이다.

**萬諸侯也**니 **其中有公侯伯子男焉**이라 **天子中而處**니 **此謂因天之(固)〔材〕**⑥[6]하고 **歸地之利**라

① 이에 그 지역을 분별하여 구획한다.
乃分別其地하여 制而斷之也라

② 땅의 면적이 아직 州가 되지 못하는 것을 '術'이라 한다.
地數〔未〕[7]充爲州者를 謂之術이라

③ 術을 이루지 못하는 나머지를 里라고 한다.
不成術而餘者를 謂之里라

④ 霸國을 이루지 못하는 것은 제후국이다.
不成於霸國者는 諸侯之國也라

⑤ 霸國은 제후국들을 이끌고 천자를 받든다.
霸國率諸侯하여 以奉天子也라

⑥ 천자가 머무는 곳은 자연 형세상 기울어지지 않은 곳이다. 그러므로 "자연적인 지형에 말미암는다."라고 말하는 것이다.
所處之地가 自然不傾이라 故曰因之라

도성 안으로는 城을 쌓고 밖으로는 郭을 쌓으며, 郭 밖으로는 垓字를 파고, 땅이 높은 곳은 도랑을 파고 낮은 곳에는 제방을 쌓습니다. 이것을 '金城(쇠처럼 튼튼한 성)'이라 命名합니다. 〈성곽 주변에〉 가시덤불을 심어 위에서 가시가 서로 뒤엉키게 되면 성이 견고해집니다. 해마다 끊임없이 수리하고 철마다 끊임없이 수리하면 복이 자손에까지 미치게 될 것입니다. 이렇게 하면 백성의 생명이 만세토록 이어지고 무궁한 이익을 얻고 군주가 보존되고 지켜지게 됩니다. 〈이에〉 신하들은 군주에게 충성을 다하여 복종하게 되고, 군주는 그들을 얻어 천하를 다스리게 됩니다. 그러므로 〈도성은〉 천하 백성들이 우선시하게 될 수 있는 것입니다. 이렇게 도성을 관리하는 것이 재상의 임무이고 신하들의 의무입니다.

**內爲之城**하고 **城外爲之郭**하고 **郭外爲之土閬**①하고 **地高則溝之**하고 **下則堤之**하니 **命之曰金城**이라 **樹以荊棘**하여 **上相穡著者**는 **所以爲固也**②라 **歲修增而毋已**하고 **時修增而無已**하면 **福及孫子**니 **此謂人命萬世無窮之利**요 **人君之保守也**③라 **臣服之以盡忠於君**하고 **君體(有)之**

6) (固)〔材〕: 저본에는 '固'로 되어 있으나, 許維遹(中)의 ≪管子集校≫에 의거하여 '材'로 바로잡았다.
7) 〔未〕: 저본에는 '未'가 없으나, 문맥상 필요하므로 보충하였다.

**以臨〔有〕天下**[8)]라 **故能爲天下之民先也**니 **此**는 **宰之任則**[9)]**臣之義也**④라

①'閬'은 垓字를 의미한다.
閬은 謂隍이라
②'穡'은 '구부러지다'는 뜻이다. 가시덤불의 가시와 가지가 서로 구부러져 연결된다는 의미이다.
穡은 鉤也니 謂荊棘刺條相鉤連也라
③ 도읍을 잘 설치하고 성곽을 수리하는 것은, 군주를 안전하게 보호하고 지키는 것이다.
謹置國都하고 繕修城郭은 此人君所保全而守라
④'宰'는 군주의 政事를 주재하는 자이다.
宰는 謂執君之政者也라

그러므로 나라를 잘 다스리는 사람은 반드시 먼저 다섯 가지 해로움을 제거합니다. 그러면 백성은 평생토록 근심이 없게 되어, 부모에게 효도하고 자식을 자애로 키웁니다."

桓公이 말하였다.

"다섯 가지 해로움에 대해 듣고 싶소."

管仲이 대답하였다.

"첫째 물로 인한 피해이고, 둘째 가뭄으로 인한 피해이고, 셋째 바람과 안개와 우박과 서리로 인한 피해이고, 넷째 질병으로 인한 피해이고, 다섯째 곤충으로 인한 피해입니다. 이들을 '다섯 가지 해로움'이라 하는데, 다섯 가지 해로움 중 물로 인한 피해가 가장 심합니다. 이들 다섯 가지 해로움을 제거하면 곧 백성을 다스릴 수 있습니다."

**故善爲國者**는 **必先除其五害**하니 **人乃終身無患(害)**[10)]**而孝慈焉**이니이다 **桓公曰 願聞五害之說**이라 **管仲對曰 水**가 **一害也**요 **旱**이 **一害也**요 **風霧雹霜**이 **一害也**요 **厲**가 **一害也**요 **蟲**이 **一害也**①니 **此謂五害**로되 **五害之屬**에 **水最爲大**라 **五害已除**면 **人乃可治**니이다

8) 君體(有)之 以臨〔有〕天下 : 저본에는 "君體有之 以臨天下"로 되어 있으나, 丁士涵(淸)의 ≪管子校本≫에 의거하여 "君體之 以臨有天下"로 바로잡았다.
9) 則 : 許維遹(中)은 '而'의 역할을 하는 글자로 보았다.(≪管子集校≫)
10) (害) : 저본에는 '害'가 있으나, 戴望(淸)의 ≪管子校正≫에 의거하여 衍文으로 처리하였다. 앞에 나온 "五害"로 인해 잘못 덧붙은 글자라는 것이다.

①'厲'는 질병이다.
厲는 疾病也라

桓公이 말하였다.
"물로 인한 피해에 대해 듣고 싶소."
管仲이 대답하였다.
"물에는 큰 물과 작은 물이 있고, 또한 멀리 있는 물과 가까이 있는 물이 있습니다. 물이 산에서 흘러나와 바다로 들어가는 것을 '본류〔經水〕'라고 합니다. 물이 다른 물에서 갈라져 나와 큰 물이나 바다로 들어가는 물을 '지류〔枝水〕'라고 합니다. 산골짜기에서 어느 때는 흐르고 어느 때는 흐르지 않는 물을 '계곡물〔谷水〕'이라 합니다. 물이 다른 도랑물에서 나와 큰 물이나 바다로 흘러가는 물을 '냇물〔川水〕'이라 합니다. 땅에서 솟아 나오지만 흐르지 않는 물을 '연못〔淵水〕'이라 합니다. 이들 다섯 종류의 물은 지형에 따라 흘러가게 할 수도 있고 또는 지형에 따라 막을 수도 있지만, 오랫동안 일정하게 흐르지 않으면 위태로울 수 있습니다."

**桓公曰 願聞水害**라 **管仲對曰 水有大小**하고 **又有遠近**이라 **水之出於山而流入於海者 命曰經水**①요 **水別於他水**②하여 **入於大水及海者**를 **命曰枝水**③요 **山之溝**에 **一有水**하고 **一毋水者**를 **命曰谷水**요 **水之出於他水溝**하여 **流於大水及海者**를 **命曰川水**요 **出地而不流者**를 **命曰淵水**라 **此五水者**는 **因其利而往之可也**④요 **因而扼之可也**⑤나 **而不久常**이면 **有危殆矣**⑥라

①여러 물 중에 근간이 되는 물이라는 의미이다.
言爲衆水之經이라
②다른 물에서 갈라져 나와 흐른다는 의미이다. 가령 揚子江에서 沱水가 갈라져 나오는 것과 같다.
謂從他水分流니 若江別爲沱라
③지류가 된다는 의미이다.
言爲之枝라
④땅의 형세로 인해 물길이 트여 흘러간다는 의미이다.
謂因地之勢로 疏引以漑灌이라
⑤'扼'은 '막다'는 의미이다. 물이 범람하는 것을 두려워하여 틀어막는 것 또한 가능하다.
扼은 塞也니 恐其泛溢而塞之가 亦可也라
⑥결국 물이 갑자기 범람하여 사람들이 거주하는 곳을 덮쳐 사라지게 할 수 있으므로 위

태롭다는 것이다.

謂卒有暴溢하여 或能漂沒居人이라 故危殆也라

桓公이 말하였다.

"물을 막아서 동서남북 또는 위로 흘러가게 할 수 있소?"

管仲이 대답하였다.

"가능합니다. 무릇 물의 성질은 높은 곳에서 낮은 곳으로 흐르면 빠르게 흘러 심지어 돌을 띄울 수도 있습니다. 그러나 아래에서 높은 곳을 향하게 하면 고여 흐르지 않습니다. 그러므로 물을 위로 흐르게 하려면 기왓장으로 물을 이끌어 1尺마다 10분의 3씩 기울게 하여 49里를 가득 채우면 물을 흐르게 할 수 있습니다. 이에 물길을 돌려 멀리 가게 하여 그 형세로 위로 흘러가게 합니다.

**桓公曰 水可扼而使東西南北及高乎**아 **管仲對曰 可**타 **夫水之性**은 **以高走下則疾**하여 **至於漂石**①이나 **而下向高**면 **即留而不行**이라 **故高其上**에 **領瓴之**하여 **尺有十分之三**하고 **里滿四十九者**면 **水可走也**②니 **乃迂其道而遠之**하여 **以勢行之**③니이다

① 돌을 뜨게 할 수 있다는 의미이다.

謂能漂浮於石이라

② '上'은 물이 흘러나오는 곳을 말한다. 높은 곳에 있는 물이 아래로 흐르고자 하는 것은 형세를 취하였기 때문이다. '瓴'은 옹기이니, 다음과 같은 의미이다. '물을 위로 흐르게 하려면, 반드시 큰 옹기를 만들어 가운데를 텅 비우고 앞뒤로 서로 〈물을〉 받아들이도록 한다. 1尺씩 나누어 옹기마다 10尺씩 지니게 되면 곧 1丈이 된다. 이것을 3里씩 나누고 매 里마다 사이에 끼워 49里를 물을 채워간다. 이와 같이 하면 물이 위로 흘러갈 수 있다.'[11]

上은 謂水從來處라 高之者가 欲注下는 取勢也라 瓴은 謂瓴甂也니 言欲令水上高면 必大爲瓴甂하여 私空其中하고 使前後相受하여 以尺爲分하여 每領而有十尺이면 即長一丈也니 分之於三里하고 間之每里하여 滿此四十九라 如此則水可走上矣라

③ '迂'는 '굽게 하다'는 의미이다. 물길을 굽게 하고 그 형세를 멀리까지 펼쳐서, 이로써 물을 흘러가게 한다는 의미이다.

迂는 曲也니 謂迂曲水道하고 遠張其勢하여 而以行水라

---

11) 물을……있다 : 이상은 물을 위로 흘러가게 하는 방법에 대한 설명인데, 그 말하고자 하는 바가 명확하지 않다. 그러므로 宋翔鳳(淸) 같은 주석가는 原註의 설명이 완전히 잘못되었다고 비판하였다.(≪管子識誤≫)

물의 성질은 흘러가다가 굽은 곳에 이르면 반드시 멈추었다가, 〈그곳이〉 가득 차면 뒷물이 앞물을 밀어냅니다. 지형이 낮아지면 평온하게 흐르고, 지형이 높은 곳에 이르면 흐름이 깨어져 멈춥니다. 굽은 곳에 충돌하면 물이 부딪쳐 부서지고, 굽은 곳에 충돌하여 격동되면 솟구쳐 오르고, 솟구쳐 오르면 〈앞물과 뒷물이 서로〉 밀쳐내고, 밀쳐내면 소용돌이가 생겨나고, 소용돌이가 생기면 가운데가 텅 비게 되고, 가운데가 텅 비면 흙탕물이 일고, 흙탕물이 일면 막히고, 막히면 물길이 다른 곳으로 옮겨가고, 물길이 옮겨가면 물의 흐름이 깨어지고, 물의 흐름이 깨어지면 물이 제멋대로 흐르게 되고, 물이 제멋대로 흐르면 사람을 다치게 하고, 사람을 다치게 하면 삶이 곤란해지고, 삶이 곤란해지면 법을 가볍게 여기게 되고, 법을 가볍게 여기게 되면 다스리기 어려워지고, 다스리기 어려워지면 불효하게 되고, 불효하면 군주에게 복종하지 않게 됩니다.

**水之性**은 **行至曲**하면 **必留退**하여 **滿則後推前**①하고 **地下則平**하고 **行地高卽控**②하고 **杜曲則擣毁**③하고 **杜曲激則躍**하고 **躍則倚**④하고 **倚則環**하고 **環則中**⑤하고 **中則(涵)〔淊〕**⑥[12]하고 **(涵)〔淊〕則塞**하고 **塞則移**하고 **移則控**⑦하고 **控則水妄行**하고 **水妄行則傷人**하고 **傷人則困**하고 **困則輕法**하고 **輕法則難治**하고 **難治則不孝**하고 **不孝則不臣矣**니이다

① 물은 어떤 장소에 이르면 반드시 흐름을 멈추었다가, 그곳이 가득 차면 뒤의 물이 앞의 물을 밀어서 흘러가게 한다는 의미이다.
謂水至處면 必流而卻退하고 其處旣滿이면 則後水推前水하여 令去라

② '控'은 '깨어지다'는 의미이다. 물의 흐름이 깨어지고 꺾이면 멈춘다는 의미이다.
控은 謂頓也니 言水頓挫而卻이라

③ '杜'는 '충돌하다'는 의미이다. '擣'는 '부딪치다'는 의미이다. 물이 흘러가다가 굽은 곳에 이르면 충돌하여 부딪쳐 그 흐름이 손상된다는 의미이다.
杜는 猶衝也요 擣는 觸也니 言水行至曲이면 則衝而(衝)〔觸〕[13]하여 有所毁傷이라

④ '倚'는 '밀치다'는 의미이다. 앞물과 뒷물이 서로 밀친다는 말이다.
倚는 排也니 謂前後相排也라

12) (涵)〔淊〕: 저본에는 '涵'으로 되어 있으나, 張佩綸(淸)의 ≪管子學≫에 의거하여 '淊'으로 바로잡았다. '涵'은 '淊'의 誤字라는 것이다. 아래도 같다.

13) (衝)〔觸〕: 저본에는 '衝'으로 되어 있으나, 黎翔鳳(中)의 ≪管子校注≫에 의거하여 '觸'으로 바로잡았다.

⑤ 앞물과 뒷물이 서로 밀치면 빙빙 도는 물결이 마치 고리의 가운데와 같은 빈 곳이 생겨나게 하니, 이른바 '소용돌이'이다.
前後相排면 則圓流生空하여 若環之中하니 所謂齊라
⑥ 빙빙 도는 물이 빠져나갈 곳이 없으면 서로 부딪친다.
圓流無所通이면 則相涵激也라
⑦ 막히면 또한 물의 흐름이 깨어진다.
塞이면 亦控也라

그러므로 다섯 가지 해로움은 사람을 다치게 하고 죽이는 부류이니 禍福과 같습니다. 이 다섯 가지 해로움에 대해 미리 대비하는 법을 아는 사람은 천지를 주재하게 됩니다."

**故五害之屬**은 **傷殺之類**니 **禍福同矣**라 **知備此五者**는 **人君天地也**①니이다

① 이른바 "천지와 덕을 함께한다."[14]이다.
所謂與天地合其德이라

桓公이 말하였다.

"다섯 가지 해로움을 대비하는 방법에 대해 듣고 싶소."

管子가 대답하였다.

"다섯 가지 해로움을 제거하는 일은 水害를 없애는 것부터 시작합니다. 水官을 설치하고 물의 이치에 대해 익힌 사람을 吏大夫[15]와 大夫보좌 각 1인씩 삼고, 그들에게 부관과 보조원과 노역꾼을 거느리게 하십시오. 아울러 水官의 좌우 관리 1인씩 뽑아 水利공사의 감독을 맡깁니다. 그들에게 물길·성곽·제방·도랑과 연못·관청·官舍, 그리고 고을에 수리해야 하는 곳들을 살피게 하고, 〈治水에 동원된〉 병사와 노역꾼들에게 임금을 주게 합니다.

**桓公曰 請問備五害之道**라 **管子對曰 (請)**[16]**除五害(之說)**[17]는 **以水爲始**라 **請爲置水官**하고

---

14) 천지와……함께한다 : ≪周易≫ 乾卦 〈文言傳〉에 나오는 다음과 같은 말의 첫 구절에 해당한다. "무릇 大人은 천지와 덕을 함께하고, 해와 달과 그 밝음을 함께하고, 사계절과 그 질서를 함께하고, 귀신과 그 길흉을 함께한다.〔夫大人者 與天地合其德 與日月合其明 與四時合其序 與鬼神合其吉凶〕"
15) 吏大夫 : 전국시대에 있던 관직으로, 관리의 우두머리들을 관장하였다.
16) (請) : 저본에는 '請'이 있으나, 豬飼彦博(日)의 ≪管子補正≫에 의거하여 衍文으로 처리

**令習水者**를 **爲吏大夫**와 **大夫佐各一人**하여 **率部校長官**과 **佐各**과 **財足**①[18]하고 **乃取水〔官〕**[19] **左右各一人**하여 **使爲都匠水工**②하고 **令之行**[20] **水道·城郭·隄川·溝池·官府·寺**(시)**舍及州中當繕治者**하고 **給卒財足**③[21]이니이다

① '財'는 녹봉을 말한다.
　財는 謂其祿廩이라
② 水利 공사의 감독이다.
　爲水工之都匠이라
③ '卒'은 治水 일을 담당한 자를 가리킨다. '財'는 식량의 비용이다.
　卒은 謂所當治水者요 財는 其糧用也라

정령을 발표하여 다음과 같이 명령합니다. '항상 한 해의 늦가을에 백성을 살피고 식구 수와 토지를 살펴 10인 가구인지 5인 가구인지를 정하고, 남자와 여자, 어른과 아이를 구별하여 노역을 감당하지 못하는 자는 곧바로 면제해주고, 치료가 힘든 병이 들어 일을 할 수 없는 자는 면제해주고, 〈병자들 중〉 조금 일할 수 있는 자는 절반 정도의 노동을 부과하라.' 두루 살펴 〈건장한 자를〉 병사로 확정하고, 병사에 해당하는 숫자를 도읍지에 보고하게 합니다. 도읍지에서는 지방 사정을 살펴, 남거나 부족한 곳이 보이면 곧바로 병력을 水官에게 내려보내고, 水官 또한 〈내려 받은〉 병사들을 병력의 숫자에 포함시키고, 三老·마을 관리·伍長과 함께 마을을 시찰하면서, 그 집의 부모들과 더불어 수해를 대비하는 기구들을 점검합니다.

**令曰 常以秋歲末之時**에 **閱其民**①하고 **案家人比地**하여 **定什伍口數**②하고 **別男女大小**하고 **其不爲用者**는 **輒免之**③하고 **有錮病不可作者**는 **(疾)〔廢〕**[22]**之**④하고 **可省**[23]**作者**는 **半事之**⑤하라

---

하였다.

17) (之說) : 저본에는 '之說'이 있으나, 陶鴻慶(淸)의 ≪讀管子札記≫에 의거하여 衍文으로 처리하였다. 앞에 나온 "願聞五害之說" 구절로 인해 잘못 끼어든 글자라는 것이다.

18) 財足 : 郭沫若(中)은 '財'는 '材' 혹은 '才'의 의미로 쓰였고, '材足'은 '捷足' 또는 '健足' 즉 '노역꾼'을 가리킨다고 보았다.(≪管子集校≫) 原註에서는 '財'를 '祿廩'으로 풀이하고 있으나, 본서에서는 따르지 않았다.

19) 〔官〕 : 저본에는 '官'이 없으나, 張佩綸(淸)의 ≪管子學≫에 의거하여 보충하였다.

20) 行 : 許維遹(中)은 '視察'의 의미로 쓰였다고 보았다.(≪管子集校≫)

21) 給卒財足 : '財足'은 앞에서와 마찬가지로 '健足' 즉 '노역꾼'으로 해석하였다.

22) (疾)〔廢〕 : 저본에는 '疾'로 되어 있으나, 丁士涵(淸)의 ≪管子校本≫에 의거하여 '廢'로 바로잡았다. '疾'은 '廢'의 誤字이며, '疾之'는 곧 '免之'와 같다는 것이다.

**幷行**[24)]하여 **以定甲士**하고 **當被兵之數**를 **上其都**⑥하고 **都以臨下**하여 **視有餘不足之處**면 **輒下水官**하고 **水官**은 **亦以甲士當被兵之數**⑦하고 **與三老里有司伍長行里**하여 **因父母案行閱**(具)〔其〕[25)]**備水之器**⑧라

① '閱'은 '살펴보다'는 의미이다.
閱은 謂省視라

② 인구와 토지를 살펴, 가족 수가 10명이나 5명이 되면 약간의 토지를 받아야 한다.
案人比地하여 有十口五口之數면 當受地若干이라

③ 나이가 어려 노역을 감당하지 못하는 자는 면제해준다는 의미이다.
謂其幼小不任役者면 則免之라

④ 병든 자의 수에 그 이름을 적어 구휼해준다.
著其名於疾者之數하여 有以賙恤之也라

⑤ 병자가 비록 노역은 담당하지 못하지만 일하는 것을 살필 수 있는 자는 절반의 노동을 인정해준다는 의미이다.
謂疾者雖不任役이나 可以省視作者는 取其半功이라

⑥ 힘의 정도에 따라 노역에 참여할 즈음에 겸하여 살펴, 건장한 자는 甲士로 삼을 것을 미리 결정하고, 병사로 뽑히는 사람의 수를 나중에 그 명단을 도읍지에 보고한다.
因力役之際에 幷行視之하여 强壯者는 預定之以爲甲士하고 而被兵之數를 旣而上其名籍於國都也라

⑦ 도읍지에서는 지방 사정을 살펴보고, 병력이 부족한 곳이 있으면 甲士들을 水官에게 내려보내고, 수관은 이미 갑사들을 얻었으면 이를 다시 병력의 수에 포함시킨다.
都旣臨下하여 視其兵不足之處면 卽甲士下之於水官하고 水官旣得甲士면 還以備兵數也라

⑧ 水官은 三老와 伍長 등과 함께 마을을 다니면서 살펴보고, 그 집의 부모들과 함께 수해를 대비하는 기구를 점검한다는 의미이다.
謂水官은 與三老伍長等과 行視其里하고 因其家之父母와 與之閱其備水之器라

---

23) 省 : 兪樾(淸)은 ≪荀子≫ 〈仲尼〉의 구문에 의거하여 '省'은 '小'와 통한다고 보았다.(≪諸子平議≫) 原註에서는 '살피다'는 의미로 풀이하고 있으나, 문맥상 합당하지 않으므로 따르지 않았다.

24) 幷行 : 許維遹(中)은 原註에서 '行'을 '視'로 해석한 것은 타당하지만, '幷'을 본래 의미 그대로 해석한 것은 틀렸다고 보았다. 즉 그는 여기서 '幷'은 '普' 또는 '遍'의 의미로 해석해야 한다는 것이다.(≪管子集校≫)

25) (具)〔其〕 : 저본에는 '具'로 되어 있으나, 戴望(淸)의 ≪管子校正≫에 의거하여 '其'로 바로잡았다.

겨울철 일이 없을 때, 삼태기·가래·板築[26]은 열 사람당 여섯 개씩, 흙을 나르는 데 사용하는 손수레는 열 사람당 한 대씩, 비 가리개는 열 사람당 두 개씩, 밥그릇은 한 사람당 두 벌씩 갖추게 합니다. 이것들을 백성이 갖추게 되면 마을 가운데에 잘 보관하고, 도구의 손실이 생기면 공급하도록 합니다. 이후 항상 水官의 관리와 都匠에게 명하여 三老·마을 관리·伍長을 통해 그들을 관리하게 합니다. 매월 초하루마다 그 도구들을 꺼내어 살펴보고, 온전한 것은 그대로 두고 낡고 오래된 것은 수리하고 쓸 수 없는 것은 버립니다.

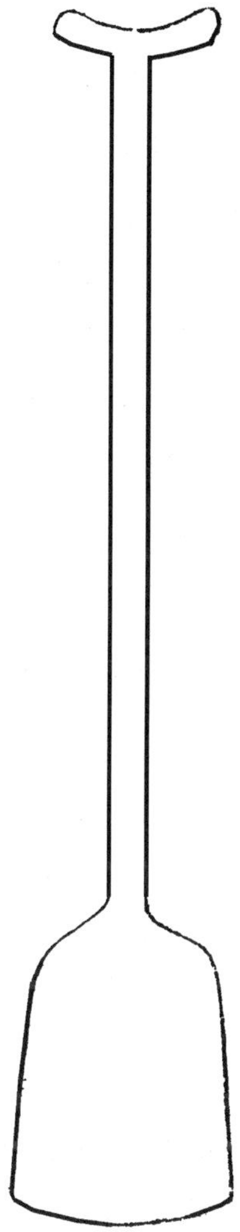
臿

**以冬無事之時**에 **籠臿板築各什六**①하고 **土車什一**하고 **雨輂什二**②하고 **食器兩具**③하니 **人有之**면 **錮藏里中**하여 **以給喪器**④[27]라 **後常令水官吏與都匠**하여 **因三老里有司伍長**으로 **案行之**하고 **常以朔日始出閱具之**하여 **取完堅**하고 **補弊久**하고 **去苦惡**⑤이라

① 열 사람이 공동으로 여섯 가지 도구를 비축한다는 의미이다. 아래도 이에 따른다.
謂什人共貯六具라 下准此라

② 車輂은 비를 가리는 도구이다. 그러므로 '雨輂'이라고 말하는 것이다.
車輂은 所以禦雨라 故曰雨輂이라

③ 한 사람당 두 벌을 갖춘다.
每人兩具라

④ 백성이 이미 비축한 도구들을 지니게 되었으면 그것을 마을 가운데에 잘 간직하게 하고, 아울러 장례의 용도로도 쓰일 수 있게 한다는 의미이다.
謂人旣有貯器면 當錮藏於里中하고 兼得給凶喪之用이라

⑤ 그 도구들 중 낡은 것을 정비하고 나서, 오래되어 쓸 수 없는 것은 버린다.
其器已補弊하고 而久有苦惡者는 除去之라

---

26) 板築 : 나무 널빤지로 틀을 만들어 그 안에 흙이나 모래 등을 층층이 부어 다짐 방망이 등으로 찧어서 단단하게 쌓아 올리는 데 사용하는 도구이다.

27) 以給喪器 : 原註에서는 '喪'을 '凶喪' 즉 장례의 의미로 풀이하고 있다. 그러나 許維遹(中)은 '喪'을 '喪失'의 의미로 보아야 한다고 주장하였다.(≪管子集校≫) 문맥상으로 볼 때, 허유율의 견해가 타당하다.

겨울철 일이 적을 때, 병사들에게 번갈아 땔나무를 모아오게 하여 물가에 쌓게 하는데, 그 일을 고을의 대부가 주도하게 하되 결코 때를 놓치지 않도록 합니다. 땔나무를 쌓는 일은 농사일이 끝난 이후에 하고, 흙 공사는 봄철의 농사일이 아직 시작되지 않았을 때 합니다. 〈봄철에는〉 천지가 조화로워 해가 점차 길어지니, 이로써 볼 때 그 이익이 백 배가 됩니다. 그러므로 항상 일이 없을 때 도구를 갖추어 두고 일이 생겨 사용하게 되면, 물은 항상 통제할 수 있어 수해를 막는 데 실패하지 않게 됩니다. 이것을 가리켜, 평상시에 준비하여 미리 갖추어둔다는 것입니다."

**常以冬少事之時**에 **令甲士以更次益薪**하여 **積之水旁**하되 **州大夫將之**하여 **唯毋後時**①라 **其積薪也 以事之已**②요 **其作土也 以事未起**③라 **天地和調**하여 **日有長久**니 **以此觀之**에 **其利百倍**라 **故常以毋事具器**하고 **有事用之**면 **水常可制而使毋敗**니 **此謂素有備而豫具者也**니이다

①그 일을 이끌게 하여, 때를 놓치지 않도록 한다는 의미이다.
謂將領之하여 無得後時라
②'已'는 '마치다'는 의미이다. 농사일을 이미 마친 이후에 땔나무를 모은다는 의미이다.
已는 畢也니 農事既畢然後에 益薪이라
③봄철의 일이 아직 시작되지 않은 것을 의미한다.
謂春事未起라

桓公이 물었다.
"어느 시기에 일을 해야 하오?"
管子가 대답하였다.
"봄철 3개월은 천지가 건조하고 물이 맑은 시기입니다. 산에서 흘러나오는 냇물은 말라 있고, 하늘의 기운은 아래로 내려오고 땅의 기운은 위로 올라가 만물이 서로 교통합니다. 지난해의 농사일은 끝났고 새해의 농사일은 아직 시작되지 않고 있으며, 초목의 새싹은 먹을 수 있습니다. 추위와 더위가 고르고, 낮과 밤의 길이도 같습니다. 春分이 지나고 나면 밤은 점점 더 짧아지고 낮은 점점 더 길어집니다. 이때는 토목 공사를 일으키기에 유리하니, 흙을 쌓아놓으면 곧바로 더욱 굳어집니다. 〈이에〉 甲士를 시켜 큰물 옆으로 제방을 쌓게 하여, 제방의 아래쪽은 크고 무거운 것으로 쌓고 제방의 위쪽은 작고 가벼운 것으로 쌓으면서 물길을 따라 진

행하게 합니다. 풀이 자라지 않는 모래땅은 반드시 포대에 흙을 채워 쌓습니다.

**桓公曰 當何時作之**오 **管子曰 〔當〕**[28] **春三月**에 **天地乾燥**하고 **水糾列**[29] **之時也**니 **山川涸落**하고 **天氣下**요 **地氣上**하여 **萬物交通**이라 **故事已**하고 **新事未起**하고 **草木荑生可食**하고 **寒暑調**하고 **日夜分**이요 **分之後**에 **夜日益短**하고 **晝日益長**하니 **利以作土功之事**하니 **土乃益剛**이라 **令甲士作隄大水之旁**하여 **大其下**하고 **小其上**하여 **隨水而行**하고 **地有不生草者**는 **必爲之囊**이라

〈제방에서〉 큰 것을 '堤'라 하고 작은 것을 '防'이라 합니다. 물길을 사방으로 터놓으면 농작물에 피해가 없습니다. 〈제방은〉 해마다 증축하고 가시나무를 심어 그 땅을 견고하게 합니다. 〈또한〉 측백나무와 버드나무를 섞어 심어 제방이 터지는 경우를 대비합니다. 〈이렇게 하면〉 백성은 그 풍요로움을 얻게 되는데, 이를 '流膏'라 합니다. 하층의 가난한 사람들을 시켜 제방을 지키게 하되, 때때로 경계를 나누어 분담하게 하면 제방이 훼손되지 않을 것입니다.

**大者爲之隄**요 **小者爲之防**이니 **夾**[30] **水四道**면 **禾稼不傷**이라 **歲埤增之**하고 **樹以荊棘**하여 **以固其地**하며 **雜之以柏楊**하여 **以備決水**면 **民得其饒**니 **是謂流膏**라 **令下貧守之**하되 **往往而爲界**면 **可以毋敗**라

여름철 3개월에는 천지의 기운이 왕성합니다. 큰 더위가 이르면 만물이 활짝 피어나므로 빠르게 잡초를 제거하는 것이 이롭습니다. 〈이때는〉 농사일을 방해하지 않게 하고, 〈불가피하게 토목 공사를 해야 할 경우는〉 길게 끌지 않도록 합니다. 〈이 시기에는〉 토목 공사를 일으키는 것이 이롭지 않으니, 농사일을 방해하기 때문입니다. 〈한 해〉 이익의 10분의 5까지 소모할지라도 토목 공사는 완성되지 않습니다.

**當夏三月**에 **天地氣壯**이라 **大暑至**면 **萬物榮華**니 **利以疾耨殺草薉**라 **使令不欲擾**하고 **命曰不**

28) 〔當〕: 저본에는 '當'이 없으나, 丁士涵(淸)의 ≪管子校本≫에 의거하여 보충하였다. 아래에서 "當夏三月……", "當秋三月……", "當冬三月……" 등으로 기술하고 있기 때문에 이 구절에서도 '當'이 있어야 한다는 것이다.

29) 糾列 : 章炳麟(淸)의 ≪管子餘義≫에 의하면, '糾'는 '漻'의 빌린 글자이고 '列'은 '洌'로 읽을 수 있으므로, '糾列'은 곧 '漻洌'의 의미가 된다고 한다.

30) 夾 : 豬飼彦博(日)의 ≪管子補正≫에 의하면, '夾'은 곧 '浹'과 통한다.

**長**이라 **不利作土功之事**니 (**放**)〔**妨**〕[31]**農焉**이라 **利皆耗十分之五**라도 **土功不成**이라

여름철 3개월에는 山川의 온갖 샘물이 넘쳐흐르고, 큰비가 내려 산에서 물이 흘러나오고, 〈태풍으로 인해〉 바닷길이 멀어지고, 비와 이슬이 연달아 내려 천지가 축축해지는 시기입니다. 〈이때는〉 서둘러 가을걷이를 하여 지체하지 않는 것이 이롭습니다. 〈그러므로〉 '하루를 서두르면 백 일 동안 배부를 수 있다'고 하는 것이니, 백성은 남녀를 가리지 말고 모두 들판으로 나가야 합니다. 〈이 시기에는〉 토목 공사를 일으키는 게 이롭지 않습니다. 습기가 날마다 생겨나고 토질이 약하여 굳기 어렵기 때문입니다. 〈그러므로 한 해〉 이익의 10분의 6까지 소모하더라도 토목 공사는 결코 마칠 수 없습니다.

**當秋三月**에 **山川百泉踊**하고 **降**[32]**雨下**하여 **山水出**하고 **海路距**하고 **雨露屬**하여 **天地湊**(**汐**)〔**汎**〕[33]이라 **利以疾作收斂毋留**니 **一日把**면 **百日餔**라 **民毋男女**하여 **皆行於野**라 **不利作土功之事**니 **濡濕日生**하고 **土弱難成**이라 **利耗什分之六**이라도 **土功之事亦不立**이라

겨울철 3개월은 천지의 기운이 닫히는 시기입니다. 더위와 비가 그치고 큰 추위가 시작되며 만물이 결실을 맺고 익는 때입니다. 〈이때는 집안의〉 빈틈을 메우고 변경의 성을 수리하고 외곽의 길을 보수하기에 좋은 시기입니다. 도량형을 통일하고, 저울을 바로잡고, 감옥을 비우고, 창고를 채우십시오. 군주가 음악을 정리하고 神明에 대한 제사를 지내면, 무릇 일 년의 일이 끝납니다. 공을 세운 자를 승진시키고, 어진 이에게 상을 주고, 죄지은 자를 벌하고, 관리들의 직책을 옮기고 등급을 매깁니다. 〈이때는〉 토목 공사를 하는 것이 이롭지 않으니, 〈한 해〉 이익의 10분의 7을 소모해도 흙이 얼어 일을 마치지 못합니다. 낮은 날마다 짧아지고 밤은 날마다 길어지니, 집 안에서 일하는 것은 유리하나 집 밖에서 일하는 것은 불리합니다. 사계절에 따라 적절히 행하면, 〈나머지〉 네 가지 해로움도 모두

31) (放)〔妨〕: 저본에는 '放'으로 되어 있으나, 兪樾(淸)의 ≪諸子平議≫에 의거하여 '妨'으로 바로잡았다.

32) 降 : 尹桐陽(中)은 '洪' 또는 '大'의 의미로 보았다.(≪管子新釋≫)

33) 湊(汐)〔汎〕: 저본에는 '湊汐'으로 되어 있어 의미가 통하지 않는다. 전후 문맥상 '汐'은 '汎'의 誤字로 보는 게 타당하다.

극복할 수 있습니다."

**當冬三月**에 **天地閉藏**하니 **暑雨止**하고 **大寒起**하고 **萬物實熟**이니 **利以塡塞空郄**하고 **繕邊城**하고 **塗郭術**이라 **平度量**하고 **正權衡**하고 **虛牢獄**하고 **實廥倉**이라 **君修樂**하고 **與神明相望**이면 **凡一年之事畢矣**라 **擧有功**하고 **賞賢**하고 **罰有罪**하고 **遷有司之吏而第之**라 **不利作土功之事**니 **利耗什分之七**이라도 **土剛不立**이라 **晝日益短**하고 **夜日益長**하니 **利以作室**하고 **不利以作堂**이라 **四時以得**이면 **四害皆服**이니이다

桓公이 말하였다.

"과인은 어리석어 네 가지 해로움을 극복하는 법을 모르겠소. 어찌하면 되오?"

管仲이 대답하였다.

"겨울에 토목 공사를 일으켜 땅을 파헤쳐 地氣를 열면, 여름에 폭우가 많아지고 가을에 장맛비가 그치지 않게 됩니다. 봄에 마른 해골과 썩은 뼈를 수습하지 않고 枯木을 벌목하여 제거하면, 여름에 가뭄이 들게 될 것입니다.

**桓公曰 寡人悖**[34]하여 **不知四害之服**이니 **柰何**오 **管仲對曰 冬作土功**하여 **發地藏**이면 **則夏多暴雨**하고 **秋霖不止**요 **春不收枯骨朽脊**하고 **伐枯木而去之**면 **則夏旱至矣**라

여름에는 이슬이 많고 煙霧가 두터워 그 기운이 온갖 풀 위에 내려앉는데, 사람들이 이것을 캐어 먹으면 사람을 상하게 합니다. 〈이에〉 백성 대부분은 끊임없이 질병에 걸리니, 백성은 곧 두려워서 불안하게 됩니다. 군주께서는 五官의 관리들에게 三老·마을 관리·伍長과 함께 마을을 순시하면서, 집집마다 불로 소독하게 하고, 밭이나 집안의 모든 우물을 덮게 하여 毒氣가 음식 그릇에 닿아 그것으로 물을 마시고 사람이 상하게 되는 일이 없게 하고, 또한 독기가 해충에게 미쳐 해충이 곡식을 해치는 일이 없게 합니다. 무릇 이와 같은 天災가 발생할 때 군주가 이를 삼가고 피하면, 진실로 열에 여덟이나 아홉은 죽지 않게 됩니다.

**夏有大露**(原)〔厚〕[35]**煙**하여 **噎下百草**니 **人采食之**면 **傷人**하고 **人多疾病而不止**니 **民乃恐殆**라

---

34) 悖 : 豬飼彦博(日)은 '惑'의 의미로 보았다.(≪管子補正≫)

35) (原)〔厚〕: 저본에는 '原'으로 되어 있으나, 豬飼彦博(日)의 ≪管子補正≫에 의거하여 '厚'로 바로잡았다.

**君令五官之吏**하여 **與三老・里有司・伍長**과 **行里順**[36]**之**케하고 **令之家起火爲溫**케하고 **其田及宮中皆蓋井**하여 **毋令毒下及食器**하여 **將飮傷人**하고 **有下蟲**하여 **傷禾稼**라 **凡天菑害之下也**에 **君子謹避之**면 **故不八九死也**라

매서운 추위와 무더위, 거센 바람과 폭우가 불시에 닥치는 것을 '네 가지 형벌〔四刑〕'이라 합니다. 그로 인해 더러는 죽고 더러는 병이 나니, 군주가 이를 피하고자 해도 사람들이 다치는 것은 어쩔 수 없습니다. 그러므로 관리를 두는 것은 백성을 가르치고 이끌기 위한 것이고, 三老와 마을 관리와 伍長을 두는 것은 백성을 통솔하기 위한 것입니다.

**大寒大暑**와 **大風大雨**가 **其至不時者**를 **此謂四刑**이니 **或遇以死**하고 **或遇以**(生)〔**眚**〕[37]하니 **君子避之**나 **是亦傷人**이라 **故吏者**는 **所以敎順**[38]**也**요 **三老里有司伍長者**는 **所以爲率也**라

다섯 가지 해로움을 피하는 방법이 이미 갖추어지면 백성은 더이상 바라는 것이 없으니, 이는 원하는 바가 이루어졌기 때문입니다. 그러므로 겨울철이 되면 항상 三老와 마을 관리와 伍長을 이끌어 상과 벌을 확정하여, 각자에게 해당하는 상을 받게 하거나 벌을 받게 합니다. 다섯 가지 해로움이 백성을 해칠 수 없으면 군주의 법이 잘 지켜질 것입니다. 이는 백성에게 법을 공시하여 쉽게 알 수 있게 하였기 때문입니다. 그러므로 백성이 배반하지 않습니다."

**五者已具**에 **民無願者**는 **願其畢矣**라 **故常以冬日**로 **順三老里有司伍長**하여 **以**(冬)〔**終**〕[39]**賞罰**하여 **使各應其賞而服其罰**이라 **五者不可害**면 **則君之法**〔**不**〕[40]**犯矣**니 **此示民而易**(이)**見**이라 **故民不**(比)〔**北**〕[41]**也**니이다

---

36) 順 : 豬飼彦博(日)은 '巡'과 같다고 하였다.(≪管子補正≫)
37) (生)〔眚〕: 저본에는 '生'으로 되어 있으나, 尹桐陽(中)의 ≪管子新釋≫에 의거하여 '眚'으로 바로잡았다. 여기서 '眚'은 곧 '病'과 같다고 보았다.
38) 順 : 陶鴻慶(淸)은 '訓'와 같은 의미로 보았다.(≪讀管子札記≫)
39) (冬)〔終〕: 저본에는 '冬'으로 되어 있으나, 陳奐(淸)의 ≪管子集校≫에 의거하여 '終'으로 바로잡았다.
40) 〔不〕: 저본에는 '不'이 없으나, 張佩綸(淸)의 ≪管子學≫에 의거하여 보충하였다.
41) (比)〔北〕: 저본에는 '比'로 되어 있으나, 丁士涵(淸)의 ≪管子校本≫에 의거하여 '北(배)'로 바로잡았다. 이때 '北'는 '背'의 의미로 이해된다.

桓公이 말하였다.

"무릇 일 년 열두 달 가운데 토목 공사를 할 때, 시기에 맞으면 성공하고 맞지 않으면 실패한다고 하는데, 장차 어떻게 준비를 해야 하오?"

管仲이 대답하였다.

"항상 水官의 관리들로 하여금 겨울에 제방을 순찰하게 하고, 보수해야 할 곳은 서면으로 都水官[42]에게 보고하게 합니다. 도수관은 봄철 농사일이 적을 때 제방을 보수합니다. 이미 보수가 끝난 후에는 항상 순찰하여, 제방에 훼손된 곳이 있으면 각각 그곳을 보완합니다. 보수해야 할 곳은 빠르게 보수하되 죄수들을 보내 큰비에 대비합니다. 큰비가 내릴 때 제방에서 흙으로 덮어야 할 곳은 흙으로 덮고, 물이 들이치는 곳은 튼튼히 지켜야 할 곳은 튼튼하게 지킵니다. 〈이렇게〉 한 해가 끝날 때까지 잘못되는 일이 없도록 하여 제방을 견고하게 합니다. 이를 '항상 대비하면 재앙이 어느 곳에서 오겠는가?'라고 말하는 것입니다.

**桓公曰 凡一年之中十二月**에 **作土功**하여 **有時則爲之**요 **非其時而敗**라하니 **將何以待**[43]**之**오 **管仲對曰 常令水官之吏冬時行隄防**하고 **可治者**는 **章而上之都**하고 **都**는 **以春少事作之**할지니 **已作之後**에 **常案行**하여 **隄有毀**면 **(作大雨)各葆其所**하니 **可治者**는 **趣治**하되 **以徒隸給大雨**라 **〔作大雨〕**[44]에 **隄防可衣者衣之**하고 **衝水可据者据之**하여 **終歲以毋敗爲固**니 **此謂備之常時**면 **禍何從來**리오

〈이처럼〉 제방의 보수가 필요한 이유는, 흙탕물이 토사를 싣고 와 스스로 물길을 막으면서 흐르기 때문입니다. 이는 강이나 하천에서 일어나는 일반적인 현상입니다. 해마다 제방을 높이는 것은 범람하지 않게 하기 위한 것입니다. 봄과 겨울에는 강바닥 내에서 흙을 파 올리고, 가을과 여름에는 다른 곳에서 흙을 파와서 〈제방을 높이면,〉 흙탕물이 흘러들어와도 제방을 무너뜨릴 수 없습니다."

桓公이 말하였다.

---

42) 都水官 : 水官의 우두머리이다.

43) 待 : 許維遹(中)은 '備'와 같다고 하였다.(≪管子集校≫)

44) (作大雨)各葆其所……〔作大雨〕: '作大雨'는 문맥상으로 볼 때, "隄防可衣者衣之" 구절 앞으로 옮겨져야 하므로 그곳으로 옮겼다.

“훌륭한 말이오. 仲父가 과인에게 하는 말은 충분히 이해하였소. 그런데 과인 자신이 무슨 일을 할 수 있겠소? 중보는 과인을 위해 속히 좌우 신하들에게 이를 가르쳐주도록 하시오.”

所以然者는 (獨)〔濁〕[45]水蒙壤自塞而行者니 江河之謂也라 歲高其堤는 所以不沒也니 春冬取土於中하고 秋夏取土於外하면 濁水入之라도 不能爲敗니이다 桓公曰 善타 仲父之語寡人畢矣나 然則寡人何事乎哉리오 亟(기)爲寡人敎側臣하라

45) (獨)〔濁〕: 저본에는 ‘獨’으로 되어 있으나, 王念孫(淸)의 ≪讀書雜志≫에 의거하여 ‘濁’으로 바로잡았다.

管子 19卷

明 吳郡 趙氏本
唐 司空 房玄齡 註

# 제58편 지원 地員[1)]

## 잡편 9 雜編 九

토양의 종류와 형태에 대해 분석하면서, 각 토양에서 자라는 작물의 종류에 대해 설명하고 있다. 우선 토양의 종류를 색깔 및 높낮이로 구분하면서 각 토양에 심을 수 있는 작물, 샘물이 나올 수 있는 땅의 깊이, 그리고 그 지역 사람들의 기질 등에 대해 말한다. 다음으로 토양의 종류를 크게 上·中·下로 구분하고 그것을 다시 각각 6가지 형태로 세분화하면서, 각 토양의 특성과 거기에 적합한 작물, 그리고 그 땅에서 생산될 수 있는 총생산량 등에 대해 상세하게 언급한다. 이상과 같은 내용을 다루는 본편은, 諸子百家 중 農家의 가장 오래된 자료라고 할 수 있다.[2)]

'地員'이란 토지의 높낮이에 〈따라 심을 수 있는 작물과, 그 토지에서 나올 수 있는〉 샘물의 깊이는 각각 그 마땅한 위치가 있다는 의미이다.
地員者는 土地高下와 水泉深淺은 各有其位라

무릇 管仲이 천하를 바로잡을 때, 1施를 7尺으로 정했다.

**夫管仲之匡天下也**에 **其施七尺**①이라

---

1) 地員 : ≪說文解字≫에서 "員 物數也(員은 사물의 수량이다.)"라고 하였다. 이 편에서는 각 토지에서 생산되는 작물의 종류와 수량에 대해 말하고 있으므로 '地員'이라는 이름을 붙였다는 것이다.(宋翔鳳(淸)의 ≪管子識誤≫)
2) 諸子百家……있다 : 전국시대에 許行을 대표로 일부 農家 사상가가 등장하여 활동하였지만 그 세력이 매우 미미하여 그와 관련된 자료가 별로 남아 있지 않다. 王紹蘭(淸)의 ≪管子說≫에 의하면, 현재 농가와 관련된 문헌 자료는 본편을 비롯하여, ≪呂氏春秋≫의 〈上農〉·〈任地〉·〈辨土〉·〈審時〉 정도에 불과하다고 한다.

①'施'는 큰 자의 이름이니, 그 길이는 7尺이다.
施者는 大尺之名也니 其長七尺이라

물을 댈 수 있는 밭과 해마다 토질이 바뀌는 땅은, 五穀을 심는 데 마땅하지 않은 곳이 없고, 그 알곡은 크고 이삭 또한 알차다. 그 땅에 적합한 나무로는 蚖나무・참죽나무・팥배나무・소나무가 있고, 그 땅에 적합한 풀로는 楚와 棘과 같은 가시가 많은 풀이다. 이런 땅을 보고 '五施'라고 이름하는데, 35尺을 파야 샘물이 나온다. 그 우물에서 울리는 소리는 角음이고, 거기서 나오는 물은 시원하고, 그 지역의 사람은 강건하다.

**瀆田悉徙**①는 **五種無不宜**하고 **其**(立后)〔**粒厚**〕**而**(手)〔**垂**〕**實**②[3]하며 **其木宜蚖菕與杜松**③이요 **其草宜楚棘**이니 **見是土也**에 **命之曰五施**라하니 **五七三十五尺而至於泉**④하고 **呼音中角**⑤하고 **其水倉**[4]하고 **其民彊**이라

①'瀆田'은 도랑을 파서 물을 대는 밭을 말한다. '悉徙'는 그 토질을 해마다 바꿔주어야 하는 것을 말한다.
瀆田은 謂穿溝瀆而漑田이요 悉徙는 謂其地每年皆須更易也라

② 우두머리를 세워 그 땅을 주재하게 하여, 항상 그 땅에서 산출되는 알곡의 수량을 직접 파악하게 한다.
謂立君以主之하여 手常握此地之實數也라

③ 蚖과 菕은 두 종류의 나무 이름이다.
蚖菕은 二木名也라

④ 땅을 5施 깊이로 파면, 1施가 7尺이므로 35尺 깊이가 되어야 샘에 이르게 된다는 의미이다.
謂其地深五施하면 每施七尺故로 五七三十五而至於泉也라

⑤ 이 땅에서 울리는 소리[5]는 角음에 들어맞는다는 의미이다.
謂此地號呼之聲은 其音中角이라

---

3) 其(立后)〔粒厚〕而(手)〔垂〕實 : 저본에는 '其立后而手實'로 되어 있으나, 章炳麟(淸)의 ≪管子餘義≫에 의거하여 '其粒厚而垂實'로 바로잡았다.
4) 倉 : 滄의 의미로 읽는다.
5) 이……소리 : 전후 문맥으로 보면, 이 땅에서 샘물을 파는 과정에서 생기는 우물에서 울리는 소리를 가리킨다.

검붉은 흙에 그 토질이 성기고 딱딱하며 비옥한 땅은 五穀을 심는 데 마땅하지 않은 곳이 없다. 삼을 심으면 그 색이 희고 그것으로 만든 베는 누런 색이다. 그 땅에 마땅한 풀은 띠풀과 왕골이고, 그 땅에 적합한 나무는 붉은 팥배나무이다. 이런 땅을 보고 '四施'라고 하는데, 28尺을 파야 샘물이 나온다. 그 우물에서 울리는 소리는 商음이고, 거기서 나오는 물은 맑고 달며, 그 지역의 사람은 장수한다.

**赤壚歷彊肥**①는 **五種無不宜**하고 **其麻白**하여 **其布黃**이며 **其草宜白茅與雚**하고 **其木宜赤棠**이니 **見是土也**에 **命之曰四施**라하니 **四七二十八尺而至於泉**하고 **呼音中商**하고 **其水白而甘**하고 **其民壽**라

① '歷'은 '성기다'는 의미이고, '彊'은 '딱딱하다'는 의미이다.
歷은 疏也요 彊은 堅也라

누런 데다 푸석하고 무른 땅은 〈곡식을 심는 데〉 마땅하지 않고 오직 기장과 차조만 가능하니, 높은 곳에서 물을 끌어와 적셔주어야 하고 담장이나 울타리를 만들어야 한다. 흙이 습해 자주 무너지므로 이 지역에 읍이나 창고를 세우기 어렵다. 이 땅에 적합한 풀로는 삽주와 띠가 있고, 적합한 나무로는 참죽나무·개오동나무·뽕나무가 있다. 이런 땅을 보고 '三施'라 이름하는데, 21尺을 파야 샘물이 나온다. 그 우물에서 울리는 소리는 宮음이고, 그곳에서 나오는 샘물은 누렇고 냄새가 난다. 그곳에 사는 백성들은 자주 옮겨 다닌다.

**黃唐**은 **無宜也**①니 **唯宜黍秫也**요 **宜縣澤**②하고 **行廧**③**落**④이라 **地潤數**(삭)**毁**하여 **難以立邑置**(廧)〔**廩**〕⑤[6]이라 **其草**는 **宜**(黍秫)〔**朮**〕[7]**與茅**요 **其木**은 **宜櫄擾桑**⑥[8]이라 **見是土也**에 **命之曰三施**라하니 **三七二十一尺而至於泉**하고 **呼音中宮**이라 **其泉黃而**(糗)〔**臭**〕[9]하고 〔**其民**〕**流徙**⑦[10]라

---

6) (廧)〔廩〕: 저본에는 '廧'으로 되어 있으나, 張佩綸(淸)의 ≪管子學≫에 의거하여 '廩'으로 바로잡았다.
7) (黍秫)〔朮〕: 저본에는 '黍秫'로 되어 있으나, 張佩綸(淸) ≪管子學≫에 의거하여 '朮'로 바로잡았다. '黍'는 衍文이고 '秫'은 '朮'의 誤字라는 것이다.
8) 櫄擾桑: 原註에서는 '櫄'과 '擾桑' 두 종류의 나무로 풀이하고 있다. 그러나 王紹蘭(淸)은 '櫄', '擾', '桑' 세 종류의 나무로 보고, '擾'는 곧 '榎(개오동나무)'의 誤字로 본다.(≪管子說≫)
9) (糗)〔臭〕: 저본에는 '糗'로 되어 있으나, 王念孫(淸)의 ≪讀書雜志≫에 의거하여 '臭'로 바로잡았다. 原註에서는 '糗糒'로 풀이하고 있으나 문맥상 타당하지 않다는 것이다.
10) 〔其民〕流徙: 저본에는 '流徙'만 있으나, 郭沫若(中)의 ≪管子集校≫에 의거하여 '其民'을 보충하였다. 지금까지의 문장 구성을 볼 때, 매 단락의 끝에 "其民强", "其民壽" 등으로

①'唐'은 '푸석하고 무르다'는 의미이다.
唐은 虛脆也라
②항상 높은 곳에서 물을 끌어와 적셔주어야 한다.
常宜縣注而澤이라
③〈'廧'의〉 讀音은 '墻'이다.
音은 墻이라
④흙이 이미 푸석하고 무르기 때문에 版築을 감당하지 못한다. 그러므로 담이나 울타리를 만든다.
土旣虛脆하여 不堪版築이라 故爲行廧及籬落也라
⑤그 토질이 물기를 만나면 자주 기울거나 무너진다. 그러므로 읍을 세우거나 담장을 설치할 수 없다.
其地遇潤하면 則數類[11]毁라 故不可立邑置廧也라
⑥'櫄'은 나무의 이름이다. '擾'는 '柔'와 같으므로 '柔桑'이라고도 말한다.
櫄은 木名이라 擾는 柔니 又曰柔桑也라
⑦물에 볶은 쌀 기운이 있다는 의미이다. 그 샘이 땅속에 머물면서 흐르므로 '流徙'라고 말한다.
謂水糗糒之氣라 其泉居地中而流라 故曰流徙也라

소금기가 있는 점토의 땅은 콩과 보리를 심기에 적합하다. 그 땅에 적합한 풀로는 하눌타리와 왕골이 있고, 적합한 나무로는 구기자나무가 있다. 이런 땅을 보고 '再施'라 하는데, 14尺을 파야 샘물이 나오고, 그 우물에서 울리는 소리는 羽음이고, 그곳에서 나오는 샘물은 짠맛이 나며 붉은색이다. 그곳의 백성은 자주 옮겨 다닌다.

**斥埴**은 **宜大菽與麥**이요 **其草**는 **宜萯雚**이요 **其木**은 **宜杞**①라 **見是土也**에 **命之曰再施**라하니 **二七十四尺而至於泉**하며 **呼音中羽**하고 **其泉鹹**(水)〔**赤**〕[12]이라 〔**其民**〕[13]**流徙**라

①'杞'는 나무 이름이다.
杞는 木名也라

---

마무리되고 있으므로, 여기서도 '其民'이 있어야 한다는 것이다.
11) 類 : '纇'와 통용된다.
12) (水)〔赤〕 : 저본에는 '水'로 되어 있으나, 郭沫若(中)의 ≪管子集校≫에 의거하여 '赤'으로 바로잡았다. 五土의 水로 '倉(蒼)', '白', '黃', '黑'이 나오는데 '赤'이 결여되어 있다는 것이다. 여기서 '水'는 '赤'이 훼손된 글자로 보았다.
13) 〔其民〕 : 저본에는 '其民'이 없으나, 郭沫若(中)의 ≪管子集校≫에 의거하여 보충하였다.

검은 점토의 땅은 벼와 보리를 심기에 적합하다. 그 땅에 적합한 풀은 맑은대쑥과 소루쟁이고, 적합한 나무는 흰팥배나무다. 이런 땅을 보고 '一施'라 하는데, 7尺을 파면 샘물이 나오고, 그 우물에서 울리는 소리는 徵음이다. 그 물은 거무스레하고 쓴맛이 난다.

**黑埴**은 **宜稻麥**하고 **其草宜苹蓨**① 요 **其木宜白棠**이라 **見是土也**에 **命之曰一施**라하니 **七尺而至於泉**하며 **呼音中徵**(치)하고 **其水黑而苦**라

① '苹'과 '蓨'는 풀 이름이다.
苹蓨는 草名也라

무릇 徵음은 돼지를 붙잡아 짊어졌을 때 놀라 울부짖는 소리와 같고, 羽음은 들판에서 말이 우는 소리와 같고, 宮음은 소가 외양간에서 우는 소리와 같고, 商음은 무리에서 이탈한 양이 우는 소리와 같고, 角음은 꿩이 나무에 올라 우는 소리와 같이 빠르고 맑다.

**凡聽徵**(치)는 **如負豬豕覺而駭**요 **凡聽羽**는 **如鳴馬在野**요 **凡聽宮**은 **如牛鳴窌中**이요 **凡聽商**은 **如離群羊**이요 **凡聽角**은 **如雉登木以鳴**하니 **音疾以淸**이라

무릇 五音의 風調를 일으키려고 하면, 먼저 하나의 중심을 세우고 그것을 3등분하며, 3등분의 작업을 네 번 하면 총합 81이 된다. 이것에 의해 〈근본 음인〉 黃鍾 小素 음조를 얻는데 이것이 宮음이다. 81을 3등분하여 그중 하나를 더하면 108이 되는데, 이것이 徵음의 수다. 다시 108을 3등분하여 그중 하나를 빼면 바로 商음의 수(72)를 얻게 된다. 다시 72를 3등분하여 그중 하나를 본래의 것에 더하면 羽음의 수(96)를 얻게 된다. 다시 96을 3등분하여 그중 하나를 빼면 바로 角음의 수(64)를 얻게 된다.[14)]

14) 무릇……된다 : 이상에서 언급되는 숫자들은 이른바 '三分損益法'에 의해 산출된다. 모든 음의 근본이 되는 黃鍾의 음은 9寸의 管에 의해 정해진다. 9촌을 푼〔分〕으로 환산하면 1촌은 9푼이므로 81푼이 되며, 이렇게 해 나온 숫자 81이 황종의 수가 된다. 이것이 곧 宮음의 수가 되고, 이후의 음들은 황종의 수 81에서 시작하여 三分損一과 三分益一을 차례로 반복하면서 각 음의 수를 정하게 된다는 것이다.

**凡將起五音(凡)〔風〕首**①[15]면 **先(主)〔立〕**[16]**一而三之**하고 **四開以合九九**②하여 **以是生黃鍾小素之首**하여 **以成宮**③이요 **三分而益之以一**하면 **爲百有八**하여 **爲徵**(치)④요 **(不無)有**[17]**三分而去其乘**하면 **適足以是生商**⑤이요 **有三分而復於其所**면 **以是成羽**⑥요 **有三分去其乘**하면 **適足以是成角**⑦이라

① '凡首'는 여러 音을 이끄는 첫 번째 音을 의미한다.
凡首는 謂音之總先也라

② 1에 3을 더하면 4가 된다. 이 4로 열어 5를 합한 것이 9다. 또한 9에 9을 곱하면 81이 된다.
一而三之면 卽四也니 以是四開하여 合於五者 九也요 又九九之爲八十一也라

③ '素'는 '本'이다. 宮음의 81수는 黃鍾의 宮을 낳고 五音의 근본이 된다.
素는 本이니 宮八十一數는 生黃鍾之宮而爲五音之本이라

④ 黃鍾의 수는 본래 81이니 그것의 3분의 1 즉 27을 더하면, 앞의 것과 통합하여 108이 되고, 이것이 徵음의 수가 된다.
黃鍾之數本八十一이니 益以三分之一二十七이면 通前爲百有八이요 是爲徵之數라

⑤ '不無有'는 곧 '있다'는 의미이다. 乘 또한 3분의 1이다. 108을 셋으로 나누어 그중 하나를 빼면 나머지가 72인데, 이것이 商의 수다.
不無有는 卽有也라 乘亦三分之一也니 三分百八而去一하면 餘七十二가 是商之數也라

⑥ 72를 3등분하고 그중 1등분인 24를 더하면 합이 96이 된다. 이것이 羽의 수다.
三分七十二하고 而益其一分二十四하면 合爲九十六이니 是羽之數라

⑦ 96을 3등분하여 그중 1등분을 빼면 나머지가 64다. 이것이 角의 수다.
三分九十六하여 去其一分하면 餘六十四니 是角之數라

墳延은 '六施'의 땅이니, 42尺을 파야 샘물이 나온다. 陝之芳은 '七施'의 땅이니 49尺을 파야 샘물이 나온다. 祀陝은 '八施'의 땅이니, 56尺을 파야 샘물이 나온다. 杜陵은 '九施'의 땅이니, 63尺을 파야 샘물이 나온다. 延陵은 '十施'의 땅이니,

---

15) (凡)〔風〕首 : 저본에는 '凡首'로 되어 있으나, 章炳麟(淸)의 ≪管子餘義≫에 의거하여 '風首'로 바로잡았다. '凡'은 '風'의 생략형 글자라는 것이다. 이때 '首'는 악곡 내지는 詩의 첫머리를 의미하는 '調'와 같은 의미로 보았다.

16) (主)〔立〕 : 저본에는 '主'로 되어 있으나, 王引之(淸)의 ≪讀書雜志≫에 의거하여 '立'으로 바로잡았다. '主'는 '立'의 誤字라는 것이다.

17) (不無)有 : 저본에는 '不無有'로 되어 있으나, 丁士涵(淸)의 ≪管子校本≫에 의거하여 '不無'를 衍文으로 처리하였다. 이때 '有'는 '又'의 의미로 쓰였다고 한다.

70尺을 파야 샘물이 나온다. 環陵은 '十一施'의 땅이니 77尺을 파야 샘물이 나온다. 蔓山은 '十二施'의 땅이니, 84尺을 파야 샘물이 나온다. 付山은 '十三施'의 땅이니, 91尺을 파야 샘물이 나온다. 付山白徒는 '十四施'의 땅이니, 98尺을 파야 샘물이 나온다. 中陵은 '十五施'의 땅이니, 105尺을 파야 샘물이 나온다. 青山은 '十六施'의 땅이니, 112尺을 파야 샘물이 나온다. 青龍이 거처하고 모래 진흙이 이어지는 곳에서는 샘물을 얻을 수 없다. 赤壤埶山은 '十七施'의 땅이니, 119尺을 파야 샘물이 나온다. 땅 아래에 青商이 있으면 샘물을 얻을 수 없다. 陞山白壤은 '十八施'의 땅이니 126尺을 파야 샘물이 나온다. 그 아래에 돌이 연달아 있는 곳에서는 샘물을 얻을 수 없다. 徙山은 '十九施'의 땅이니, 133尺을 파야 샘물이 나온다. 그 아래에 灰土가 있는 지역에서는 샘물을 얻을 수 없다. 高陵土山은 '二十施'의 땅이니, 140尺을 파야 샘물이 나온다.

**墳延者**는 **六施**니 **六七四十二尺而至於泉**①이요 **陜之芳**은 **七施**니 **七七四十九尺而至於泉**이요 **祀陜**은 **八施**니 **八七五十六尺而至於泉**이요 **杜陵**은 **九施**니 **七九六十三尺而至於泉**이요 **延陵**은 **十施**니 **七十尺而至於泉**이요 **環陵**은 **十一施**니 **七十七尺而至於泉**이요 **蔓山**은 **十二施**니 **八十四尺而至於泉**이요 **付山**은 **十三施**니 **九十一尺而至於泉**이요 **付山白徒**는 **十四施**니 **九十八尺而至於泉**이요 **中陵**은 **十五施**니 **百五尺而至於泉**이요 **青山**은 **十六施**니 **百一十二尺而至於泉**이요 **青龍之所居**와 **庚泥不可得泉**②이요 **赤壤埶**(호)**山**은 **十七施**니 **百一十九尺而至於泉**이요 **其下青商**이면 **不可得泉**③이요 **陞**(뢰)**山白壤**은 **十八施**니 **百二十六尺而至於泉**이요 **其下駢石**은 **不可得泉**④이요 **徙山**은 **十九施**니 **百三十三尺而至於泉**이요 **其下有灰壤**은 **不可得泉**이요 **高陵土山**은 **二十施**니 **百四十尺而至於泉**이라

① '墳延'은 지명이다. 아래에도 모두 이와 같다.
墳延은 地名이니 下皆此類라

② '庚'은 '이어지다'는 의미이다. 그곳에 이미 青龍이 머물고 있고, 또한 모래와 진흙이 이어져 있으므로 샘물을 얻을 수 없다.
庚은 續이니 其處旣有青龍居하고 又沙泥相續이라 故不可得泉也라

③ '青商'은 神怪의 이름이다.
青商은 神怪之名이라

④ 돌이 촘촘히 이어져 있으므로 샘물을 얻을 수 없다는 의미이다.
言有石駢密이라 故不可得泉이라

산의 꼭대기에 '縣泉'이라는 곳이 있다. 그곳의 땅은 마르지 않고, 그곳에 자라는 풀로는 띠풀과 쑥이 있고, 나무로는 樠樹[18]가 있으며, 2尺을 파면 샘물이 나온다. 산의 꼭대기에 '復呂'라는 곳이 있다. 그곳에 자라는 풀로는 魚腸竹과 蕕草가 있고, 나무로는 버드나무가 있으며, 3尺을 파면 샘물이 나온다. 산의 꼭대기에 泉英이라는 곳이 있다. 그곳에서 자라는 풀로는 당귀와 창포가 있고, 나무로는 왕버드나무가 있으며, 5尺을 파면 샘물이 나온다. 산자락에 자라는 풀로는 白蘞과 장미가 있고, 나무로는 椵나무[19]가 있다. 14尺을 파면 샘물이 나온다. 산등성이에 자라는 풀로는 메꽃과 쑥이 있고 나무로는 느릅나무가 있다. 21尺을 파면 샘물이 나온다.

**山之上**에 **命之曰縣泉**이라하니 **其地不乾**하고 **其草如茅與走**①[20]요 **其木乃樠**②이요 **鑿之二尺乃至於泉**이라 **山之上**에 **命曰復呂**라하니 **其草魚腸與蕕**하고 **其木乃柳**하고 **鑿之三尺而至於泉**이라 **山之上**에 **命之曰泉英**이라하니 **其草蘄白昌**이요 **其木乃楊**하고 **鑿之五尺而至於泉**이라 **山之(材)〔枝〕**③[21]에 **其草(兢)〔蔹〕**[22]**與薔**④이요 **其木乃(格)〔椵〕**[23]니 **鑿之二七十四尺而至於泉**이라 **山之側**에 **其草葍與蔞**요 **其木乃品榆**니 **鑿之三七二十一尺而至於泉**이라

① '如茅'와 '走'는 모두 풀 이름이다.
如茅와 走는 皆草名이라

② '樠'은 나무 이름이다.
樠은 木名이라

③ '材'는 '旁'과 같다.
材는 猶旁也라

④ 〈'薔'은〉 음이 嗇이니, 풀이름이다.
音嗇이니 草名이라

---

18) 樠樹 : 고대 문헌에 종종 등장하는 나무로, 나무 속이 소나무와 비슷하다고 한다.
19) 椵나무 : 유자나무 종류에 속하는 나무다.
20) 走 : 洪頤煊(淸)은 '蓬'자가 변형된 글자로 본다.(≪管子義證≫)
21) (材)〔枝〕 : 저본에는 '材'로 되어 있으나, 張佩綸(淸)의 ≪管子學≫에 의거하여 '枝'로 바로잡았다. 原註에서 '旁'으로 풀이하고 있는데, '旁'의 의미는 '材'에서는 찾아볼 수 없지만 '枝'에서는 가능하다는 것이다.
22) (兢)〔蔹〕 : 저본에는 '兢'으로 되어 있으나, 王紹蘭(淸)의 ≪管子說≫에 의거하여 '蔹'으로 바로잡았다. '兢'은 '蔹'의 오자이고, '蔹'은 곧 '白蘞'을 가리킨다고 보았다.
23) (格)〔椵〕 : 저본에는 '格'으로 되어 있으나, 兪樾(淸)의 ≪諸子平議≫에 의거하여 '椵'로 바로잡았다. 나무 이름으로 '格'이라는 것은 없고, '格'은 곧 '椵'의 빌린 글자로 볼 수 있다는 것이다.

무릇 풀과 토양의 관계는 〈토양에 따라〉 각각 잘 자라는 자리가 있다. 어떤 것은 높은 곳에서 어떤 것은 낮은 곳에서, 각각 알맞은 풀과 토양이 있다. 葉은 䖇보다 낮은 지대에서 자라고, 䖇은 비름보다 낮은 지대에서 자라고, 비름은 창포보다 낮은 지대에서 자라고, 창포는 갈대보다 낮은 지대에서 자라고, 갈대는 왕골보다 낮은 지대에서 자라고, 왕골은 물쑥보다 낮은 지대에서 자라고, 물쑥은 荓[24]보다 낮은 지대에서 자라고, 荓은 맑은대쑥보다 낮은 지대에서 자라고, 맑은대쑥은 승검초보다 낮은 지대에서 자라고, 승검초는 익모초보다 낮은 곳에서 자라고, 익모초는 띠풀보다 낮은 지역에서 자란다. 무릇 저 풀 종류에는 12등급의 차이가 있고, 각각 찾아가는 마땅한 지대가 있다.

**凡草土之道**는 **各有穀**[25]**造**①니 **或高或下**하여 **各有草土**라 **葉**[26]**下於䖇**(울)②[27]하고 **䖇下於莧**하고 **莧下於蒲**하고 **蒲下於葦**하고 **葦下於雚**하고 **雚下於蔞**하고 **蔞下於荓**하고 **荓下於蕭**하고 **蕭下於薛**하고 **薛下於萑**하고 **萑下於茅**니 **凡彼草物**은 **有十二衰**③하고 **各有所歸**④라

① 이 땅에서는 어떤 종류의 풀이 생겨나고 어떤 종류의 곡식이 적합하다는 의미이다. '造'는 '이루어지다'는 뜻이다.
謂此地生某草하고 宜某穀이라 造는 成也라

② '葉' 또한 풀이름이다. 잎만 있고 줄기가 없는 것으로 䖇의 아래에서 자란다. '䖇'은 곧 '鬱'이니, 莊周가 말하는 '鬱西'이다.
葉은 亦草名이니 唯生葉無莖하고 在䖇之下라 䖇은 卽鬱也니 莊周所謂鬱西也라

③ '衰'는 풀이 자라는 위치가 위아래로 서로 차이가 있다는 것을 의미한다.
衰는 謂草上下相重次也라

④ 키가 작은 풀은 키가 큰 풀보다 낮은 곳에서 생겨난다는 의미이다.
謂短者는 生於高者之下라

---

24) 荓 : 馬帚의 별명이다. 鐵歸帚라고 부르기도 하며 약용식물이다.
25) 穀 : 姚永概(淸)의 ≪愼宜軒筆記≫에 의거하여 '善'의 의미로 해석하였다.
26) 葉 : 郭沫若(中)은 '荷'와 같은 계통의 식물로 보았다.(≪管子集校≫)
27) 䖇(울) : 原註에서는 ≪莊子≫ 〈至樂〉에 나오는 '鬱西'라고 풀이하였는데, 현행 ≪장자≫에는 '鬱棲'라는 말만 찾아볼 수 있을 뿐이다. 그리고 이에 대해 司馬彪의 注에서는 '蟲名'으로, 李譔의 注에서는 '糞壤'으로 풀이하고 있을 뿐 풀이름이라는 해석은 찾아볼 수 없다. 따라서 현재로서는 '䖇'이 어떤 식물을 가리키는지는 알 수 없다.

九州의 토양에서는 90종류의 산물을 생산해낸다. 각 州의 토양은 일정한 특징이 있고, 거기서 나오는 산물에는 차이가 있다.

**九州之土**는 **爲九十物**이니 **每州有常而物有次**라

여러 토양 중 가장 뛰어난 것은 오직 五粟[28)]이다. 五粟의 토양은 혹 붉기도 하고, 혹 푸르기도 하고, 혹 희기도 하고, 혹 검기도 하고, 혹 누렇기도 하다. 〈이처럼〉 五粟은 다섯 가지 색깔로 드러난다. 五粟의 특성은 축축하지만 끈적이지 않고, 단단하지만 푸석하지 않고, 수레바퀴를 빠뜨리지 않고 손과 발을 더럽히지 않는다. 여기에 심는 곡식 종류로는 큰 씨앗과 작은 씨앗을 비롯해 흰 줄기와 흰 이삭이 있는 식물 등 마땅하지 않은 것이 없다. 이 五粟의 토양은 구릉에도 있고, 산에도 있고, 물가에도 있고, 낮은 평지에도 있다. 그곳의 陰地나 陽地나 모두 오동나무와 갈참나무를 심는 데 적합하니, 빼어나고 장대하지 않은 나무가 없다. 〈또한 이 五粟의 토양에는〉 느릅나무・수양버들・구지뽕나무・뽕나무・산뽕나무・상수리나무・회나무・버드나무 등 각종 나무가 번성하며, 생장이 빠르고 크며 가지가 곧고 길다. 그 주변의 연못에는 고기가 많고, 가축을 기르는 데 있어서는 소와 양이 적합하다. 이런 땅과 그 주변에는 대나무・살대나무・대추나무・가래나무・졸참나무・박달나무가 잘 자란다. 다섯 종류의 향초도 여기서 자라는데, 왕모람〔薜荔〕[29)]・구릿대〔白芷〕[30)]・궁궁이〔蘼蕪〕[31)]・산초・연꽃이 바로 그들이다. 다섯 종류 향초의 효능은 질병을 줄이고 노화를 늦추며, 젊은 남녀를 보기 좋게 한다. 그 지역의 백성은 기술이 뛰어나고, 그 지역의 샘물은 누르스름하면서 맑고, 그 지역의 사람들은 성격이 온화하고 선량하다. 이 五粟의 토양은 건조하지만 딱딱하지 않고, 축축하지만 흩어지지 않으며, 높은 곳 낮은 곳 할 것 없이 항상 물기를 지니고 있다. 이것을 粟土라 한다.

---

28) 五粟 : 다섯 종류의 粟土라는 의미이다. 이하에서 언급되는 '五沃', '五位', '五壤' 등도 모두 이와 같은 용법으로 쓰였다.

29) 왕모람〔薜荔〕 : 바위나 벽에 붙어서 사는 덩굴성 식물이다. 그것의 열매는 한약재로 사용된다.

30) 구릿대〔白芷〕 : 다년생 식물로 그 뿌리는 한약재로 쓰인다.

31) 궁궁이〔蘼蕪〕 : '천궁'으로 불리기도 하며, 원산지는 중국의 四川・貴州・雲南 지방으로 다년생 식물이다. 하얀 꽃이 피고, 그것의 뿌리는 한약재로 쓰인다.

**群土之長**은 **是唯五粟**이니 **五粟之物**은 **或赤**하고 **或青**하고 **或白**하고 **或黑**하고 **或黃**하니 **五粟五章**이라 **五粟之狀**은 **淖而不肕**하고 **剛而不觳**①하고 **不濘車輪**②하고 **不汙手足**하며 **其種**에 **大重·細重**[32]**·白莖·白秀 無不宜也**라 **五粟之土**는 **若在陵**하고 **在山**하고 **在**(隫)〔墳〕[33]하고 **在衍**[34]하며 **其陰其陽**[35]은 **盡宜桐柞**하니 **莫不秀長**이라 **其楡其柳**하고 **其檿其桑**하고 **其柘其櫟**하고 **其槐其楊**하니 **群木蕃滋**하여 **數**(삭)[36]**大**요 **條直以長**이라 **其澤則多魚**하고 **牧則宜牛羊**하고 **其地其樊**에 **俱宜竹箭藻龜**[37]**楢檀**이라 **五臭生之**니 **薜荔·白芷·蘪蕪·椒·連**이요 **五臭所**(校)〔效〕③[38]는 **寡疾難老**하고 **士女皆好**라 **其民工巧**하고 **其泉黃白**하고 **其人夷姤**④라 **五粟之土**는 **乾而不格**⑤하고 **湛**[39]**而不**(澤)〔釋〕[40]하며 **無高下**로 **葆澤以處**⑥니 **是謂粟土**라

① '觳'은 '푸석하다'는 의미이다.
觳은 薄이라

② '濘'은 '진창'이라는 의미이다.
濘은 泥라

③ '校'는 향기가 강한 기운이라는 의미이다.
校는 謂馨烈之氣라

④ '夷'은 '온화하다'는 뜻이다. '姤'는 '좋다'는 뜻이다. 모두 선하다는 의미이다.
夷는 平也요 姤는 好也니 言均善也라

⑤ 格은 '딱딱하다'는 의미이다.

---

32) 大重·細重 : 陳奐(淸)의 ≪管子集校≫에 의하면, 古文에서 '種'과 '重'은 종종 통용되었다고 한다. 따라서 '重'은 곧 '種'의 의미로 새겨야 한다는 것이다.
33) (隫)〔墳〕: 저본에는 '隫'으로 되어 있으나, 王紹蘭(淸)의 ≪管子說≫에 의거하여 '墳'으로 바로잡았다. 이때 '墳'은 곧 '濆'의 빌린 글자이고, '濆'은 '水涯'의 의미를 지니는 것으로 보았다.
34) 衍 : 張佩綸(淸)은 ≪周禮≫ 〈地官 大司徒〉에 실린 鄭玄의 注에 의거하여 "下平曰衍(낮은 지대의 평평한 곳을 '衍'이라 한다.)"이라고 하였다.(≪管子學≫)
35) 其陰其陽 : 王紹蘭(淸)은 ≪爾雅≫에 의거하여 "山南曰陽 山北曰陰(산의 남쪽을 陽이라 하고, 산의 북쪽을 陰이라 한다.)"이라고 하였다.(≪管子說≫)
36) 數(삭) : '速'과 통용된다. ≪禮記≫ 〈曾子問〉의 鄭玄 注에 "數讀爲速(數은 速으로 읽는다.)"이라고 하였다.
37) 藻龜 : 尹桐陽(中)은 '藻'는 '棗'의 빌린 글자로 보고, '龜'는 '楸'의 誤字로 보았다.(≪管子新釋≫)
38) (校)〔效〕: 저본에는 '校'로 되어 있으나, 豬飼彦博(日)의 ≪管子補正≫에 의거하여 '效'로 바로잡았다.
39) 湛 : 王紹蘭(淸)은 '滋潤之義'라고 보았다.(≪管子說≫)
40) (澤)〔釋〕: 저본에는 '澤'으로 되어 있으나, 孫詒讓(淸)의 ≪札迻≫에 의거하여 '釋'으로 바로잡았다.

格은 謂堅㯳也라

⑥ 항상 물기가 있다는 의미이다.

言常潤也라

粟土의 다음 등급은 五沃이다. 五沃의 토양은 혹 붉기도 하고, 혹 푸르기도 하고, 혹 누렇기도 하고, 혹 희기도 하고, 혹 검기도 하다. 〈이처럼〉 五沃의 다섯 형태의 토양은 각각 차이가 있다. 五沃의 특성은 단단하고 빽빽하며 구멍이 많은 흙이어서 벌레들이 그 속에서 몸을 온전히 보존하며, 빽빽하고 단단하여 희게 건조되지 않으므로 토양 내부가 습기를 유지한다. 여기에 심는 곡식 종류로는 크고 작은 모를 비롯하여, 붉은 줄기와 검은 이삭 그리고 화살대처럼 긴 식물이다. 이러한 五沃의 토양은 언덕에도 있고, 산에도 있고, 구릉에도 있고, 산등성이에도 있고, 모퉁이에도 있고, 구릉의 남쪽에서 왼쪽이나 오른쪽에도 있다. 이곳에서 자라기에 적합한 나무로는 오동나무 · 갈참나무 · 扶蘇나무 · 참죽나무, 그리고 저 흰가래나무까지 있다. 〈또한〉 매화나무 · 은행나무 · 복숭아나무 · 자두나무는 빼어나게 자라고 줄기가 성하다. 〈그리고〉 대추나무 · 팥배나무 · 회나무 · 버드나무 · 느릅나무 · 뽕나무 · 구기자나무 · 다목나무와 같은 여러 나무들은 빨리 크게 자라고 가지가 곧고 길다. 陰地에는 풀명자나무와 배나무가 잘 자라고, 陽地에는 다섯 종류의 麻를 심는데 고지대든 저지대든 자리를 가리지 않는다. 이 麻 중 큰 것은 화살대나 갈대와 같이 크고 길고 아름답고, 가는 것은 왕골이나 섶나무처럼 각각 다른 명칭을 지닌다. 큰 麻는 마디가 없고, 가는 麻는 잘 정리해 〈말뚝에〉 걸어 매어 보관하면 마치 練絲[41] 다발과 같다. 이 지역에 五臭[42]의 향초를 밭이랑을 만들어 심는데, 蕑[43] · 구릿대 · 藁本[44] · 궁궁이 등이다. 이 지역의 연못에는 고기가 많고, 가축을 기르는 데 있어서는 소와 양이 적합하다. 이 지역의 샘물은 맑고 푸른빛을 띠고, 사람들은 강인하고 튼튼하며 옴과 부스럼이 적고 결코 두통이나 숙취가 없다. 五沃의 토양은 건조하지만 소금기가 적고, 축축하지만 흩어지지 않으며, 높은

---

41) 練絲 : 生絲를 잿물에 담가서 희고 부드럽게 만든 실이다.
42) 五臭 : 다섯 가지 냄새가 나는 香草를 가리킨다.
43) 蕑 : 난초의 일종이다.
44) 藁本 : 깊은 산과 산기슭에 자라며, 털이 없고 향기가 많이 난다. 한약재로 쓰이는데, 특히 감기로 인한 두통 및 정수리의 심한 통증을 완화시키는 효능이 있다.

곳 낮은 곳 할 것 없이 항상 물기를 지니고 있다. 이런 땅을 沃土라고 한다.

粟土之次는 曰五沃이니 五沃之物은 或赤코 或青코 或黃코 或白코 或黑이니 五沃五物은 各有異則(칙)이라 五沃之狀은 剽忞(줄)橐土하여 蟲(易)〔豸〕[45]全處①하고 忞剽不白하여 下乃以澤②이라 其種은 大苗·細苗·䅌③莖·黑秀·箭長④이라 五沃之土는 若在丘在山코 在陵在岡코 若在陬니 陵之陽은 其左其右에 宜彼群木하니 桐柞枎[46]櫄及彼白梓라 其梅其杏其桃其李는 (其)[47]秀生莖起라 其棘其棠코 其槐其楊코 其榆其桑코 其杞其枋이니 群木數(삭)大하고 條直以長이라 其陰則生之楂藜[48]요 其陽(則)[49]安樹之五麻니 若高若下에 不擇疇所라 其麻大者는 如箭如葦하고 大長以美요 其細者는 如雚如蒸[50]하여 (欲有與各)〔各有異名〕[51]이니 大者不類⑤[52]하고 小者則治揣[53]而藏之면 若衆練絲⑥라 五臭疇生⑦하니 蓮[54]與蘪蕪藁本白芷라 其澤則多魚하고 牧則宜牛羊이라 其泉白青하고 其人堅勁하며 寡有疥騷[55]하고 終無痟酲⑧이라 五沃之土는 乾而不斥⑨하고 湛而不澤하고 無高下히 葆澤以處니 是謂沃土라

①'剽'는 '단단하다'는 의미이다. '忞'은 '빽빽하다'는 의미이다. '橐土'는 흙에 구멍이 많은

---

45) (易)〔豸〕: 저본에는 '易'로 되어 있으나, 王引之(淸)의 ≪讀書雜志≫에 의거하여 '豸'로 바로잡았다. "蟲易全處" 자체는 의미가 성립되기 어렵다는 것이며, '易'와 '豸'는 篆書 형태가 서로 비슷하여 잘못 옮겨 썼다는 것이다. ≪爾雅≫에서 "발이 있는 것은 蟲이라 하고, 발이 없는 것은 豸라고 한다."라고 하였다고 한다.

46) 枎: 張佩綸(淸)의 ≪管子學≫에 의하면, ≪詩經≫에서 '扶蘇' 혹은 '扶胥'로 언급되는 작은 나무라고 한다.

47) (其): 저본에는 '其'가 있으나, 丁士涵(淸)의 ≪管子校本≫에 의거하여 衍文으로 처리하였다. 앞 문장에 나오는 '其'자들로 인해 잘못 첨가되었다는 것이다.

48) 藜: 郭沫若(中)은 '梨'로 읽었다.(≪管子集校≫)

49) (則): 저본에는 '則'이 있으나, 王念孫(淸)의 ≪讀書雜志≫에 의거하여 衍文으로 처리하였다. 다음에 나오는 '安' 또한 '則'의 의미라는 것이다.

50) 蒸: 가느다란 섶나무〔柴〕라는 의미가 있다.

51) (欲有與各)〔各有異名〕: 저본에는 '欲有與各'으로 되어 있으나, 許維遹(中)의 ≪管子集校≫에 의거하여 '各有異名'으로 바로잡았다. '各有異名'의 文型은 앞의 '各有異則', 그리고 다음에 나오는 '各有異章'과 동일한 文型이 된다는 것이다. 허유율은 原註의 끊어 읽기나 해석은 모두 잘못되었다고 보았다.

52) 類: 王念孫(淸)은 '纇'와 같은 글자로 보았다. 古語에서 '類'와 '纇'는 서로 통용되었다는 것이다.(≪讀書雜志≫)

53) 揣: 王紹蘭(淸)은 ≪說文解字≫에 의거하여, '揣'는 '捶'와 같고, '捶'는 '말뚝에 걸어 매다'는 의미라고 보았다.(≪管子說≫)

54) 蓮: 연 자체는 香草가 아니므로 王紹蘭(淸)은 난초의 일종인 '蕑'으로 보았다. 고대에 '蓮'과 '蕑'은 서로 통용되었다는 것이다.(≪管子說≫)

55) 疥騷: 丁士涵(淸)의 ≪管子校本≫에 의하면 '疥瘙' 즉 옴과 부스럼을 의미한다.

것이 마치 전대에 구멍이 많은 것과 같다는 것이다. 그러므로 벌레들이 그곳에 깃들어 온전히 보존되기 쉽다.

剽는 堅也요 忞은 密也라 橐土는 謂其土多竅穴이 若橐多竅라 故蟲處之易(이)全이라

② 이미 단단하고 빽빽하므로 항상 습기를 머금고 있어 희게 건조되지 않는다. 이곳은 곧 축축함을 지니고 있는 토양이다.

既堅密이라 故常潤濕而不乾白이라 此乃葆澤之地也라

③ 〈'赨'의〉 讀音은 '彤'이다.

音(形)〔彤〕[56]이라

④ '赨'은 곧 '赤'과 같다. '箭長'은 마치 긴 대나무 화살과 같다는 의미이다.

赨은 卽赤也요 箭長은 謂若箭竹之長也라

⑤ 남에게 주려고 하면 크고 좋은 麻로 한다.

欲有施與면 則以麻之大而類也라

⑥ 가는 마를 이미 잘 정리하여 〈말뚝에〉 걸어 매어 보관하였으므로 마치 練絲와 같다는 의미이다.

言細麻既治揣而藏이라 故若練絲라

⑦ '疇'는 '밭이랑'이다. 밭이랑을 만들어 심는다는 의미이다.

疇는 隴也니 謂爲隴而種也라

⑧ '痟'는 두통이다. '酲'은 술로 인한 병이다.

痟는 首疾也요 酲은 酒病也라

⑨ '斥'은 소금기 많은 개펄이다.

斥은 潟鹵라

沃土의 다음 등급은 五位다. 五位의 토양은 다섯 가지 색이 서로 뒤섞여 각각 다른 모습을 지닌다. 五位의 특성은 딱딱하여 서로 붙지도 않지만 재처럼 흩날리지도 않으며, 푸른색에 세밀하면서 이끼가 끼어 있다. 이곳에 심는 식물로는 큰 갈대와 가는 갈대, 그리고 붉은 줄기의 식물과 흰 이삭의 식물이다. 이러한 五位의 토양은 산등성이에도 있고, 구릉에도 있고, 둑에도 있고, 저지대에도 있고, 언덕에도 있고, 산에도 있는데, 모두 대나무·살대나무·求竹·䍧竹·졸참나무·박달나무를 심는 데 적합하다. 산 아래 얕은 물에는 蘢과 斥과 같은 수초가 자란다. 이곳에서 여러 나무가 다투듯이 무성하게 자라니, 가지가 길고 빨리 자란다. 〈가령〉 뽕

56) (形)〔彤〕: 저본에는 '形'으로 되어 있으나, 張文虎(清)의 ≪舒藝室隨筆≫에 의거하여 '彤'으로 바로잡았다.

나무・소나무・구기자나무・茸나무가 그렇다. 이 땅에는 여러 종류의 나무를 심을 수 있는데, 느릅나무・복숭아나무・버드나무・멀구슬나무[57] 등이다. 여기에서 여러 약재가 자라나는데, 생강과 도라지・족도리풀[58]・大蒙[59] 등이다. 산기슭에는 도라지・귀목초[60]・地楡[61]가 자라고, 산 아래에는 질경이와 개미취가 있고, 산의 측면에는 저 누런 貝母[62] 및 창포 그리고 명아주와 葦芒[63]이 자란다. 이 지역에는 온갖 약초들이 모여들어 백성의 질병을 막아준다. 그 산림과 산기슭에는 홰나무・소태나무・갈참나무・닥나무와 같은 온갖 나무가 다투듯이 무성하게 자라고, 짐승들이 여기에 의존해 살아간다. 큰 사슴들이 대표적이고, 작은 사슴들도 많이 있다. 이 지역의 샘물은 검푸르고, 사람들의 성품은 쾌활하고 정직하며 일을 간략하게 하고 적게 먹는다. 높고 낮은 곳 가릴 것 없이 항상 물기를 지니고 있다. 이런 땅을 位土라 한다.

**沃土之次**는 **曰五位**니 **五位之物**은 **五色雜英**[64]하여 **各有異章**이라 **五位之狀**은 **不塥**(혁)**不灰**①하고 **青恋以**菭②(及)③[65]라 **其種**은 **大葦(無)細葦(無)**[66]와 **赨莖白秀**라 **五位之土**는 **若在岡在陵**하고

57) 멀구슬나무 : 활엽교목이다. 초여름이 되면 엷은 자색 꽃이 잎 겨드랑이에 원추꽃차례를 이루면서 달리는데, 각각의 꽃은 5~6개의 꽃잎을 가지고 있다. 열매는 9월에 황색을 띠면서 익는다. ≪淮南子≫ 〈時則〉에 실린 高誘의 注에 "멀구슬나무의 열매는 봉황이 먹는다.〔楝實鳳凰所食〕"라는 언급이 나온다.

58) 족도리풀 : 숲속 그늘진 경사지와 계곡 주변에서 자라는 여러해살이풀이다. 뿌리줄기는 육질, 매운맛이 난다. 한방에서 細辛이라 부르는 약용식물이다.

59) 大蒙 : 太蒙으로 불려지기도 하는 약초다.

60) 귀목초 : 郭璞에 의하면 줄기는 칡과 비슷하고, 잎은 둥글고 털이 나 있으며, 열매는 귀거리와 비슷하고, 붉은색을 띤다고 한다. 白英 혹은 穀菜로 불려지기도 한다.

61) 地楡 : 잎이 느릅나무 잎과 비슷하게 생긴 것으로, 처음에 자랄 때 땅바닥에 깔리므로 '地楡'라고 한다. 오이풀이라는 異名도 있는데, 잎을 비비면 오이 냄새가 나기 때문이다. 피를 맑게 하고 지혈시키며, 중독증을 치료하고 상처를 빨리 아물게 하는 등의 효능이 있다.

62) 貝母 : 국화과에 속하는 여러해살이 풀로, '貝母'라는 명칭은 그 모양이 조개와 비슷하다고 하여 붙여졌다. 한방에서는 약재로 사용하는데, 약효는 감기로 인한 급성기관지염 및 폐렴으로 인한 기침해소에 뛰어나다고 한다.

63) 葦芒 : 張佩綸(淸)의 ≪管子學≫에 의하면 일명 '杜英'으로 불려지기도 하는 것으로, 그 모습이 물억새와 비슷하므로 '葦芒'이라는 이름을 얻었다고 한다.

64) 雜英 : 王紹蘭(淸)은 초목의 꽃들이 오채색으로 서로 뒤섞여 있는 것을 가리킨다고 하였다.(≪管子說≫)

65) (及) : 저본에는 '及'이 있으나, 王引之(淸)의 ≪讀書雜志≫에 의거하여 衍文으로 처리하였다.

66) 大葦(無)細葦(無) : 安井衡(日)의 ≪管子纂詁≫에 의거하여 '無'를 모두 衍文으로 처리하

在墳在衍하고 在丘在山하니 皆宜竹・箭・求・黽④・楢・檀이라 其山之淺에 有蘢與斥⑤하고 群木安[67]逐하여 條長數(삭)大⑥니 其桑其松이요 其杞其茸⑦이라 種木胥容이니 榆桃柳楝⑧이며 群藥安生이니 薑與桔梗과 小辛大蒙⑨이라 其山之(梟)〔阜〕⑩[68]에 多桔(符)〔苻〕[69]榆[70]요 其山之末에 有(箭)〔莿〕[71]與苑[72]이요 其山之旁에 有彼黃宝[73]과 及彼白昌과 山藜葦芒이니 群藥安聚하여 以圉民殃이라 其林其(漉)〔麓〕[74]에 其槐其楝과 其柞其穀이니 群木安逐하고 鳥獸安施⑪라 既有麋麃하고 又且多鹿이라 其泉青黑하고 其人輕直하고 省(생)事少食⑫이라 無高下에 葆澤以處니 是謂位土라

①'塥'은 딱딱하여 서로 붙지 않는 것을 의미한다.
　塥은 謂堅不相著(착)이라

②〈'落'의〉 讀音은 '苔'이다.
　音苔라

③ 청색이면서 세밀하고, 자잘한 이끼로 죽 덮혀 있다는 의미이다.
　謂色青而細密하고 和落以相及也라

④'求'와 '黽' 또한 대나무 종류이다.
　求黽은 亦竹類也라

⑤'蘢'과 '斥' 모두 고대의 풀이름이다.

---

였다.

67) 安 : 王念孫(清)은 '於是'의 의미로 풀이해야 한다고 보았다. 다음에 나오는 "群藥安生", "群藥安聚", "群木安逐", "鳥獸安施" 모두 이와 같다는 것이다.(≪讀書雜志≫)

68) (梟)〔阜〕: 저본에는 '梟'로 되어 있으나, 豬飼彦博(日)의 ≪管子補正≫에 의거하여 '阜'로 바로잡았다. '梟'는 '阜'의 誤字로 본 것이다. 여기서 '阜'는 곧 '山麓'을 가리킨다고 한다. 原註에서는 '顚(정상)'으로 풀이하고 있으나, '梟'자에서는 '顚'의 의미를 찾아볼 수 없다.

69) (符)〔苻〕: 저본에는 '符'로 되어 있으나, 張佩綸(清)의 ≪管子學≫에 의거하여 '苻'로 바로잡았다.

70) 榆 : 張佩綸(清)은 ≪本草綱目≫에서 언급하는 '地榆'로 보았다.(≪管子學≫) 앞에서 언급되는 '桔'이나 '苻'는 모두 식물에 해당하므로, '榆'를 느릅나무로 보면 문맥상 적합하지 않다.

71) (箭)〔莿〕: 저본에는 '箭'으로 되어 있으나, 王念孫(清)의 ≪讀書雜志≫에 의거하여 '莿'으로 바로잡았다. 다음에 나오는 '苑(菀)'이 풀이름이므로 '箭' 자체의 의미 즉 '살대나무'는 적합하지 않다는 것이다.

72) 苑 : 王念孫(清)은 '菀'과 통하는 글자로 보았다.(≪讀書雜志≫)

73) 宝 : 王紹蘭(清)은 '宝'을 '蝱'의 생략형 글자로 보았으며, ≪詩經≫의 毛傳에서 "蝱 貝母(蝱은 貝母이다)"라고 풀이하였다.(≪管子說≫)

74) (漉)〔麓〕: 저본에는 '漉'으로 되어 있으나, 王紹蘭(清)의 ≪管子說≫에 의거하여 '麓'으로 바로잡았다. 글자 형태가 비슷하여 잘못 옮겨졌다는 것이다.

蘢斥은 竝古草名이라

⑥'安'은 '온화하다'는 의미이다. '逐'은 '경쟁하다'는 의미이다. '長數'은 '빨리 자란다'는 의미이다.

安은 和易(이)요 逐은 競이요 長數은 謂速長이라

⑦'茸'은 나무 이름이다.

茸은 木名이라

⑧〈'楝'의〉 讀音은 '煉'이다.

音煉이라

⑨'大蒙'은 약초의 이름이다.

大蒙은 藥名이라

⑩'梟'는 '顚'(꼭대기)과 같다.

梟는 猶顚也라

⑪'施'는 〈산림에〉 의존해 살아간다는 의미이다.

施는 謂有以爲生이라

⑫그 성품이 청렴하며, 일을 줄이고 적게 먹는다는 의미이다.

言其性廉하고 省事少食이라

位土의 다음 등급은 五蘟[75]이라고 한다. 五蘟의 특성은 검은 흙에 검은 이끼가 끼었고, 토질은 푸르스름하면서 세밀하고 비옥하며 재처럼 흩날린다. 여기에 심는 식물로는 櫑葛(뇌갈)[76]이 있는데, 줄기는 붉고 이삭은 누렇고 씨앗이 툭 터지며 그 잎이 겹겹이 쌓인다. 이 땅에서 가축을 기르고, 농작물을 심고, 과일나무를 기르고 나무를 재배하면 앞의 '三土'만 못하니, 그 생산량은 10분의 2가 적다. 이런 땅을 '蘟土'라고 한다.

**位土之次**는 **曰五蘟**이니 **五蘟之狀**은 **黑土黑菭**①에 **青怵以肥**하고 **芬然若灰**②라 **其種櫑葛**이니 **赨莖黃秀**에 **恚目**③하고 **其葉若苑**④이라 **(以)**[77]**蓄殖果木**은 **不若三土**⑤니 **以十分之二**⑥라 **是謂蘟土**라

---

75) 五蘟 : 王紹蘭(淸)은 '蘟'은 '隱'이라고 보았다. 高誘의 注에 의하면 "기가 감추어져 있기 때문에 隱土라고 한다."는 것이다.(≪管子說≫)

76) 櫑葛(뇌갈) : 王紹蘭(淸)은 콩과에 속하는 식물이라고 주장하였고(≪管子說≫), 張佩綸(淸)은 벼과에 속하는 식물이라고 보았다.(≪管子學≫)

77) (以) : 저본에는 '以'가 있으나, 豬飼彦博(日)의 ≪管子補正≫에 의거하여 衍文으로 처리하였다.

① '萿'는 이끼이다.
萿는 地衣也라
② '芬然'은 흙이 날리는 모양이다.
芬然은 壤起貌라
③ '恚目'은 껍질 속의 씨앗이 툭 튀어나온다는 의미이다.
恚目은 謂穀實怒開也라
④ '苑'은 쌓여 맺힌다는 의미이다.
苑은 謂蘊結이라
⑤ '三土'는 〈앞서의〉 '五粟', '五沃', '五位'를 가리킨다.
三土는 謂五粟五沃五位라
⑥ 〈생산량에 있어〉 '三土'의 것을 10이라고 한다면, 蘟土는 〈三土의 것보다〉 2가 적다는 의미이다. 나머지도 이와 같다.
言於三土十分에 已不如其二分이라 餘倣此라

蘟土의 다음 등급은 五壤이라고 한다. 五壤의 특성은 토양이 봉긋하게 일어나 촉촉하면서 언덕과 같은 형태를 이룬다. 여기에 심는 식물로는 大水腸과 細水腸[78]이 있는데, 이들은 줄기가 붉고 이삭이 누렇고 무성하다. 水害와 旱害를 잘 견디므로 적합하지 않은 곳이 없다. 이 땅에서 가축을 기르고, 농작물을 심고, 과일나무를 기르고, 나무를 재배하면 앞의 '三土'[79]만 못하니, 그 생산량은 10분의 2가 적다. 이런 땅을 '壤土'라고 한다.

**蘟土之次**는 **曰五壤**이니 **五壤之狀**은 **芬**[80]**然若澤若屯(土)**①[81]이라 **其種**에 **大水腸**과 **細水腸**이니 **赨莖黃秀以慈**요 **忍水旱**이니 **無不宜也**②라 **蓄殖果木**은 **不若三土**니 **以十分之二**라 **是謂壤土**라

① 흙이 물기를 얻으면 봉긋하게 일어나 언덕을 이루므로 '屯土'라고 말한다는 의미이다.
言其土得澤이면 則墳起爲堆라 故曰屯土也라
② '忍'은 '견디다'는 의미이다.
忍은 耐라

78) 大水腸과 細水腸 : 王紹蘭(淸)의 ≪管子說≫에 의하면 모두 물벼의 종류라고 한다.
79) 三土 : 앞서 언급된 '五粟', '五沃', '五位'의 세 가지 토양을 가리킨다.
80) 芬 : 李哲明(中)의 ≪管子校義≫에 의하면 '坌'으로 읽어야 한다고 한다. 소리가 같아 빌린 글자라는 것이다. 原註에서도 '墳起'로 풀이하고 있다.
81) (土) : 저본에는 '土'가 있으나, 張佩綸(淸)의 ≪管子學≫에 의거하여 衍文으로 처리하였다.

壤土의 다음 등급은 五浮라고 한다. 五浮 토양의 특성은 단단하기가 쌀알과 같으며, 물기를 지니고 있어 흩어지거나 갈라지지 않는다. 여기에 심는 식물은 忍薩인데, 그 잎은 익모초 같아 긴 여우 털 같은 모습을 하고 있다. 줄기는 누렇기도 하고 검기도 하고 이삭은 검으며 그 낱알이 크며, 심는 데 적합하지 않은 곳이 없다. 이 땅에서 가축을 기르고, 농작물을 심고, 과일나무를 기르고, 나무를 재배하면 앞의 '三土'만 못하니, 그 생산량은 10분의 2가 적다.

**壤土之次**는 **曰五浮**니 **五浮之狀**은 **捍**(한)**然如米**①하고 **以葆澤**하여 **不離不坼**이라 **其種**은 **忍薩**②이니 (忍)〔其〕**葉如**(藋)〔萑〕하여 (葉)**以長狐茸**③[82]하며 **黃莖黑莖黑秀**하고 **其粟大**하며 **無不宜也**라 **蓄殖果木**에 **不如三土**니 **以十分之二**라

① '捍'은 단단한 모습이다. 그 토양이 쌀알처럼 잘게 부숴진다.
捍은 堅貌니 其土가 屑碎如米라

② '忍薩'은 풀 이름이다.
忍薩은 草名이라

③ 풀의 모습이 여우와 같다.
草之狀若狐也라

무릇 상등급의 토양은 30종류이고, 심는 데 적합한 식물은 12종류이다.

**凡上土**는 **三十物**[83]이고 **種**은 **十二物**이라

중등급의 토양은 〈그 첫 번째를〉 '五沃'이라 한다. 五沃의 특성은 그 쌓여 있는 토양의 모습이 단단하고 물기를 머금고 있다. 이곳에 심는 곡식은 크고 작은 기장인데, 줄기가 붉고 이삭이 누렇고 무성하다. 가뭄을 잘 견디고, 그것의 작은 알갱이가 삼〔麻〕처럼 무성하다. 이 땅에서 가축을 기르고, 농작물을 심고, 과일나무를 기르고, 나무를 재배하면 앞의 '三土'만 못하니, 그 생산량은 10분의 3이 적다.

**中土曰 五沃**(출)이니 **五沃之狀**은 **廪焉如壏**(함)①하고 **潤濕以處**라 **其種**은 **大稷細稷**이니 **䅩莖黃秀**〔以〕[84]**慈**요 **忍水旱**이요 **細粟如麻**②라 **蓄植果木**이면 **不若三土**니 **以十分之三**이라

---

82) (忍)〔其〕葉如(藋)〔萑〕 (葉)以長狐茸 : 저본에는 "忍葉如藋 葉以長狐茸"으로 되어 있으나, 許維遹(中)의 ≪管子集校≫에 의거하여 "其葉如萑 以長狐茸"으로 바로잡았다.

83) 物 : 黎翔鳳(中)의 ≪管子校注≫에 의하면 여기서 '物'은 '類'와 같다.

①'壏'은 '彊'과 같다.
壏은 猶彊也라
②그 낟알의 무성하고 아름다움이 마치 삼과 같다.
其緐美若麻也라

忢土의 다음 등급은 五纑이다. 五纑 토양의 특성은 강하고 단단하다. 이곳에 심는 곡식으로는 크고 작은 邯鄲[85]인데, 그것의 줄기와 잎은 扶櫄과 비슷하며, 그 낟알은 크다. 이 땅에서 가축을 기르고, 농작물을 심고, 과일나무를 기르고, 나무를 재배하면 앞의 '三土'만 못하니, 그 생산량은 10분의 3이 적다.

**忢土之次**는 **曰五纑**①[86]니 **五纑之狀**은 **强**(力)〔刃〕[87]**剛堅**이라 **其種**은 **大邯鄲**과 **細邯鄲**②이니 **莖葉如扶櫄**③이요 **其粟大**④라 **蓄殖果木**이면 **不若三土**니 **以十分之三**이라

①〈'纑'의〉 讀音은 '廬'이다.
音廬라
②〈'大邯鄲'과 '細邯鄲'은〉 풀이름이다.
草名이라
③'扶櫄' 또한 풀이름이다.
扶櫄은 亦草名이라
④그 낟알이 크다는 의미이다.
言其粒大라

纑土의 다음 등급은 五壏이다. 五壏 토양의 특성은 쌀겨처럼 흩어지고 무르다. 이곳에 심는 작물은 大荔와 小荔[88]인데, 줄기가 푸르고 이삭이 누렇다. 이 땅에서 가축을 기르고, 농작물을 심고, 과일나무를 기르고, 나무를 재배하면 '三土'만 못하니, 그 생산량은 10분의 3이 적다.

---

84)〔以〕: 저본에는 '以'가 없으나, 張佩綸(淸)의 ≪管子學≫에 의거하여 보충하였다.
85) 邯鄲 : 何如璋(淸)의 ≪管子析疑≫에 의하면 본래 고대 지명인데, 그 지역에서 생산되는 벼 종류의 곡물이 뛰어났으므로 '邯鄲'이라는 이름이 붙게 되었다고 한다.
86) 纑 : 王紹蘭(淸)의 ≪管子說≫에 의하면 '纑'는 '壚'의 빌린 글자이며, '壚'는 黑剛土라고 한다.
87) (力)〔刃〕: 저본에는 '力'으로 되어 있으나, 張佩綸(淸)의 ≪管子學≫에 의거하여 '刃'으로 바로잡았다.
88) 大荔와 小荔 : '荔'는 곡물의 이름으로, 키가 큰 벼의 일종이라고 한다.

**纑土之次**는 **曰五壏**이니 **五壏之狀**은 **芬**[89]**焉若糠以**(肥)〔**脆**〕[90]①라 **其種**은 **大荔細荔**이니 **青莖黃秀**라 **蓄殖果木**이면 **不若三土**니 **以十分之三**이라

① 그 땅은 색이 누렇고 속이 비었다는 의미이다.
謂其地色黃而虛라

壏土의 다음 등급은 五剽이다. 五剽 토양의 특징은 흰 가루처럼 하얗고 그 토질이 무르다. 이곳에 심는 곡물은 큰 검은 기장과 작은 검은 기장이니, 줄기는 검고 이삭은 푸르다. 이 땅에서 가축을 기르고, 농작물을 심고, 과일나무를 기르고, 나무를 재배하면 '三土'만 못하니, 그 생산량은 10분의 4가 적다.

**壏土之次**는 **曰五剽**[91]니 **五剽之狀**은 **華然如**(芬)〔**粉**〕**以**(脤)〔**脆**〕①[92]라 **其種**은 **大秬細秬**②니 **黑莖青秀**라 **蓄殖果木**이면 **不若三土**니 **以十分之四**라

① 그 토양의 색이 마치 祭肉처럼 푸른 자주색이라는 의미이다.
謂其地色青紫니 若脤然也라
② '秬'는 검은 기장이다.
秬는 黑黍라

剽土의 다음 등급은 五沙이다. 五沙 토양의 특성은 좁쌀처럼 잘게 부서지고 흩날린다. 이곳에 심는 작물은 大萯와 細萯[93]인데, 줄기는 희고 꽃은 청색이며 덩굴이 뻗어나간다. 이 땅에서 가축을 기르고, 농작물을 심고, 과일나무를 기르고, 나

---

89) 芬 : 王紹蘭(淸)은 풀이 처음 생겨나면서 그 향기가 흩어지는 모습을 표현하고 있다고 보았다.(≪管子說≫)
90) (肥)〔脆〕: 저본에는 '肥'로 되어 있으나, 丁士涵(淸)의 ≪管子校本≫에 의거하여 '脆'로 바로잡았다. 原註의 '虛'는 바로 '脆'를 풀이한 것이라고 보았다.
91) 剽 : '漂'와 통용되며, ≪釋名≫에서 "흙이 하얀 것을 漂라고 한다.〔土白曰漂〕"라고 하였다.
92) 華然如(芬)〔粉〕以(脤)〔脆〕: 저본에는 "華然如芬以脤"으로 되어 있으나, 孫詒讓(淸)의 ≪札迻≫에 의거하여 "華然如粉脆"로 바로잡았다.
93) 萯 : 原註에서는 '풀이름'이라고 풀이하고 있다. 그러나 王引之(淸)는 지금까지 "其種……" 구절에서 언급되는 것은 모종의 작물이었으므로 原註의 풀이는 옳지 않다고 보았다. 이에 그는 ≪爾雅≫ 등에 의거하여 '萯'는 '秬(찰기장)'로 풀이하였다.(≪讀書雜志≫) 반면에 劉績(明)은 '小豆' 즉 '팥'으로 풀이하였고(≪管子補註≫), 何如璋(淸)은 '瓜' 즉 '오이'로 풀이하였다.(≪管子析疑≫) 현재로서는 그것의 정확한 내용을 알 수 없으므로 원문 그대로 표기하였다.

무를 재배하면 '三土'만 못하니, 그 생산량은 10분의 4가 적다.

**剽土之次**는 **曰五沙**니 **五沙之狀**은 **粟焉如屑塵厲**①라 **其種**은 **大萯細萯**②니 **白莖靑秀以蔓**이라 **蓄殖果木**이면 **不如三土**니 **以十分之四**라

①그 토양이 좁쌀처럼 잘게 부서지므로 가루나 먼지처럼 흩날린다는 의미이다. '厲'는 '뛰어 오르다'는 뜻이다.
言其地粟碎라 故若屑塵之厲라 厲는 踊起也라

②'萯'는 풀이름이다.
萯는 草名이라

沙土의 다음 등급은 五墑이다. 五墑 토양의 특성은 흙이 겹겹이 들러붙어 있으며, 홍수와 가뭄을 견디지 못한다. 이곳에 심는 작물은 큰 穋秅[94]와 작은 穋秅로, 줄기가 검고 이삭도 검다. 이 땅에서 가축을 기르고, 농작물을 심고, 과일나무를 기르고, 나무를 재배하면 '三土'만 못하니, 그 생산량은 10분의 4가 적다.

**沙土之次**는 **曰五墑**이니 **五墑之狀**은 **累然如僕累**①하고 **不忍水旱**이라 **其種**은 **大(樛杞)〔穋秅〕**[95]와 **細(樛杞)〔穋秅〕**②로 **黑莖黑秀**라 **蓄植果木**이면 **不若三土**니 **以十分之四**라

①'僕'은 '들러붙다'는 의미이다. 그 토양은 겹겹이 들러붙어 있다는 것이다.
僕은 附也니 言其地附著(착)而重累也라

②벼의 이름이다.
(木)〔禾〕[96]名이라

무릇 중등급의 토양은 30종류이고, 심는 데 적합한 작물은 12종류이다.

**凡中土**는 **三十物**이요 **種十二物**이라

하등급의 땅은 〈그 첫 번째를〉 '五猶'[97]라 한다. 五猶 토양의 특성은 똥과 같다.

---

94) 穋秅 : 벼의 일종으로, 일찍 수확이 가능한 올벼 종류라고 한다.
95) (樛杞)〔穋秅〕: 저본에는 '樛杞'로 되어 있으나, 王念孫(淸)의 ≪讀書雜志≫에 의거하여 '穋秅'로 바로잡았다. '穋'과 '秅' 모두 벼 종류에 속한다고 한다.
96) (木)〔禾〕: 저본에는 '木'으로 되어 있으나, 王念孫(淸)의 ≪讀書雜志≫에 의거하여 '禾'로 바로잡았다.
97) 猶 : 張佩綸(淸)의 ≪管子學≫에 의하면 '蕕'와 통하며, '蕕'는 '냄새나는 풀'의 의미를 지닌

이곳에 심는 작물은 키 큰 기장과 키 작은 기장인데, 줄기가 희고 이삭이 검다. 이 땅에서 가축을 기르고, 농작물을 심고, 과일나무를 기르고, 나무를 재배하면 '三土' 만 못하니, 그 생산량은 10분의 5가 적다.

**下土曰 五猶**니 **五猶之狀如糞**[98)]이라 **其種**은 **大華**[99)]와 **細華**①니 **白莖黑秀**라 **蓄殖果木**이면 **不如三土**하니 **以十分之五**라

① 〈'大華'와 '細華'는〉 풀이름이다.
草名이라

猶土의 다음 등급은 '五壯'이다. 五壯 토양의 특성은 쥐의 간처럼 붉다. 이곳에 심는 작물은 푸른 수수니, 줄기가 검고 이삭도 검다. 이 땅에서 가축을 기르고, 농작물을 심고, 과일나무를 기르고, 나무를 재배하면 '三土'만 못하니, 그 생산량은 10분의 5가 적다.

**猶土之次**는 **曰五**(弙)〔**壯**〕[100)]이니 **五**(弙)〔**壯**〕**之狀**은 **如鼠肝**이라 **其種**은 **青梁**이니 **黑莖黑秀**라 **蓄殖果木**이면 **不如三土**니 **以十分之五**라

壯土의 다음 등급은 '五殖'이다. 五殖 토양의 특성은 〈비가 오면〉 쉽게 풀어져 사방으로 흩어지고, 〈가물면〉 갈라지고 터져 메마르고 척박해진다. 이곳에 심는 작물은 이삭이 검은 鴈膳[101)]과 이삭이 누런 朱跗[102)]이다. 이 땅에서 가축을 기르고, 농작물을 심고, 과일나무를 기르고, 나무를 재배하면 '三土'만 못하니, 그 생산량은

---

다고 한다. 따라서 '猶土'는 똥처럼 냄새나는 토양을 가리킨다는 것이다.

98) 如糞 : 許維遹(中)은 '如糞' 앞에 두 글자가 누락된 것으로 보았다. 앞에서 "捍然如米", "廩焉如塯", "華然如粉", "粟焉如屑" 등으로 표현되었으므로, 여기서도 "□□如糞"의 형태가 되어야 한다는 것이다.(≪管子集校≫)

99) 華 : 何如璋(淸)의 ≪管子析疑≫에 의하면, '華'는 '黍'의 別名이다.

100) (弙)〔壯〕 : 저본에는 '弙'으로 되어 있으나, 郭沫若(中)의 ≪管子集校≫에 나오는 唐蘭의 견해에 의거하여 '壯'으로 바로잡았다. 元本에 '壯土'로 나오고, ≪淮南子≫ 〈地形〉에도 '壯土'로 되어 있다는 것이다. 아래도 같다.

101) 鴈膳 : 何如璋(淸)의 ≪管子析疑≫에 의하면, '雕胡' 또는 '蔣'으로 불려지는 것으로, 고대인들이 식용하였던 六穀 중의 하나며, 기러기가 좋아하였다고 하여 '鴈膳'이라는 이름이 붙었다고 한다.

102) 朱跗 : 尹桐陽(中)의 ≪管子新釋≫에 의하면, '赤米' 혹은 '紅米粘'으로 불리는 것으로 가뭄에 잘 견디는 벼라고 한다.

10분의 6이 적다.

(壯)〔壯〕土之次는 曰五殖이니 五殖之狀은 甚澤[103]以疏하고 離坼以臞埆이라 其種은 鴈膳①黑實과 朱跗[104]黃實②이라 蓄殖果木이면 不如三土니 以十分之六이라

①〈'鴈膳'은〉 풀이름이다.
草名이라
②'跗'는 꽃받침이다.
跗는 花足也라

殖土의 다음 등급은 五觳이다. 五觳 토양의 특성은 구멍이 숭숭 뚫려 있어 홍수나 가뭄을 견뎌내지 못한다. 이 지역에 심는 작물은 큰 콩과 작은 콩인데 하얀 열매가 많이 달린다. 이 땅에서 가축을 기르고, 농작물을 심고, 과일나무를 기르고, 나무를 재배하면 '三土'만 못하니, 그 생산량은 10분의 6이 적다.

(五殖)〔殖土〕[105]之次는 曰五觳[106]이니 五觳之狀은 婁婁[107]然①하여 不忍水旱이라 其種大菽細菽이니 多白實이라 蓄殖果木이면 不如三土니 以十分之六이라

①'婁婁'는 '구멍이 숭숭 뚫렸다'는 의미이다.
婁婁는 疏也라

觳土의 다음 등급은 五舃이다. 五舃 토양의 특성은 딱딱하지만 뼈처럼 단단하지는 않다. 이곳에 심는 작물은 밭벼 계통인 黑鵝와 馬夫다. 이 땅에서 가축을 기르고, 농작물을 심고, 과일나무를 기르고, 나무를 재배하면 '三土'만 못하니, 그 생산량은 10분의 7이 적다.

觳土之次는 曰五(凫)〔舃〕[108]이니 五(凫)〔舃〕之狀은 堅而不骼(격)①이라 其種은 陵稻②인 黑

103) 澤 : 孫詒讓(淸)의 ≪札迻≫에 의거하여 '釋'의 빌린 글자로 읽는다.
104) 跗 : 原註에서는 '花足'으로 풀이하였지만, 尹桐陽(中)은 곡식의 껍질이라는 의미의 '粰(부)'로 보았다.
105) (五殖)〔殖土〕 : 저본에는 '五殖'으로 되어 있으나, 王念孫(淸)의 ≪讀書雜志≫에 의거하여 '殖土'로 바로잡았다. 지금까지의 문장 형태에 따를 때 '殖土'가 되어야 한다는 것이다.
106) 觳 : '埆'의 빌린 글자이며, '埆'은 '瘠土' 즉 메마른 땅을 의미한다.
107) 婁 : 張佩綸(淸)은 '空'의 의미로 보았다.(≪管子學≫)
108) (凫)〔舃〕 : 저본에는 '凫'로 되어 있으나, 孫詒讓(淸)의 ≪札迻≫에 의거하여 '舃'으로 바로잡았다. '舃'은 곧 '鹹潟'의 의미라고 한다. 아래도 같다.

**鵝**와 **馬夫**③[109]라 **蓄殖果木**이면 **不如三土**하여 **以十分之七**이라

①비록 딱딱하기는 하지만 뼈처럼 단단하지는 않다.
雖堅이나 不同骨之骼也라
②'陵稻'는 밭에서 자라는 벼를 가리킨다.
陵稻는 謂陸生稻라
③〈'黑鵝'와 '馬夫'는〉 모두 풀이름이다.
皆草名也라

舄土의 다음 등급은 五粲이다. 五粲 토양의 특성은 매우 짜고 쓰니, 가장 낮은 등급의 토양이다. 이곳에 심는 작물은 白稻니 그 낟알이 길고 좁다. 이 땅에서 가축을 기르고, 농작물을 심고, 과일나무를 기르고, 나무를 재배하면 '三土'만 못하니, 그 생산량은 10분의 7이 적다.

(凫)〔舄〕**土之次**는 **曰五粲**이니 **五粲之狀**은 **甚鹹以苦**하니 **其物爲下**라 **其種**은 **白稻長狹**①이라 **蓄殖果木**이면 **不如三土**하여 **以十分之七**이라

①벼의 모습이 길쭉하고 좁다는 의미이다.
謂稻之形長而狹也라

무릇 하등급의 토양은 30종류이고, 심는 데 적합한 작물은 12종류이다.

**凡下土三十物**이요 **其種十二物**이라

무릇 토양은 모두 90종류이고, 심는 데 적합한 작물은 36종류이다.

**凡土物九十**이요 **其種三十六**이라

---

109) 黑鵝馬夫 : 原註에서는 "모두 풀이름이다"라고 하였으나, 何如璋(淸)의 ≪管子析疑≫에 의하면 '黑鵝'와 '馬夫' 모두 밭벼 계통의 검은 벼를 가리킨다고 한다.

# 제59편 제자의 도리 弟子職

## 잡편 10 雜編 十

≪爾雅≫에 "職 常也"로 되어 있다. 따라서 '弟子職'은 제자들이 지켜야 할 규칙이나 도리라는 의미가 된다. 洪亮吉(淸) 등 일부 주석가는 고대의 귀족 가문에서 가정교사가 학생을 지도하던 방법이라고 주장하고 있으나, 郭沫若(中)은 齊나라 稷下學宮에서 사용하던 학칙이었다고 본다. 전체 내용은 크게 '總則'과 '細則'으로 구분해볼 수 있다. 첫머리 총칙에서는 학업과 덕행을 기르는 법에 대해 개략적으로 언급하고 있으며, 이하의 세칙에서는 아침부터 저녁까지 학생들이 따르고 수행해야 할 여러 가지 일상 행위에 대해 구체적으로 기술하고 있다. 朱熹의 ≪儀禮經傳通解≫에도 본 편이 들어 있는 것으로 볼 때, 고대에 학생들을 가르치고 지도할 때 보편적으로 사용되던 기초 자료였던 것으로 보인다.

선생님이 가르침을 베푸시거든 제자들은 이를 본받아 온화하고 공손하며 스스로 겸허하게 하여 전수 받은 것을 지극히 해야 한다. 善을 보면 이를 따르고 義를 들으면 실천하며, 온화하고 유순하며 부모에게 효도하고 兄長에게 공손하여, 교만하여 힘을 믿지 말아야 한다. 뜻을 거짓되고 사악하지 말도록 하고, 행실은 반드시 바르고 올곧게 하며, 놀고 머물 때도 일정한 곳을 두되, 반드시 덕 있는 사람에게 나아가야 한다. 얼굴색을 단정하게 하면, 마음이 반드시 경건해지니, 아침 일찍 일어나고 밤늦게 자며, 옷매무새는 반드시 가지런하게 해야 한다. 아침에는 더 배우고 저녁에는 그것을 익혀, 마음가짐을 조심하여 공경히 할 것이니, 이러한 것을 한결같이 하여 게을리하지 않는 것을 배우는 법이라고 한다.

**先生施敎**어시든 **弟子是則**(칙)하여 **溫恭自虛**①하여 **所受是極**②이니라 **見善從之**하며 **聞義則服**하며 **溫柔孝悌**하여 **毋驕恃力**③이니라 **志無虛邪**④하며 **行必正直**하며 **游居有常**호되 **必就有德**이니라 **顔色整齊**하면 **中心必式**⑤하나니 **夙興夜寐**하여 **衣帶必飾**(칙)이니라 **朝益暮習**하여 **小心翼翼**이니 **一此不解 是謂學則**(칙)이니라

① 반드시 마음을 비운 이후에 받아들이는 것이 있게 된다.
必虛其心然後에 有所容也라

② '極'은 그 본원을 지극히 한다는 의미이다.
極은 謂盡其本原이라

③ 교만하여 힘을 믿으면 숫양이 울타리에 걸린 것[1)]처럼 된다.
驕而恃力이면 則羝羊觸藩이라

④ '虛'는 허위를 의미한다.
虛는 謂虛僞라

⑤ '式'은 법도이다.
式은 法이라

제자가 선생님을 모실 때는 늦게 자고 일찍 일어난다. 〈자리에서 일어나면〉 우선 잠자리를 청소하고 세수하고 양치질을 하고 나서, 자신이 맡은 일을 공손히 행한다. 즉 옷매무새를 단정히 하고 세숫물을 든 채 선생님이 일어나시길 〈기다리며,〉 선생님이 세수를 하시고 나면 세숫물을 버리며, 〈집안을〉 물을 뿌리면서 청소하고 공부할 자리를 반듯하게 정리한 채 선생님이 앉으시길 〈기다린다.〉 선생님 앞을 드나들 때는 공경하는 태도로 마치 손님을 대하듯이 하며, 〈공부를 시작할 때는〉 무릎을 꿇고 앉아 선생님을 바라보며 안색을 바꾸지 말아야 한다.

**少者之事〔先生〕**[2)]에 **夜寐蚤作**이라 **旣拚盥漱**①하고 **執事有恪**하니 **攝衣共盥**②하여 **先生乃作**하고 **沃盥徹盥**③하고 (汎)〔汛〕[3)]**拚正席**④하여 **先生乃坐**라 **出入恭敬**하여 **如見賓客**하고 **危坐鄉師**하며 **顏色毋怍**⑤이라

① 자리 앞을 청소하는 것을 '拚'이라 하고, '盥'은 손을 씻는 것이고, '漱'는 입을 씻는 것이다.
掃席前曰拚이요 盥은 潔手요 漱는 滌口라

② 선생님에게 세숫물 그릇을 제공하는 것을 말한다.

---

1) 숫양이……것 : ≪周易≫ 大壯卦 上六爻辭에 나오는 말이다. 그 원문은 다음과 같다. "羝羊觸藩 不能退 不能遂 無攸利 艱則吉(숫양이 울타리에 걸려, 물러날 수도 없고 나아갈 수도 없으니 이로운 바가 없다. 고난을 겪으면 길할 것이다.)"

2) 〔先生〕 : 저본에는 '先生'이 없으나, 許維遹(中)의 ≪管子集校≫에 의거하여 보충하였다.

3) (汎)〔汛〕 : 저본에는 '汎'으로 되어 있으나, 王筠(淸)의 ≪弟子職正音≫에 의거하여 '汛'으로 바로잡았다. 아래도 같다. 글자 형태가 비슷함으로 인해 잘못 쓰여진 것으로 보인다. 原註의 '汎'도 '汛'의 誤字로 보인다.

謂供先生之盥器也라

③〈선생님이〉 손을 씻고 나면 그 그릇을 물리는 것을 말한다.
謂旣盥而徹盥器也라

④'汎拚'은 물을 뿌리면서 청소하는 것을 말한다.
(氾)〔汎〕拚은 謂(氾)〔汎〕水而拚之라

⑤'怍'은 안색이 변하는 것을 말한다.
怍은 謂變其容貌라

가르침을 받는 시작은 반드시 연장자부터 시작한다. 전체 학생들을 한 명씩 돌아가면서 가르칠 때는 그렇게 하고, 그 뒤에는 그렇게 하지 않는다. 〈선생님에게 배운 것을〉 처음 암송할 때는 반드시 자리에서 일어나서 하고, 그다음부터는 그렇게 하지 않는다.

**受業之紀**는 **必由長始**①하여 **一周則然**하고 **其餘則否**②라 **始誦必作**하고 **其次則已**③라

① 먼저 연장자부터 가르친다.
先從長者敎也라

② 전체 학생들을 차례로 돌아가면서 처음 가르칠 때는 반드시 연장자부터 시작하고, 한 차례 돌아간 이후에는 그렇게 하지 않는다는 의미이다.
謂始敎一周則從長始하고 一周之外則不然이라

③ 처음 암송할 때 일어나는 것은, 암송의 시작을 경건하게 하기 위해서이니, 다음 암송 때부터는 그렇게 하지 않는다.
始誦而作은 以敬事端也니 至於次誦則不然이라

무릇 말과 행동은 中和에 합치하는 것을 법도로 삼을 것을 생각한다. 옛날에 학업을 일으키려고 하는 자는 반드시 이것으로부터 시작하였다.

**凡言與行**은 **思中以爲紀**①니 **古之將興者**는 **必由此始**②라

① 中和에 합치하는 것을 기본 법도로 삼을 것을 생각한다.
思合中和로 以爲綱紀라

② 반드시 먼저 中和에 이른 이후에 〈학업을〉 일으킬 수 있다.
必先中和然後可興이라

나중에 온 사람이 자기 자리로 갈 때는 좁게 붙어 앉은 사람은 일어난다. 손님이 오면 제자는 재빨리 일어나며, 손님을 대함에 있어 머뭇거리지 말고, 한편으로는 응대하고 다른 한편으로는 수행하면서, 빠른 걸음으로 나아가 선생님의 지시를 받는다. 손님이 찾는 사람이 없으면 반드시 돌아와 이를 알려주고, 자리로 되돌아가 다시 학업을 계속한다. 의심나는 것이 있으면 손을 들고 질문한다. 선생님이 나가시면 모두 일어난다.

**後至就席**이면 **狹坐則起**①하고 **若有賓客**이면 **弟子駿作**②이라 **對客無讓**하고 **應且遂行**하며 **趨進受命**③하고 **所求雖不在**면 **必以反命**④하고 **反坐復業**이라 **若有所疑**면 (奉)〔**捧**〕**手問之**라 **師出**이면 **皆起**라

① 좁게 붙어 앉은 사람은 나중에 도착한 사람을 보면 일어나야 한다.
狹坐之人이 見後至者면 則當起라
② 신속하게 일어난다.
迅起也라
③ 선생님의 지시를 받는다.
受先生命이라
④ 찾는 사람이 없으면 반드시 돌아와 이 사실을 알려주어야 한다.
求雖不得이면 必當反白이라

식사 시간이 되어 선생님이 식사를 하려고 하면 제자는 밥과 반찬을 올리되, 이때 옷매무새를 단정히 하고 손을 씻고 양치질을 하고 나서 꿇어앉아 음식을 올린다. 〈밥상에〉 장을 놓고 밥을 둘 때 상 차리는 법도를 어기지 않도록 한다. 무릇 음식을 올릴 때는 육류와 어류 반찬에 앞서 반드시 나물국을 먼저 올린다. 고깃국은 중앙에 별도로 놓고, 저민 고기는 간장 앞에 두는 등 상차림을 반듯하게 한다. 밥은 마지막에 올리고, 왼쪽에는 술을 오른쪽에는 숭늉을 놓는다. 〈이렇게 하여 상차림이 끝나면〉 밥상이 모두 갖추어졌음을 선생님께 고하고 물러나 손을 모으고 옆에 서 있는다. 〈옆에 서서 기다리면서〉 밥 세 그릇과 술 두 되를 준비한다. 왼손에는 빈 그릇을 들고 오른손에는 수저를 들고 식사 자리를 돌면서 〈술과 밥을〉 채워준다. 그릇이 비는 것을 살펴보면서, 비워진 음식의 종류에 따라 채운다. 한 바퀴를 다 돌면 다시 시작하는데, 〈음식을 담은 그릇에〉 긴 자루가 있어 무릎을 꿇지

않아도 된다. 이런 것이 〈모자란 음식을〉 채워주는 법도이다.

**至於食時**하여 **先生將食**이면 **弟子饌饋**①하되 **攝衽盥漱**하여 **跪坐而饋**라 **置醬錯**(조)**食**에 **陳膳毋悖**라 **凡置彼食**에 **鳥獸魚鼈**은 **必先菜羹**②이라 **羹胾**(자)**中別**③하고 **胾在醬前**④하여 **其設要方**⑤이라 **飯是爲卒**⑥[4]하고 **左酒右**(醬)〔漿〕⑦[5]이라 **告具而退**하여 (奉)〔捧〕**手而立**하되 **三飯二斗**⑧라 **左執虛豆**하고 **右執挾匕**⑨하여 **周還而貳**⑩에 **唯嗛之視**⑪하여 **同嗛以齒**⑫라 **周則有始**하고 **柄尺不跪**니 **是謂貳紀**⑬라

① '饋'는 '그 음식을 두루 갖춘다'는 의미이다.
饋는 謂選具其食이라

② 먼저 나물을 먹고 그다음에 고기를 먹는 것이 식사하는 순서이다.
先菜後肉이 食之次也라

③ '胾'는 잘게 썬 고기를 말한다.
胾는 謂肉而細切이라

④ 저민 고기를 멀리 두고 간장을 가까이 두는 것은, 식사의 편의를 위해서이다.
遠胾近醬은 食之便也라

⑤ 그 진설한 음식 그릇들은 반듯한 형태를 이루도록 한다.
其陳設食器는 要令成方也라

⑥ 이미 밥을 먹고 나면 식사는 끝난다.
既飯而食則卒也라

⑦ 왼쪽에 술을 두고 오른쪽에 간장을 두는 것은 음양의 순서에 따른 것이다.
左酒右醬은 陰陽也라

⑧ 세 그릇의 밥을 먹을 때는 반드시 두 되의 술을 소비한다.
三飯食必二斝斗也라

⑨ '匕'는 솥 안의 음식물을 집어내는 도구이다. 그러므로 '挾匕'라고 말하는 것이다.
匕者는 所以載鼎實이라 故曰挾匕也라

⑩ '貳'은 '다시 보태다'는 의미이다.
貳는 謂再益이라

---

4) 飯是爲卒 : 原註에서는 '卒'을 '식사를 마치다'로 풀이하고 있다. 그러나 陶鴻慶(淸)은 이 구절은 바로 앞의 "其設要方"을 이어서 하는 말로 보아야 하며, 따라서 '卒'은 '마지막으로……하다'는 의미로 해석해야 한다고 하였다.(≪讀管子札記≫)

5) (醬)〔漿〕 : 저본에는 '醬'으로 되어 있으나, 陶鴻慶(淸)의 ≪讀管子札記≫에 의거하여 '漿'으로 바로잡았다. 앞에 이미 '醬'이 나왔으므로 여기서 다시 '醬'이 언급되는 것은 적절치 않다. 劉績(明)의 ≪管子補註≫에서도 '醬'은 '漿'의 誤字로 보아야 한다고 하였다.

⑪ 음식이 다 없어진 것을 '嗛'이라 한다.

食盡曰嗛이라

⑫ '齒'는 '같은 종류'이다. 음식이 다 소진되면 그 소진된 종류에 따라 더 첨가한다는 의미이다.

齒는 類也니 謂食盡者면 則以其所盡之類而進이라

⑬ 음식 그릇에 긴 자루가 있으면 서서 〈음식물을〉 채워준다. 이런 것이 음식물을 다시 보태주는 법도이다.

豆有柄長尺이면 則立而進之니 此是再益之綱紀也라

선생님이 식사를 마치면 제자는 곧 밥상을 치운다. 재빨리 선생님께 양치할 물을 올리고, 식사 자리 앞을 청소하며, 제사[6] 지낼 때 사용하였던 것들을 거둬들인다. 선생님이 분부를 내리면 제자들이 식사하는데, 나이 순서대로 앉고, 앉을 때는 반드시 밥상 앞으로 바싹 다가가 앉는다. 밥그릇은 반드시 손으로 들고, 국그릇은 손으로 들지 않는다. 또한 손은 무릎에 얹되 팔꿈치를 밥상에 기대지 않는다. 음식을 이미 배부르게 먹고 나면 손으로 입 언저리를 닦고, 옷자락을 들고 자신이 앉았던 자리를 정리한다. 식사를 마친 사람은 자리에서 일어나 옷을 추스려 자리에서 내려온다. 〈모든 사람이 식사를 마치고 나면〉 이전 자리로 되돌아와 각자 자신이 남긴 음식 부스러기를 치우는데, 마치 손님이 식사 후에 하듯이 한다. 이미 식사 자리를 정리하고 식기들도 치우고 나면, 자리로 돌아가 선다.

**先生已食**이면 **弟子乃徹**하고 **趨走進漱**하고 **拚前斂祭**①라 **先生有命**이면 **弟子乃食**이니 **以齒相要**하고 **坐必盡席**②이라 **飯必捧擥**하고 **羹不以手**③하며 **亦有據膝**하고 **毋有隱肘**④[7]라 **既食乃飽**면 **循咡覆手**⑤하고 **振衽掃席**⑥[8]이라 **已食者作**하여 **摳衣而降**하고 **旋而鄉席**하여 **各徹其餽**하되 **如於賓客**⑦이라 **既徹并**[9]**器**면 **乃還而立**⑧이라

---

6) 제사 : 洪亮吉(淸)의 ≪弟子職淺釋≫에 의하면, 고대에는 식사할 때마다 간단한 제사를 올렸다고 한다.

7) 隱肘 : 原註에서는 '大伏'으로 풀이하고 있으나, 郭沫若(中)은 '隱'을 '憑'의 의미로 보았다.(≪管子集校≫)

8) 振衽掃席 : 原註에서는 '옷자락을 들고 자신이 앉았던 자리를 청소한다'는 의미로 풀이하고 있다. 이에 대해 陶鴻慶(淸)은 그러한 풀이가 타당치 않음을 지적하였다. 문맥상으로 볼 때 이 구절은 식사를 마치고 자리에서 내려오기 전에 자신이 앉았던 자리를 정리하는 행동으로 봐야 하며, 또한 옷자락으로 자리를 청소한다는 것은 가능하지 않은 행위라는 것이다.(≪讀管子札記≫)

① 선생님의 식사가 끝나면 앞의 식사 자리를 청소하고, 아울러 제사 지낼 때 사용하였던 물건들을 거둬들인다.
既食畢이면 掃席前하고 竝搜斂所祭也라

② 이른바 "음식이 차려진 자리에 앉을 때는 바짝 앞으로 다가가 앉는다."[10]이다.
所謂食坐盡前이라

③ 마땅히 수저로 먹어야 한다.
當以挾[11]也라

④ '隱肘'는 곧 크게 엎드리는 것이다.
隱肘則大伏也라

⑤ '咡'는 입이다. 손으로 덮고 입을 문지르는 것은 〈입에 묻은〉 지저분한 것을 닦기 위한 것이다.
咡는 口也니 覆(부)手而循之는 所以拭其不潔也라

⑥ 옷의 아랫자락을 거둬 들고 식사 자리의 오물을 털어낸다는 의미이다.
謂振其底衽하여 以拂席之汚라

⑦ 손님은 식사를 마치면, 또한 〈자신이 사용했던 식기들을〉 스스로 치운다.
賓客食畢이면 亦自徹也라

⑧ '弁'은 〈식기들을 찬장 속으로〉 집어넣어 치우는 것을 말한다.
弁은 謂藏去也라

무릇 청소하는 방법은 다음과 같다. 대야에 물을 담고 옷소매를 팔꿈치까지 걷으며, 마루 위는 물을 흩뿌리고 방안은 두 손으로 물을 움켜쥐고 뿌린다. 〈이어서〉 쓰레받기를 잡되 쓰레받기의 입구가 자기 쪽으로 향하게 하고 쓰레받기 안에 빗자루가 담기게 한다. 방문을 들어설 때는 잠시 멈춰 서서, 예의에 어긋나지 않게 한다. 빗자루를 잡고 쓰레받기를 내려 문 옆에 기대어둔다.

**凡拚之道**는 **實水于盤**①하고 **攘(臂)**[12]**袂及肘**②하며 **堂上則播灑**(쇄)하고 **室中握手**③하며 **執箕膺揲**(엽)[13]하여 **厥中有帚**④라 **入戶而立**에 **其儀不忒**하고 **執帚下箕**하여 **倚于戶側**⑤이라

9) 弁 : 許維遹(中)은 '屛'의 생략형 글자로 보았다.(≪管子集校≫)
10) 음식이……앉는다 : ≪禮記≫ 〈曲禮 上〉에 나오는 말이다. 그 원문은 다음과 같다. "음식이 차려지기 전에는 뒤로 물러나 앉고, 음식이 차려진 자리에 앉을 때는 앞으로 바짝 다가가 앉는다.〔虛坐盡後 食坐盡前〕"
11) 挾 : 앞서 나온 挾匕를 가리킨다.
12) (臂) : 저본에는 '臂'가 있으나, 豬飼彦博(日)의 ≪管子補正≫에 의거하여 衍文으로 처리하였다.

① 나중에 물을 뿌리는 데 사용한다.
次用泛灑라
② 소매가 젖을 것을 걱정해서이고, 또한 일하는 데 불편하기 때문이다.
恐濕其袂요 且不便於事也라
③ 마루 위는 넓으므로 물을 흩뿌리고, 방안은 좁으므로 두 손으로 물을 움켜쥐고 뿌린다.
堂上寬이라 故播散而灑요 室中隘라 故握手爲掬以灑라
④ '揲'은 '舌(쓰레받기의 입구)'이다. 먼저 물을 뿌리는 것은 그곳을 쓸기 위해서이다. 그러므로 쓰레받기를 잡되 쓰레받기의 입구가 자기쪽으로 향하게 하고 쓰레받기 안에 빗자루가 담기게 한다.
揲은 舌也니 既灑水將掃之라 故執箕以舌自當하고 置帚於箕中也라
⑤ 쓰레받기를 문 옆에 기대둔다는 의미이다.
謂倚箕於戶側也라

무릇 청소하는 순서는 반드시 서남쪽 귀퉁이(아랫목)부터 시작한다. 경쇠처럼 허리를 굽혔다 세웠다 하면서 청소를 하는데, 청소할 때는 다른 물건에 부딪쳐 건드리지 않도록 조심한다. 앞에서부터 청소하여 뒤로 물러나고, 쓰레기를 문 안에 하나로 모은다. 무릎을 꿇고 앉아 쓰레기를 쓸어 담을 때 쓰레받기의 입구가 자신을 향하게 하고, 〈일이 끝나면〉 빗자루를 쓰레받기에 담아둔다. 만약 선생님이 청소를 도우려고 하시면 극구 만류한다. 무릎을 꿇고 앉아 있다가 쓰레받기를 잡고 일어나 나가서 쓰레기를 버린다. 청소가 끝나면 돌아와 두 손을 맞잡고 서 있으니, 이렇게 하는 것이 청소의 법도에 합치한다. 저녁 식사 때는 아침 식사 때의 예절을 반복한다.

**凡拚之紀**는 **必由奧始**①라 **俯仰磬折**하고 **拚毋有徹**②하며 **拚前而退**③하여 **聚於戶內**④라 **坐(板)〔扱〕**[14)] **排之**⑤하여 **以葉適己**⑥하고 **實帚于箕**라 **先生若作**이면 **乃興而辭**⑦[15)]라 **坐執而立**⑧하여 **遂出棄之**라 **既拚反立**하니 **是協是稽**⑨[16)]라 **暮食復禮**⑩라

---

13) 膺揲(엽) : 洪頤煊(淸)의 ≪管子義證≫에 의하면, '膺'은 '當' 혹은 '親'의 의미이고, '揲'은 아래 문장에서 '葉'으로 쓰였으며 그 의미는 '擖(바닥)'이라고 한다.
14) (板)〔扱〕: 저본에는 '板'으로 되어 있으나, 豬飼彦博(日)의 ≪管子補正≫)에 의거하여 '扱'으로 바로잡았다. 아래도 같다. 張文虎(淸)도 '板'은 '扱'의 誤字로 보았다.(≪舒藝室隨筆≫)
15) 先生若作 乃興而辭 : 原註에서는 '아직 청소가 끝나지 않았을 때, 선생님이 방에 들어오려고 하면 걸음을 멈추게 해야 한다'는 식으로 풀이하고 있다. 이에 대해 兪樾(淸)은 그런 행위는 제자로서 가당치 않은 행위라고 일축하였다.(≪諸子平議≫)

① 서남쪽 귀퉁이다.
西南隅也라

② '徹'은 '움직이다'는 의미이다. 〈청소할 때〉 다른 물건에 부딪쳐 건드리는 일이 없도록 한다.
徹은 動也니 不得觸動他物也라

③ 앞에서부터 청소하여 뒤로 물러난다는 의미이다.
謂從前掃而卻退也라

④ 쓸어낸 쓰레기를 문 안에 모은다는 의미이다.
謂聚其所掃之穢壤於戶內也라

⑤ 쓰레기를 거두어 모을 때 손으로 쓸어 담는다.
(板)〔扱〕穢時에 以手排之也라

⑥ '適己'는 '자신을 향하게 하다'는 의미이다.
適己는 猶向己也라

⑦ 청소가 아직 끝나지 않았으므로 선생님께 〈방에 들어오는 것을〉 멈추시라고 말한다.
以拚未畢이라 故辭之令止也라

⑧ '坐執'은 홀로 앉아 쓰레받기를 잡는다는 의미이다.
坐執은 謂獨坐執箕也라

⑨ '協'은 '합치하다'는 의미이고, '稽'는 '살펴보다'는 의미이다. 문헌에 기록되어 있는 의례를 살펴 합치하도록 한다는 의미이다.
協은 合也요 稽는 考也니 謂合考書義也라

⑩ 아침 식사 때의 예절을 반복한다는 의미이다.
謂復朝食之禮也라

어두워지면 횃불을 붙여 제자가 이를 손으로 잡고 구석에 앉는다. 횃불의 재료를 묶은 섶단은 스승이 앉은 자리와 가로 방향으로 둔다. 횃불이 타는 시간을 헤아려 〈다 타고나면〉 다른 횃불로 불을 이어간다. 횃불로 쓰는 섶단은 기존의 것과 새것이 직각이 되도록 둔다. 섶단 사이에는 섶단 하나 정도의 공간을 두고, 다 타버린 횃불은 아래에 두고 그릇을 받들고 재를 담는데, 오른손으로는 횃불을 잡고 왼손으로는 타고 남은 재를 정리한다. 횃불을 잡고 있던 사람이 피곤하여 다른 사람으로 대신하게 할 때는, 교대하는 사람이 선생님에게 등을 돌리지 않도록 한다.

16) 是協是稽 : 原註에서는 '稽'를 '考'의 뜻으로 파악하고, '是協是稽'를 '合考書義'로 풀이하고 있다. 이러한 풀이는 문맥에 어울리지 않는다. 따라서 본서에서는 취하지 않았다.

〈교대 받은 사람은〉 타고 남은 재를 거두어서 밖으로 나가서 버린다.

**昏將擧火**하여 **執燭隅坐**라 **錯**(조)**總之法**[17]은 **橫于坐所**①니 **櫛之遠近**하여 **乃承厥火**②라 **居句如矩**③[18]하고 **蒸間容蒸**이라 **然者處下**④하고 **捧椀以爲緖**⑤니 **右手執燭**하고 **左手正櫛**이라 **有墮**[19]**代燭**⑥에 **交坐毋倍尊者**하고 **乃取厥櫛**하여 **遂出是去**라

① '總'은 횃불을 만드는 재료들의 묶음이다.
總은 設燭之束也라

② '櫛'은 횃불이 다 탔다는 의미이다. 횃불이 다 타는 시간을 살펴서, 곧 새로운 횃불로 바꾸어 계속 이어간다.
櫛은 謂燭盡이라 察其將盡之遠近하여 乃更(경)以燭承取火也라

③ '句'는 횃불을 두는 구석진 곳을 말한다. 구석진 곳에 횃불을 두는데, 앞서 횃불 두는 방법처럼 한다는 의미이다. '矩'는 방법이다.
句[20]는 謂著(착)燭處니 言居燭於句하되 如前燭之法이라 矩는 法也라

④ '蒸'은 가느다란 땔나무 섶단이다. 섶단 사이에는 반드시 섶단 하나의 공간을 두게 한다. 다 타버린 횃불은 반드시 아래에 둔다.
蒸은 細薪者라 蒸之間必令容蒸이라 然燭者必處下以焚也라

⑤ '緖'는 횃불이 타고 남은 재이다. '椀'은 재를 담는 그릇이다.
緖는 然燭燼也요 椀은 所以貯緖也라

⑥ 횃불을 잡고 있던 자가 피곤하면 곧 다른 사람으로 대신하게 한다.
燒燭者有墮면 卽令其次代之也라

선생님이 쉬려고 하시면 제자들은 모두 일어난다. 베개와 자리를 공손히 받들고 발을 어디에 두실지를 묻는데, 새로 자리를 펴는 곳이면 묻고 평상시와 같으면 묻지 않는다. 선생님이 주무시면 각자 벗들을 찾아가 서로 토론하면서 각자 자신의 의리[21]를 성장시킨다. 〈이렇게 하루 일과를〉 두루 마치면 〈다음 날〉 새로 시작한

---

17) 錯(조)總之法 : 劉績(明)의 ≪管子補註≫에 의하면, 고대에는 땔나무를 묶어서 횃불로 사용하였다고 한다. 그러므로 '總'이라는 표현을 하였다는 것이다.
18) 居句如矩 : 陶鴻慶(淸)의 ≪讀管子札記≫에 의하면, '居句'는 곧 '倨句'와 같으며, 이는 다 타버린 횃불단과 새로운 횃불단이 인접해 있는 모습을 표현하고 있다고 한다. 矩의 긴 쪽 한 변이 '倨'이고, 직각으로 굽어서 짧은 쪽이 '句'이다.
19) 墮 : 兪樾(淸)은 '惰'와 같은 글자로 보았다.(≪諸子平議≫)
20) 句 : 劉績(明)의 ≪管子補註≫에 의하면 '曲' 즉 구석진 곳을 말한다.
21) 의리 : 도덕적 심성을 비롯한 인격의 함양을 의미한다.

다. 이런 것을 제자의 도리라 한다.

**先生將息**이면 **弟子皆起**하고 **敬奉枕席**하여 **問所何趾**니 **俶衽**[22] **則請**하고 **有常**(有)〔則〕[23]**否**①라 **先生旣息**이면 **各就其友**하여 **相切相磋**하며 **各長其儀**[24]라 **周則復始**라 **是謂弟子之紀**라

① '俶'은 '새롭게 시작하다'는 의미이다. 자리 펴는 장소를 바꾸면 발을 어디에 두실지를 여쭈어봐야 하고, 평상시와 같으면 묻지 않는다.
俶은 始也니 變其衽席이면 則當問其所趾요 若有常處면 則不請也라

22) 衽 : 王筠(淸)의 ≪弟子職正音≫에 의하면, 베개와 자리를 펴는 행위를 의미한다고 한다.
23) (有)〔則〕: 저본에는 '有'로 되어 있으나, 陶鴻慶(淸)의 ≪讀管子札記≫에 의거하여 '則'으로 바로잡았다.
24) 儀 : 郭沫若(中)은 '義'와 통하는 글자로 보았다.(≪管子集校≫)

## 제60편 언소 言昭

잡편 11 雜編 十一(결락)

## 제61편 수신 修身

잡편 12 雜編 十二(결락)

## 제62편 문패 問霸

잡편 13 雜編 十三(결락)

## 제63편 목민해 牧民解

관자해 1 管子解 一(결락)

明 吳郡 趙氏本
唐 司空 房玄齡 註

# 제64편 〈形勢〉 풀이 形勢解

## 관자해 2 管子解 二

본 편에서는 본서의 제2편 〈形勢〉의 의미에 대해 풀이하고 있다. 일부 구절이 빠져 있기는 하지만, 〈형세〉에서 언급한 대부분 구절의 의미에 대해 구체적으로 알기 쉽게 풀이하고 있다. 이처럼 기존의 고전 문헌에 대해 풀이하는 형태의 글은 ≪韓非子≫의 〈解老〉와 〈喩老〉에서 찾아볼 수 있다. 〈解老〉와 〈喩老〉의 성립 시기는 대략 전국 말기로 파악되는데, 따라서 본 〈形勢解〉를 비롯한 이하의 '~解' 형태의 글은 전국 말기나 漢代 초기에 쓰여진 것으로 추정된다.

山은 사물 중에 높은 것이고, 은혜는 군주의 숭고한 행위이며, 자애로움은 부모의 숭고한 행위이고, 충성은 신하의 숭고한 행위이며, 효도는 자식과 며느리의 숭고한 행위이다. 그러므로 산이 높고 무너지지 않으면 祈羊[1)]하는 사람들이 이르게 될 것이고, 군주가 은혜롭고 그것을 게을리하지 않으면 백성이 군주를 받들 것이며, 부모가 자애롭고 그것을 게을리하지 않으면 자식과 며느리가 순종할 것이고, 신하가 충성스럽고 그것을 게을리하지 않으면 벼슬과 봉록이 이를 것이며, 자식과 며느리가 효성스럽고 그것을 게을리하지 않으면 〈효성스럽다는〉 아름다운 이름이 따라붙을 것이다. 그러므로 '각자 지켜야 할 행위〔節〕'가 높고 그것을 게을리하지 않으면 바라는 것을 얻을 것이고 게으르면 얻지 못할 것이다. 따라서 "산이 높고 무너지지 않으면 祈羊이 이르게 될 것이다."라고 말하는 것이다.

1) 祈羊 : 고대에 羊을 제물로 바쳐 山에 제사 지내던 의식이다.

**山者 物之高者也**요 **惠者 主之高行也**요 **慈者 父母之高行也**요 **忠者 臣之高行也**요 **孝者 子婦之高行也**라 **故山高而不崩**이면 **則祈羊至**요 **主惠而不解**[2)]면 **則民奉養**이요 **父母慈而不解**면 **則子婦順**이요 **臣下忠而不解**면 **則爵祿至**요 **子婦孝而不解**면 **則美名附**라 **故節高而不解**면 **則所欲得矣**나 **解則不得**이라 **故曰 山高而不崩**이면 **則祈羊至矣**라하니라

연못은 뭇 사물들이 생겨나는 곳이니, 물이 깊고 마르지 않으면 沈玉[3)]하는 사람들이 이르게 될 것이다. 군주는 백성들이 우러러 바라보며 살아가는 존재이니, 마음이 너그럽고 넉넉하여 가혹하거나 해치지 않으면 백성들이 따를 것이다. 부모는 자식과 며느리가 가르침을 받는 존재이니, 사랑과 가르침을 베풂에 있어 바른 이치를 잃지 않으면 자식과 며느리가 효도할 것이다. 신하는 군주가 부리는 존재이니, 온 힘을 다해 윗사람을 섬기면 군주의 마음에 들게 될 것이다. 자식과 며느리는 부모가 편안하게 여기는 존재이니, 공손히 효도하면서 부모를 따르면 부모의 마음에 흡족하게 될 것이다. 따라서 연못이 말라서 물이 없으면 沈玉하는 사람들이 이르지 않을 것이고, 군주가 가혹하여 너그럽지 않으면 백성들이 따르지 않을 것이며, 부모가 포악하여 자애롭지 않으면 자식과 며느리가 가까이하지 않을 것이고, 신하가 게을러서 충성스럽지 않으면 굴욕을 당하고 곤궁하게 될 것이며, 자식과 며느리가 부모를 편안하게 모시지 않으면 재앙과 근심이 이르게 될 것이다. 그러므로 연못이 마르지 않으면 바라는 것이 이르게 될 것이나 마르면 바라는 것이 이르지 않게 될 것이다. 그러므로 "연못이 깊고 마르지 않으면 沈玉하는 사람들이 이르게 될 것이다."라고 말하는 것이다.

**淵者 衆物之所生也**니 **能深而不涸**이면 **則沈玉至**요 **主者 人之所仰而生也**니 **能寬裕純厚而不苛忮**면 **則人民附**요 **父母者 子婦之所受敎也**니 **能慈仁敎訓而不失理**면 **則子婦孝**요 **臣下者 主之所用也**니 **能盡力事上**이면 **則當於主**요 **子婦者 親之所以安也**니 **能孝弟順親**이면 **則當於親**이라 **故淵涸而無水**면 **則沈玉不至**요 **主苛而無厚**면 **則萬民不附**요 **父母暴而無恩**이면 **則子婦不親**이요 **臣下隨而不忠**이면 **則卑辱困窮**이요 **子婦不安親**이면 **則禍憂至**라 **故淵不涸則所欲者至**요 **涸則不至**라 **故曰 淵深而不涸**이면 **則沈玉極**[4)]이라하니라

---

2) 解 : '懈'와 통용된다.
3) 沈玉 : 고대에 강이나 연못에 玉을 빠뜨려 水神에게 제사 지내던 의식이다.

하늘은 만물을 덮어 기르고, 추위와 더위를 조절하고, 해와 달을 운행시키고, 별자리를 배열한다. 이것이 하늘의 常道이니, 하늘은 이치로 다스리고 끝나면 다시 시작한다. 군주는 만백성을 기르고, 천하를 다스리며, 백관을 통솔한다. 이것이 군주의 常道이니, 군주는 법으로 다스리고 끝나면 다시 시작한다. 자손을 화목하게 하고 친척을 단합하게 하는 것은 부모의 常道이니, 부모는 의리로 다스리고 끝나면 다시 시작한다. 〈군주에 대해〉 돈독하고 공경하고 충성스럽고 믿음직스럽게 하는 것은 신하의 常道이니, 신하는 이러한 마음으로 군주를 섬기고 끝나면 다시 시작한다. 〈부모를〉 사랑하고 친근하게 대하고 잘 모시고 봉양하며 공경하고 가르침을 받드는 것은 자식과 며느리의 常道이니, 자식과 며느리는 이러한 태도로 부모를 섬기고 끝나면 다시 시작한다.

그러므로 하늘이 그 常道를 잃지 않으면, 추위와 더위가 때를 맞추어 나타나고 해와 달과 별이 그 질서를 지킨다. 군주가 그 常道를 잃지 않으면, 뭇 신하가 의리를 행하고 백관이 각자의 일을 잘 수행한다. 부모가 그 常道를 잃지 않으면, 자손들이 화목하고 순종하며 친척들이 서로 즐거워한다. 신하가 그 常道를 잃지 않으면, 군주 섬김에 잘못이 없고 관리들이 각자의 직책을 잘 수행한다. 자식과 며느리가 그 常道를 잃지 않으면, 위아래의 질서가 유지되고 멀고 가까운 친척들이 화목해진다. 그러므로 상도를 좇아 일을 행하면 다스려지고, 상도를 잃으면 어지러워지니, 하늘은 일찍이 그 다스리는 이치를 바꾼 적이 없다. 그러므로 "하늘은 그 '일정한 이치〔常道〕'를 변하지 않는다."라고 말하는 것이다.

**天覆**(부)**萬物**하고 **制寒暑**하고 **行日月**하고 **次星辰**이 **天之常也**니 **治之以理**하여 **終而復始**요 **主牧萬民**하고 **治天下**하고 **莅百官**이 **主之常也**니 **治之以法**하여 **終而復始**요 **和子孫**하고 **屬親戚**이 **父母之常也**니 **治之以義**하여 **終而復始**요 **敦敬忠信**이 **臣下之常也**니 **以事其主**하여 **終而復始**요 **愛親善養**하고 **思敬奉教**가 **子婦之常也**니 **以事其親**하여 **終而復始**라 **故天不失其常**이면 **則寒暑得其時**하고 **日月星辰得其序**요 **主不失其常**이면 **則群臣得其義**하고 **百官守其事**요 **父母不失其常**이면 **則子孫和順**하고 **親戚相驩**이요 **臣下不失其常**이면 **則事無過失而官職政治**요 **子婦不失其常**이면 **則長幼理而親疏和**라 **故用常者治**요 **失常者亂**이니 **天未嘗變其所以治也**라 **故曰 天不變其常**이라하니라

---

4) 極 : 앞서 〈形勢〉의 原註에서 "'極'은 '이르다'는 의미이다.〔極 至也〕"라고 하였다.

땅이 만물을 낳아 기르는 것은 땅의 법칙이다. 백성을 다스리고 안전하게 하는 것은 군주가 지켜야 할 법칙이다. 가정을 가르치고 보호하는 것은 부모가 지켜야 할 법칙이다. 바르게 간언하고 죽음으로 지조를 지키는 것은 신하가 지켜야 할 법칙이다. 온 힘을 다해 부모를 공양하는 것은 자식과 며느리가 지켜야 할 법칙이다. 땅이 그 법칙을 바꾸지 않으므로 만물이 땅에서 생겨나고, 군주가 그 법칙을 바꾸지 않으므로 백성들이 군주에게 의지해 편안하게 살며, 부모가 그 법칙을 바꾸지 않으므로 가정사가 다스려지고, 신하가 그 법칙을 바꾸지 않으므로 군주에게 과실이 없으며, 자식과 며느리가 그 법칙을 바꾸지 않으므로 부모가 온전히 봉양 받게 된다. 그러므로 그 법칙을 쓰는 자는 편안하고 그 법칙을 쓰지 않는 자는 위태롭다. 땅은 일찍이 만물을 편안하게 하는 법칙을 바꾼 적이 없다. 그러므로 "땅은 그 법칙을 바꾸지 않는다."라고 말하는 것이다.

**地生養萬物**은 **地之則**(칙)**也**요 **治安百姓**은 **主之則也**요 **教護家事**는 **父母之則也**요 **正諫死節**은 **臣下之則也**요 **盡力供養**은 **子婦之則也**라 **地不易其則故**로 **萬物生焉**하고 **主不易其則故**로 **百姓安焉**하고 **父母不易其則故**로 **家事辨焉**하고 **臣下不易其則故**로 **主無過失**하고 **子婦不易其則故**로 **親養備具**라 **故用則者安**하고 **不用則者危**라 **地未嘗易其所以安也**라 **故曰 地不易其則**이라하니라

봄은 陽氣가 바야흐로 올라가기 시작하는 때이다. 그러므로 만물이 생성된다. 여름은 양기가 완전히 올라간 때이다. 그러므로 만물이 성장한다. 가을은 陰氣가 바야흐로 내려가는 때이다. 그러므로 만물을 거둬들인다. 겨울은 음기가 완전히 내려간 때이다. 그러므로 만물을 저장한다. 그러므로 봄과 여름에 만물을 낳고 기르며 가을과 겨울에 만물을 거둬들이고 저장하는 것은 사계절의 일정한 법칙이다. 〈이와 마찬가지로〉 상을 내리고 형벌을 가하는 것은 군주가 갖추어야 할 일정한 통치 수단이다. 사계절은 일찍이 만물을 생성하고 죽이지 않은 적이 없다. 〈이와 마찬가지로〉 군주도 일찍이 상을 내리고 벌을 가하지 않은 적이 없다. 그러므로 "춘하추동 사계절은 그 절기를 고치지 않는다."라고 말하는 것이다.

**春者 陽氣始上**이라 **故萬物生**이요 **夏者 陽氣畢上**이라 **故萬物長**이요 **秋者 陰氣始下**라 **故萬物收**요 **冬者 陰氣畢下**라 **故萬物藏**이라 **故春夏生長**하고 **秋冬收藏**은 **四時之節也**요 **賞賜刑罰**은 **主之節也**니 **四時未嘗不生殺也**요 **主未嘗不賞罰也**라 **故曰 春秋冬夏**는 **不更**(경)**其節也**라하니라

하늘은 만물을 덮고 조절하고, 땅은 만물을 싣고 기르고, 사계절은 만물을 낳고 기르며 거둬들이고 저장한다. 이러한 천지의 도는 옛날부터 지금까지 바뀌지 않았다. 그러므로 "옛날이나 지금이나 한결같다."라고 말하는 것이다.

**天覆**(부)**萬物而制之**하고 **地載萬物而養之**하고 **四時生長萬物而收藏之**는 **古以至今**에 **不更**(경) **其道**라 **故曰 古今一也**라하니라

蛟龍[5]은 물에 사는 생물 중 신령한 동물이다. 그러나 물에 의지하면 신령함을 발휘하지만 물을 잃으면 신령함이 사라진다. 군주는 천하에서 위엄을 지닌 존재이다. 그러나 백성을 얻으면 위엄이 서지만 백성을 잃으면 위엄이 사라진다. 교룡은 물을 기다린 이후에 그 신령함을 발휘하고, 군주는 백성을 기다린 이후에 그 위엄을 세운다. 그러므로 "蛟龍은 물을 얻으면 신령함을 세울 수 있다."라고 말하는 것이다.

**蛟龍**은 **水蟲之神者也**나 **乘於水則神立**이로되 **失於水則神廢**요 **人主**는 **天下之有威者也**나 **得民則威立**이로되 **失民則威廢**라 **蛟龍待得水而後立其神**이요 **人主待得民而後成其威**라 **故曰 蛟龍得水而神可立也**라하니라

호랑이와 표범은 동물 가운데 맹수이니, 깊은 숲과 넓은 늪지에 있으면 사람들이 그 위엄을 두려워하여 받든다. 군주는 세상에서 큰 위세를 지닌 사람이니, 깊숙한 궁궐에 있으면 백성들이 그 위세를 두려워한다. 그러므로 호랑이와 표범이 깊은 숲을 떠나 사람들이 사는 곳 가까이 오면 사람들이 호랑이와 표범을 잡아 그 위엄을 가볍게 여기게 되고, 군주가 궁궐을 떠나 백성 가까이 오면 백성이 군주를 가볍게 여기고 그 위세를 업신여긴다. 그러므로 "호랑이와 표범은 깊은 숲에 의탁하면 위엄을 지닐 수 있다."라고 말하는 것이다.

**虎豹**는 **獸之猛者也**니 **居深林廣澤之中**이면 **則人畏其威而載之**요 **人主**는 **天下之有勢者也**니 **深**

---

5) 蛟龍 : 모양이 뱀과 같고 몸의 길이가 한 길이 넘으며 넓적한 네 발이 있다는 상상의 동물이다. 가슴은 붉고 등에는 푸른 무늬가 있으며 옆구리와 배는 비단처럼 부드럽고 눈썹으로 교미하여 알을 낳는다고 한다.(≪고려대한국어대사전≫)

居면 則人畏其勢라 故虎豹去其幽而近於人이면 則人得之而易[6]其威하고 人主去其門而迫於民이면 則民輕之而傲其勢라 故曰 虎豹託幽而威可載也라하니라

바람은 사물을 흔드는 것이다. 바람이 사물을 흔들 때, 귀함과 천함, 아름다움과 추함을 가리지 않는다. 비는 사물을 적시는 것이다. 하늘에서 비가 떨어질 때 작은 것과 큰 것, 강한 것과 약한 것을 가리지 않는다. 바람과 비는 지극히 공정하여 사사로움이 없으며, 행하는 바는 일정한 방향이 없다. 〈그러므로〉 사람이 비록 바람이 흔들고 비가 적시는 것을 만난다 할지라도 아무도 그것을 원망하지 않는다. 그러므로 "바람 불고 비 내리는 것은 정해진 방향이 없어서 원망과 노여움이 미치지 않는다."라고 말하는 것이다.

風은 漂物者也니 風之所漂는 不避貴賤美惡이요 雨는 濡物者也니 雨之所墮는 不避小大强弱이라 風雨는 至公而無私하고 所行無常鄕이니 人雖遇漂濡而莫之怨也라 故曰 風雨無鄕而怨怒不及也라하니라

군주가 명령하면 실행되고 금지하면 멈추게 되는 것은, 반드시 백성이 좋아하는 것을 명령하고 싫어하는 것을 금지하기 때문이다. 백성의 마음은 그 누구나 할 것 없이 삶을 좋아하고 죽음을 싫어하며, 이익을 좋아하고 해로움을 싫어한다. 그러므로 군주가 사람을 살리고 이롭게 하는 것을 명령하면 명령이 실행되고, 사람을 죽이고 해치는 것을 금지하면 멈추게 된다. 명령이 실행되게 하는 방법은, 반드시 백성이 그 정령을 좋아하면 명령이 곧 실행된다. 그러므로 "존귀한 사람이 명령을 내리는 데에는 〈그럴만한〉 이유가 있다."라고 말하는 것이다.

人主之所以令則行하고 禁則止者는 必令於民之所好하고 而禁於民之所惡(오)也라 民之情은 莫不欲生而惡(오)死하고 莫不欲利而惡(오)害라 故上令於生利人則令行하고 禁於殺害人則禁止니 令之所以行者는 必民樂其政也而令乃行이라 故曰 貴有以行令也라하니라

---

6) 易 : 陳奐(淸)의 ≪管子集校≫에 의하면, '易'는 '傷(업신여기다)'로 읽고, '傷'는 곧 '輕'의 의미를 지닌다고 한다.

군주가 아랫사람들로 하여금 군주를 위해 온 힘을 다하게 하고 윗사람과 친하게 할 수 있는 이유는, 군주가 기필코 세상 사람들을 위해 이익을 얻게 하고 해로움을 제거하기 때문이다. 그러므로 세상에 은택을 더하고 만백성에게 은혜를 후하게 베풀어, 부모와 자식이 편안함을 얻고 뭇 생명이 길러질 수 있다. 그러므로 만백성은 즐겁게 자신들의 힘을 다하고 윗사람의 쓰임이 되는 것을 즐거워한다. 안으로는 농사에 힘써 부지런히 일하여 곡식 창고를 채우며, 밖으로는 절개를 다하고 목숨을 걸고 적을 물리쳐 社稷을 안정시켜서, 비록 수고롭고 힘들고 굴욕스러워도 감히 그 어려움을 호소하지 않으니, 이는 미천한 사람들이 자신들의 미천함을 잊었기 때문이다. 그러므로 "미천한 사람들이 자신의 미천함을 잊는 데에는 〈그럴만한〉 이유가 있다."라고 말하는 것이다.

**人主之所以使下盡力而親上者**는 **必爲天下致利除害也**라 **故德澤加於天下**하고 **惠施厚於萬物**하여 **父子得以安**하고 **群生得以育**이라 **故萬民驩盡其力而樂爲上用**하니 **入則務本疾作以實倉廩**하고 **出則盡節死敵以安社稷**하여 **雖勞苦卑辱而不敢告也**니 **此賤人之所以亡其卑也**라 **故曰 賤有以亡卑**라하니라

때에 맞추어 생활하고 음식을 절제하고 추위와 더위가 적합하면 몸에 이로워 수명이 늘어난다. 생활이 불규칙하고 음식을 절제하지 못하고 추위와 더위가 적합하지 않으면 몸에 해로워 수명이 줄어든다. 사람이 게으르고 사치하면 가난해지고, 부지런하고 검소하면 부유해진다. 무릇 어떤 일이든 공연히 일어나지 않으니, 거기에는 반드시 어떤 까닭이 있다. 그러므로 "장수하거나 요절하거나 가난하거나 부유하게 되는 데에는 다 그럴만한 이유가 있다."라고 말하는 것이다.

**起居時**하고 **飮食節**하고 **寒暑適**하면 **則身利而壽命益**이요 **起居不時**하고 **飮食不節**하고 **寒暑不適**하면 **則形體累而壽命損**이라 **人惰而侈則貧**하고 **力而儉則富**라 **夫物莫虛至**하니 **必有以也**라 **故曰 壽夭貧富**는 **無徒歸也**라하니라

법을 세우면 백성이 이를 좋아하고, 명령을 내리면 백성이 이를 받드는 것은 법령이 백성의 마음에 들어맞음이 마치 符節이 서로 일치하는 것과 같기 때문이다. 이렇게 되면 군주의 존엄함이 드러난다. 그러므로 "군주의 명령을 받드는 것은 군

주가 존엄하기 때문이다."라고 말하는 것이다.

**法立而民樂之**하고 **令出而民銜之**는 **法令之合於民心**이 **如符節之相得也**니 **則主尊顯**이라 **故曰 銜令者**는 **君之尊也**라하니라

군주가 말을 할 때 이치에 맞고 백성의 실정에 부합하면 백성이 그 말을 받아들이니, 백성이 군주의 말을 받아들이면 군주의 명성이 드러나게 된다. 그러므로 "군주의 말을 받아들이게 되는 것은 군주의 명성이 작용하기 때문이다."[7]라고 말하는 것이다.

**人主出言**에 **順於理**하고 **合於民情**이면 **則民受其辭**니 **民受其辭**면 **則名聲章**이라 **故曰 受辭者**는 **名之運也**라하니라

현명한 군주가 세상을 다스릴 때는 백성을 안정시켜 어지럽히지 않고, 백성을 편안하게 하여 고달프게 하지 않으니, 어지럽히지 않으면 백성은 스스로 따르고, 고달프게 하지 않으면 백성은 스스로 살아간다. 그러므로 "윗사람이 無爲하면 백성은 스스로 알아서 살아간다."라고 말하는 것이다.

**明主之治天下也**에 **靜其民而不擾**하고 **佚其民而不勞**하니 **不擾則民自循**하고 **不勞則民自試**라 **故曰 上無事而民自試**라하니라

군주는 도량형을 세우고, 신하들 각자의 직책을 공표하고, 법령을 밝게 드러내어 이렇게 하고서 백성을 다스리면 말을 앞세우지 않아도 백성이 바른길을 따르게 된다. 이른바 '蜀'이란 祭器이다. 그러므로 "군주가 祭器만 안고 아무런 말을 하지 않아도, 조정의 정사는 잘 다스려진다."라고 말하는 것이다.

**人主立其度量**하고 **陳其分職**하고 **明其法式**하여 **以莅其民**이면 **而不以言先之**라도 **則民循正**이라 **所謂(抱)**[8]**蜀者**는 **祠器也**라 **故曰 抱蜀不言而廟堂既修**라하니라

---

7) 군주의……때문이다 : 〈形勢〉의 경문에는 原註에 의거하여 "군주의 말을 받아들이게 되는 것은 〈군주라는〉 명칭이 작용하기 때문이다."로 해석하였다.

8) (抱) : 저본에는 '抱'가 있으나, 戴望(淸)의 ≪管子校正≫에 의거하여 衍文으로 처리하였다.

鴻鵠이 '쟁쟁'하며 운다는 것은 그 모습이 아름답다는 것이니, 모습이 아름다우므로 백성이 이를 노래한다. 德과 義는 행위 가운데 아름다운 것이다. 군주의 德과 義가 아름다우므로 백성이 이를 노래한다. 백성이 노래하고 즐거워하는 것은 아름다운 모습과 德義인데, 현명한 군주와 鴻鵠이 이를 지니고 있다. 그러므로 "鴻鵠이 쟁쟁하며 울어대니, 백성들이 노래로 화답한다."라고 말하는 것이다.

**將將鴻鵠**은 **貌之美者也**니 **貌美故民歌之**요 **德義者**는 **行之美者也**니 **德義美故民樂之**라 **民之所歌樂者**는 美(行)〔貌〕[9]**德義也**로되 **而明主鴻鵠有之**라 **故曰 鴻鵠將將**하니 **維民歌之**라하니라

'濟濟'란 진실함과 엄숙함으로 일을 결단한다는 의미이고, '多士'란 뛰어난 인물이 많다는 의미이다. 周 文王이 진실함과 엄숙함으로 일을 결단하였으므로 나라가 다스려졌고, 그의 신하들은 밝은 이치로 군주를 보좌하였으므로 군주가 현명해졌다. 군주가 현명하고 나라가 다스려지자 나라 안의 사람들이 그 혜택을 입었으니, 殷나라 백성들도 머리를 들어 문왕을 바라보면서 문왕의 신하가 되기를 바랐다. 그러므로 "〈周나라로〉 수많은 선비들이 위엄 있게 모여드니, 殷나라 백성들이 감화되었다."라고 말하는 것이다.

**濟濟者**는 **誠莊事斷也**요 **多士者**는 **多長者也**라 **周文王誠莊事斷故國治**요 **其群臣明理以佐主故主明**이라 **主明而國治**하여 **竟內被其利澤**하니 **殷民擧首而望文王**하여 **願爲文王臣**이라 **故曰 濟濟多士**[10]하니 **殷民化之**라하니라

紂가 임금 노릇 함에 있어서는 백성의 힘을 수고롭게 하였고, 백성의 재물을 빼앗았고, 백성을 위험에 빠뜨려 죽게 하였고, 백성에게 억울하고 포악한 명령을 내리니, 참혹하고 혹독한 관리가 천하에 퍼졌다. 그러므로 대신들은 紂를 가까이 따르지 않았고 백성들은 미워하고 원망하였으니, 천하 사람들이 紂에게 반란을 일으

---

9) (行)〔貌〕: 저본에는 '行'으로 되어 있으나, 王念孫(淸)의 ≪讀書雜志≫에 의거하여 '貌'로 바로잡았다.

10) 濟濟多士 : ≪詩經≫ 〈文王〉에 나오는 표현인데, ≪毛傳≫에서는 "濟濟는 위엄이 많은 모습이다.〔濟濟 多威儀也〕"로 풀이하고 있다. 본서에서는 ≪毛傳≫의 풀이에 따랐다.

켜 문왕의 신하가 되길 바랐다. 이는 紂가 스스로 불러들인 것이다. 그러므로 "紂 임금이 失政하였기 때문이다."라고 말하는 것이다.

**紂之爲主也**에 **勞民力**하고 **奪民財**하고 **危民死**하고 **冤暴之令加於百姓**하니 **憯毒之使施於天下**라 **故大臣不親**하고 **小民疾怨**하니 **天下叛之而願爲文王臣者**는 **紂自取之也**라 **故曰 紂之失也**라하니라

예법이나 법식도 없이 이리저리 흔들리며 정해진 원칙이 없는 것을 蜚蓬之問이라 한다. 현명한 군주는 '蜚蓬之問'에 귀 기울이지 않고, 법도에 맞지 않은 말을 허용하지 않는다. 그러므로 "비봉지문은 신경 쓸 바가 아니다."라고 말하는 것이다.

**無儀法程式**하고 **蜚**[11)]**搖而無所定**을 **謂之蜚蓬之問**[12)]이니 **蜚蓬之問**은 **明主不聽也**요 **無度之言**은 **明主不許也**라 **故曰 蜚蓬之問**은 **不在所賓**이라하니라

도가 행해지면 군주와 신하가 친하고 아비와 자식이 편안하고 뭇 생물이 잘 자란다. 그러므로 현명한 군주의 임무는 도를 행함을 힘쓰는 데 있고 자잘한 것에 신경 쓰지 않는다. 제비와 참새는 자잘한 것들이다. 그러므로 "제비나 참새처럼 우르르 몰려다니는 소인배들을 도에 힘쓰는 사람은 돌아보지 않는다."라고 말하는 것이다.

**道行則君臣親**하고 **父子安**하고 **諸生育**이라 **故明主之務**는 **務在行道**요 **不顧小物**이라 **燕爵**[13)]은 **物之小者也**라 **故曰 燕爵之集**은 **道行不顧**라하니라

현명한 군주의 행위는 義理에 부합하고 호령은 민심에 따르며, 죄를 물어 죽이는 것은 죄에 합당하고 상을 내리는 것은 공에 합당하다. 그러므로 비록 犧牲과 珪璧을 바치지 않고 귀신에게 기도하여도 귀신이 그를 도와주고, 천지가 그를 도우

---

11) 蜚 : 孫星衍(淸)의 ≪管子集校≫에 의하면 '蜚'는 '飛'의 古字라고 한다. 따라서 '蜚蓬之問'은 '바람에 흔들리는 쑥대처럼 이리저리 쏠리는 세상의 뜬소문'이라는 의미가 된다.
12) 問 : '聞'의 의미로 읽는다. 丁士涵(淸)의 ≪舒藝室隨筆≫에 의하면, 고대에 '聞'과 '問'은 서로 통용되었다고 한다.
13) 爵 : 〈形勢〉에는 '雀'으로 되어 있다. 고대에는 音이 같으면 서로 통용되었다.

며, 일을 벌이면 복이 생긴다. 그러나 어리석은 군주는 그 움직임이 義理를 잃고 호령은 민심에 역행하며, 죄를 물어 죽이는 것은 죄에 합당하지 않고 상을 내리는 것은 공에 합당하지 않다. 그러므로 비록 犧牲과 珪璧을 바치면서 기도하여도 귀신이 그를 돕지 않고 천지가 그를 돕지 않으며 일을 벌이면 재앙이 생긴다. 그러므로 "犧牲과 珪璧과 같은 제물만으로는 귀신이 歆饗하지 않는다."라고 말하는 것이다.

**明主之動靜得理義**하고 **號令順民心**하고 **誅殺當其罪**하고 **賞賜當其功**이라 **故雖不用犧牲珪璧禱於鬼神**이라도 **鬼神助之**하고 **天地與之**하고 **擧事而有福**이라 **亂主之動作失義理**하고 **號令逆民心**하고 **誅殺不當其罪**하고 **賞賜不當其功**이라 **故雖用犧牲珪璧禱於鬼神**이라도 **鬼神不助**하고 **天地不與**하고 **擧事而有禍**라 **故曰 犧牲珪璧**[14)]은 **不足以享鬼神**이라하니라

군주가 공적을 세우게 되는 것은 나라를 부유하게 하고 군대를 강하게 만드는 것이다. 그러므로 나라가 부유하고 군대가 강하면 제후들이 그 政令에 복종하고 이웃의 적국이 그 위엄을 두려워하게 된다. 비록 보배나 비단으로 이웃 제후들을 섬기지 않아도 제후들이 감히 침범하지 못한다. 군주가 죄를 짓게 되는 것은 나라를 가난하게 하고 군대를 약하게 만드는 것이다. 그러므로 나라가 가난하고 군대가 약하면, 싸우면 이기지 못하고 지키면 튼튼하지 못하다. 비록 귀중한 寶器로 이웃의 적국을 섬긴다 할지라도 죽임을 당하고 멸망하는 재앙을 면하지 못한다. 그러므로 "군주에게 功業을 세울 '바탕'이 있다면 보옥과 비단이 무슨 소용이 있겠는가!"라고 말하는 것이다.

**主之所以爲功者 富强也**라 **故國富兵强**이면 **則諸侯服其政**하고 **隣敵畏其威**하니 **雖不用寶幣事諸侯**라도 **諸侯不敢犯也**라 **主之所以爲罪者 貧弱也**라 **故國貧兵弱**이면 **戰則不勝**하고 **守則不固**하니 **雖出名器重寶以事隣敵**이라도 **不免於死亡之患**이라 **故曰 主功有素**면 **寶幣奚爲**리오하니라

羿는 고대에 활을 잘 쏘는 사람이었다. 활과 화살을 조화시켜 견고하게 잡고, 활을 쏠 때는 그 높낮이를 잘 살펴서 반드시 적중하는 '도'를 얻었다. 그러므로 쏘는

---

14) 犧牲珪璧 : 〈形勢〉에는 '犧牷圭璧'으로 되어 있다.

대로 모두 다 적중하였다. 현명한 군주는 이러한 羿와 같다. 나라를 다스리는 법을 알맞게 조절하여 그 존폐를 잘 살펴 굳건히 지키면서 반드시 다스려지는 '도'를 얻는다. 그러므로 나랏일을 거행할 때마다 모두 다 합당하게 된다. '도'는 羿가 반드시 적중한 방법이며, 군주가 반드시 잘 다스리는 방법이다. '활쏘기'는 활시위에서 화살을 발사하는 기술일 뿐이다. 그러므로 "羿의 활쏘는 도는 단지 활을 잘 쏘는 기술에만 있지 않다."라고 말하는 것이다.

**羿**는 **古之善射者也**니 **調和其弓矢而堅守之**하고 **其操弓也**에 **審其高下**하여 **有必中之道**라 **故能多發而多中**이라 **明主猶羿也**니 **平和其法**하고 **審其廢置而堅守之**하여 **有必治之道**라 **故能多擧而多當**이라 **道者 羿之所以必中也**요 **主之所以必治也**라 **射者 弓弦發矢也**라 **故曰 羿之道**는 **非射也**라하니라

造父는 말을 잘 모는 사람이다. 자기 말을 잘 살펴보고, 말이 먹는 먹이를 잘 조절하고, 말의 힘을 잘 헤아리고, 달리는 능력을 잘 살폈다. 그러므로 그의 말은 먼 길을 달려도 피로하지 않을 수 있었다. 현명한 군주는 이러한 造父와 같다. 자기 백성을 잘 다스리고, 백성의 힘을 헤아리고, 그 기술과 능력을 잘 살핀다. 그러므로 군주가 功業을 세워도 백성은 피곤하거나 상하지 않는다. 그러므로 '솜씨〔術〕'는 造父가 말을 몰아 멀리까지 가게 하는 방법이고, 군주가 功名을 세우는 방법이다. '말 모는 것'은 말고삐를 잡는 것일 뿐이다. 그러므로 "造父의 말 모는 솜씨는 단지 말을 잘 모는 것에만 있지 않다."라고 말하는 것이다.

**造父**(보)는 **善馭馬者也**니 **善視其馬**하고 **節其飮食**하고 **度**(탁)**量馬力**하고 **審其足走**라 **故能取遠道而馬不罷**(피)라 **明主猶造父也**니 **善治其民**하고 **度量其力**하고 **審其技能**이라 **故立功而民不困傷**이라 **故術者 造父之所以取遠道也**요 **主之所以立功名也**라 **馭者 操轡也**라 **故曰 造父之術**은 **非馭也**라하니라

奚仲이 수레를 만들면 네모와 원, 굽음과 곧음이 모두 곡자와 직각자, 곱자와 먹줄에 들어맞았다. 그러므로 바퀴축과 굴대가 서로 들어맞아, 사용함에 있어 적당하고 원활하며, 완성된 몸체는 견고하였다. 현명한 군주는 이러한 奚仲과 같다. 말과 동작이 모두 법도에 들어맞는다. 그러므로 모든 이치가 합당하고 위아래가 서

로 친하다. '기술'은 奚仲이 수레를 만드는 방법이고, 군주가 나라를 다스리는 방법이다. 〈나무를〉 다듬은 것은 단지 도끼와 칼로 하는 것일 뿐이다. 그러므로 "奚仲의 기술은 단지 나무를 잘 다듬는 데만 있지 않다."라고 말하는 것이다.

**奚仲之爲車器也 方圜曲直**이 **皆中規矩鉤繩**이라 **故機旋相得**하여 **用之牢利**하고 **成器堅固**라 **明主猶奚仲也**니 **言辭動作皆中術數**라 **故衆理相當**하고 **上下相親**이라 **巧者 奚仲之所以爲器也**요 **主之所以爲治也**라 **斲削者 斤刀也**라 **故曰 奚仲之巧**는 **非斲削也**라하니라

백성은 이롭게 하면 오고 해롭게 하면 떠나간다. 백성이 이익을 따르는 것은, 마치 물이 낮은 곳으로 흘러갈 때 동서남북을 가리지 않는 것과 같다. 그러므로 백성을 오게 하려는 자는 먼저 이로운 일을 일으켜야 하니, 이로운 일을 일으키면 비록 부르지 않아도 백성이 스스로 이르게 된다. 그러나 백성들이 싫어하는 바를 설치하면 비록 불러도 백성은 오지 않는다. 그러므로 "멀리 있는 사람을 불러들이려면 사신만 보내서는 안 된다."라고 말하는 것이다.

**民**은 **利之則來**하고 **害之則去**니 **民之從利也**는 **如水之走下**에 **於四方無擇也**라 **故欲來民者**는 **先起其利**면 **雖不召而民自至**요 **設其所惡**(오)면 **雖召之而民不來也**라 **故曰 召遠者**는 **使無爲焉**이라하니라

군주가 백성을 다스릴 때 부모처럼 대하면, 백성은 군주를 친근하게 사랑할 것이다. 백성을 이끎에 있어 순박하고 후덕하게 하고, 백성을 대함에 있어 실질적인 이익이 있게 하면, 비록 '나는 백성을 친근히 대한다.'라고 말하지 않아도 백성은 친근하게 다가올 것이다. 〈그러나〉 군주가 백성을 다스릴 때 원수처럼 대하면 백성도 군주를 멀리하게 된다. 백성을 이끎에 있어 후덕하지 않게 하고, 백성을 대함에 있어 실질적인 이익이 없게 하며, 속임수와 거짓이 무성하면, 비록 '나는 백성을 친근히 대한다.'라고 말해도 백성은 친근하게 다가오지 않을 것이다. 그러므로 "가까이 있는 사람과 친하기 위해서는 말만으로는 이룰 수 없다."라고 말하는 것이다.

**莅民如父母**면 **則民親愛之**하니 **道之純厚**하고 **遇之有實**하면 **雖不言曰 吾親民**이라도 **而民親矣**라

莅民如仇讐면 則民疏之하니 道之不厚하고 遇之無實하고 詐僞竝起면 雖言曰 吾親民이라도 民不親也라 故曰 親近者는 言無事焉이라하니라

현명한 군주가 멀리 있는 사람을 오게 하고 가까이 있는 사람을 친근하게 하는 데 있어 그 핵심은 '마음'에 있다. 이른바 '夜行'이란 〈은밀히〉 마음으로 행하는 것을 말한다. 마음으로 은밀히 덕을 행할 수 있으면 천하에서 아무도 그와 다툴 수 없을 것이다. 그러므로 "오직 은밀히 덕을 행하는 자만이 천하를 소유한다."라고 말하는 것이다.

明主之使遠者來而近者親也는 爲之在心이라 所謂夜行者는 心行也니 能心行德이면 則天下莫能與之爭矣라 故曰 唯夜行者라야 獨有之(乎)〔也〕[15]라하니라

군주가 되어 백성을 해치고, 부모가 되어 자식에게 사납고, 신하가 되어 불충하고, 자식과 며느리가 되어 불효하는 것, 이 네 가지는 사람의 행실 중 가장 큰 잘못들이다. 자신에게 큰 잘못이 있으면 비록 작은 선함이 있다 할지라도 어진 사람이 될 수 없다. 이른바 평원이란 낮은 늪지대이니, 비록 작은 언덕이 있다 할지라도 높다고 할 수 없다. 그러므로 "평원의 늪지대에 작은 언덕이 있더라도 어찌 높다 할 수 있겠는가?"라고 말하는 것이다.

爲主而賊하고 爲父母而暴하고 爲臣下而不忠하고 爲子婦而不孝의 四者는 人之大失也니 大失在身이면 雖有小善이라도 不得爲賢이라 所謂平原者 下澤也니 雖有小封이라도 不得爲高라 故曰 (平原之濕)〔平原之封〕[16]이 奚有於高리오하니라

군주가 되어 은혜롭고, 부모가 되어 자애롭고, 신하가 되어 충성스럽고, 자식과 며느리가 되어 효성스러운 것, 이 네 가지는 사람의 행실 중 높은 덕행이다. 자신에게 높은 덕행이 있으면 비록 작은 허물이 있다 할지라도 불초한 자가 되지 않는다. 이른바 '큰 산'이란 산 가운데 높은 산이니, 비록 작은 산굽이가 있다 할지라도

---

15) (乎)〔也〕: 저본에는 '乎'로 되어 있으나, 문맥을 고려하여 '也'로 바로잡았다.
16) (平原之濕)〔平原之封〕: 저본에는 '平原之隰'으로 되어 있으나, 王念孫(淸)의 ≪讀書雜志≫에 의거하여 '平隰之封'으로 바로잡았다.

깊다고 할 수 없다. 그러므로 "큰 산에 작은 산굽이가 있더라도 어찌 깊다고 할 수 있겠는가?"라고 말하는 것이다.

**爲主而惠**하고 **爲父母而慈**하고 **爲臣下而忠**하고 **爲子婦而孝**의 **四者**는 **人之高行也**라 **高行在身**이면 **雖有小過**라도 **不爲不肖**라 **所謂大山者 山之高者也**니 **雖有小隈**라도 **不以爲深**이라 **故曰 大山之隈**는 **奚有於深**이리오하니라

어진 사람을 헐뜯는 것을 '訾'라 하고, 어리석고 못난 사람을 찬양하는 것을 '譮'라 한다. 어진 사람을 헐뜯고 어리석고 못난 사람을 찬양하는 사람을 등용하면 군주의 밝은 지혜가 가려지고 남을 헐뜯고 찬양하는 말만 일어나고, 나라의 큰일을 맡기면 일은 이루어지지 않고 재앙만 이르게 된다. 그러므로 "어진 사람을 헐뜯고 어리석고 못난 사람[17]을 찬양하는 사람에게는 큰일을 맡기지 말라."라고 말하는 것이다.

**毁訾賢者之謂訾**(자)요 **推譽不肖之謂譮**(위)①라 **訾譮之人得用**하면 **則人主之明蔽而毁譽之言起**요 **任之大事** 면 **則事不成而禍患至**라 **故曰 訾譮之人**은 **勿與任大**라하니라

①〈譮는〉 爲와 劌의 반절이다.
爲劌切이라

현명한 군주가 일을 도모하면서 천하를 위해 계획하는 것을 '譕巨'라 한다. '譕巨'를 행하면 四海 안의 모든 사람이 그 혜택을 입게 되며, 혜택이 천하에 널리 퍼지면 후세 사람들이 그 공을 누리고, 시간이 지날수록 그 이익이 더욱 많아진다. 그러므로 "크게 꾀하는 자는 원대한 일을 도모할 수 있다."[18]라고 말하는 것이다.

**明主之慮事也**에 **爲天下計者**를 **謂之譕**(臣)〔巨〕[19]라 **譕**(臣)〔巨〕면 **則海內被其澤**하고 **澤布於天下**면 **後世享其功**하고 **久遠而利愈多**라 **故曰 譕**(臣)〔巨〕**者**는 **可與遠擧**라하니라

---

17) 어리석고……사람 : 〈形勢〉의 경문에는 '악한 사람'으로 번역되어 있다. 이는 原註의 "譮譽惡也('譮'는 악한 사람을 찬양한다는 의미이다.)"를 따른 결과이다.

18) 크게……수 있다 : 〈形勢〉의 경문에는 原註에 의거하여 "언행이 거대한 사람은 그와 더불어 국가의 원대한 이상을 도모할 수 있다."로 해석하였다.

19) (臣)〔巨〕 : 저본에는 '臣'으로 되어 있으나, 戴望(淸)의 ≪管子校正≫에 의거하여 '巨'로 바로잡았다. 아래도 같다.

聖人은 할 말을 신중하게 선택한 이후에 말하고, 할 행동을 신중하게 선택한 이후에 행동한다. 구차하게 이익을 얻은 이후에 해를 입고 구차하게 즐거움을 얻은 이후에 근심을 얻는 것은 성인이 하지 않는다. 그러므로 성인은 말을 선택할 때 나중에 부담이 될지를 반드시 살펴보고, 행동을 선택할 때는 나중에 근심이 될지를 반드시 살펴본다. 그러므로 "나중에 근심이 될지를 미리 살펴보는 자는 그와 더불어 도에 나아갈 수 있다."[20]라고 말하는 것이다.

**聖人**은 **擇可言而後言**하고 **擇可行而後行**하니 **偷得利而後有害**하고 **偷得樂而後有憂者**는 **聖人不爲也**라 **故聖人**은 **擇言必顧其累**하고 **擇行必顧其憂**라 **故曰 顧憂者**는 **可與致道**라하니라

소인은 도를 굽혀서 군주의 환심을 사고, 군주의 뜻에 영합하여 구차하게 아양 떨고, 이익을 좇아서 구차하게 얻는다. 이와 같은 자는 〈그가 내는 계책에서〉 얻는 효과가 비록 빠를지라도 재앙과 근심 또한 빠르게 이른다. 그러므로 성인은 이런 소인은 멀리하고 쓰지 않는다. 그러므로 "그 계책의 효과가 빠르더라도 〈그것으로 인해 발생하는〉 근심이 가까이 있는 자는 내보내고 부르지 말라."라고 말하는 것이다.

**小人者 枉道而取容**하고 **適主意而偷說**하고 (**備**)〔**循**〕[21]**利而偷得**이니 **如此者**는 **其得之雖速**이라도 **禍患之至亦急**이라 **故聖人去而不用也**라 **故曰 其計也速**이나 **而憂在近者**는 **往而勿召也**라

한 가지 일을 거행하여 천하에 길이 이익이 되게 하는 것을 '擧長'이라 한다. '擧長'을 행하면 그 이익을 보는 사람이 많아지고, 그 德과 義가 멀리까지 미치게 된다. 그러므로 "한 가지 일을 거행하여 천하에 길이 이익이 되게 하는 사람은 그 德과 義가 멀리까지 미칠 수 있다."[22]라고 말하는 것이다.

---

20) 나중에……수 있다 : 〈形勢〉의 경문에는 原註에 의거하여 "〈신하의 도리에〉 충실하고 근면한 사람은 더불어 정사의 길을 갈 수 있다."로 해석하였다.

21) (備)〔循〕: 저본에는 '備'로 되어 있으나, 王念孫(淸)의 ≪讀書雜志≫에 의거하여 '循'으로 바로잡았다.

22) 한 가지……있다 : 〈形勢〉의 경문에는 原註에 의거하여 "긴 안목의 이익을 보는 사람을 등용하면 사람들이 멀리서도 바라보게 된다."로 해석하였다.

**擧一而爲天下長利者**를 **謂之擧長**이니 **擧長則被其利者衆**하고 **而德義之所見遠**이라 **故曰 擧長者**는 **可遠見也**라하니라

하늘은 그 바탕이 크므로 만물을 두루 덮는다. 땅은 그 바탕이 크므로 만물을 두루 싣는다. 군주는 그 바탕이 크므로 만민을 포용하고 대중이 그를따른다. 그러므로 "바탕이 큰 사람[23]은 대중이 따른다."라고 말하는 것이다.

**天之裁**[24]**大故能兼覆**(부)**萬物**이요 **地之裁大故能兼載萬物**이요 **人主之裁大故容物多而衆人得比焉**이라 **故曰 裁大者**는 **衆之所比也**라하니라

귀함·부유함·존엄함·이름이 드러남은 백성이 귀의하고 좋아하는 것들이니, 군주는 누구나 이런 것들을 바란다. 그러므로 백성이 자신을 사모하고 좋아하길 바라는 자는 반드시 道德을 실천하면서 싫증 내지 말아야 한다. 그래야 백성이 그를 사모하고 좋아하게 된다. 그러므로 "사람들이 자신을 사모하길 바란다면 道德을 안정적으로 실천하면서 그것을 싫어하지 말아야 한다."라고 말하는 것이다.

**貴富尊顯**은 **民歸樂之**니 **人主莫不欲也**라 **故欲民之懷樂己者**는 **必服道德而勿厭也**라야 **而民懷樂之**라 **故曰 (美)〔羨〕**[25]**人之懷**면 **定服而勿厭也**라하니라

聖人이 어떤 일을 도모할 때는 먼저 그것의 義理를 논하고 그 일의 실행 가능성 여부를 따진다. 그러므로 의로우면 추구하고 의롭지 않으면 멈추며, 실행 가능하면 추구하고 실행 불가능하면 멈춘다. 그러므로 그가 행한 일은 항상 그 자신의 보배가 된다. 〈그러나〉 소인이 어떤 일을 추구할 때는 그것의 義理를 논하지 않고 그 일의 실행 여부를 따지지 않는다. 의롭지 않아도 추구하고 실행 가능하지 않아도 추구한다. 그러므로 그가 행한 일은 일찍이 신뢰받은 적이 없다. 그러므로 "〈일

---

23) 바탕이 큰 사람 : 〈形勢〉의 경문에는 原註에 의거하여 "큰일을 과감하게 결단하는 사람"으로 해석하였다.
24) 裁 : '材'와 통한다.
25) (美)〔羨〕 : 저본에는 '美'로 되어 있으나, 譚戒甫(中)의 ≪管子集校≫에 의거하여 '羨'으로 바로잡았다.

을 행함에 있어 그것의 義理를 논하지 않고 그 일의 실행 여부를 따지지 않고〉 무턱대고 행하는 일은 신뢰할 수 없다."[26]라고 말하는 것이다.

聖人之求事也에 先論其理義하고 計其可否라 故義則求之하고 不義則止요 可則求之하고 不可則止라 故其所得事者는 常爲身寶라 小人之求事也에 不論其理義하고 不計其可否하고 不義亦求之하고 不可亦求之라 故其所得事者는 未嘗爲賴也라 故曰 必得之事는 不足賴也라하니라

聖人이 〈어떤 일의〉 승낙 여부를 결정할 때는 먼저 그 義理를 논하고 그 실행 가능성 여부를 따진다. 의로우면 승낙하고 의롭지 않으면 거절하며, 실행 가능하면 승낙하고 실행 불가능하면 거절한다. 그러므로 성인이 승낙한 일은 일찍이 신뢰받지 않은 적이 없다. 〈그러나〉 소인은 의롭지 않아도 승낙하고 실행 불가능해도 승낙하여, 말만 하면 반드시 승낙한다. 그러므로 "〈말을 하면〉 반드시 승낙하는 말은 믿을 수 없다."[27]라고 말하는 것이다.

聖人之諾已也에 先論其理義하고 計其可否하니 義則諾하고 不義則已요 可則諾하고 不可則已라 故其諾未嘗不信也라 小人은 不義亦諾하고 不可亦諾하여 言而必諾이라 故其諾未必信也라 故曰 必諾之言은 不足信也라

한 집안의 일에만 성실한 사람은 집안 하나를 세우고, 한 고을의 일에만 성실한 사람은 마을 하나를 세우며, 한 나라의 일에만 성실한 사람은 나라 하나를 세우고, 천하의 일에 성실한 사람은 천하를 세운다. 그러므로 그가 성실히 임하는 대상이 작으면 그가 세우는 것도 작고, 그가 성실히 임하는 대상이 크면 그가 세우는 것도 크다. 그러므로 "작은 것에 성실한 사람은 큰 것을 세우지 못한다."[28]라고 말하는 것이다.

謹於一家則立於一家하고 謹於一鄕則立於一鄕하고 謹於一國則立於一國하고 謹於天下則立

---

26) 무턱대고……없다 : 〈形勢〉의 경문에는 原註에 의거하여, "일을 행함에 있어 아무런 의심도 하지 않는 사람은 신뢰할 수 없다."로 해석하였다.
27) 말을……수 없다. : 〈形勢〉의 경문에는 原註에 의거하여 "말을 하면 반드시 승낙하는 사람은 믿을 수 없다."로 해석하였다.
28) 작은……못한다 : 〈形勢〉의 경문에는 原註에 의거하여 "단지 성실하기만 한 사람은 큰 자리에 세우지 못한다."로 해석하였다.

於天下라 是故其所謹者小면 則其所立亦小하고 其所謹者大면 則其所立亦大라 故曰 小謹者는 不大立이라하니라

바다는 물을 사양하지 않는다. 그러므로 그 거대함을 이룰 수 있다. 산은 흙과 돌을 사양하지 않는다. 그러므로 그 높음을 이룰 수 있다. 현명한 군주는 사람을 싫어하지 않는다. 그러므로 많은 대중을 거느릴 수 있다. 선비는 학문을 싫어하지 않는다. 그러므로 성인이 될 수 있다.

'訾'는 〈음식을〉 싫어하는 것이 많은 것이다. '간언'은 군주를 편안하게 하는 것이고, '밥'은 몸을 살찌게 하는 것이니, 군주가 간언을 싫어하면 편안하지 않고, 사람이 밥을 싫어하면 살찌지 않는다. 그러므로 "음식 투정하는 사람은 살이 찌지 않는다."라고 말하는 것이다.

海不辭水라 故能成其大요 山不辭土石이라 故能成其高요 明主不厭人이라 故能成其衆이요 士不厭學이라 故能成其聖이라 訾①者 多所惡(오)也요 諫者 所以安主也요 食者 所以肥體也라 主惡(오)諫則不安하고 人訾食則不肥라 故曰 訾食者는 不肥體也라하니라

①〈訾는〉 疾과 移의 반절이니, 음식을 싫어하는 모습이다.
疾移切이니 嫌食貌라

道德과 忠信과 孝弟에 관한 말은 버릴 것이 없는 말이다. 하늘은 공평하여 사사로움이 없다. 그러므로 아름다운 것 추한 것 가리지 않고 모두 덮어준다. 땅은 공평하여 사사로움이 없다. 그러므로 큰 것 작은 것 가리지 않고 모두 실어준다. 버릴 것이 없는 말은 공평하고 사사로움이 없으므로 현명한 사람이나 어리석은 사람이나 모두 사용한다. 그러므로 버릴 것이 없는 말을 하는 자는 천지의 공평함에 참여한다. 그러므로 "버릴 말이 없는 사람은 반드시 천지에 참여한다."라고 말하는 것이다.

言而語道德忠信孝弟(者)[29]는 此言無棄者라 天公平而無私라 故美惡莫不覆(부)이요 地公平而無私라 故小大莫不載요 無棄之言은 公平而無私라 故賢不肖莫不用이라 故無棄之言者는 參

29) (者) : 저본에는 '者'가 있으나, 陶鴻慶(淸)의 ≪讀管子札記≫에 의거하여 衍文으로 처리하였다. 아래의 "此言無棄者"로 인해 '者'가 불필요하게 덧붙었다고 하였다.

伍於天地之無私也라 故曰 有無棄之言者는 必參之於天地也라하니라

현명한 군주가 사람을 관직에 임명할 때는 그 사람이 지닌 장점만 보고 단점을 보지 않는다. 그러므로 이루어지지 않는 일이 없고 세워지지 않는 공이 없다. 어리석은 군주는 사람마다 장점과 단점이 있다는 것을 알지 못하고, 반드시 모두 갖출 것을 요구한다. 무릇 일을 고려하여 사물의 시비를 정하며 禮와 義를 변별하여 밝히는 것은, 사람은 잘하는 것이지만 원숭이는 잘 못하는 것이다. 〈반면에〉 높은 곳을 따라 오르고 험한 곳을 나돌아다니는 것은, 원숭이는 잘하는 것이지만 사람은 잘 못하는 것이다. 원숭이가 잘하는 것을 사람에게 요구하므로 명령이 폐기되고 책임을 다하지 못하는 것이다. 그러므로 "세 길 높이의 절벽에서 떨어지는 상황은 사람에게는 몹시 곤란하지만, 원숭이는 그런 상황에서도 오히려 물을 마실 수 있다."라고 말하는 것이다.

明主之官物也에 任其所長하고 不任其所短이라 故事無不成하고 而功無不立이라 亂主不知物之各有所長所短也하고 而責必備라 夫慮事定物하고 辯明禮義는 人之所長이나 而蝚蝯①之所短也요 緣高出險은 蝚蝯之所長이나 而人之所短也라 以蝚蝯之所長으로 責人이라 故其令廢而責不塞(색)이라 故曰 墜岸三仞은 人之所大難也나 而蝚蝯飲焉이라하니라

① 앞의 글자(蝚)는 如와 由의 반절이고, 뒤의 글자(蝯)는 于와 元의 반절이다.
上은 如由切이요 下는 于元切이라

현명한 군주가 일을 진행할 때는 聖人의 사려에 맡기고 대중의 힘을 쓰며, 그 자신은 관여하지 않는다. 그러므로 일이 온전히 이루어지고 복이 생겨난다. 어리석은 군주는 스스로 지혜롭다고 여기고 성인의 사려를 따르지 않으며, 자기 자신의 공로를 과시하고 대중의 힘을 쓰지 않으며, 오로지 자기 생각에만 의존하고 올바른 간언을 듣지 않는다. 그러므로 일은 실패하고 재앙이 발생한다. 그러므로 "자랑하고 뽐내며 제멋대로 하는 행위는 일을 수행하는 데 있어 재앙이다."라고 말하는 것이다.

明主之擧事也에 任聖人之慮하고 用衆人之力하고 而不自與焉이라 故事成而福生이라 亂主는 自智也而不因聖人之慮하고 矜奮自功而不因衆人之力하고 專用己而不聽正諫이라 故事敗而

**禍生**이라 **故曰 伐矜好專**은 **擧事之禍也**라하니라

말〔馬〕이란 타고서 들판을 다니는 수단이다. 그러므로 비록 들판을 다니지 않는다 할지라도 말을 먹이고 기르는 데 있어 일찍이 게을리하지 않는다. 백성이란 나라를 지키고 전쟁을 치르는 수단이다. 그러므로 비록 나라를 지키고 전쟁을 벌이는 일이 없다 할지라도 백성을 기르는 데 있어 일찍이 게을리하지 않는다. 그러므로 "들판을 다니지 않더라도 말을 소홀히 하지 않는다."[30)]라고 말하는 것이다.

**馬者 所乘以行野也**라 **故雖不行於野**라도 **其養食**(사)**馬也**에 **未嘗解惰也**라 **民者 所以守戰也**라 **故雖不守戰**이라도 **其治養民也**에 **未嘗解惰也**라 **故曰 不行其野**라도 **不違其馬**라하니라

하늘은 사계절을 내고 땅은 온갖 재물을 생산하여 만물을 길러줄 뿐 만물에게 취하는 것이 없다. 현명한 군주는 이러한 천지에 짝하는 사람이다. 즉 백성을 때에 맞추어 가르치고 농사와 길쌈을 권장하여 생활을 넉넉하게 해주지만 그 공을 자랑하지 않고 그 이익을 사사로이 취하지 않는다. 그러므로 "백성에게 베풀어줄 뿐 빼앗지 않는 군주는 천지에 짝할 수 있다."라고 말하는 것이다.

**天生四時**하고 **地生萬財**하여 **以養萬物而無取焉**이라 **明主配天地者也**니 **教民以時**하고 **勸之以耕織**하여 **以厚民養**하나 **而不伐其功**하고 **不私其利**라 **故曰 能予而無取者**는 **天地之配也**라하니라

게으름과 태만함, 이것으로 군주를 섬기면 충성스럽지 않고, 이것으로 부모를 섬기면 효성스럽지 않고, 이것으로 일을 처리하면 이루어지지 않는다. 그러므로 "게으른 자는 일의 성과에 이르지 못한다."라고 말하는 것이다.

**解惰簡慢**은 **以之事主則不忠**하고 **以之事父母則不孝**하고 **以之起事則不成**이라 **故曰 怠倦者**는 **不及也**라하니라

곡자와 직각자로 네모와 원을 그리면 네모와 원이 완성되고, 尺과 寸의 자로 길

30) 들판을……않는다 : 〈形勢〉의 경문에는 原註에 의거하여 "그 들판에 가본 적이 없으면 〈길 찾는 일은〉 말에게 맡겨두라."로 해석하였다.

이를 재면 길이를 파악하고, 법률로 백성을 다스리면 백성이 편안하다. 그러므로 일이 이치에서 벗어나지 않으면 그 이루어진 성과가 마치 神이 행한 것과 같다. 그러므로 "이치에서 벗어나지 않으면 〈그 이룬 성과가〉 마치 신이 행한 것과 같다."[31]라고 말하는 것이다.

**以規矩爲方圓則成**하고 **以尺寸量長短則得**하고 **以法數治民則安**이라 **故事不廣**[32]**於理者**는 **其成若神**이라 **故曰 無廣者**는 **疑**[33]**神**이라하니라

군주를 섬기면서 최선을 다하지 않으면 형벌을 받게 되고, 부모를 모시면서 최선을 다하지 않으면 부자간의 친함을 이루지 못하며, 가르침을 받고 공부를 하면서 부지런히 힘쓰지 않으면 학문을 이루지 못한다. 그러므로 아침에 노력을 다해 힘쓰지 않으면 저녁에 성과를 보지 못한다. 그러므로 "아침에 자신이 해야 할 일을 잊으면, 저녁에 그 공을 잃게 될 것이다."라고 말하는 것이다.

**事主而不盡力**이면 **則有刑**이요 **事父母而不盡力**이면 **則不親**이요 **受業問學而不加務**면 **則不成**이라 **故朝不勉力務進**이면 **夕無見功**이라 **故曰 朝忘其事**면 **夕失其功**이라하니라

내면이 미덥고 성실하면 명예가 아름답게 드러날 것이며, 행실을 닦아 삼가 공경하는 태도를 보이면 존귀해지고 이름이 드러나게 될 것이다. 〈반면에〉 내면에 진실함이 없으면 평판이 나빠질 것이며, 행실을 닦음에 있어 태만하면 욕됨이 닥칠 것이다. 그러므로 "삿된 기운이 안으로 침투하면 반듯한 안색도 초췌해진다."라고 말하는 것이다.

**中情信誠則名譽美矣**요 **修行謹敬則尊顯附矣**요 **中無情實則名聲惡矣**요 **修行慢易則汚辱生矣**라 **故曰 邪氣襲內**면 **正色乃衰也**라하니라

군주가 되어 군신 사이의 의리에 밝지 못하여 신하를 바로잡지 못하면, 신하 또

---

31) 이치에서……같다 : 〈形勢〉의 경문에는 豬飼彦博(日)의 ≪管子補正≫에 의거하여, "작은 시간도 아끼는 자는 〈그 이룬 성과가〉 마치 神이 도와준 것 같다."로 해석하였다.
32) 廣 : 〈形勢〉의 경문에서 豬飼彦博(日)의 ≪管子補正≫에 의거하여 '曠'의 의미로 보았다.
33) 疑 : 劉師培(中)의 ≪管子斠補≫에 의거하여 '擬'와 같은 의미로 보았다.

한 신하된 도리를 알지 못하여 군주를 올바로 섬기지 못하게 된다. 그러므로 "군주가 군주답지 않으면 신하가 신하답지 않게 된다."라고 말하는 것이다.

爲人君而不明君臣之義하여 以正其臣이면 則臣不知(於)[34]爲臣之理하여 以事其主矣라 故曰 君不君이면 則臣不臣이라하니라

아비가 되어 부자 사이의 의리에 밝지 못하여 자식을 반듯하게 가르치지 못하면, 자식 또한 자식된 도리를 알지 못하여 아비를 올바로 섬기지 못하게 된다. 그러므로 "아비가 아비답지 않으면 자식이 자식답지 않게 된다."라고 말하는 것이다.

爲人父而不明父子之義하여 以敎其子而整齊之면 則子不知爲人子之道하여 以事其父矣라 故曰 父不父면 則子不子라하니라

군주와 신하가 서로 친하고 위아래가 서로 화합하면 만백성이 모두 화목하게 된다. 그러므로 군주가 명령을 내리면 백성이 이를 실행하고, 위에서 금지하면 백성은 이를 어기지 않는다. 〈그러나〉 군주와 신하가 서로 친하지 않고 위아래가 서로 화합하지 않으면 만백성이 화목하지 않게 된다. 그러므로 명령하면 실행되지 않고 금지하면 멈추지 않는다. 그러므로 "위아래가 서로 화합하지 못하면 군주의 명령이 제대로 시행되지 않는다."라고 말하는 것이다.

君臣親하고 上下和면 萬民輯이라 故主有令則民行之하고 上有禁則民不犯이라 君臣不親하고 上下不和하면 萬民不輯이라 故令則不行하고 禁則不止라 故曰 上下不和면 令乃不行이라하니라

말이 미덥고 동작이 엄숙하며 衣冠이 바르면 신하가 엄숙한 태도를 취한다. 말이 미덥지 않고 동작이 흐트러지고 의관이 반듯하지 않으면 신하가 군주를 가볍게 여긴다. 그러므로 "주인의 의관이 반듯하지 않으면 손님이 엄숙하게 행동하지 않는다."라고 말하는 것이다.

言辭信하고 動作莊하고 衣冠正이면 則臣下肅이요 言辭慢하고 動作虧하고 衣冠惰면 則臣下輕之라 故曰 衣冠不正이면 則賓者不肅이라하니라

34) (於) : 저본에는 '於'가 있으나, 兪樾(淸)의 ≪諸子平議≫에 의거하여 衍文으로 처리하였다.

儀는 만물의 일정한 준칙이고, 법도는 만백성의 행위 준칙이며, 예의는 존귀함과 미천함을 구분하여 드러내는 준칙이다. 그러므로 군주의 동작이 의례에 들어맞으면 명령이 행해지고, 의례에 맞지 않으면 명령이 실행되지 않는다. 그러므로 "군주의 나아가고 물러나는 행동거지가 의례에 맞지 않으면 정령이 올바로 시행되지 않는다."라고 말하는 것이다.

**儀者 萬物之程式也**요 **法度者 萬民之儀表也**요 **禮義者 尊卑之儀表也**라 **故動有儀則令行**하고 **無儀則令不行**이라 **故曰 進退無儀**면 **則政令不行**이라하니라

군주가 따뜻하고 선량하고 관대하고 너그러우면 백성이 군주를 사랑하고, 반듯하고 가지런하고 근엄하고 엄숙하면 백성이 군주를 두려워한다. 그러므로 백성이 군주를 사랑하면 친해지고, 두려워하면 쓰임이 된다. 무릇 백성이 군주와 친하고 군주의 쓰임이 되는 것은 군주에게 시급한 일이다. 그러므로 "한편으로는 백성을 널리 품어주고 다른 한편으로는 위엄을 지녀야 군주의 도가 갖추어지게 된다."라고 말하는 것이다.

**人主者 溫良寬厚則民愛之**하고 **整齊嚴莊則民畏之**라 **故民愛之則親**하고 **畏之則用**이니 **夫民親而爲用**은 **主之所急也**라 **故曰 且懷且威**면 **則君道備矣**라하니라

군주가 백성을 편안하게 하면 백성은 부모를 섬기듯이 군주를 섬기게 된다. 그러므로 군주에게 근심이 있으면 백성도 같이 근심하고, 군주에게 어려움이 있으면 백성은 군주를 위해 목숨을 바친다. 〈그러나〉 군주가 백성을 흙덩이처럼 여기면 백성은 군주를 위해 쓰임이 되지 않는다. 군주에게 근심이 있어도 이를 근심하지 않고, 군주에게 어려움이 있어도 목숨 바치지 않는다. 그러므로 "군주가 백성들의 삶을 즐겁게 해주지 않으면 〈군주가 어려움에 처했을 때〉 아무도 군주를 위해 슬퍼하지 않으며, 군주가 백성들의 생명을 구해주지 않으면 〈군주가 위험에 처했을 때〉 아무도 군주를 위해 목숨을 바치지 않는다."[35]라고 말하는 것이다.

35) 군주가……않는다 : 〈形勢〉의 경문에는 原註에 의거하여, "평상시에 백성들의 삶을 즐겁게 해주면, 군주가 어려움에 처했을 때 백성들은 반드시 군주의 어려움을 슬퍼하게 된

人主能安其民이면 則事其主如事其父母라 故主有憂則憂之하고 有難則死之라 主視民如土면 則民不爲用이니 主有憂則不憂하고 有難則不死라 故曰 莫樂之則莫哀之하고 莫生之則莫死之라하니라

백성이 나라를 지키고 군주를 위해 싸우다가 죽음에 이르러도 물러서지 않는 것은, 군주가 백성에게 베푸는 것이 후하기 때문이다. 그러므로 군주의 베풂이 후하면 백성의 보답 또한 후하지만, 군주의 베풂이 박하면 백성의 보답 또한 박하다. 그러므로 박하게 베풀고서 후한 보답을 요구하는 것은, 군주가 신하에게 얻지 못하고 아비가 자식에게 얻지 못한다. 그러므로 "가는 것이 이르지 않으면 오는 것도 이르지 않는다."[36]라고 말하는 것이다.

民之所以守戰至死而不衰者는 上之所以加施於民者厚也라 故上施厚則民之報上亦厚요 上施薄則民之報上亦薄이라 故薄施而厚責은 君不能得之於臣하고 父不能得之於子라 故曰 往者不至면 來者不極이라하니라

도라는 것은 뭇 사물을 도와서, 생겨나고 자라게 하고 각각 그 생명을 다 누리게 하는 것이다. 그러므로 이 도에 의해 어떤 사람은 한 고을을 다스리기도 하고, 어떤 사람은 한 국가를 다스리기도 하고, 어떤 사람은 천하를 다스리기도 한다. 그러므로 "도가 말하는 바는 하나이지만 〈사람에 따라〉 그 쓰임새가 다르다."라고 말하는 것이다.

道者 扶持衆物하여 使得生育而各終其性命者也라 故或以治鄕하고 或以治國하고 或以治天下라 故曰 道之所言者一也나 而用之者異라하니라

도를 듣고서 한 고을을 다스려, 아비와 자식을 서로 친근하게 하고 형제를 화목하게 하고 풍속을 바르게 하고, 백성들이 윗사람을 즐거이 섬기고 자기 고향에서

---

다. 평소에 백성들의 생명을 구해주면, 군주가 위험에 처했을 때 백성들은 반드시 군주를 위해 목숨을 바치게 된다."로 해석하였다.

36) 가는……않는다 : 〈形勢〉의 경문에는 原註에 의거하여 "가는 情이 없으면 오는 생각도 없는 법이다."로 해석하였다.

편안하게 살게 하여, 한 고을의 근간이 되는 자는 한 고을을 다스릴 만한 인재이다. 그러므로 "도를 듣고서 그것을 고을을 위해 쓰는 자는 한 고을의 수장이 된다." 라고 말하는 것이다.

**聞道而以治一鄕**하여 **親其父子**하고 **順其兄弟**하고 **正其習俗**하고 **使民樂其上**하고 **安其土**하여 **爲一鄕主幹者**는 **鄕之人也**라 **故曰 有聞道而好爲鄕者**는 **一鄕之人也**라하니라

백성이 도가 있는 군주를 따르는 것은, 마치 굶주린 자가 먹을 것을 먼저 찾고, 추운 자가 옷을 먼저 찾고, 더운 자가 그늘을 먼저 찾는 것과 같다. 그러므로 군주가 도가 있으면 백성이 귀의하고, 군주가 도가 없으면 백성이 떠나간다. 그러므로 "도가 떠나간 사람은 아무도 찾아오지 않고, 도가 찾아온 사람은 아무도 떠나가지 않는다."라고 말하는 것이다.

**民之從有道也**는 **如饑之先食也**요 **如寒之先衣也**요 **如暑之先陰也**라 **故有道則民歸之**하고 **無道則民去之**라 **故曰 道往者**는 **其人莫來**요 **道來者**는 **其人莫往**이라하니라

도는 몸을 변화시켜 바른 이치로 가게 하는 것이다. 그러므로 몸에 도가 있으면 말이 저절로 순조로워지고, 행위가 저절로 발라진다. 그리고 군주를 섬기면 저절로 충성스러워지고, 아비를 섬기면 저절로 효성스러워지고, 사람을 대하면 저절로 다스려진다. 그러므로 "도가 베풀어지면 몸이 변화한다."[37]라고 말하는 것이다.

**道者 所以變化身而之正理者也**라 **故道在身**이면 **則言自順**하고 **行自正**하고 **事君自忠**하고 **事父自孝**하고 **遇人自理**라 **故曰 道之所設**이면 **身之化也**라하니라

천도는 가득 차도 넘치지 않고 융성해도 쇠퇴하지 않는다. 현명한 군주는 이러한 천도를 본보기로 삼는다. 그러므로 고귀해도 교만하지 않고, 부유해도 사치하지 않고, 이치를 따라 행하고 게을리하지 않는다. 이 때문에 현명한 군주는 고귀함과 부유함을 오랫동안 지킬 수 있고, 길이 천하를 보존하여 잃지 않는다. 그러므로 "가득

---

37) 도가……변화한다 : 〈形勢〉의 경문에는 原註에 의거하여 "도가 베풀어지면 몸이 도와 더불어 변화하게 마련이다."로 해석하였다.

찬 상태를 유지하는 사람은 하늘과 하나가 된다."라고 말하는 것이다.

**天之道**는 **滿而不溢**하고 **盛而不衰**니 **明主法象天道**라 **故貴而不驕**하고 **富而不奢**하고 **行理而不惰**라 **故能長守貴富**하고 **久有天下而不失也**라 **故曰 持滿者**는 **與天**이라하니라

현명한 군주는 세상의 재난을 구제하고 세상의 위태로움을 안정시키는 사람이다. 무릇 재난을 구제하고 위태로움을 안정시키는 자는, 반드시 만백성이 그의 쓰임이 된 이후에야 그렇게 할 수 있다. 그러므로 "세상의 위태로운 상황을 안정시키는 자는 백성과 함께한다."[38)]라고 말하는 것이다.

**明主**는 **救天下之禍**하고 **安天下之危者也**라 **夫救禍安危者**는 **必待萬民之爲用也而後能爲之**라 **故曰 安危者**는 **與人**이라하니라

영토가 크고 나라가 부유하며 백성이 많고 군대가 강하면, 이는 융성함이 가득한 나라이다. 〈그러나〉 비록 이미 융성함이 가득하다 할지라도 백성을 넉넉한 덕으로 안정시키지 못하고 법도로 다스리지 않는다면, 그 나라는 자신의 나라가 아니고 그 백성은 자신의 백성이 아니다. 그러므로 "하늘의 도를 잃으면 비록 가득 차도 반드시 마르게 된다."라고 말하는 것이다.

**地大國富**하고 **民衆兵强**은 **此盛滿之國也**라 **雖已盛滿**이라도 **無德厚以安之**하고 **無度數以治之**면 **則國非其國**이요 **而民(無)〔非〕**[39)]**其民也**라 **故曰 失天之度**면 **雖滿必涸**이라하니라

신하는 군주와 친하지 않고 백성은 관리를 믿지 못하면, 위아래가 서로 마음이 분리되어 화합하지 못한다. 그러므로 비록 스스로 편안하다 여길지라도 반드시 위태롭게 된다. 그러므로 "위아래가 불화하면 비록 안정되어도 반드시 위태롭게 된다."라고 말하는 것이다.

**臣不親其主**하고 **百姓不信其吏**면 **上下離而不和**라 **故雖自安**이라도 **必且危之**라 **故曰 上下不**

---

38) 세상의……함께한다 : 〈形勢〉의 경문에는 原註에 의거하여, "위태로운 상황을 안정시킬 수 있는 사람은 사람과 하나가 된다."로 해석하였다.

39) (無)〔非〕 : 저본에는 '無'로 되어 있으나, 豬飼彦博(日)의 ≪管子補正≫에 의거하여 '非'로 바로잡았다.

**和**면 **雖安必危**라하니라

군주가 天道를 지니고 백성을 다스리면 백성은 한마음으로 군주를 받든다. 그러므로 부귀를 누리면서 천하에서 길이 왕 노릇 할 수 있다. 〈그러나〉 천도를 잃으면 백성은 떠나고 배반하면서 따르지 않게 된다. 이 때문에 군주는 위태로워지고 천하에서 길이 왕 노릇 할 수 없다. 그러므로 "천하에서 왕 노릇 하고자 하면서 천도[40]를 잃으면 천하를 얻어 왕 노릇 할 수 없다."라고 말하는 것이다.

**主有天道以禦其民**이면 **則民一心而奉其上**이라 **故能貴富而久王天下**라 **失天之道**면 **則民離叛而不聽從**이라 **故主危而不得久王天下**라 **故曰 欲王天下而失天之道**면 **天下不可得而王也**라하니라

군주가 〈治國의〉 방책을 배우는 데 힘쓰고 바른 이치를 행하는 데 힘쓰면, 날마다 변화가 일어나 커다란 공을 이루어도 어리석은 사람은 이를 알지 못한다. 어리석은 군주는 방탕하고 삿된 행위를 일삼아 날마다 무도하게 굴다가 마침내 멸망에 이르러도 그 자신은 이를 알지 못한다. 그러므로 "천도를 얻으면 아무도 일이 이루어지는 것을 알지 못하며, 공이 이미 이루어지면 아무도 그것이 백성들에게 베풀어지는 것을 알지 못한다. 이처럼 無形에 간직되는 것이 천도이다."라고 말하는 것이다.

**人主務學術數**하고 **務行正理**면 **則化變日進**하여 **至於大功**이나 **而愚人不知也**라 **亂主淫佚邪枉**하고 **日爲無道**하여 **至於滅亡而不自知也**라 **故曰 〔其道既得**이면**〕**[41] **莫知其爲之**요 **其功既成**이면 **莫知其(舍)〔釋〕**[42]**之**니 **藏之無形**이 **〔天之道也〕**[43]라

옛날에 三王과 五伯(오패)[44]는 모두 천하 사람들을 이롭게 한 군주들이다. 그 결

40) 천도 : 〈形勢〉의 경문에는 '천하의 도〔天下之道〕'로 되어 있다.
41) 〔其道既得〕 : 저본에는 '其道既得'이 없으나, 〈形勢〉의 경문에 의거하여 보충하였다.
42) (舍)〔釋〕 : 저본에는 '舍'로 되어 있으나, 陶鴻慶(淸)의 ≪讀管子札記≫에 의거하여 '釋'으로 바로잡았다.
43) 〔天之道也〕 : 저본에는 '天之道也'가 없으나, 〈形勢〉의 경문에 의거하여 보충하였다.
44) 三王과 五伯(오패) : 三王은 夏나라의 禹王, 殷나라의 湯王, 周나라의 文王을 말한다. 五

과 그들 자신은 고귀해지고 명성이 드러났고 자손들은 그 은택을 입었다. 桀王・紂王・幽王・厲王[45]은 모두 천하 사람들을 해롭게 한 군주들이다. 그 결과 그들 자신은 곤경에 처하고 손상을 입었고 자손들은 그 禍를 입었다. 그러므로 "현재가 의심스러운 자는 옛것을 살펴보고, 미래의 일을 알지 못할 것 같으면 과거를 살펴보라."라고 말하는 것이다.

**古者**에 **三王五伯**(패)는 **皆人主之利天下者也**라 **故身貴顯而子孫被其澤**이라 **桀紂幽厲**는 **皆人主之害天下者也**라 **故身困傷而子孫蒙其禍**라 **故曰 疑今者**는 **察之古**하고 **不知來者**는 **視之往**이라하니라

神農은 밭 가는 법을 가르쳐 곡식을 생산함으로써 백성을 이롭게 하였다. 禹는 몸소 물길을 트고, 높은 곳은 깎아내리고 낮은 곳은 바로잡아 백성을 이롭게 하였다. 湯王과 武王은 무도한 자들을 정벌하고 포악하고 난리를 일으키는 자들을 잡아 죽임으로써 백성을 이롭게 하였다. 그러므로 현명한 왕들의 행위는 비록 각각 다르지만 백성을 이롭게 한다는 점에서는 같았다. 그러므로 "만사의 발생은 그 내용은 다르지만 그 궁극적 이치는 동일하니, 옛날이나 지금이나 이치는 하나다."라고 말하는 것이다.

**神農教耕生穀**하여 **以致民利**요 **禹身決瀆**하고 **斬高橋**[46]**下**하여 **以致民利**요 **湯武征伐無道**하고 **誅殺暴亂**하여 **以致民利**라 **故明王之動作雖異**나 **其利民同也**라 **故曰 萬事之**(任)〔**生**〕[47]**也**에 **異**(起)〔**趣**〕[48]**而同歸**니 **古今一也**라하니라

---

伯는 齊 桓公・晉 文公・楚 莊王・吳王 闔閭・越王 句踐, 혹은 齊 桓公・宋 襄公・晉 文公・秦 穆公・楚 莊王을 가리킨다.

45) 桀王・紂王・幽王・厲王 : 모두 중국 고대의 유명한 暴君들이다. 桀王은 夏나라를 망친 마지막 임금이고, 紂王은 商나라를 망친 마지막 임금이며, 幽王은 西周의 마지막 임금으로 오랑캐의 칼에 맞아 죽었고, 厲王은 幽王의 할아버지로 미녀 褒姒에게 빠져 나라를 망친 임금이다.

46) 橋 : '矯'와 통한다.

47) (任)〔生〕: 저본에는 '任'으로 되어 있으나, 王念孫(淸)의 ≪讀書雜志≫에 의거하여 '生'으로 바로잡았다. 〈形勢〉의 경문에도 '生'으로 되어 있다.

48) (起)〔趣〕: 저본에는 '起'로 되어 있으나, 王念孫(淸)의 ≪讀書雜志≫에 의거하여 '趣'로 바로잡았다. 〈形勢〉의 경문에도 '趣'로 되어 있다.

마르지 않은 대들보가 휘어져 무게를 감당하지 못하면 집이 무너진다. 그럼에도 사람들이 남을 원망하지 않는 것은 이치에 합당하기 때문이다. 어린아이는 자애로운 어머니가 사랑하는 바이다. 그러나 어린아이가 아무런 이유 없이 기왓장을 내던지면 자애로운 어머니도 매를 든다. 따라서 이치에 근거해 발생하는 일은 비록 집이 무너져도 원망하지 않지만, 이치에 합당하지 않은 것은 기왓장을 던지는 것 같은 〈사소한〉 행동도 반드시 매를 맞는다. 그러므로 "마르지 않은 대들보로 집을 짓다가 집이 무너지면 남을 원망하거나 분노하지 않지만, 어린아이가 기왓장을 내던지면 자애로운 어머니도 매를 든다."라고 말하는 것이다.

(楝生)〔生楝〕[49] **橈不勝任則屋覆而人不怨者**는 **其理然也**라 **弱子**는 **慈母之所愛也**나 **不以其理(動者)**[50] **下瓦**면 **則慈母笞之**라 **故以其理動者**는 **雖覆屋不爲怨**이나 **不以其理動者**는 **下瓦必笞**라 **故曰 生楝覆屋**이면 **怨怒不及**이나 **弱子下瓦**면 **慈母操箠**라하니라

천도를 행하고 공정한 이치를 따라 움직이면 멀리 있는 사람도 스스로 친하게 다가온다. 그러나 천도를 폐하고 사적인 행위를 행하면 모자간에도 서로 원망하게 된다. 그러므로 "천도를 표준으로 삼으면 멀리 있는 자도 스스로 친근하게 다가오지만, 인간의 주관에 따라 일을 처리하면 가깝고 친한 사람도 원망을 일으키게 된다."라고 말하는 것이다.

**行天道**하고 **出公理**면 **則遠者自親**이나 **廢天道**하고 **行私爲**면 **則子母相怨**이라 **故曰 天道之極**이면 **遠者自親**이나 **人事之起**면 **近親造怨**이라하니라

옛날에 武王이 다스린 지역은 사방 백 리에 지나지 않았고, 병졸의 무리는 만 명에 지나지 않았다. 그러나 무왕은 싸우면 승리하고 공격하면 취하여 천자의 자리에 설 수 있었고, 세상 사람들이 그를 聖王으로 불렀다. 그렇게 될 수 있었던 이유는 천하를 다스리는 법을 알았기 때문이다. 桀과 紂는 고귀하기로는 천자의 신분

---

49) (楝生)〔生楝〕: 저본에는 '楝生'으로 되어 있으나, 〈形勢〉의 경문에 의거하여 '生楝'으로 바로잡았다.

50) (動者): 저본에는 '動者'가 있으나, 王念孫(淸)의 ≪讀書雜志≫에 의거하여 衍文으로 처리하였다. 다음에 나오는 "故以其理動者" 구절로 인해 '動者'가 불필요하게 첨가된 것이다.

이었고, 부유하기로는 천하를 소유하였으며, 그가 다스리는 영토는 매우 넓었고 병졸 또한 매우 많았다. 그럼에도 불구하고 그들 자신은 죽고 나라는 망하여, 천하 사람들의 웃음거리가 되었다. 그렇게 된 이유는 천하를 다스리는 법을 몰랐기 때문이다. 따라서 다스릴 수 있으면 작은 것이 큰 것이 될 수 있고, 미천한 사람이 고귀한 사람이 될 수 있다. 그러나 다스릴 수 없으면 비록 천자의 지위에 있다 할지라도 오히려 남들이 그 지위를 빼앗게 된다. 그러므로 "재주 있는 자는 여유가 있고, 재주 없는 자는 부족하다."라고 말하는 것이다.

古者에 武王은 地方不過百里요 戰卒之衆不過萬人이나 然能戰勝攻取하여 立爲天子하고 而世謂之聖王者는 知爲之之術也라 桀紂貴爲天子요 富有海內요 地方甚大요 戰卒甚衆이나 而身死國亡하여 爲天下僇者는 不知爲之之術也라 故能爲之면 則小可爲大하고 賤可爲貴요 不能爲之면 則雖爲天子라도 人猶奪之也라 故曰 巧者有餘나 而拙者不足也라하니라

현명한 군주는 위로 天道를 거스르지 않고 아래로 地理를 폐하지 않는다. 이 때문에 하늘은 그에게 '때'를 내려주고 땅은 그에게 재물을 내어준다. 그러나 어리석은 군주는 위로 천도를 거스르고 아래로 지리를 끊어버린다. 이 때문에 하늘은 그에게 '때'를 내려주지 않고 땅은 그에게 재물을 내어주지 않는다. 그러므로 "〈군주가 행하는〉 功業이 하늘을 따르면 하늘이 도와주나, 하늘을 거스르면 하늘이 버린다."라고 말하는 것이다.

明主는 上不逆天하고 下不壙地라 故天予之時하고 地生之財라 亂主는 上逆天道하고 下絶地理라 故天不與時하고 地不生財라 故曰 其功順天者는 天助之나 其功逆天者는 天違之라하니라

옛날에 武王은 하늘이 도와준 군주였다. 이 때문에 비록 영토가 작고 백성이 적었어도 오히려 천자가 되었다. 桀과 紂는 하늘이 버린 군주들이었다. 이 때문에 비록 영토가 크고 백성이 많았어도 오히려 곤욕을 당하고 사망에 이르게 되었다. 그러므로 "하늘이 도와주면 비록 작더라도 반드시 크게 되고, 하늘이 버리면 비록 〈일시적으로〉 성공하더라도 반드시 실패하게 된다."라고 말하는 것이다.

古者에 武王은 天之所助也라 故雖地小而民少로되 猶之爲天子也라 桀紂는 天之所違也라 故

**雖地大民衆**이로되 **猶之困辱而死亡也**라 **故曰 天之所助**면 **雖小必大**요 **天之所違**면 **雖成必(削)〔敗〕**[51]라

사람들과 교제할 때 거짓이 많고 진실성이 없으면서 〈다만〉 구차하게 모든 것을 취하려고 하는 것을 '까마귀 떼의 사귐'이라 한다. 까마귀 떼의 사귐은 처음에는 비록 서로 즐거워하면서 잘 지낼지라도 나중에는 반드시 서로 소리치며 질책한다. 그러므로 "까마귀 떼의 사귐은 〈처음에는〉 비록 좋게 지내더라도 〈결국〉 불화하게 된다."[52]라고 말하는 것이다.

**與人交**에 **多詐僞**하고 **無情實**하고 **偸取一切**를 **謂之烏集之交**라 **烏集之交**는 **初雖相驩**이나 **後必相咄**이라 **故曰 烏集之交**는 **雖善不親**이라하니라

성인은 사람들과 결의를 맺을 때, 위로는 군주를 섬기는 것을 살펴보고 안으로는 부모를 섬기는 것을 살펴보고, 반드시 상대를 알아볼 만한 이치가 있은 이후에 결의를 맺는다. 결의를 맺을 때 마땅한 이치에 근거하지 않으면 나중에 반드시 서로 배반하게 된다. 그러므로 "신중하지 않은 결의는 비록 견고한 것 같아도 반드시 풀어지게 마련이다. 道의 작용은 신중함을 귀하게 여긴다."라고 말하는 것이다.

**聖人之與人約結也**에 **上觀其事君也**하고 **內觀其事親也**하고 **必有可知之理然後約結**이니 **約結而不襲於理**면 **後必相倍**라 **故曰 不重之結**은 **雖固必解**니 **道之用也**는 **貴其重也**라하니라

현명한 군주는 聖人과 함께 일을 계획하므로 그 계획이 실현되고, 성인과 함께 일을 거행하므로 그 일이 이루어진다. 〈그러나〉 어리석은 군주는 어리석은 자와 함께 일을 계획하므로 그 계획이 실현되지 않고, 어리석은 자와 함께 일을 거행하므로 그 일이 실패한다. 무릇 계획이 실현되지 않고 일이 실패하는 것은, 마땅하지 않은 사람과 함께한 죄 때문이다. 그러므로 "마땅하지 않은 사람과 함께하지 말

---

51) (削)〔敗〕: 저본에는 '削'으로 되어 있으나, 郭沫若(中)의 ≪管子集校≫에 의거하여 '敗'로 바로잡았다. 앞의 〈形勢〉 경문에도 '敗'로 되어 있다.
52) 까마귀……된다 : 〈形勢〉의 경문에는 原註에 의거하여 "까마귀들은 시기심이 많아 〈처음에는〉 비록 좋게 지내더라도 〈결국〉 불화하게 된다."로 해석하였다.

라."고 말하는 것이다.

明主與聖人謀라 故其謀得이요 與之擧事라 故其事成이라 亂主與不肖者謀라 故其計失이요 與之擧事라 故其事敗라 夫計失而事敗는 此與不可之罪라 故曰 毋與不可라하니라

현명한 군주는 사람의 능력이 행할 수 있는지를 헤아린 이후에 사람을 부린다. 그러므로 그 사람이 행할 수 있는 것을 명령하면 명령이 실행되고, 그 사람이 행할 수 있는 일을 시키면 일이 이루어진다. 〈그러나〉 어리석은 군주는 사람의 역량을 헤아리지 않는다. 그 사람이 행할 수 없는 것을 명령하므로 그 명령이 폐해지고, 그 사람이 행할 수 없는 일을 시키므로 그 일이 실패한다. 무릇 명령을 내렸는데 폐해지고 일을 거행하였는데 실패하는 것은, 할 수 없는 것을 강행한 죄 때문이다. 그러므로 "할 수 없는 일은 강행하지 말라."라고 말하는 것이다.

明主度(탁)量人力之所能爲而後使焉이라 故令於人之所能爲則令行하고 使於人之所能爲則事成이라 亂主不量人力하니 令於人之所不能爲라 故其令廢요 使於人之所不能爲라 故其事敗라 夫令出而廢하고 擧事而敗는 此强不能之罪也라 故曰 毋强不能이라하니라

사리를 분별하지 못하는 미혹된 사람은, 그에게 군신간의 의리와 부자간의 이치와 귀함과 천함의 구분을 말해주면, 성인의 말을 믿지 않고 도리어 성인을 비난한다. 때문에 성인은 그런 사람에게는 말해주지 않는다. 그러므로 "무지한 자에게는 말하지 말라."라고 말하는 것이다.

狂惑之人은 告之以君臣之義와 父子之理와 貴賤之分이면 不信聖人之言也而反害傷之라 故聖人不告也라 故曰 毋告不知라하니라

어리석은 사람과 함께 일을 거행하면 일이 실패하고, 그 사람이 할 수 없는 일을 시키면 명령이 폐해지고, 미혹된 사람에게 말해주면 자신이 해롭게 된다. 그러므로 "마땅하지 않은 사람과 함께하고, 불가능한 일을 강행하고, 무지한 자에게 말하는 행위를 수고롭기만 하고 보람이 없다."라고 말하는 것이다.

與不肖者擧事則事敗요 使於人之所不能爲則令廢요 告狂惑之人則身害라 故曰 與不可하고

**强不能**하고 **告不知**를 **謂之勞而無功**이라하니라

〈어떤 사람이〉 항상 드러내놓고 말하기를, '나는 남과 잘 지내고, 남을 사랑하고, 남에게 덕을 베푼다.'라고 한다. 이런 태도로 친구를 사귀면 친하지 않고, 이런 태도로 교제를 하면 굳게 맺어지지 않고, 이런 태도로 남에게 덕을 베풀면 보답을 받지 못한다. 그러므로 "보여주기 위한 우정만으로는 진정한 친함에 이르지 못하고, 보여주기 위한 사랑의 교제로는 친교를 맺지 못하고, 보여주기 위한 덕의 베풂만으로는 보답을 받지 못한다.[53] 사방에서 백성이 귀의하는 대상은 진심으로 행하는 군주이다."라고 말하는 것이다.

**常以言翹明**[54]호되 **其與人也**요 **其愛人也**요 **其有德於人也**라하니 **以此爲友則不親**하고 **以此爲交則不結**하고 **以此有德於人則不報**라 **故曰 見**(현)**與之友**는 **幾於不親**이요 **見**(현)**愛之交**는 **幾於不結**이요 **見**(현)**施之德**은 **幾於不報**니 **四方之所歸**는 **心行者也**라하니라

현명한 군주는 자신의 지혜를 쓰지 않고 성인의 지혜에 맡기며, 자신의 힘을 쓰지 않고 대중의 힘에 맡긴다. 그러므로 성인의 지혜에 의해 사려하는 자는 알지 못하는 것이 없고, 대중의 힘에 의해 일을 일으키는 자는 이루지 못하는 것이 없다. 자기 자신을 버리고 천하 사람들의 지혜와 힘을 이용하여 일을 일으킬 수 있으면 그 자신은 편안하고 복이 많다. 〈그러나〉 어리석은 군주는 자신의 지혜만 쓰고 성인의 지혜에 맡기지 않고, 자신의 힘만 쓰고 대중의 힘에 맡기지 않는다. 이 때문에 그 자신은 고생스럽고 재난이 많다. 그러므로 "자기 자신의 지혜와 힘에만 의존하는 군주의 나라는 고생스럽고 재난이 많다."라고 말하는 것이다.

**明主不用其智而任聖人之智**하고 **不用其力而任衆人之力**이라 **故以聖人之智思慮者**는 **無不知也**요 **以衆人之力起事者**는 **無不成也**니 **能自去而因天下之智力起**면 **則身逸而福多**라 **亂主獨用其智而不任聖人之智**하고 **獨用其力而不任衆人之力**이라 **故其身勞而禍多**라 **故曰 獨任之**

53) 보여주기……못한다 : 〈形勢〉의 경문에는 "보여주기 위한 친함만으로는 진정한 친함에 이르지 못하고, 보여주기 위한 슬픔만으로는 친교를 맺지 못하며, 보여주기 위한 베풂의 덕만으로는 보답을 받지 못한다.〔見與之交 幾於不親 見哀之役 幾於不結 見施之德 幾於不報〕"로 해석하였다.

54) 翹明 : '表明하다'는 의미를 지닌다.

國[55] 勞而多禍라하니라

현명한 군주는 안으로는 법도를 실행하고 밖으로는 의리를 실천한다. 이 때문에 이웃 나라는 그를 친하게 대하고 동맹국은 그를 신뢰하니, 근심거리가 있으면 이웃 나라가 그를 걱정해주고, 어려움이 있으면 이웃 나라가 그를 구해준다. 〈그러나〉 어리석은 군주는 안으로는 자기 백성의 마음을 잃고 밖으로는 이웃 나라에 신뢰받지 못하니, 근심거리가 있어도 아무도 같이 걱정해주지 않고 어려움이 있어도 아무도 구해주지 않는다. 이처럼 안팎으로 모두 잃고 고립되어 함께하는 자가 없으므로 나라는 약해지고 군주는 욕됨을 당한다. 그러므로 "도와주는 이웃이 없는 나라의 군주는 미천하고 위엄이 없다."라고 말하는 것이다.

明主內行其法度하고 外行其理義라 故隣國親之하고 與國信之니 有患則隣國憂之하고 有難則隣國救之라 亂主內失其百姓하고 外不信於隣國이라 故有患則莫之憂也요 有難則莫之救也니 外內皆失하여 孤特而無黨이라 故國弱而主辱이라 故曰 獨國之君은 卑而不威라하니라

현명한 군주가 세상을 다스릴 때는 반드시 성인을 기용한 이후에 세상을 다스린다. 여자가 남편을 구할 때는 반드시 중매쟁이를 통한 이후에 가정을 이룬다. 그러므로 세상을 다스리면서 성인을 기용하지 않으면 세상이 어지러워지고 백성이 친하게 다가오지 않는다. 남편을 구하면서 중매쟁이를 통하지 않으면 그 자신은 추해지고 사람들은 믿지 않는다. 그러므로 "스스로 중매하는 여자는 추하고 믿을 수 없다."라고 말하는 것이다.

明主之治天下也에 必用聖人而後天下治요 婦人之求夫家也에 必用媒而後家事成이라 故治天下而不用聖人이면 則天下乖亂而民不親也요 求夫家而不用媒면 則〔身〕[56] 醜恥而人不信也라 故曰 自媒之女는 醜而不信이라하니라

현명한 군주는 사람들이 아직 직접 만나보지 않아도 친근한 마음을 가지게 되는

---

55) 獨任之國 : 〈形勢〉에는 '獨王之國'으로 되어 있다.
56) 〔身〕 : 저본에는 '身'이 없으나, 郭沫若(中)의 ≪管子集校≫에 의거하여 보충하였다.

데, 그렇게 되는 것은 백성이 그를 친근하게 느끼도록 하는 도가 있기 때문이다. 이 때문에 그의 지위가 안정되고 백성이 찾아간다. 그러므로 "아직 보지 않았는데도 친근함이 느껴진다면 찾아갈 만하다."라고 말하는 것이다.

明主者 人未之見而有親心焉者는 有使民親之之道也라 故其位安而民往之라 故曰 未之見而親焉이면 可以往矣라하니라

堯임금과 舜임금은 옛날의 현명한 군주이다. 세상 사람들은 그들을 받들면서 피곤해하지 않았고, 찬양하면서 싫증을 내지 않았으며, 오래 지나도 잊지 않았다. 그렇게 되었던 것은 백성이 그들을 잊지 않게 하는 도가 있었기 때문이다. 이 때문에 그들의 지위는 안정되었고 백성이 찾아왔던 것이다. 그러므로 "오랜 시간이 지나도 잊혀지지 않는다면 찾아올 만하다."라고 말하는 것이다.

堯舜은 古之明主也니 天下推之而不倦하고 譽之而不厭하고 久遠而不忘者는 有使民不忘之道也라 故其位安而民來之라 故曰 久而不忘焉이면 可以來矣라하니라

해와 달은 만물을 밝게 살피는 것이나, 하늘에 구름이 많아 가리고 덮는 것이 많으면 해와 달이 밝지 못하다. 군주는 이러한 해와 달과 같다. 뭇 신하들이 대부분 간사하고 私黨을 세워 군주를 가리면, 군주는 신하들을 밝게 살필 수 없어 신하들의 사정이 군주에게 전해질 수 없다. 이 때문에 간사함과 사특함이 날로 많아질수록 군주는 더욱더 가려지게 된다. 그러므로 "해와 달이 밝지 않은 것은 하늘이 맑지 않기 때문이다."라고 말하는 것이다.

日月은 昭察萬物者也나 天多雲氣하여 蔽蓋者衆이면 則日月不明이라 人主猶日月也니 群臣多姦立私하여 以擁蔽主면 則主不得昭察其臣下하여 臣下之情不得上通이라 故奸邪日多而人主愈蔽라 故曰 日月不明은 天不易(이)也라하니라

산은 사물 가운데 높은 것이나, 지형이 험하여 평평하지 않으면 산을 볼 수 없다. 군주는 이러한 산과 같다. 좌우 신하들이 대부분 당파를 형성하여 군주를 가리면 군주는 제대로 볼 수 없다. 그러므로 "산이 높은데도 보지 못하는 것은 지형

이 험하여 평평하지 않기 때문이다."라고 말하는 것이다.

山은 物之高者也나 地險穢不平易면 則山不得見이라 人主猶山也니 左右多黨比周하여 以壅其主면 則主不得見이라 故曰 山高而不見은 地不易也라하니라

군주가 말을 할 때 민심을 거스르지 않고 의리에 어긋나지 않으면, 그 말한 바가 천하를 안정시키기에 충분하니, 백성은 오직 군주가 다시 말하지 않을까 걱정한다. 〈그러나〉 말을 하면 부자간의 친함을 떨어지게 하고 군신간의 도를 소원하게 하고 천하 사람들을 해친다면, 이는 다시 해서는 안 되는 말이다. 이 때문에 현명한 군주는 이런 말을 하지 않는다. 그러므로 "다시 언급할 만하지 않은 말은 군주는 말하지 않는다."라고 말하는 것이다.

人主出言에 不逆於民心하고 不悖於理義하면 其所言足以安天下者也니 人唯恐其不復言也라 出言而離父子之親하고 疏君臣之道하고 害天下之衆하면 此言之不可復者也라 故明主不言也라 故曰 言而不可復者는 君不言也라하니라

군주가 몸소 반듯하게 행동하고, 사람을 부림에 있어 예의가 있고, 사람을 대할 때 이치에 합당하고, 〈일체의〉 행위가 그 자신에게서 시작되어 천하의 본보기가 된다면, 백성은 오직 군주가 다시 행하지 않을까만 걱정하게 된다. 〈그러나〉 몸소 반듯하게 행동하지 않고, 사람을 부림에 있어 포악하고, 사람을 대함에 있어 믿음이 없으며, 〈일체의〉 행위가 그 자신에게서 시작되어 천하의 웃음거리가 된다면, 그런 행위는 다시 행할 만하지 않다. 이 때문에 현명한 군주는 그런 행위는 행하지 않는다. 그러므로 "두 번 반복할 만하지 않은 행위는 군주는 행하지 않는다."라고 말하는 것이다.

人主身行方正하고 使人有禮하고 遇人有理하고 行發於身而爲天下法式者는 人唯恐其不復行也라 身行不正하고 使人暴虐하고 遇人不信하고 行發於身而爲天下笑者는 此不可復之行이라 故明主不行也라 故曰 行而不可再者는 君不行也라하니라

다시 반복해서는 안 되는 말은 믿음이 없는 말이고, 다시 반복해서는 안 되는 행

위는 사람을 해치고 포악하게 구는 행위이다. 그러므로 말을 함에 있어 믿음이 없으면 백성이 따르지 않고, 행위를 함에 있어 해치고 포악하면 천하 사람들이 원망한다. 백성이 따르지 않고 천하 사람들이 원망하면, 이는 나라가 멸망하는 원인이 된다. 때문에 현명한 군주는 이를 금지한다. 그러므로 “무릇 다시 언급할 만하지 않은 말과 두 번 반복할 만하지 않은 행위는 군주가 삼가야 할 중대한 금기이다.”라고 말하는 것이다.

言之不可復者 其言不信也요 行之不可再者 其行賊暴也라 故言而不信則民不附하고 行而賊暴則天下怨이니 民不附하고 天下怨은 此滅亡之所從生也라 故明主禁之라 故曰 凡言之不可復와 行之不可再者는 有國者之大禁也라하니라

管子 21卷

明 吳郡 趙氏本
唐 司空 房玄齡 註

# 제65편 〈立政〉의 '九敗' 풀이 立政九敗解
## 관자해 3 管子解 三

본 편은 제4편 〈立政〉에서 군주가 지니게 되는 아홉 가지 문제 중, 여덟 번째 문제인 '九敗' 즉 '정치 실패의 9가지 원인'에 대해 하나씩 풀이하고 있다. 〈立政〉의 9가지 주제 중 오직 '九敗'에 대해서만 해설을 달고 있다는 점이 특이하다.

군주가 오직 軍備를 폐지하자는 주장을 받아들이면 뭇 신하들이나 빈객들이 아무도 군대에 관해 감히 언급하지 못한다. 그러면 안으로는 나라가 다스려지는지 어지러운지를 알지 못하게 되고, 밖으로는 이웃 제후들이 강한지 약한지를 알지 못하게 된다. 이와 같으면 성곽이 훼손되어도 아무도 보수하지 않고, 갑옷이 해지고 병장기가 무뎌져도 아무도 수선하지 않는다. 이와 같으면 지키고 방어하는 설비가 훼손되고, 멀리 있는 지방의 사정에 어두워지고, 국경 지역의 병사들은 게을러지고, 백성은 외적에 대항하는 마음이 없어진다. 그러므로 "군비를 폐지하자는 주장이 득세하면 험준한 지형을 지녀도 나라를 지키지 못한다."라고 말하는 것이다.

**人君唯毋**[1]**聽寢兵**하면 **則群臣賓客莫敢言兵**이니 **然則內之不知國之治亂**하고 **外之不知諸侯强弱**이라 **如是則城郭毀壞**로되 **莫之築補**요 **甲弊兵彫**로되 **莫之脩繕**이라 **如是則守圉之備毀矣**요 **遼遠之地**(謀)〔晦〕[2]요 **邊竟之士**(修)〔偸〕[3]요 **百姓無圉敵之心**이라 **故曰 寢兵之說勝**이면 **則險**

---

1) 毋 : 戴望(淸)의 ≪管子校正≫에 의하면, 여기서 '毋'는 특별한 의미가 없는 어조사로 쓰였다고 한다. 이하에서도 마찬가지이다.
2) (謀)〔晦〕: 저본에는 '謀'로 되어 있으나, 郭沫若(中)의 ≪管子集校≫에 의거하여 '晦'로 바로잡았다.

阻不守라하니라

군주가 오직 兼愛의 설[4]을 받아들이면 천하의 백성을 자기 백성처럼 여기게 되고, 다른 나라를 자기 나라처럼 여기게 된다. 이와 같으면 다른 나라를 겸병하거나 탈취하고자 하는 마음이 없어지고, 적군을 무너뜨리거나 적장을 물리치는 일이 없게 된다. 그러면 활을 잘 쏘고 말을 잘 모는 용감한 병사들이 후한 대우를 받지 못하게 되고, 적군을 무너뜨리거나 적장을 물리친 신하들이 높은 벼슬을 받지 못하게 된다. 이와 같으면 활을 잘 쏘고 말을 잘 모는 용감한 병사들이 다른 나라로 떠나게 될 것이다. 내가 남을 공격하지 않을 수는 있으나, 남이 나를 공격하지 않게 할 수는 없다. 적이 나의 영토를 요구하면 그것을 주는 것은 내가 원하는 바가 아니다. 그러나 적에게 영토를 주지 않고 적과 싸우면 반드시 패할 것이다. 적은 훈련된 병사로 싸우는데 나는 오합지졸을 데리고 싸우며, 적은 훌륭한 장수로 싸우는데 나는 무능한 장수로 싸운다면, 반드시 전쟁에서 패하여 아군은 전멸하고 장수는 살해당할 것이다. 그러므로 "兼愛의 說이 득세하면 병사가 싸우지 않는다."라고 말하는 것이다.

人君唯毋聽兼愛之說하면 則視天下之民如其民하고 視國如吾國이라 如是則無并兼攘奪之心하고 無覆軍敗將之事라 然則射御勇力之士는 不厚祿하고 覆軍敗將之臣은 不貴爵이라 如是則射禦勇力之士는 出在外矣라 我能毋攻人可也나 不能令人毋攻我라 彼求地而予之는 非吾所欲也나 不予而與戰하면 必不能勝也라 彼以教士로되 我以敺衆하고 彼以良將이로되 我以無能이니 其敗必하여 覆軍殺將이라 故曰 兼愛之說勝이면 則士卒不戰이라하니라

군주가 오직 〈생명을 온전히 보전하자는〉 全生의 說[5]을 좋아하면, 신하들이 모두 자기 생명만 온전히 하고 또 養生에 힘쓰게 될 것이다. 양생은 어떻게 하는가? 맛있는 음식을 먹고 좋은 음악을 듣고 아름다운 여색을 즐긴 이후에 양생으로 여

---

3) (修)〔偷〕: 저본에는 '修'로 되어 있으나, 郭沫若(中)의 ≪管子集校≫에 의거하여 '偷'로 바로잡았다. '修'는 '偷'의 誤字이다.

4) 兼愛의 설 : 전국시대 묵가의 주요 학설이다. 남의 아버지도 내 아버지처럼 봉양하고, 남의 자식도 내 자식처럼 보살펴야 한다, 즉 모든 사람을 차별 없이 사랑해야 한다는 주장이다.

5) 全生의 說 : 전국시대 楊朱의 학설이다. 양주는 자기 생명이 가장 소중하므로, 그 어떤 재물이나 명예로도 자기 생명을 해쳐서는 안 된다는 이른바 '輕物重生說'을 주장하였다.

긴다. 그렇게 되면 욕망을 좇아 함부로 행동하고, 남녀의 구별이 없어져 금수의 상태로 돌아간다. 그렇게 되면 禮義와 廉恥가 확립되지 않아 군주는 자신을 지킬 수단이 없게 된다. 그러므로 "全生의 說이 득세하면, 청렴함을 지키고 부끄러움을 아는 풍조가 확립되지 않는다."라고 말하는 것이다.

人君唯無好全生하면 則群臣皆全其生而生하고 又養生이라 養何也오 曰 滋味也 聲色也 然後爲養生이라 然則從欲妄行하고 男女無別하여 反於禽獸라 然則禮義廉恥不立하여 人君無以自守也라 故曰 全生之說勝이면 則廉恥不立이라하니라

군주가 사사로운 논의와 자기 자신을 귀히 여기는 설[6]을 받아들이면, 백성은 조용한 곳으로 물러나 동굴에 숨거나 산으로 가며, 세상을 비난하고 군주를 비판하며, 벼슬을 하찮게 여기고 관리를 천시한다. 이렇게 되면 명령이 시행되지 않고 금지해도 멈추지 않는다. 그러므로 "사사로운 논의와 자기 자신을 귀히 여기는 설이 득세하면 윗사람의 명령이 시행되지 않는다."라고 말하는 것이다.

人君唯無[7]聽私議自貴면 則民退靜隱伏窟穴就山하고 非世間上하고 輕爵祿而賤有司라 然則令不行하고 禁不止라 故曰 私議自貴之說勝이면 則上令不行이라하니라

군주가 금옥과 재물을 좋아하면 반드시 자신이 좋아하는 것을 얻고자 한다. 그러면 반드시 그것과 바꾸는 것이 있게 될 것이다. 무엇과 바꾸는가? 고위 관직과 높은 지위이거나, 높은 벼슬과 후한 녹봉이다. 이와 같으면 어리석은 자가 높은 자리에 있게 될 것이다. 그렇게 되면 어진 사람은 군주의 아래에 머물지 않고, 지혜로운 자는 군주를 위해 책략을 내지 않고, 미더운 사람은 군주와 맹약을 맺지 않고, 용감한 사람은 군주를 위해 죽지 않는다. 이와 같으면 나라를 파멸로 내몰게 된다. 그러므로 "금옥과 재물을 중시하는 물질주의가 득세하면 작위와 관복이 미천한 사람에까지 미치게 된다."라고 말하는 것이다.

人君唯無好金玉貨財면 必欲得其所好니 然則必有以易之라 所以易之者는 何也오 大官尊位요

6) 사사로운……설 : 개인의 삶과 행복을 중시하는 도가의 학설을 가리킨다.
7) 無 : 앞서 언급된 '毋'의 용법과 동일하게 사용되었다. 戴望(淸)의 ≪管子校正≫에 의하면 宋本에는 '毋'로 되어 있다고 한다.

不然則尊爵重祿也니 如是則不肖者在上位矣라 然則賢者不爲下요 智者不爲謀요 信者不爲約이요 勇者不爲死라 如是則敺國而捐之也라 故曰 金玉貨財之說勝이면 則爵服下流라하니라

군주가 〈신하들 사이에서〉 무리 지어 사적인 이익을 도모하는 것을 용납하면 신하들은 붕당을 결성하여 선을 은폐하고 악을 드러낸다. 그러면 나라의 실정이 군주에게 알려지지 않는다. 이와 같으면 붕당을 형성하는 자들이 앞에 나서게 되고, 붕당을 형성하지 못하는 자들은 뒤로 물러나게 된다. 무릇 붕당을 형성하는 자들이 앞에 나서서 현명한 자와 어리석은 자의 구분이 없어지면, 〈권력을〉 쟁탈하는 분란이 일어나게 되고 군주는 위태로운 상황에 놓이게 될 것이다. 그러므로 "무리 지어 사적인 이익을 도모하는 풍조가 유행하면 현명한 사람과 어리석은 사람이 구분되지 않는다."라고 말하는 것이다.

人君唯毋聽群徒比周하면 則群臣朋黨이 蔽美揚惡이니 然則國之情僞不見(현)於上이라 如是則朋黨者處前하고 寡黨者處後라 夫朋黨者處前하여 賢不肖不分이면 則爭奪之亂起而君在危殆之中矣라 故曰 群徒比周之說勝이면 則賢不肖不分이라하니라

군주가 좋은 볼거리를 구경하고 즐기는 것을 용납하면 나라가 망하게 된다. 무릇 '구경하고 즐긴다'는 것은, 궁궐·누대·연못·진주·옥·음악 등을 즐기는 것이다. 이들은 모두 재화를 소비하고 국력을 낭비하는 것들로 나라를 망치는 길이다. 이러한 것으로 군주를 받드는 자들은 모두 간사한 자들이다. 그런데 군주가 이들의 말을 받아들이면 어찌 망하지 않을 수 있겠는가! 그렇게 되면 창고는 텅 비게 되고 축적된 재물은 고갈된다. 또한 간사한 자들이 높은 자리에 있으면 어진 자들을 막아 나아가지 못한다. 그러면 나라는 환란에 빠지니, 그 결과 광대와 배우들이 일어나 나랏일을 의논하게 될 것이다. 이는 나라를 파멸로 내모는 짓이다. 그러므로 "좋은 볼거리를 구경하고 즐기는 풍조가 유행하면 간신배가 높은 지위에 오르게 된다."라고 말하는 것이다.

人君唯毋聽觀樂玩好則敗라 凡觀樂者는 宮室臺池와 珠玉聲樂也니 此皆費財盡力하여 傷國之道也라 而以此事君者는 皆姦人也로되 而人君聽之니 焉得無敗리오 然則府倉虛하고 蓄積竭하며 且姦人在上이면 則壅遏賢者而不進也라 然則國適有患이니 則優倡侏儒起而議國事矣라 是敺

國而捐之也라 故曰 觀樂玩好之說勝이면 則姦人在上位라하니라

군주가 관직을 청탁하고 알선하는 것을 용납하면 신하들은 모두 서로 청탁하게 된다. 그렇게 되면 청탁한 자가 윗자리를 얻게 되고, 고을에는 당파가 형성된다. 이와 같으면 나라 안에는 뇌물이 횡행하게 되고, 관청에서는 법과 제도가 무너지게 되며, 뭇 신하들은 서로 교제에 힘써서 관리 임용을 구하게 될 것이다. 그러면 작위가 없는 자가 존귀해지고 녹봉이 없는 자가 부유해지게 된다. 그러므로 "청탁과 알선의 풍조가 유행하면 〈관리 임용의〉 법도가 바르지 않게 된다."라고 말하는 것이다.

人君唯毋聽請謁任(譽)〔擧〕[8]면 則群臣皆相爲請이니 然則請謁得於上하고 黨與成於鄕이라 如是則貨財行於國하고 法制毁於官하고 群臣務(佼)〔交〕[9]而求用이라 然則無爵而貴하고 無祿而富라 故曰 請謁任(譽)〔擧〕之說勝이면 則繩墨不正이라하니라

군주가 아첨하고 허물을 은폐하는 것을 용납하면 망하게 된다. 어째서 그런 줄 아는가? 무릇 아첨하는 신하는 항상 군주로 하여금 자신의 잘못을 반성하지 않게 하고, 군주로 하여금 자신의 실수를 고치지 않게 한다. 이 때문에 군주는 미혹되면서도 이를 스스로 알지 못한다. 이와 같으면 간언하는 신하는 죽임을 당하고 아첨하는 신하는 존귀해진다. 그러므로 "아첨하고 허물을 은폐하는 풍조가 유행하면 교묘하게 말재주를 부리는 자가 등용된다."라고 말하는 것이다.

人君唯無聽諂諛飾過之言則敗라 奚以知其然也오 夫諂臣者 常使其主不悔其過하고 不更(경)其失者也라 故主惑而不自知也니 如是則(諜)〔諫〕[10]臣死而諂臣尊矣라 故曰 諂讒飾過之說勝이면 則巧佞者用이라하니라

---

8) (譽)〔擧〕: 저본에는 '譽'로 되어 있으나, 문맥을 고려하여 '擧'로 바로잡았다. '譽'는 '擧'의 誤字로 보인다. 아래도 같다.

9) (佼)〔交〕: 저본에는 '佼'로 되어 있으나, 豬飼彦博(日)의 ≪管子補正≫에 의거하여 '交'로 바로잡았다.

10) (諜)〔諫〕: 저본에는 '諜'로 되어 있으나, 王念孫(淸)의 ≪讀書雜志≫에 의거하여 '諫'으로 바로잡았다.

# 제66편 〈版法〉 풀이 版法解
## 관자해 4 管子解 四

이 편은 본서의 제7편 〈版法〉의 주요 내용에 대해 해설하고 있다. 〈版法〉의 경문에 근거해 군주가 마땅히 갖추어야 할 핵심적 도리, 즉 '마음을 반듯하게 할 것', '기본 원칙을 지킬 것', '희노의 감정에 휩쓸리지 말 것' 등에 대해 언급하고 있다. 그런데 마지막 두 단락은 지금까지의 내용과 달리, 舜임금과 武王이 백성에게 덕을 베풀었던 이야기, 그리고 修身에 관한 齊 桓公과 管仲의 대화를 싣고 있다. 이는 다른 편에 실려 있었던 글이 착간으로 인해 잘못 편입된 것으로 보인다.

법이란 천지의 방위를 본받고 사계절의 운행을 본떠서 천하를 다스리는 것이다. 사계절의 운행에는 생성과 죽임이 있고 추위와 더위가 있으니, 聖人은 이를 본받으므로 文과 武를 둔다. 천지의 방위에는 앞과 뒤가 있고 왼쪽과 오른쪽이 있으니, 성인은 이를 본받아 세상의 질서를 세운다. 봄의 생성은 '왼쪽'에 해당하고, 가을의 죽임은 '오른쪽'에 해당하고, 여름의 성장은 '앞'에 해당하고, 겨울의 갈무리는 '뒤'에 해당한다. 생성과 성장의 일은 '文'에 해당하고, 거둬들임과 갈무리의 일은 '武'에 해당한다. 이 때문에 文의 일은 왼쪽에 두고, 武의 일은 오른쪽에 둔다.[1)] 성인은 이를 본받아 법령을 시행하고 政事를 처리한다.

무릇 법을 시행하고 政事를 처리하는 사람은 일 처리가 바르지 않을 수 없다. 일 처리가 바르지 않으면 政事를 듣고 처리하는 것이 공정하지 않고, 政事를 듣고 처리하는 것이 공정하지 않으면 다스림이 합리적이지 못하고 일 처리가 합당하지 않게 된다. 다스림이 합리적이지 못하면 소외되고 미천한 자들이 하소연할 곳이 없게 되고, 일 처리가 합당하지 않으면 이익을 창출하는 일이 제대로 시행될 수 없

1) 文의……둔다 : 이와 관련하여 우리는 ≪老子≫ 31장에서 "군자는 평상시에는 왼쪽을 중시하고 용병할 때는 오른쪽을 중시한다.……길한 일은 왼쪽을 숭상하고, 흉한 일은 오른쪽을 숭상한다. 부사령관은 왼쪽에 위치하고 총사령관은 오른쪽에 위치한다.〔君子居則貴左 用兵則貴右……吉事尙左 凶事尙右 偏將軍居左 上將軍居右〕"라는 문장을 찾아볼 수 있다.

다. 이익을 창출하는 일이 제대로 시행되지 못하면 나라가 가난해지고, 소외되고 미천한 자들이 하소연할 곳이 없으면 아랫사람들이 소란을 일으킨다. 그러므로 "무릇 군주가 國事에 임할 때는 마음을 반듯하게 해야 한다."[2]라고 말하는 것이다.

(版)[3]**法者 法天地之位**하고 **象四時之行**하여 **以治天下**라 **四時之行**은 〔**有生有殺**하고〕[4] **有寒有暑**하니 **聖人法之**라 **故有文有武**라 **天地之位**는 **有前有後**하고 **有左有右**하니 **聖人法之**하여 **以建經紀**라 **春生於左**하고 **秋殺於右**하고 **夏長於前**하고 **冬藏於後**하니 **生長之事**는 **文也**요 **收藏之事**는 **武也**라 **是故文事在左**하고 **武事在右**하니 **聖人法之**하여 **以行法令**하고 **以治事理**라 **凡**(法事者)〔**行法治事者**〕[5]는 **操持不可以不正**이라 **操持不正**이면 **則聽治不公**하고 **聽治不公**이면 **則治不盡理**하고 **事不盡應**이라 **治不盡理**면 **則疏遠微賤者無所告訴**요 **事不盡應**이면 **則功利不盡擧**라 **功利不盡擧**면 **則國貧**이요 **疏遠微賤者無所告訴**면 **則下饒**[6]라 **故曰 凡將立事**에 **正彼天植**이라하니라

'天植'이란 마음이다. 마음이 바르면 측근이나 친척을 편애하지 않고, 관계가 먼 사람들을 차별대우(의심)하지 않는다. 측근이나 친척을 편애하지 않고 관계가 먼 사람들을 차별대우하지 않으면, 다 쓰지 못한 이익이 없고 하소연할 곳이 없는 억울한 사건이 없게 된다. 다 쓰지 못한 이익이 없고 하소연할 곳이 없는 억울한 사건이 없으면, 실행되지 않는 일이 없고 낭비되는 재물이 없다. 하늘의 마음을 보고자 하면 바람이 불고 비가 내리는 이치를 밝히면 된다. 그러므로 "바람과 비가 차별 없이 모든 사물에 고르게 하듯이, 관계가 멀거나 가깝거나 지위가 높거나 낮거나 각자 얻을 바를 얻도록 한다."[7]라고 말하는 것이다.

---

2) 무릇……한다 : 〈版法〉의 경문에는 原註에 의거하여 "무릇 나라를 경영하는 일을 세울 때는 천도에 따라 행하여 그 바른 도리를 얻는다."로 해석하였다.

3) (版) : 저본에는 '版'이 있으나, 王念孫(淸)의 ≪讀書雜志≫에 의거하여 衍文으로 처리하였다. 앞의 제목 '版法解'로 인해 '版'자가 잘못 끼어든 것이다.

4) 〔有生有殺〕 : 저본에는 '有生有殺'이 없으나, 陶鴻慶(淸)의 ≪讀管子札記≫에 의거하여 보충하였다. 뒤에 나오는 "春生於左 秋殺於右 夏長於前 冬藏於後"는 바로 "有生有殺 有寒有暑"를 이어 받는 문장이다.

5) (法事者)〔行法治事者〕 : 저본에는 '法事者'로 되어 있으나, 陶鴻慶(淸)의 ≪讀管子札記≫에 의거하여 '行法治事者'로 바로잡았다. 이 구절은 바로 앞의 "以行法令 以治事理"를 이어받은 것이다.

6) 饒 : 兪樾(淸)은 '譊'의 의미로 읽어야 한다고 보았다.(≪諸子平議≫)

7) 바람과……한다 : 〈版法〉의 경문에는 原註에 의거하여 "비바람이 적절한 시기에 어긋나지

天植者 心也니 天植正이면 則不私近親하고 不孽疎遠이라 不私近親하고 不孽疎遠하면 則無遺利하고 無隱治요 無遺利하고 無隱治하면 則事無不擧하고 物無遺者라 欲見天心이면 明以風雨라 故曰 風雨無違하듯이 遠近高下各得其嗣라하니라

만물은 하늘을 존중하고 비바람을 귀하게 여긴다. 하늘을 존중하는 이유는, 만물 가운데 하늘의 명령을 받지 않는 것이 없기 때문이다. 비바람을 귀하게 여기는 이유는, 만물 가운데 바람을 기다려 움직이지 않고 비를 기다려 적시어지지 않는 것이 없기 때문이다. 만약 만물이 하늘을 놓아두고 다른 곳에서 명령을 받고, 바람을 놓아두고 다른 것에 의해 움직이고, 비를 놓아두고 다른 것에 의해 적시어진다면, 하늘을 높이고 비바람을 귀하게 여기지 않게 될 것이다. 지금 군주가 존중받고 편안한 것은 군주의 권위가 서 있고 명령이 실행되기 때문이다. 군주가 권위를 세우고 명령을 실행할 수 있는 것은, 권위와 이익의 장악이 모두 군주에게 있기 때문이다. 만약 권위와 이익의 장악이 군주에게 전담되어 있지 않고 분산되어 있다면, 군주의 지위는 나날이 가벼워지고 권위와 이익은 나날이 줄어들 것이니, 이는 군주의 자리를 침탈하는 길이 된다. 그러므로 "세 가지 기본 원칙이 바로잡혀 있으면 군주가 나라를 보유하게 된다."라고 말하는 것이다.

萬物尊天而貴風雨라 所以尊天者는 爲其莫不受命焉也요 所以貴風雨者는 爲其莫不待風而動하고 待雨而濡也라 若使萬物釋天而更有所受命하고 釋風而更有所仰動하고 釋雨而更有所仰濡면 則無爲尊天而貴風雨矣라 今人君之所尊安者는 爲其威立而令行也라 其所以能立威行令者는 爲其威利之操가 莫不在君也라 若使威利之操不專在君而有所分散이면 則君日益輕而威利日衰니 侵暴之道也라 故曰 三經旣飭이면 君乃有國이라하니라

여름에는 바야흐로 낮이 길어지므로 형벌과 상을 자세히 살펴 처리해야 한다. 반드시 〈상벌을 주는〉 원칙을 밝히고 道義를 제시하고 법을 반포하여, 마땅한 이치에 입각하여 일을 처리하며, 神氣를 虛靜하게 하고 마음을 평온하게 하여, 〈사적인 감정에 따라〉 노여워하고 기뻐하는 것을 버린다. 만약 법을 등지고 〈절차에 따

---

않게 하며, 거리의 멀고 가까움에 따라 세금의 많고 적음을 차등적으로 부여하여 일상적인 법도를 따른다."로 해석하였다.

른〉 명령을 버리고 〈사적인 감정에 따라〉 노여워하고 기뻐한다면, 곧 재앙과 난리가 일어나게 되고 군주의 자리까지 위태로워질 것이다. 그러므로 "기쁘다고 해서 상 주지 말고, 화가 난다고 해서 죽이지 말라. 기쁘다고 해서 상을 주고 화가 난다고 해서 죽이면, 원망이 일어나고 명령이 시행되지 않는다. 여러 차례 명령을 내려도 시행되지 않으면 민심이 배반하게 된다. 배반하는 무리가 있게 되면 재앙이 싹트게 된다. 무리가 분노하면 어떻게 해볼 도리가 없다."[8)]라고 말하는 것이다.

**乘夏方長**이니 **審治刑賞**이라 **必明經紀**하고 **陳義設法**하여 **斷事以理**하고 **虛氣平心**하여 **乃去怒喜**라 **若倍法棄令而行怒喜**면 **禍亂乃生**하고 **上位乃殆**라 **故曰 喜無以賞**하고 **怒無以殺**이니 **喜以賞**하고 **怒以殺**하면 **怨乃起**하고 **令乃廢**라 **驟令而不行**이면 **民心乃外**요 **外之有徒**면 **禍乃始牙**니 **衆之所忿**은 **寡不能圖**라하니라

겨울에는 만물이 이미 갈무리되고 온갖 일들이 모두 끝나니, 기존의 일은 모두 마무리되고 새로운 일은 아직 시작하지 않았다. 겨울 농한기에는 〈지난 일 년 동안 진행된 나랏일의〉 시작과 끝의 전 과정을 신중히 관찰하고, 일이 진행되는 마땅한 이치를 세밀히 살펴보아야 한다. 일에는 처음에는 쉬워 보이지만 나중에 어려워지는 것이 있고, 처음에는 하찮게 보이지만 나중에는 따라잡을 수 없는 중요한 것이 있다. 이것이 항상 이익이 나지 않는 이유이고, 일이 〈종종〉 곤란하게 되는 이유다. 처음에 일이 쉬우면 사람들은 가볍게 달려드니, 사람들이 가볍게 달려들면 반드시 완성하기 어려운 곤경에 빠지게 된다. 처음에 하찮게 보이는 일은 사람들이 무시하고 방치하니, 사람들이 그 일을 무시하고 방치하면, 반드시 나중에 따라잡을 수 없는 중요한 일을 놓치게 된다. 무릇 이루기 어려운 일로 자주 곤란해지고, 쉽게 따라잡을 수 없는 중요한 일을 때때로 놓치게 되면, 이는 곧 쇠퇴로 가는 길이다.

그러므로 현명한 군주는 일이 되어가는 마땅한 이치를 세밀히 살피고 일의 처음부터 끝까지 전 과정을 신중히 관찰하여, 반드시 성공을 예측할 수 있는 일을 행한다. 일이 이루어지면 반드시 그것을 사용할 바를 예측하고, 그것을 사용하면 반

---

8) 어떻게……없다 : 〈版法〉의 경문에는 "그저 내버려둘 뿐 어떻게 해볼 도리가 없다.〔置不能圖〕"로 해석하였다.

드시 그것으로 인해 발생할 수 있는 이익과 해로움을 예측한다. 일을 행하되 그것의 성공 여부를 알지 못하고, 일이 이루어져도 그것을 사용할 바를 알지 못하고, 그것을 사용해도 그것으로 인해 발생할 수 있는 이로움과 해로움을 알지 못하는 것을 '輕擧妄動'이라고 한다. 경거망동하는 자는 일이 이루어지지 않고 공이 세워지지 않는다. 그러므로 "좋아 보이는 일을 추진할 때는 반드시 그 결과를 미리 살펴보아야 하고, 나빠 보이는 일을 폐기할 때는 반드시 그것의 궁극적 결과를 계산해보아야 한다."[9]라고 말하는 것이다.

冬既閉藏하고 百事盡止니 往事畢登하고 來事未起라 方冬無事에 愼觀終始하고 審察事理라 事有先易而後難者요 有始不足見而終不可及者니 此常利之所以不擧요 事之所以困者也라 事之先易者는 人輕行之니 人輕行之면 則必困難成之事요 始不足見者는 人輕棄之니 人輕棄之면 則必失不可及之功이라 夫數(삭)困難成之事하고 而時失不可及之功하면 衰耗之道也라 是故明君審察事理하고 愼觀終始하여 爲必知其所成하고 成必知其所用하고 用必知其所利害라 爲而不知所成하고 成而不知所用하고 用而不知所利害를 謂之妄擧니 妄擧者는 其事不成하고 其功不立이라 故曰 擧所美에 必觀其所終하고 廢所惡에 必計其所窮이라하니라

무릇 군주는 백성이 예의가 있기를 바란다. 무릇 백성이 예의가 없으면 위아래의 질서가 어지러워지고 고귀한 자와 미천한 자들이 서로 다투게 된다. 그러므로 "진실되고 공손한 사람은 상을 주고 칭찬함으로써 그를 드러내어 주고, 공이 있는 사람은 부유하게 만들어줌으로써 그를 장려해주며, 명성이 있는 사람은 높은 벼슬을 줌으로써 그를 기려준다."라고 말하는 것이다.

凡人君者는 欲民之有禮義也라 夫民無禮義면 則上下亂而貴賤爭이라 故曰 慶勉敦敬以顯之하고 富祿有功以勸之하고 爵貴有名以休之라하니라

무릇 군주는 대중이 군주에게 친근하게 다가오고 순종하길 바라고, 나랏일에 종사하여 책임을 다하길 바란다. 그러나 대중은 군주가 사랑하지 않으면 친근하게

9) 좋아……한다 : 〈版法〉의 경문에는 原註에 의거하여 "좋게 보는 사람을 등용할 때는 반드시 끝까지 살펴봐야 하고, 미워하는 사람을 폐할 때는 반드시 그 마지막까지 지켜봐야 한다."로 해석하였다.

따르지 않고, 순종하는 법을 가르치지 않으면 순종하지 않는다. 이 때문에 현명한 군주는 두루 사랑함으로써 백성과 친해지고, 순종하는 법을 밝게 가르침으로써 백성을 이끌고, 백성의 형편을 편하게 하고 필요한 물품을 갖추게 하고 백성의 노동력을 아끼고 농사철을 방해하지 않음으로써 백성을 이롭게 한다. 이와 같으면 대중은 군주에게 친근하게 따르고 순종하며, 나랏일에 종사하여 책임을 다하게 될 것이다. 그러므로 "두루 사랑하여 빠뜨리는 사람이 없도록 하는 것을 '君心(군주의 마음씀)'이라고 한다. 〈지도층에서〉 반드시 먼저 가르침을 따르는 모습을 보이면 만백성들이 자연스럽게 교화되고, 아침저녁으로 항상 이롭게 해주면 대중은 각자의 임무를 다하게 된다."라고 말하는 것이다.

**凡人君者**는 **欲衆之親上鄉意也**하고 **欲其從事(之)**[10]**勝任也**나 **而衆者不愛則不親**하고 **(不親則不明)**[11]**不教順則不鄉意**라 **是故明君兼愛以親之**하고 **明教順以道之**하며 **便其勢**하고 **利其備**하고 **愛其力**하고 **而勿奪其時**하여 **以利之**라 **如此**면 **則衆親上鄉意**하고 **從事勝任矣**라 **故曰 兼愛無遺**를 **是謂君心**이니 **必先順教**면 **萬民鄉風**하고 **旦暮利之**면 **衆乃勝任**이라하니라

다스림의 근본에는 두 가지가 있으니, 하나는 사람을 쓰는 일이고 다른 하나는 일을 진행하는 일이다. 〈군주의 입장에서〉 사람은 반드시 쓰기를 바라고 일은 반드시 정교하길 바라는데, 사람을 쓸 때는 사람의 마음에 거스르냐 따르느냐의 문제가 있고, 일을 진행할 때는 〈일을 수행하는 사람의〉 역량에 맞는지의 문제가 있다. 사람의 마음을 거스르면 그 사람을 쓸 수 없고, 일을 행함에 있어 역량에 맞지 않으면 일이 정교해지지 않는다. 일이 정교해지지 않으면 실패하고, 사람을 쓰지 않으면 원망한다. 그러므로 "取人以己하고 成事以質한다."[12]라고 말하는 것이다.

---

10) (之) : 저본에는 '之'가 있으나, 王念孫(淸)의 ≪讀書雜志≫에 의거하여 衍文으로 처리하였다. '從事勝任'은 앞의 '親上鄉意'와 대구를 이룬다는 것이다.

11) (不親則不明) : 저본에는 '不親則不明'이 있으나, 劉績(明)의 ≪管子補註≫에 의거하여 衍文으로 처리하였다.

12) 取人以己하고 成事以質한다 : '取人以己'와 '成事以質'의 의미는 바로 다음 문장에서 언급되고 있으므로 여기서는 따로 풀이하지 않았다. 〈版法〉의 경문에는 原註에 의거하여 "사람을 얻고자 할 때는 먼저 자신의 능력을 살피고, 일을 이루고자 할 때는 먼저 표준을 세운다."로 해석하였다.

**治之本二**니 **一曰人**이요 **二曰事**라 **人欲必用**하고 **事欲必工**이로되 **人有逆順**하고 **事有稱量**이라 **人心逆則人不用**하고 **事失稱量則事不工**이니 **事不工則傷**하고 **人不用則怨**이라 **故曰 取人以己**하고 **成事以質**이라하니라

"成事以質"이라는 것은 '역량을 헤아린다'는 의미이다. "取人以己"라는 것은, 度恕하여 행한다는 의미이다. '度恕'는 자기 자신에 비추어 헤아린다, 즉 자신이 편하지 않은 것을 남에게 행하지 말라는 의미이다. 그러므로 "재물 사용을 깊이 살피고, 베푸는 것과 보답하는 것을 신중히 하며, 〈부여한 일이〉 역량이 맞는지를 잘 관찰한다. 그러므로 재물을 사용할 때는 너무 인색하지 않도록 하고, 인력을 사용할 때는 너무 힘들지 않도록 한다. 재물을 사용할 때 인색하면 〈나중에〉 비용이 더 들게 되고, 인력을 사용할 때 너무 힘들게 하면 〈백성들이〉 고달프게 된다."라고 말하는 것이다.

**成事以質者 用稱量也**요 **取人以己者 度(탁)恕而行也**라 **度恕者 度之於己也**니 **己之所不安**을 **勿施於人**이라 **故曰 審用財**하고 **愼施報**하고 **察稱量**이라 **故用財**는 **不可以嗇**이요 **用力**은 **不可以苦**니 **用財嗇則費**하고 **用力苦則勞矣**라하니라

어떻게 그런 줄 아는가? 인력을 사용하면서 힘들게 하면 일이 정교하게 이루어지지 않고, 일이 정교하게 이루어지지 않으면 여러 번 반복해야 한다. 그러므로 "고달프다."라고 말하는 것이다. 〈군주가 백성에게〉 재물을 쓸 때 인색하면 백성의 마음에 흡족하지 않고, 백성의 마음이 흡족하지 않으면 원망이 일어난다. 재물을 쓰고도 원망이 생겨나므로 "비용이 더 든다."라고 말하는 것이다. 원망이 일어나도 군주가 반성할 줄 모르고 대중이 고달파도 휴식하지 못하면, 백성은 군주를 무너뜨리고자 하는 마음을 지니게 된다. 그러므로 "백성들의 생활이 부족하면 명령을 내려도 욕됨을 당하게 되고, 백성들이 고달프고 불행하면 명령이 제대로 시행되지 않는다. 베푸는 것과 보답하는 것이 합당하지 않으면 재앙이 시작되고, 재앙이 일어나는데도 이를 깨닫지 못하면 백성들이 스스로 살 길을 도모하여 반란을 일으키게 된다."라고 말하는 것이다.

**奚以知其然也**오 **用力苦則事不工**하고 **事不工而數**(삭)**復之**라 **故曰 勞(矣)**[13]라 **用財嗇則不當人心**하고 **不當人心則怨起**니 **用財而生怨**이라 **故曰 費**라 **怨起而不復反**하고 **衆勞而不得息**이면 **則必有崩阤堵**[14]**壞之心**이라 **故曰 民不足**이면 **令乃辱**하고 **民苦殃**이면 **令不行**이라 **施報不得**이면 **禍乃始昌**이요 **禍昌而不悟**면 **民乃自圖**라하니라

무릇 나라에 법령이 없으면 백성은 어떻게 행동해야 할지를 모르고, 법도가 없으면 일을 행함에 있어 준칙이 없게 된다. 법령이 있어도 바르지 않고 법도가 있어도 올곧지 않으면 다스림이 치우치게 되고, 다스림이 치우치면 나라가 어지러워진다. 그러므로 "올곧은 법도는 〈잘못 있는 자를〉 벌주어 사면하지 않고 〈죽일 만한 자는〉 반드시 죽여 백성들이 두려워 벌벌 떨게 한다. 무력과 위엄이 이미 밝게 드러나면 명령을 거듭 내리지 않아도 된다."라고 말하는 것이다.

**凡國無法則衆不知所爲**하고 **無度則事無(機)〔儀〕**[15]라 **有法不正**하고 **有度不直**이면 **則治辟**이요 **治辟則國亂**이라 **故曰 正法直度**는 **罪殺不赦**하고 **殺僇必信**하여 **民畏而懼**니 **武威旣明**이면 **令不再行**이라하니라

무릇 백성은 벌을 싫어하고 죄를 두려워하지 않는 자가 없다. 이 때문에 군주는 엄격한 가르침으로써 훈계하고, 형벌을 밝게 드러냄으로써 경계시킨다. 그러므로 "게으르고 근면하지 않은 자에게는 괴롭게 함으로써 욕보이고, 과오가 있는 자에게는 벌을 줌으로써 징계하며, 금지된 명령을 어긴 자에게는 죽임으로써 두렵게 한다."라고 말하는 것이다.

**凡民者 莫不惡**(오)**罰而畏罪**라 **是以人君嚴敎以示之**하고 **明刑罰以致之**라 **故曰 頓卒**[16]**怠倦**

13) (矣) : 저본에는 '矣'가 있으나, 陶鴻慶(淸)의 ≪讀管子札記≫에 의거하여 衍文으로 처리하였다. 다음에 나오는 동일한 문구인 "故曰 費"에도 '矣'가 없다.

14) 堵 : 尹桐陽(中)의 ≪管子新釋≫에 의하면 '屠'와 같고, '屠'는 곧 '壞'의 의미를 지닌다고 한다.

15) (機)〔儀〕 : 저본에는 '機'로 되어 있으나, 洪頤煊(淸)의 ≪管子義證≫에 의거하여 '儀'로 바로잡았다. 〈禁藏〉에 "法者 天下之儀也(법은 천하의 준칙이다.)"로 되어 있고, 〈形勢解〉에도 "法度者 萬民之儀表也(법도는 만백성의 행위 준칙이다.)"로 되어 있다.

16) 頓卒 : 앞의 〈版法〉의 原註에서 '困苦'와 같다고 하였다.

**以辱之**하고 **罰罪有過以懲之**하고 **殺僇犯禁以振之**라하니라

다스려지는 나라에는 '三器'가 있고, 어지러운 나라에는 '六攻'이 있다. 현명한 군주는 '육공'을 극복하고 '삼기'를 바로 세울 수 있으므로 나라가 다스려지고, 어리석은 군주는 '육공'을 극복하고 '삼기'를 바로 세울 수 없으므로 나라가 다스려지지 않는다.

'삼기'란 무엇인가? 첫째 號令이고, 둘째 형벌이고, 셋째 祿과 賞이다. '육공'이란 무엇인가? 첫째 사적으로 친한 사람이고, 둘째 고귀한 신분의 사람이고, 셋째 재물이고, 넷째 여색이고, 다섯째 아첨하는 무리이고, 여섯째 노리갯감이다.

'삼기'의 쓰임은 무엇인가? 호령이 없으면 아랫사람을 부릴 수 없고, 형벌이 없으면 백성을 두렵게 할 수 없고, 녹과 상이 없으면 백성을 장려할 수 없다. '육공'의 폐단은 무엇인가? 비록 군주의 명령을 따르지 않아도 몸을 보존할 수 있고, 비록 금령을 범해도 벌을 면할 수 있고, 비록 공이 없어도 부유함을 얻을 수 있다.

무릇 나라에 군주의 명령을 따르지 않아도 몸을 보존할 수 있는 경우(先例)가 있으면 군주의 명령으로 아랫사람을 부릴 수 없고, 금령을 범해도 벌을 면할 수 있는 경우가 있으면 형벌로 백성을 두렵게 할 수 없고, 공이 없어도 부유함을 얻을 수 있는 경우가 있으면 녹과 상으로 백성을 권면할 수 없다. 이렇게 호령으로 아랫사람을 부릴 수 없고, 형벌로 백성을 두렵게 할 수 없고, 녹과 상으로 백성을 권면할 수 없다면, 군주는 자기 자신을 지킬 수단이 없다. 그렇다면 현명한 군주는 어떻게 하는가? 현명한 군주는 '육공' 때문에 호령을 변경하지 않고, '육공' 때문에 형벌을 폐기하지 않고, '육공' 때문에 녹과 상을 더하거나 줄이지 않는다. 그러므로 "법 집행이 확고하고 흔들리지 않아야 편벽되고 사악한 자들이 두려워하게 되고, 편벽된 사람이 바뀌고 사악한 자가 변화되어야 명령이 시행되어 백성이 변화된다."[17]라고 말하는 것이다.

---

17) 법 집행이……변화된다 : 〈版法〉의 경문에는 原註에 의거하여, "법을 집행함이 확고하면 흔들리지 않지만, 치우쳐 한쪽으로 기울면 두려워할 만한 상황이 벌어지게 된다. 치우친 것을 바로잡고 삿된 것을 변화시켜 명령이 시행되어 간다면 백성들이 변화된다."로 해석하였다.

治國有三器요 亂國有六攻이라 明君能勝六攻而立三器則國治요 不肖之君不能勝六攻而立三器故國不治라 三器者 何也오 曰 號令也요 斧鉞也요 祿賞也라 六攻者 何也오 〔曰〕[18] 親也요 貴也요 貨也요 色也요 巧佞也요 玩好也라 三器之用은 何也오 曰 非號令無以使下요 非斧鉞無以畏衆이요 非祿賞無以勸民이라 六攻之敗는 何也오 曰 雖不聽而可以得存이요 雖犯禁而可以得免이요 雖無功而可以得富라 夫國有不聽而可以得存者면 則號令不足以使下요 有犯禁而可以得免者면 則斧鉞不足以畏衆이요 有無功而可以得富者면 則祿賞不足以勸民이라 號令不足以使下하고 斧鉞不足以畏衆하고 祿賞不足以勸民하면 則人君無以自守也라 然則明君奈何오 明君不爲六者變更號令하고 不爲六者疑錯(조)斧鉞하고 不爲六者益損祿賞이라 故曰 植固而不動이라야 奇邪乃恐이요 奇革邪化라야 令往民移라하니라

무릇 군주는 모든 백성을 덮고 실으면서 두루 감싸고, 모든 종족을 두루 비추면서 부린다. 이 때문에 군주는 천지와 해와 달, 그리고 사계절을 중심 바탕으로 삼아 천하를 다스린다. 하늘은 만물을 두루 덮어 빠뜨림이 없으니 그 덕이 미치지 않는 곳이 없고, 땅은 만물을 두루 실어 버리는 것이 없으니 안정적이어서 흔들림이 없다. 그러므로 만물이 모두 생장하고 번식하게 되는 것이다. 성인은 이러한 천지를 본받아 모든 백성을 덮어주고 실어준다. 그러므로 백성은 모두 각자의 직분을 얻게 된다. 백성이 각자의 직분을 얻으면 모두 다 군주의 쓰임이 된다. 그러므로 "하늘을 본받아 공평한 덕에 합치하고, 땅을 본받아 사적으로 친함이 없다." 라고 말하는 것이다.

凡人君者 覆載萬民而兼有之하고 燭臨萬族而事使之라 是故以天地日月四時爲主爲質하여 以治天下라 天覆而無外也니 其德無所不在요 地載而無棄也니 安固而不動이라 故莫不生殖이니 聖人法之하여 以覆載萬民이라 故莫不得其職(姓)[19]이라 得其職(姓)이면 則莫不爲用이라 故曰 法天合德하고 象地無親이라하니라

해와 달의 밝음은 사사로움이 없다. 그러므로 골고루 비추지 않는 곳이 없다. 성

---

18) 〔曰〕: 저본에는 '曰'이 없으나, 王念孫(淸)의 ≪讀書雜志≫에 의거하여 보충하였다.
19) (姓): 저본에는 '姓'이 있으나, 兪樾(淸)의 ≪諸子平議≫에 의거하여 衍文으로 처리하였다. 아래에서도 마찬가지이다.

인은 이를 본받아 만백성을 골고루 비춘다. 그러므로 백성의 사정을 자세히 살필 수 있다. 그 결과 빠뜨린 선행이 없고 감춰지는 간사함이 없다. 빠뜨린 선행이 없고 감춰지는 간사함이 없으면 〈군주의〉 상벌이 믿을 수 있고 확실하다. 상벌이 믿을 수 있고 확실하면 선행이 권장되고 간사함이 그치게 된다. 그러므로 "〈성인은〉 해와 달과 더불어 셋이 된다."[20]라고 말하는 것이다.

**日月之明無私**라 **故莫不得光**이니 **聖人法之**하여 **以燭萬民**이라 **故能審察**이니 **則無遺善**하고 **無隱姦**이라 **無遺善**하고 **無隱姦**이면 **則刑賞信必**이니 **刑賞信必**이면 **則善勸而姦止**라 **故曰 參於日月**이라하니라

사계절의 운행은 믿을 수 있고 확실하며 밝게 드러나니, 성인은 이를 본받아 만백성을 부리므로 절기에 따른 功效를 놓치지 않는다. 그러므로 "〈성인은〉 사계절과 더불어 다섯이 된다."[21]라고 말하는 것이다.

**四時之行**은 **信必而著明**이니 **聖人法之**하여 **以事**[22]**萬民**이라 **故不失時功**이라 **故曰 伍於四時**라하니라

무릇 백성은 사랑하면 친근하게 따르고 이롭게 해주면 찾아온다. 이 때문에 현명한 군주는 이익을 베풀어줌으로써 찾아오게 하고, 사랑을 밝힘으로써 친근하게 따르게 한다. 단지 이롭게만 하고 사랑하지 않으면 백성은 찾아오지만 친근하게 따르지 않고, 단지 사랑하기만 하고 이롭게 해주지 않으면 백성은 군주를 친근하게 따르지만 찾아오지 않는다. 사랑함과 베풂을 아울러 행하면 군주와 신하를 기뻐하고, 친구를 기뻐하고, 형제를 기뻐하고, 부자를 기뻐한다. 이처럼 사랑함과 베풂을 함께 베푸는 나라는, 사방의 수비가 견고한 나라도 막을 수 없다. 그러므로 "백성을 기쁘게 하는 것은 사랑함과 베풂에 있다."[23]라고 말하는 것이다.

---

20) 해와……된다 : 〈版法〉의 경문에는 原註에 의거하여 "해와 달처럼 공평하게 비춘다."로 해석하였다.
21) 사계절과……된다 : 〈版法〉의 경문에는 原註에 의거하여 "사계절을 도와 정사를 펼친다."로 해석하였다.
22) 事 : 豬飼彦博(日)의 ≪管子補正≫에 의하면 '使'와 같은 의미로 쓰였다고 하였다.
23) 백성을……있다 : 〈版法〉의 경문에는 "백성들을 기쁘게 하기 위해서는 사랑하고 베풀어

凡衆者 愛之則親하고 利之則至라 是故明君設利以致之하고 明愛以親之라 徒利而不愛면 則衆至而不親하고 徒愛而不利면 則衆親而不至니 愛施俱行이면 則說(열)君臣하고 說朋友하고 說兄弟하고 說父子라 愛施所設은 四固不能守라 故曰 說在愛施라하니라

무릇 군주가 대중을 얻게 되는 것은 사랑하고 베푸는 덕이 있기 때문이다. 〈따라서〉 사랑하는 마음에 사적인 마음이 있고 이익을 독점하면 대중을 온전히 다 얻을 수 없다. 그러므로 "대중을 얻기 위해서는 사적인 마음을 없애야 한다."라고 말하는 것이다.

凡君所以有衆者 愛施之德也니라 愛有所(移)〔私〕[24]하고 利有所幷이면 則不能盡有라 故曰 有衆在廢私라하니라

사랑하고 베푸는 덕이 행해지고 사적인 마음이 없다 할지라도, 내적인 행위가 닦이지 않으면 멀리 있는 군주를 조회하러 오게 할 수 없다. 이 때문에 君臣과 上下의 예의를 바로잡고, 부자·형제·부부의 예의를 정돈하고, 남녀의 구별을 정돈하고, 친소의 차이를 구별하여, 군주는 은혜롭고 신하는 충성스러우며, 아비는 자애롭고 자식은 효성스러우며, 형은 사랑하고 동생은 공경하게 해야 한다. 이와 같이 예의가 밝아지면 가까운 자는 친근하게 따르고 멀리 있는 자는 귀의한다. 그러므로 "멀리 있는 자들을 불러들이기 위해서는 가까운 자들부터 잘 다스려야 한다."라고 말하는 것이다.

愛施之德이 雖行而無私라도 內行不修면 則不能朝遠方之君이라 是故正君臣上下之義하고 飾(칙)父子兄弟夫妻之義하고 飾(칙)男女之別하고 別疏數(삭)之差하여 使君(德)〔惠〕[25]臣忠하고 父慈子孝하고 兄愛弟敬이라 禮義章明如此면 則近者親之하고 遠者歸之라 故曰 召遠在修近이라하니라

---

야 하고"로 해석하였다. 저본에는 본래 '悅在施有'로 되어 있으나, 劉績(明)의 ≪管子補註≫에 의거하여 '悅衆在愛'로 바로잡았다.

24) (移)〔私〕: 저본에는 '移'로 되어 있으나, 豬飼彦博(日)의 ≪管子補正≫에 의거하여 '私'로 바로잡았다.

25) (德)〔惠〕: 저본에는 '德'으로 되어 있으나, 丁士涵(淸)의 ≪管子校本≫에 의거하여 '惠'로 바로잡았다. '德'은 '惠'의 誤字이다.

"재앙을 막기 위해서는 원한을 없애야 한다."는 말은, 원한이 있으면 그것을 제거한다는 의미가 아니라, 군주가 다스리는 지역에는 항상 원한이 없다는 의미이다. 무릇 재앙과 난리가 생겨나는 것은 〈백성의〉 원한과 〈군주의〉 허물에서 생겨나고, 원한과 허물은 이치에 합당하지 않은 데서 생겨난다. 이 때문에 현명한 군주가 백성을 다스릴 때는 반드시 원칙에 따르고, 백성을 부릴 때는 반드시 도리에 맞도록 하고, 베풂과 보답은 반드시 합당하도록 하며, 정령의 발표는 반드시 상황에 맞도록 하고, 형벌은 반드시 사리에 맞도록 한다. 이와 같이 하면 백성에게는 맺힌 원한이 없게 되고 유감이 없게 되니, 이와 같으면 재앙과 난리가 생겨나지 않고 군주의 자리가 위태롭지 않다. 그러므로 "재앙을 막기 위해서는 원한을 없애야 한다."라고 말하는 것이다.

**閉禍在除怨**은 **非有怨乃除之**요 **所事之地常無怨也**라 **凡禍亂之所生**은 **生於怨咎**하고 **怨咎所生**은 **生於非理**라 **是以明君之事衆也必經**하고 **使之必道**하고 **施報必當**하고 **出言必得**하고 **刑罰必理**라 **如此**면 **則衆無鬱怨之心**하고 **無憾恨之意**니 **如此**면 **則禍亂不生**하고 **上位不殆**라 **故曰 閉禍在除怨也**라하니라

무릇 군주가 존귀해지고 편안해질 수 있는 까닭은 어진 신하가 보좌하기 때문이다. 보좌하는 신하가 어질면 군주는 존귀하고 나라는 편안하고 백성은 다스려진다. 〈그러나〉 어진 보좌가 없으면 군주는 미천해지고 나라는 위태로워지고 백성은 어지럽게 된다. 그러므로 "국가가 오래 유지되기 위해서는 어진 사람을 임명해야 한다."라고 말하는 것이다.

**凡人君所以尊安者 賢佐也**니 **佐賢則君尊國安民治**나 **無佐則君卑國危民亂**이라 **故曰 備長存乎任賢**이라하니라

무릇 사람들은 모두 이익을 바라고 해로움을 싫어한다. 이 때문에 천하 사람들과 이익을 같이하는 자는 천하 사람들이 지지하고, 천하의 이익을 독차지하는 자는 천하 사람들이 도모한다. 천하 사람들이 도모하면 비록 군주 자리에 서 있다 할지라도 반드시 무너지고, 천하 사람들이 지지하면 비록 높은 자리에 있다 할지

라도 위태롭지 않다. 그러므로 "군주의 높은 자리를 안정적으로 유지하기 위해서는 천하 사람들과 이익을 공유해야 한다."[26]라고 말하는 것이다.

**凡人者 莫不欲利而惡(오)害**라 **是故與天下同利者**는 **天下持之**요 **擅天下之利者**는 **天下謀之**라 **天下所謀**면 **雖立必隳**요 **天下所持**면 **雖高不危**라 **故曰 安高在乎同利**라하니라

무릇 이른바 '이익을 취하지 않음으로써 백성을 이롭게 할 수 있었던 사람'은 바로 舜임금이다. 순임금은 歷山에서 밭을 갈았고, 河濱에서 도자기를 구웠고, 雷澤에서 물고기를 잡았다. 그러나 거기서 나오는 이익을 취하지 않았고 그것으로써 백성을 가르쳤으니, 백성이 모두 이익을 얻었다. 이것이 이른바 '이익을 취하지 않음으로써 백성을 이롭게 할 수 있는 사람'이라는 것이다.

이른바 '소유하지 않음으로써 백성에게 줄 수 있는 사람'은 바로 武王이다. 무왕이 紂를 정벌할 때, 정벌에 참여한 병사들에게 개인마다 書社[27]를 주었고, 殷나라에 진입한 날에는 鉅橋의 곡식을 풀고 鹿臺의 돈을 나누어주었으니 은나라 백성이 크게 기뻐하였다. 이것이 이른바 '소유하지 않음으로써 백성에게 줄 수 있는 사람'인 것이다.

**凡所謂能以所不利利人者**는 **舜是也**라 **舜耕歷山**하고 **陶河濱**하고 **漁雷澤**하나 **不取其利**하여 **以教百姓**하니 **百姓擧利之**라 **此所謂能以所不利利人者也**라 **所謂能以所不有予人者**는 **武王是也**라 **武王伐紂**에 **士卒往者**는 **人有書社**하고 **入殷之日**에 **決鉅橋之粟**하고 **散鹿臺之錢**하니 **殷民大說(열)**이라 **此所謂能以所不有予人者也**라

桓公이 管子에게 말하였다.

"지금 그대는 과인에게 하늘을 본받아 덕에 합치할 것을 가르쳤으니, 덕에 합치해야 나라를 오래 유지할 수 있소. 덕에 합치하여 만백성을 두루 덮으면 만백성이 명을 받는다고 하고, 땅을 본받아 사사로이 친함이 없어야 한다고 하였으니, 사사

---

26) 군주의……한다 : 〈版法〉의 경문에는 原註에 의거하여, "윗사람의 지위가 안정되기 위해서는 아랫사람들과 이익을 공유해야 한다."로 해석하였다.

27) 書社 : 25戶를 社라고 하고, 書社는 社에 소속된 인명을 호적에 기록한 것을 말한다. 여기서는 정벌에 참여한 병사들의 이름을 적어, 나중에 포상할 근거로 삼았다는 의미로 쓰였다.

로이 친함이 없으면 나라가 편안하고 견고해지오. 사사로이 친함이 없이 두루 실으면 뭇 생명들이 모두 잘 자란다고 하고, 해와 달이 사사로이 빛을 감추지 않는 것을 본받아, 사사로움이 없이 두루 비추면 선한 것과 악한 것이 은폐되지 않는다고 하였소. 그렇다면 군자가 몸을 닦음에 있어, 사적으로 좋아하거나 싫어하는 것만 없으면 된다는 것이오?"

관자가 대답하였다.

"그렇지 않습니다. 무릇 배움이란 자기 자신의 기질을 변화시켜 자기 자신의 心性을 기르는 것입니다. 그러므로 군자는 남의 단점을 들춰내는 것을 싫어하고, 불충하면서 원망하고 질투하는 것을 싫어하며, 공론을 거치지 않고서 명성이 항상 일컬어지는 것을 싫어하고, 아랫자리에 있는 것을 거부하면서 윗자리만 고집하는 것을 싫어하며, 외부 사람과 친하게 지내지 않으면서 안으로 방자한 것을 싫어합니다. 이 다섯 가지는 군자가 두려워하는 행위이고, 소인이 망하게 되는 이유입니다. 하물며 군주의 경우에 있어서이겠습니까?"

**桓公謂管子曰 今子教寡人法天合德**이라하니 **合德**이라야 **長久**요 **合德而兼覆之**면 **則萬物受命**이라하고 **象地無親**이라하니 **無親**이면 **安固**요 **無親而兼載之**면 **則諸生皆殖**이라하고 **參於日月**하여 **無私葆光**하여 **無私而兼照之**면 **則美惡不隱**이라하니라 **然則君子之爲身**은 **無好無惡**(오)면 **然已乎**아 **管子對曰 不然**이라 **夫學者**는 **所以自化**요 **所以自撫**[28]라 **故君子惡**(오)**稱人之惡**(오)하고 **惡**(오)**不忠而怨妬**하고 **惡**(오)**不公議而名(當)〔常〕**[29]**稱**하고 **惡**(오)**不位下而位上**하고 **惡**(오)**不親外而內放**이니 **此五者**는 **君子之所恐行**이요 **而小人之所以亡**이니 **況人君乎**아

---

28) 撫 : 郭沫若(中)은 '撫育'의 의미로 보았다. 자신의 心性을 撫育한다는 의미라는 것이다. (≪管子集校≫)

29) (當)〔常〕: 저본에는 '當'으로 되어 있으나, 郭沫若(中)의 ≪管子集校≫에 의거하여 '常'으로 바로잡았다. 古本・劉本・朱本 등에도 '常'으로 되어 있다.

# 제67편 〈明法〉 풀이 明法解
## 관자해 5 管子解 五

본 편에서는 제46편 〈明法〉의 내용을 해설 풀이하고 있다. 해설은 총 37개 조인데, 그 핵심은 군주는 공정한 법을 설치하여 이를 통해 백성을 합리적으로 다스려야 한다는 것이다. 이때 법을 운용하는 실질적 수단은 상과 벌이라는 점을 강조한다. 아울러 신하가 당파를 형성하여 법을 무시하는 상황, 군주와 신하 사이의 직분이 명확하지 않고 신하가 군주의 권위를 침범하는 상황, 군주가 법을 놓아두고 세상의 평판에 미혹되는 상황, 간신들의 비방에 의해 충신들이 내쳐지는 상황 등, 權臣에게 신하들이 몰리는 상황 등을 경계한다.

현명한 군주는 통치술에 밝기 때문에 〈신하들이〉 속일 수 없고, 법과 금령을 자세히 살피므로 〈백성이〉 법과 금령을 범할 수 없고, 관리들에게 분담된 직책을 잘 파악하기 때문에 〈관리들이〉 직무를 어지럽힐 수 없다. 그러므로 신하들은 감히 사적인 일을 벌일 수 없고, 귀족들은 미천한 사람들을 무시할 수 없고, 측근들은 멀리 있는 자들이 군주를 알현하는 것을 막을 수 없고, 고아와 과부, 노약자들은 일거리를 잃지 않고, 나라 안은 질서가 바로잡혀 서로 월권하지 않는다. 이러한 것을 '다스려지는 나라'라고 말한다. 그러므로 〈明法〉에서, "이른바 다스려지는 나라는 군주의 도가 밝게 드러난다."라고 말하는 것이다.

**明主者 (有)〔明於〕[1]術數而不可欺也요 審於法禁而不可犯也요 察於分職而不可亂也라 故群臣不敢行其私하고 貴臣不得蔽賤하고 近者不得塞(색)遠하고 孤寡老弱不失其所職하고 竟內明辨而不相踰越이니 此之謂治國이라 故明法曰 所謂治國者 主道明也라하니라**

---

1) (有)〔明於〕: 저본에는 '有'로 되어 있으나, 兪樾(淸)의 ≪諸子平議≫에 의거하여 '明於'로 바로잡았다. 이렇게 고쳐야만 다음에 이어지는 "審於法禁而不可犯也" 및 "察於分職而不可亂也"와 동일한 구조의 문장을 이루게 된다.

밝은 법은 군주가 백성을 통일하고 아랫사람들을 부리는 수단이고, 사적인 술수는 아랫사람이 윗사람을 침범하고 군주를 어지럽히는 수단이다. 그러므로 법을 폐기하고 사적인 술수가 행해지면 군주는 고립되어 홀로 남게 되고, 신하들은 무리를 짓고 당파를 조성하여 패거리를 형성하게 된다. 이와 같으면 군주는 약해지고 신하는 강해지니, 이런 것을 '어지러운 나라'라고 한다. 그러므로 〈명법〉에서 "이른바 어지러운 나라는 신하의 술수가 우세하다."라고 말하는 것이다.

**明(主)〔法〕[2]者 上之所以一民使下也**요 **私術者 下之所以侵上亂主也**라 **故法廢而私行**이면 **則人主孤特而獨立**하고 **人臣群黨而成朋**이라 **如此則主弱而臣强**이니 **此之謂亂國**이라 **故明法曰 所謂亂國者 臣術勝也**라하니라

현명한 군주가 윗자리에 있으면서 확실히 다스릴 수 있는 권세를 지니고 있으면, 신하들이 감히 잘못된 행위를 하지 못한다. 그러므로 신하들이 감히 군주를 속이지 못하는 것은, 군주를 사랑해서가 아니라 군주의 위엄과 권세가 두렵기 때문이다. 백성이 앞다투어 서로 쓰이고자 하는 것은, 군주를 사랑해서가 아니라 군주의 법령이 두렵기 때문이다. 그러므로 현명한 군주는 확실히 제어할 수 있는 통치술을 잡고서 반드시 부릴 수 있는 백성을 다스리고, 확고히 존귀한 권세의 자리에 머묾으로써 반드시 복종하는 신하들을 제어한다. 이 때문에 명령하면 실행되고 금지하면 멈춰지며, 군주는 존귀해지고 신하는 낮아진다. 그러므로 〈명법〉에서 "군주를 존중하고 신하를 낮추는 것은, 신하가 군주를 사랑하기 때문이 아니라 군주의 권세가 우월하기 때문이다."라고 말하는 것이다.

**明主在上位**하여 **有必治之勢**면 **則群臣不敢爲非**라 **是故群臣之不敢欺主者**는 **非愛主也 以畏主之威勢也**요 **百姓之爭用**은 **非以愛主也 以畏主之法令也**라 **故明主操必勝之數**하여 **以治必用之民**하고 **處必尊之勢**하여 **以制必服之臣**이라 **故令行禁止**하고 **主尊而臣卑**라 **故明法曰 尊君卑臣**은 **非(計)[3]親也**요 **以勢勝也**라하니라

2) (主)〔法〕: 저본에는 '主'로 되어 있으나, 王念孫(淸)의 ≪讀書雜志≫에 의거하여 '法'으로 바로잡았다. 이렇게 고쳐야 뒤에 나오는 "法廢而私行"과 들어맞게 된다.

3) (計) : 저본에는 '計'가 있으나, 앞의 〈명법〉에서와 마찬가지 이유로 衍文으로 처리하였다.

현명한 군주가 다스릴 때는 爵祿을 내걸고 백성을 권면하니, 백성이 군주에게서 이익을 얻기 때문에 군주가 그들을 부릴 수 있는 것이고, 현명한 군주는 형벌을 세워놓고 아랫사람들에게 위엄을 보이니, 아랫사람들이 군주를 두려워하므로 군주가 그들을 다스릴 수 있는 것이다. 그러므로 작록이 없으면 군주는 백성을 권면할 수단이 없고, 형벌이 없으면 군주는 백성에게 위엄을 보일 수 있는 수단이 없다. 그러므로 신하들이 도리를 따르고 군주의 명령을 받드는 것은, 군주를 사랑해서가 아니라 이익을 얻고 해로움을 피하기 위해서이다. 관료들이 법을 받들고 간사한 짓을 하지 않는 것은, 군주를 사랑해서가 아니라 작록을 받고 벌을 피하고자 하기 때문이다. 그러므로 〈명법〉에서, "관리들이 각자의 직무를 처리하는 것은 군주가 은혜롭기 때문이 아니라 반드시 형벌이 따르기 때문이다."라고 말하는 것이다.

**明主之治也**에 **縣爵祿以勸其民**하니 **民有利於上故**로 **主有以使之**요 **立刑罰以威其下**니 **下有畏於上故**로 **主有以牧之**라 **故無爵祿則主無以勸民**하고 **無刑罰則主無以威衆**이라 **故人臣之行理奉命者**는 **非以愛主也**요 **且以就利而避害也**요 **百官之奉法無姦者**는 **非以愛主也**요 **欲以(愛)〔受〕[4]爵祿而避罰也**라 **故明法曰 百官論職**은 **非惠也**요 **刑罰必也**라하니라

군주는 생살권을 휘두르고 위엄과 권세의 자리에 머물며, 명령하면 실행되고 금지하면 멈추게 하는 '자루'를 잡고 뭇 신하들을 제어하니 이것이 바로 군주의 도이다. 신하는 낮은 자리에 머물면서 군주의 명령을 받들고, 자신의 본분을 지키고 각자에게 부여된 직무를 수행하니, 이것이 바로 신하의 도이다. 그러므로 군주가 신하의 도를 행하면 나라가 어지러워지고, 신하가 군주의 도를 행하면 군주의 자리가 위태롭다. 그러므로 위아래의 구분이 없어 군주의 도와 신하의 도가 같은 것이 어지러움의 근본이다. 그러므로 〈명법〉에서, "군주와 신하의 도가 같으면 어지러워진다."라고 말하는 것이다.

**人主者 擅生殺**하고 **處威勢**하고 **操令行禁止之柄**하여 **以御其群臣**하니 **此主道也**라 **人臣者 處卑賤**하고 **奉主令**하고 **守本任**하고 **治分職**하니 **此臣道也**라 **故主行臣道則亂**이요 **臣行主道則危**라 **故上下無分**하여 **君臣共道**가 **亂之本也**라 **故明法曰 君臣共道則亂**이라하니라

---

4) (愛)〔受〕: 저본에는 '愛'로 되어 있으나, 安井衡(日)의 ≪管子纂詁≫에 의거하여 '受'로 바로잡았다. 古本에도 '受'로 되어 있다고 한다.

신하가 두려워하면서 정중하게 군주를 섬기는 이유는, 삶을 바라고 죽음을 싫어하기 때문이다. 만일 사람들이 삶을 바라지 않고 죽음을 싫어하지 않으면 군주가 그들을 제어할 수 없다. 무릇 죽이고 살리는 권력의 자루를 대신에게 일임하고서 군주가 위태롭지 않은 경우는 일찍이 없었다. 그러므로 나라의 어지러운 상황을 다스리는 것이 법에 의해 결정되지 않고 重臣에 의해 결정되고, 죽이고 살리는 권력의 자루가 군주가 아닌 아랫사람에게 주어지면, 이는 군주가 신하에게 기생하는 형국이다. 그러므로 군주가 자신의 위엄과 권력의 전권을 남에게 넘겨주면 반드시 협박당하고 시해되는 우환이 있게 되고, 법과 제도의 전권을 남에게 넘겨주면 반드시 나라가 어지러워지고 망하는 재앙이 있게 된다. 이와 같은 것이 바로 '나라를 패망시킨 군주〔亡主〕'의 길이다. 그러므로 〈명법〉에서, "군주가 자신의 전권을 남에게 주면 나라를 잃게 된다."[5]라고 말하는 것이다.

**人臣之所以畏恐而謹事主者 以欲生而惡**(오)**死也**니 **使人不欲生**하고 **不惡**(오)**死**면 **則不可得而制也**라 **夫生殺之柄**이 **專在大臣而主不危者**는 **未嘗有也**라 **故治亂不以法斷而決於重臣**하고 **生殺之柄不制於主而在群下**면 **此寄生之主也**라 **故人主專以其威勢予人**하면 **則必有劫殺之患**이요 **專以其法制予人**하면 **則必有亂亡之禍**니 **如此者 亡主之道也**라 **故明法曰 專授則失**이라하니라

무릇 군주가 되어 政令을 행사할 수 없고, 법은 폐기되어 신하들에게 맡겨지고, 군주의 위엄은 이미 사라지고, 권력은 이미 빼앗기고, 명령을 내릴 수 없고, 신하들을 쓰지 못하고, 백성을 부리지 못하고, 나라 안의 대중을 제어하지 못하면, 나라는 군주 자신의 나라가 아니고 백성은 군주 자신의 백성이 아니다. 이와 같은 것은 곧 '멸망하는 군주〔滅主〕'의 길이다. 그러므로 〈명법〉에서, "〈군주로부터〉 명령이 나가지 못하는 것을 '사라짐〔滅〕'이라고 한다."[6]라고 말하는 것이다.

**凡爲主而不得行其令**하고 **廢法而恣群臣**하고 **威嚴已廢**하고 **權勢已奪**하고 **令不得出**하고 **群臣弗**

5) 군주가……된다 : 〈明法〉의 경문에는 原註에 의거하여, "군주가 독단적으로 명령을 내리면 나라를 잃게 된다."로 해석하였다.
6) 명령이……한다 : 〈明法〉의 경문에는 原註에 의거하여 "〈아랫사람들이〉 政令을 구하는데도 정령이 나가지 않는 것을 '사라짐'이라 한다."로 해석하였다.

**爲用**하고 **百姓弗爲使**하고 **竟內之衆不制**면 **則國非其國而民非其民**이니 **如此者 滅主之道也**라 **故明法曰 令(本)[7]不出謂之滅**이라하니라

현명한 군주의 도는, 미천한 사람이 존귀한 사람의 소개를 거치지 않고서도 군주를 알현하고, 대신들이 군주의 측근들의 추천을 통하지 않고서도 등용되고, 관료들 사이에 막힘이 없고, 신하들의 정황이 확연히 드러난다. 〈그 결과〉 벌을 주어야 할 사람은 군주가 그의 죄를 보고, 상을 받아야 할 사람은 군주가 그의 공을 안다. 보는 것과 아는 것이 실제와 어긋나지 않으면 상과 벌에 착오가 없다. 〈이처럼〉 현명한 군주는 가려짐이 없는 통치술을 지니고 있으므로 막히고 차단되는 근심이 없는 것이다.

어리석은 군주의 경우는 그렇지 않다. 법령은 백성에게 미치지 못하고, 멀리 있는 사람들은 소통의 창구가 막혀 그들의 생각을 군주가 들을 수 없다. 이와 같은 것이 바로 '막힌 군주〔壅主〕'의 길이다. 그러므로 〈명법〉에서, "정령이 나갔으나 중도에 머물러 있는 것을 '막힘〔壅〕'이라 말한다."라고 말하는 것이다.

**明主之道**는 **卑賤不待尊貴而見**(현)하고 **大臣不因左右而進**하고 **百官條通**하고 **群臣顯見**(현)하니 **有罰者**는 **主見其罪**하고 **有賞者**는 **主知其功**이라 **見知不悖**면 **賞罰不差**니 **有不蔽之術故無壅遏之患**이라 **亂主則不然**이니 **法令不得至於民**하고 **疏遠隔閉而不得聞**이니 **如此者 壅(遏)〔主〕[8]之道也**라 **故明法曰 令出而留謂之壅**이라하니라

신하가 권세를 이용하여 간악한 짓을 일삼는 것은 군주를 마음대로 좌지우지하는 것이다. 신하 가운데 군주를 마음대로 좌지우지하는 자가 있으면 군주의 정령이 실행되지 않고 아랫사람들의 실정이 군주에게 전달되지 않는다. 신하의 힘이 군주와 신하 사이를 막을 수 있어 나라 안의 좋고 나쁜 사정이 군주에게 들리지 않게 하면, 좋거나 나쁜 일이 군주에게 전달되지 않고 군주가 미혹되어 이를 깨닫지 못하게 된다. 이와 같은 것이 바로 '닫힌 군주〔塞主〕'의 길이다. 그러므로 〈명법〉

7) (本) : 저본에는 '本'이 있으나, 戴望(淸)의 ≪管子校正≫에 의거하여 衍文으로 처리하였다. 古本·劉本·朱本 등에도 '本'이 없다고 한다.
8) (遏)〔主〕 : 저본에는 '遏'로 되어 있으나, 丁士涵(淸)의 ≪管子校本≫에 의거하여 '主'로 바로잡았다.

에서, "아랫사람들의 실정과 요구가 군주에게 전해지지 않는 것을 '닫힘〔塞〕'이라 말한다."라고 말하는 것이다.

**人臣之所以乘而爲姦者**는 **擅主也**니 **臣有擅主者**면 **則主令不得行而下情不上通**이라 **人臣之力**이 **能隔君臣之間而使美惡之情不揚聞**하면 **禍福之事不通徹**하고 **人主迷惑而無從悟**라 **如此者 塞**(색)**主之道也**라 **故明法曰 下情不上通**을 **謂之塞**(색)이라하니라

현명한 군주는 의견을 두루 청취하고 홀로 결정하는데, 의견을 청취하는 통로가 다양하여 신하들의 마음을 살필 수 있으니, 즉 아랫사람은 윗사람에게 상세히 밝힐 수 있고, 미천한 사람은 고귀한 사람에게 말할 수 있다. 이 때문에 간사한 자가 감히 군주를 속일 수 없다. 어리석은 군주는 그렇지 않다. 사람들의 의견을 들음에 있어 적당한 방법이 없고, 政事를 판단함에 있어 다양한 의견을 참고하지 않는다. 이 때문에 무능한 선비가 군주에게 통하고, 사악한 신하가 국정을 좌지우지하여 군주의 올바른 판단력을 가리고 막으니, 간언하고자 하는 충신은 등용되지 않는다. 이와 같은 것이 바로 '침범당하는 군주〔侵主〕'의 길이다. 그러므로 〈명법〉에서, "아랫사람들의 실정이 위로 전달되다가 중도에 멈춰지는 것을 '침범〔侵〕'이라 말한다."라고 말하는 것이다.

**明主者 兼聽獨斷**에 **多其門戶**하여 **群臣之道**니 **下得明上**하고 **賤得言貴**라 **故姦人不敢欺**라 **亂主則不然**하니 **聽無術數**하고 **斷事不以參伍**라 **故無能之士上通**하고 **邪枉之臣專國**하여 **主明蔽而聰塞**(색)하니 **忠臣之欲謀諫者不得進**이라 **如此者 侵主之道也**라 **故明法曰 下情上而道止**를 **謂之侵**이라하니라

군주가 나라를 다스릴 때는 법령과 상벌이 없을 수 없다. 이 때문에 법령이 밝게 드러나고 상벌의 시행이 합당하면 군주의 존엄함이 드러나고 간사함이 생겨나지 않는다. 〈그러나〉 법령이 도리에 역행하고 상벌의 시행이 합당하지 않으면 신하들이 사적인 생각을 내세워 군주의 눈과 귀를 막고, 붕당을 형성하여 군주를 협박하고 시해한다. 그러므로 〈명법〉에서, "'사라짐', '닫힘', '침범함', '막힘'이 생겨나는 것은 법이 확립되지 않았기 때문이다."라고 말하는 것이다.

**人主之治國也**에 **莫不有法令賞罰**이라 (具)〔是〕[9)] **故其法令明而賞罰之所立者當**이면 **則主尊顯而姦不生**이나 **其法令逆而賞罰之所立者不當**이면 **則群臣立私而壅塞**(색)**之**하고 **朋黨而劫殺之**라 **故明法曰 滅塞**(색)**侵壅之所生**은 **從法之不立也**라하니라

법도는 군주가 천하를 제어하고 간사함을 금지시키는 수단이고, 세상을 다스리고 宗廟를 받드는 수단이다. 사적인 생각은 어지러움을 생겨나게 하고 간사함을 기르고 공정함을 해치는 원인이고, 군주의 눈과 귀를 가리고 바름을 상실하여 나라를 위태롭게 하고 망하게 하는 원인이다. 그러므로 법도가 행해지면 나라가 다스려지고 사적인 생각이 행해지면 나라가 어지러워진다. 현명한 군주는 비록 속으로 사랑하는 자가 있다 할지라도 공이 없으면 상을 주지 않고, 비록 속으로 미워하는 자가 있다 할지라도 죄가 없으면 벌을 주지 않는다. 법도에 비추어 공로와 과오의 득실을 검증하니, 법도가 아니면 마음에 두지 않는다. 그러므로 〈명법〉에서, "先王이 나라를 다스릴 때는 법 밖에서 뜻을 함부로 움직이지 않았다."라고 말하는 것이다.

**法度者 主之所以制天下而禁姦邪也**요 **所以牧領海內而奉宗廟也**라 **私意者 所以生亂長姦而害公正也**요 **所以壅蔽失正而危亡也**라 **故法度行則國治**요 **私意行則國亂**이니 **明主**는 **雖心之所愛而無功者不賞也**요 **雖心之所憎而無罪者弗罰也**라 **案法式而驗得失**하니 **非法度不留意焉**이라 **故明法曰 先王之治國也**는 **不淫意於法之外**라하니라

현명한 군주가 나라를 다스릴 때는 우선 해당 사안이 실정에 합당한지를 살피고, 그것의 바른 이치를 실행한다. 그러므로 상에 합당한 자는 신하들이 사양할 수 없고, 벌에 합당한 자는 신하들이 감히 피할 수 없다. 무릇 공이 있는 자를 상주고 죄지은 자를 벌 주는 것은, 천하에 이로움을 이르게 하고 해로움을 제거하는 방법이다. 이는 잡초를 제거하지 않으면 곡식을 해치게 되고, 도적을 잡아 죽이지 않으면 양민이 상하게 되는 것과 같다. 무릇 公法을 버리고 사적인 은혜를 베풀면, 이는 간사한 자를 이롭게 하고 포악함과 어지러움을 조장하는 행위이다. 사적인

9) (具)〔是〕: 저본에는 '具'로 되어 있으나, 豬飼彦博(日)의 ≪管子補正≫에 의거하여 '是'로 바로잡았다.

은혜를 행하여 공이 없는 자에게 상을 주면, 이는 백성에게 요행을 바라면서 윗사람만 바라보게 하는 행위이다. 사적인 은혜를 베풀어서 죄 있는 자를 사면하면, 이는 백성에게 군주를 가볍게 여기고 잘못을 쉽게 저지르게 하는 행위이다. 무릇 公法을 버리고 사적인 은혜를 베푸는 것은 현명한 군주라면 하지 않는다. 그러므로 〈명법〉에서, "법 안에서 사적인 은혜를 베풀지 않는다."라고 말하는 것이다.

明主之治國也에 案其當宜하고 行其正理라 故其當賞者는 群臣不得辭也요 其當罰者는 群臣不敢避也라 夫賞功誅罪는 所以爲天下致利除害也니 草茅弗去則害禾穀이요 盜賊弗誅則傷良民이라 夫舍公法而行私惠면 則是利姦邪而長暴亂也요 行私惠而賞無功이면 則是使民偸幸而望於上也요 行私惠而赦有罪면 則是使民輕上而易爲非也라 夫舍公法하고 用私惠는 明主不爲也라 故明法曰 不爲惠於法之內라하니라

무릇 군주라면 모두 자기 백성을 부리고자 한다. 그런데 백성을 부리기 위해서는 반드시 법을 세우고 명령을 시행해야 한다. 그러므로 나라를 다스리고 백성을 부리는 데 있어 법보다 좋은 것이 없고, 음란함을 금지하고 포악함을 멈추게 하는 데는 형벌보다 나은 것이 없다. 그러므로 가난한 자가 부자의 재물을 빼앗고 싶은 마음이 없는 것은 아니지만, 감히 그렇게 하지 못하는 것은 법이 허용하지 않기 때문이다. 강한 자가 약한 자를 못살게 굴 수 없는 것은 아니지만, 감히 그렇게 하지 못하는 것은 법의 형벌이 두렵기 때문이다. 그러므로 백관의 일들이 법에 따라 시행되면 간사함이 생겨나지 않고, 포악하고 오만한 자를 형벌에 따라 벌을 주면 근심거리가 일어나지 않으며, 뭇 신하들이 함께 나아갈 때 법의 度數에 근거하면 사사로움이 설 곳이 없다. 그러므로 〈명법〉에서, "모든 행위가 법에 부합되지 않음이 없는 것은 과오를 막고 사적인 것을 물리치기 위해서이다."라고 말하는 것이다.

凡人主莫不欲其民之用也로되 使民用者는 必法立而令行也라 故治國使衆에 莫如法하고 禁淫止暴에 莫如刑이라 故貧者非不欲奪富者財也나 然而不敢者는 法不使也요 强者非不能暴弱也나 然而不敢者는 畏法誅也라 故百官之事를 案之以法이면 則姦不生이요 暴慢之人을 誅之以刑이면 則禍不起요 群臣竝進에 筴之以數면 則私無所立이라 故明法曰 動無非法者는 所以禁過而外私也라하니라

군주가 신하를 제어할 수 있는 것은 위세가 있기 때문이다. 그러므로 위세가 아랫사람에게 있으면 군주가 신하에게 제어당하고, 위세가 윗사람에게 있으면 신하가 군주에게 제어된다. 무릇 '가려진 군주〔蔽主〕'는 대문을 닫고 쪽문만 지키고 있는 게 아니다. 그럼에도 명령이 실행되지 않고, 금지해도 멈춰지지 않고, 바라는 것을 얻지 못하는 것은 위세를 잃었기 때문이다. 그러므로 위세가 오직 군주에게만 있으면 신하들이 군주를 두려워하고 공경하게 되고, 법과 정령이 오직 군주에게서만 나오면 천하 사람들이 복종하게 된다. 그러므로 위세가 신하에게 나누어지면 명령이 실행되지 않고, 법과 정령이 신하에게서 나오면 백성은 군주의 말을 듣지 않는다. 그러므로 현명한 군주가 천하를 다스릴 때는 위세가 오직 군주 자신에게만 있을 뿐 신하와 공유하지 않고, 법과 정령이 오직 군주에게서 만들어지고 신하에게서 나오지 않는다. 그러므로 〈명법〉에서, "위세는 군주와 신하 양자 모두에게 부여되어서는 안 되고, 정령은 군주와 신하 두 개의 '문'에서 나와서는 안 된다."라고 말하는 것이다.

**人主之所以制臣下者**는 **威勢也**라 **故威勢在下則主制於臣**하고 **威勢在上則臣制於主**라 **夫蔽主者 非塞**(색)**其門守其戶也**나 **然而令不行禁不止**하고 **所欲不得者**는 **失其威勢也**라 **故威勢獨在於主則群臣畏敬**하고 **法政獨出於主則天下服(德)〔聽〕**[10]이라 **故威勢分於臣則令不行**하고 **法政出於臣則民不聽**이라 **故明主之治天下也**에 **威勢獨在於主而不與臣共**하고 **法政獨制於主而不從臣出**이라 **故明法曰 威不兩錯**(조)하고 **政不二門**이라하니라

현명한 군주는 도량형을 통일하고 준칙을 세워 그것들을 확고하게 지킨다. 이 때문에 아랫사람에게 명령하면 백성이 순순히 따른다. 법은 천하의 일정한 법칙이고 만사의 표준이다. 관리는 백성의 목숨을 좌지우지하는 존재이다. 그러므로 현명한 군주가 다스릴 때는 법에 합당하면 상을 주고, 법에 위배되면 벌을 준다. 그러므로 법에 의거하여 죄를 벌하면 백성은 죽음에 이르러도 원망하지 않고, 법에 의거하여 공을 헤아리면 백성은 상을 받아도 고맙게 여기지 않는다. 이는 곧 법에 의거하여 일을 처리한 功效이다. 그러므로 〈명법〉에서, "법으로 나라를 다스리면,

---

10) (德)〔聽〕: 저본에는 '德'으로 되어 있으나, 王念孫(淸)의 ≪讀書雜志≫에 의거하여 '聽'으로 바로잡았다.

단지 법을 들어 설치하기만 하면 될 뿐이다."라고 말하는 것이다.

明主者 一度量하고 立表儀하여 而堅守之라 故令下而民從이라 法者 天下之程式也며 萬事之儀表也요 吏者 民之所懸命也라 故明主之治也에 當於法者賞之하고 違於法者誅之라 故以法誅罪면 則民就死而不怨하고 以法量功하면 則民受賞而無德也니 此以法擧錯(조)之功也라 故明法曰 以法治國하면 則擧錯(조)而已라하니라

현명한 군주는 법이라는 제도를 지니고 있다. 그러므로 신하들이 모두 반듯한 정치를 행하고 감히 간사한 짓을 하지 못한다. 〈이에〉 백성은 군주가 법에 근거해 정사를 펼치는 것을 안다. 그러므로 관리가 시키는 일이 법에 합당하면 백성이 따르고, 법에 합당하지 않으면 따르지 않는다. 백성은 법에 의거하여 관리와 서로 거리를 두고, 아랫사람은 법에 의거하여 윗사람과 함께 일을 수행한다. 그러므로 속임수와 거짓을 일삼는 자가 군주를 속일 수 없고, 남을 시기 질투하는 사람이 남을 해치고자 하는 마음을 쓸 수 없으며, 아첨하는 사람이 교활한 말솜씨를 펼칠 수 없고, 천리 밖에서도 감히 잘못된 행위를 행하지 못한다. 그러므로 〈명법〉에서 "법이라는 제도를 지니고 있는 자는 속임수와 거짓으로 농락할 수 없다."라고 말하는 것이다.

明主者 有法度之制라 故群臣皆出於方正之治而不敢爲姦이라 百姓知主之從事於法也라 故吏之所使者가 有法則民從之하고 無法則止라 民以法與吏相距하고 下以法與上從事라 故詐僞之人不得欺其主요 嫉妬之人不得用其賊心이요 讒諛之人不得施其巧요 千里之外不敢擅爲非라 故明法曰 有法度之制者는 不可巧以詐僞라하니라

저울추와 저울대는 물건의 무게를 재는 도구이다. 그런데도 사람들이 이것들을 사용하지 않는 것은 마음에 이익을 싫어해서가 아니라, 저울추 때문에 그 숫자를 많게 하거나 적게 할 수가 없고 저울대 때문에 그 양을 가볍게 하거나 무겁게 할 수 가 없기 때문이다. 사람들이 저울추와 저울대를 쓰는 것이 도움이 되지 않음을 알기 때문에 이것들을 사용하지 않는 것이다. 그러므로 현명한 군주가 임금 자리에 있으면 관리들이 법을 왜곡할 수 없고 아전들이 사적인 이익을 도모할 수 없다. 백성이 관리를 섬기는 것이 이익이 되지 않는다는 것을 알기 때문에 관리들에게

뇌물을 바치지 않는다. 저울은 공정함을 지니고 사물을 대하므로 간교한 자들도 사적인 행위를 할 수 없다. 그러므로 〈명법〉에서, "저울로 무게를 다는 자는 무게를 속일 수 없다."라고 말하는 것이다.

權衡者 所以起輕重之數也나 然而人不事者는 非心惡(오)利也요 權不能爲之多少其數하고 而衡不能爲之輕重其量也니라 人知事權衡之無益이라 故不事也니 故明主在上位면 則官不得枉法하고 吏不得爲私라 民知事吏之無益이라 故財貨不行於吏요 權衡平正而待物이라 故姦詐之人不得行其私라 故明法曰 有權衡之稱者는 不可欺以輕重이라하니라

尺·寸·尋·丈은 사물의 길고 짧음의 실정을 측량하는 도구이다. 그러므로 자로 길이를 재면 만 번 재도 한 치의 오차도 없다. 이 때문에 尺寸을 재는 자〔度〕는 비록 부귀하고 세력이 막강한 사람이 잰다고 하더라도 길어지지 않고, 비록 가난하고 미천한 사람이 잰다고 하더라도 짧아지지 않는다. 공평하고 치우치지 않으므로 간사한 자도 틀리게 할 수 없는 것이다. 그러므로 〈명법〉에서, "자를 가지고 재는 사람은 길과 짧음의 착오가 생길 수 없다."라고 말하는 것이다.

尺寸尋丈者 所以得長短之情也라 故以尺寸量短長이면 則萬擧而萬不失矣라 是故尺寸之度는 雖富貴衆强不爲益長하고 雖貧賤卑辱不爲損短이라 公平而無所偏이라 故姦詐之人不能誤也라 故明法曰 有尋丈之數者는 不可差以長短이라하니라

나라가 어지러워지는 까닭은 군주가 실제 사정에 어두운 채 〈거짓된〉 비난과 칭찬에만 의지하기 때문이다. 그러므로 현명한 군주가 의견을 들을 때는, 말에 대해서는 그 실질을 검증해보고, 사람들의 칭찬을 받는 자는 관직을 맡겨 그 능력을 시험해본다. 말에 실질이 없으면 죽이고, 관리에 임명된 자가 〈무능하여〉 관직을 어지럽히면 죽인다. 이 때문에 거짓된 말은 감히 군주에게 올려지지 못하고, 무능력한 자는 감히 관직을 받지 못한다. 어리석은 군주는 그렇지 않다. 의견을 들음에 있어 그 실질을 살펴보지 않으므로 신하들이 거짓된 칭찬으로 자기 패거리를 천거하고, 관리를 임명함에 있어 그 사람이 세운 공을 따지지 않으므로 어리석고 부패한 관리들이 조정에 있게 된다. 이와 같이 하면 신하들은 그럴듯한 평판으로 서로 밀어주고, 서로 공로를 부풀려 꾸며준다. 〈그 결과〉 신하들은 주로 교제에만

힘쓸 뿐 군주의 쓰임이 되지 않는다. 그러므로 〈명법〉에서, "군주가 법을 놓아두고 세상의 평판으로 인재를 등용하면 신하들은 군주를 떠나 아랫사람들과 친근하게 지낼 것이며, 당파의 추천으로 관리를 선발하면 백성들은 교제에 힘쓰고 유용한 인재가 되는 데 힘쓰지 않을 것이다."라고 말하는 것이다.

**國之所以亂者 廢事情而任非譽也**라 **故明主之聽也**에 **言者責之以其實**하고 **譽人者試之以其官**이니 **言而無實者誅**하고 **吏而亂官者誅**라 **是故虛言不敢進**하고 **不肖者不敢受官**이라 **亂主則不然**이니 **聽言而不督其實**이라 **故群臣以虛譽進其黨**이요 **任官而不責其功**이라 **故愚汚之吏在庭**이니 **如此**면 **則群臣相推以美名**하고 **相假以功伐**하니 **務多其佼**[11] **而不爲主用**이라 **故明法曰 主釋法以譽進能**이면 **則臣離上而下比周矣**요 **以黨擧官**이면 **則民務佼而不求用矣**라하니라

어리석은 군주는 신하의 공로를 잘 살피지 않고 여러 사람이 칭찬하면 상을 주며, 신하의 죄와 잘못을 깊이 살피지 않고 여러 사람이 비난하면 벌을 준다. 이와 같이 하면 간사한 신하가 공이 없으면서 상을 얻게 되고, 충성스럽고 올곧은 신하가 죄 없이 벌을 받게 된다. 그러므로 공이 많아도 상을 받지 못하면 신하들이 최선을 다하지 않게 되고, 반듯하게 행동해도 벌을 받으면 현명하고 지혜로운 자들이 능력을 온전히 발휘할 길이 없게 된다. 뇌물을 바쳐 작록을 얻으면 추잡한 사람들이 관직에 있게 되고, 청탁으로 등용된 무능한 사람이 높은 자리에 있으면 백성은 公法을 배반하고 힘 있는 사람에게로 달려간다. 이와 같으면 성실한 사람은 그 직책을 잃고, 청렴한 관리는 백성을 다스릴 힘을 상실하게 된다. 그러므로 〈명법〉에서, "관리들이 백성을 다스릴 힘을 상실하게 되는 것은,[12] 군주가 평판에 의해 상을 내리고 비방을 듣고 벌을 내리기 때문이다."라고 말하는 것이다.

**亂主不察臣之功勞**하고 **譽衆者則賞之**요 **不審其罪過**하고 **毁衆者則罰之**라 **如此者則邪臣無功而得賞**하고 **忠正無罪而有罰**이라 **故功多而無賞則臣不務盡力**하고 **行正而有罰則賢聖無從竭能**이라 **行貨財而得爵祿則汚辱之人在官**하고 **寄託之人不肖而位尊則民倍公法而趨有勢**라 **如此則慤愿之人失其職**하고 **而廉潔之吏失其治**라 **故明法曰 官之失其治也**는 **是主以譽爲賞**하고

11) 佼 : 古本에는 '交'로 되어 있다. 佼는 交와 통용한다.
12) 관리들이……것은 : 〈明法〉의 경문에는 原註에 의거하여 "관리들을 다스리지 못하게 되는 것은"으로 해석하였다.

而以毁爲罰也라하니라

평범한 관리가 업무를 수행할 때, 법대로 행하고 사사로움이 없으면 간신이 이익을 얻지 못하니, 이는 간신이 남을 비방하는 데만 힘쓰기 때문이다. 그런데 군주가 신하들의 죄와 잘못을 검증하지 않고 실체가 없는 말만 듣고 벌한다면, 신하들은 귀족이나 重臣을 섬겨 그들의 추천이나 좋은 평판을 통해 형벌을 피하고 녹봉과 상을 구하지 않을 수 없게 된다. 그러므로 〈명법〉에서, "상을 좋아하고 벌을 싫어하는 사람은 公道를 떠나서 私術을 행한다."라고 말하는 것이다.

平吏之治官也에 行法而無私면 則姦臣不得其利焉이니 此는 姦臣之所務傷也라 人主不參驗其罪過하고 以無實之言誅之면 則(姦)〔人〕[13]臣不能無事貴重而求推譽하여 以避刑罰而受祿賞焉이라 故明法曰 喜賞惡(오)罰之人은 離公道而行私術矣라하니라

간신이 군주를 망하게 할 때는 조금씩 은밀하게 쌓아나가면서 군주를 미혹시켜, 군주 스스로 이를 깨닫지 못하게 한다. 위로는 서로 군주의 눈치를 살피고, 아래로는 백성의 환심을 산다. 자기 당파를 칭찬하여 군주가 그를 높이도록 하고, 자기를 칭찬하지 않는 자를 깎아내려 군주가 그를 내쫓도록 만든다. 이해가 걸린 일은 군주가 자신의 말을 믿고 따르게 한다. 이와 같이 하면 신하들은 모두 군주를 잊고 사적인 교제에 힘쓰게 될 것이다. 그러므로 〈명법〉에서, "붕당을 지어 서로 사특한 짓을 행하게 된다. 이 때문에 군주를 잊고 밖으로 교제에 힘써 자신들의 평판을 높인다."라고 말하는 것이다.

姦臣之敗其主也에 積漸積微하여 使主迷惑而不自知也니 上則相爲候望於主하고 下則買譽於民이라 譽其黨而使主尊之하고 毁不譽者而使主廢之하며 其所利害者는 主聽而行之라 如此면 則群臣皆忘主而趨私佼矣라 故明法曰 比周以相爲慝이라 是故忘主私佼以進其譽라하니라

군주에게 통치술이 없으면 신하들이 군주를 속이기 쉽고, 나라에 밝은 법이 없

---

13) (姦)〔人〕: 저본에는 '姦'으로 되어 있으나, 兪樾(淸)의 ≪諸子平議≫에 의거하여 '人'으로 바로잡았다.

으면 백성이 잘못을 저지르기 쉽다. 이 때문에 간사한 사람이 나랏일을 맡으면 신하들은 이해관계만 바라보게 된다. 이와 같으면 간사한 자가 군주의 눈과 귀가 되는 경우가 많을 것이다. 〈그 결과〉 비록 나라가 크게 기울어도 군주는 그것을 알 길이 없다. 그러므로 〈명법〉에서, "무리와 교제하여 평판을 높이고 안팎으로 무리를 지으면, 비록 큰 간신배가 없다 할지라도 군주의 총명을 가리는 것이 많아질 것이다."라고 말하는 것이다.

**主無術數則群臣易欺之**요 **國無明法則百姓輕爲非**라 **是故姦邪之人用國事**면 **則群臣仰利害也**니 **如此**면 **則姦人爲之視聽者多矣**니 **雖有大(義)〔俄〕**[14]라도 **主無從知之**라 **故明法曰 佼衆譽多**하고 **外內朋黨**하면 **雖(有)〔無〕**[15]**大姦**이라도 **其蔽主多矣**라하니라

이른바 충신은 법에 의한 통치술을 밝히는 데 힘쓰고, 밤낮으로 군주를 보좌하면서 천지 운행의 이치를 밝힘으로써 천하를 다스리는 자이다. 간사한 신하는 법에 의한 통치술을 밝히면 반드시 나라가 잘 다스려지고, 나라가 잘 다스려지면 간신들은 곤란해지고, 법에 의해 통치해야 한다고 주장하는 선비들이 인정받게 된다는 사실을 안다. 이 때문에 간사한 자들이 힘쓰는 것은, 법이 밝게 드러나지 않게 하고 군주가 이를 깨닫지 못하게 하여 자신들이 원하는 바를 얻는 것이다. 그러므로 반듯하고 올곧은 신하가 등용되면 간사한 신하들이 곤경에 빠지게 되니, 이는 반듯하고 올곧은 신하와 간사한 신하는 양립할 수 없는 세력이기 때문이다. 군주의 곁에 있는 간사한 자들은 반듯하고 올곧은 신하를 미워할 수밖에 없고, 미워하면 간신들은 반드시 군주의 허점을 엿보면서 밤낮으로 군주를 위태롭게 할 것이다. 군주가 이 점을 잘 살피지 않고 간신의 말을 들으면 충신은 죄가 없어도 곤경에 빠져 죽게 될 것이고, 간신은 공이 없어도 부귀하게 될 것이다. 그러므로 〈명법〉에서, "충신은 죄가 없어도 죽고, 사악한 신하는 공이 없어도 출세한다."라고 말하는 것이다.

**凡所謂忠臣者 務明法術**하고 **日夜佐主**하고 **明於度數之理以治天下者也**라 **姦邪之臣**은 **知法術**

14) (義)〔俄〕: 저본에는 '義'로 되어 있으나, 王念孫(淸)의 ≪讀書雜志≫에 의거하여 '俄'로 바로잡았다.

15) (有)〔無〕: 저본에는 '有'로 되어 있으나, 張文虎(淸)의 ≪舒藝室隨筆≫에 의거하여 '無'로 바로잡았다.

明之必治也요 治則姦臣困而法術之士顯이라 是故〔姦〕[16]邪之所務事者는 使法無明하고 主無悟하여 而己得所欲也라 故方正之臣得用이면 則姦邪之臣困傷矣니 是方正之與姦邪不兩進之勢也니라 姦邪在主之側者는 不能勿惡(오)也요 惟惡(오)之면 則必候主閒而日夜危之리니 人主不察而用其言이면 則忠臣無罪而困死하고 姦臣無功而富貴라 故明法曰 忠臣死於非罪하고 而邪臣起於非功이라하니라

부유하고 귀하고 존엄하고 이름이 드러나면서 오랫동안 천하를 소유하는 것은 모든 군주가 바라는 바이다. 명령하면 실행되고 금지하면 그치며 세상에 적이 없는 것은 모든 군주가 바라는 바이다. 〈군주의 총명을〉 가리고 속이며 〈군주의 권위를〉 침범하고 능멸하는 것은 모든 군주가 싫어하는 바이다. 천하를 잃고 종묘사직이 멸망하는 것은 모든 군주가 싫어하는 바이다. 충신은 법에 의한 통치술을 밝혀 군주가 바라는 바에 도달하고 군주가 싫어하는 바를 제거하고자 한다. 〈그런데〉 군주를 제멋대로 주무르는 간신이 사사로운 욕심으로 군주를 위태롭게 하면, 충신은 공정한 치국의 도를 군주에게 아뢸 길이 없게 된다. 그러므로 〈명법〉에서, "죄 없는 자가 죽고 공 없는 자가 출세하면, 신하들은 사적인 것을 중시하고 공적인 것을 가볍게 여기게 된다."라고 말하는 것이다.

富貴尊顯하고 久有天下는 人主莫不欲也요 令行禁止하고 海內無敵은 人主莫不欲也라 蔽欺侵凌은 人主莫不惡(오)也요 失天下滅宗廟는 人主莫不惡(오)也라 忠臣之欲明法術하여 以致主之所欲하고 而除主之所惡(오)者〔也〕[17]로되 姦臣之擅主者가 有以私危之면 則忠臣無從進其公正之數矣라 故明法曰 所死者非罪하고 所起者非功이면 然則爲人臣者重私而輕公矣라하니라

어리석은 군주가 爵祿을 베풀 때는 법령에 의해 그 공로를 살피지 않고, 형벌을 집행할 때는 법령에 의해 그 罪過를 살피지 않고, 重臣이 하는 말에 따른다. 그러므로 중신이 상을 주고 싶은 자가 있으면 군주는 그를 위해 상을 주고, 중신이 벌을 주고 싶은 자가 있으면 군주는 그를 위해 벌을 준다. 公法을 폐기하고 전적으로

16) 〔姦〕: 저본에는 '姦'이 없으나, 王念孫(淸)의 ≪讀書雜志≫에 의거하여 보충하였다. 古本·劉本 등에도 '姦'이 있다고 한다.
17) 〔也〕: 저본에는 '也'가 없으나, 許維遹(中)의 ≪管子集校≫에 의거하여 보충하였다.

중신의 말을 따르는 것이 이와 같으므로, 신하들은 모두 당파를 결성하여 중신을 존중하고 군주를 잊으며, 중신 집의 문에 달려갈 뿐 조정에는 나아가지 않는다. 그러므로 〈명법〉에서, "사적으로 교제하는 사람의 집에는 열 번이나 방문하지만, 조정에는 한 번도 나아가지 않는다."라고 말하는 것이다.

**亂主之行爵祿也**에 **不以法令案功勞**하고 **其行刑罰也**에 **不以法令案罪過**하고 **而聽重臣之所言**이라 **故**(臣有所欲賞)〔**臣欲有所賞**〕[18]이면 **主爲賞之**하고 **臣欲有所罰**이면 **主爲罰之**라 **廢其公法**하고 **專聽重臣**이 **如此**니 **故群臣皆務其黨重臣而忘其主**하고 **趨重臣之門而不庭**이라 **故明法曰 十至於私人之門**하나 **不一至於庭**이라하니라

현명한 군주가 나라를 다스릴 때는, 신하들의 분담된 업무를 명확하게 하여 각자 맡은 일을 완수하도록 감독한다. 자기 임무를 잘 감당하는 자는 留任하고, 자기 임무를 감당하지 못하는 자는 면직시킨다. 이 때문에 신하들은 모두 최선을 다해 자신들의 일을 처리할 수 있다. 어리석은 군주는 그렇지 못하다. 그러므로 신하들은 관직을 맡아 후한 봉급을 받으면서 아무도 나라를 다스리는 데 힘쓰지 않는다. 그들은 단지 나라의 중책을 맡아서 그 이익을 독점하고자 하고, 백성의 재물을 착취하고 약탈하여 자기 집안을 부유하게 하려고 한다. 그러므로 〈명법〉에서, "자기 가문에 대해서는 백 번이나 깊이 생각하지만, 나라를 위해서는 한 번도 생각하지 않는다."라고 말하는 것이다.

**明主之治也**에 **明於分職而督其成事**니 **勝其任者**는 **處官**하고 **不勝其任者**는 **廢免**이라 **故群臣皆竭能盡力以治其事**라 **亂主則不然**이니 **故群臣處官位**하여 **受厚祿**이나 **莫務治國者**가 **期於管國之重而擅其利**하고 **牧漁其民以富其家**라 **故明法曰 百慮其家**나 **不一圖其國**이라하니라

현명한 군주가 임금 자리에 있으면 나라 안의 백성은 온 힘을 다해 군주를 받들고, 백관은 직책을 나누어 다스림으로써 국가를 편안하게 한다. 어리석은 군주의 경우는 그렇지 않다. 비록 용맹한 용사가 있어도 大臣은 사적으로 거느릴 뿐 군주

---

18) (臣有所欲賞)〔臣欲有所賞〕: 저본에는 '臣有所欲賞'으로 되어 있으나, 豬飼彦博(日)의 ≪管子補正≫에 의거하여 '臣欲有所賞'으로 바로잡았다. 이렇게 고쳐야 다음의 '臣欲有所罰'과 대구를 이루게 된다.

를 받들게 하지 않고, 비록 덕 있고 지혜로운 선비가 있어도 대신은 사적으로 데리고 있을 뿐 나라를 다스리게 하지 않는다. 그러므로 조정에 속한 사람이 많아도 등용할 수 없고, 백관이 갖추어져 있어도 제어할 수 없다. 이같이 된 것은 군주라는 이름만 있을 뿐 실권이 없기 때문이다. 그러므로 〈명법〉에서, "조정에 속한 무리가 많아도 그들에게 군주를 받들게 하지 못하고, 백관이 갖추어져 있어도 그들에게 나랏일을 맡기지 못한다.[19] 이런 상황을 나라에 사람이 없다고 말한다."라고 말하는 것이다.

**明主在上位**면 **則竟內之衆盡力以奉其主**하고 **百官分職致治以安國家**라 **亂主則不然**이니 **雖有勇力之士**라도 **大臣私之**하여 **而非以奉其主也**요 **雖有聖智之士**라도 **大臣私之**하여 **非以治其國也**라 **故屬數雖衆**이라도 **不得進也**요 **百官雖具**라도 **不得制也**니 **如此者**는 **有人主之名而無其實**이라 **故明法曰 屬數雖衆**이라도 **非以尊君也**요 **百官雖具**라도 **非以任國也**니 **此之謂國無人**이라하니라

현명한 군주는 아랫사람들이 최선을 다해 법령과 직분을 지키게 한다. 그러므로 신하들은 군주를 존중하는 데 힘쓸 뿐 감히 자기 집안을 돌보지 않는다. 현명한 군주는 신하와 군주의 구분을 분명히 하고 위와 아래의 지위 차이를 뚜렷하게 한다. 그러므로 대신들은 각자 자기 자리에 머물 뿐 감히 서로 존귀해지려고 하지 않는다. 어리석은 군주의 경우는 그렇지 않다. 법률 제도가 폐기되어 실행되지 않으므로 신하들은 자기 집안의 이익을 늘리는 데 힘쓰고, 군주와 신하 사이에 구분이 없고 위와 아래에 구별이 없으므로 신하들은 서로 존귀해지는 데 힘쓴다. 이와 같이 된 것은 조정에 신하가 적기 때문이 아니라 군주가 사람들을 쓰지 못하기 때문이다. 그러므로 〈명법〉에서, "나라에 사람이 없다는 것은, 조정의 신하들이 감소했다는 것이 아니라, 가문과 가문은 서로 자기의 이익을 늘리는 데 힘쓸 뿐 군주를 존중하지 않고, 대신들은 서로 존귀해지는 데에 힘쓸 뿐 나랏일을 돌보지 않는다는 것이다."[20]라고 말하는 것이다.

---

19) 조정에……못한다 : 〈明法〉의 경문에는 原註에 의거하여 "조정에 속한 무리가 많아도 군주를 존중하지 않고, 백관이 갖추어져 있어도 나랏일을 맡길 수 없다."로 해석하였다.

20) 나라에……것이다 : 〈明法〉의 경문에는 문장 구조 및 原註에 의거하여, "나라에 사람이 없다는 것은, 조정의 신하들이 감소했다는 것이 아니라, 가문과 가문이 서로 자기의 이

明主者 使下盡力而守法分이라 故群臣務尊主而不敢顧其家요 臣主之分明하고 上下之位審이라 故大臣各處其位而不敢相貴라 亂主則不然이니 法制廢而不行이라 故群臣得務益其家요 君臣無分하고 上下無別이라 故群臣得務相貴라 如此者는 非朝臣少也요 衆不爲用也라 故明法曰 國無人者는 非朝臣衰也요 家與家務相益不務尊君也하고 大臣務相貴而不任國也라하니라

군주가 관리를 두는 것은 단지 그들의 신분을 높여주고 녹봉을 후하게 주기 위해서가 아니라, 그들로 하여금 군주의 법을 받들고 군주의 명령을 수행하여 백성을 다스리고 도적을 물리치게 하기 위해서이다. 이 때문에 그 맡은 바 업무가 크면 벼슬이 높고 봉록이 많으며, 그 맡은 바 업무가 작으면 벼슬이 낮고 봉록이 적다. 벼슬과 봉록은 군주가 관리들을 부리는 수단인 것이다. 어리석은 군주가 다스리는 관리들은 높은 지위에 있고 두터운 봉록을 받으면서, 더불어 교제하는 패거리만 기를 뿐 관직의 업무에 힘쓰지 않는다. 이와 같으면 관리는 그 기능을 잃게 된다. 그러므로 〈명법〉에서, "하급 관리들은 녹봉을 지키고 교제에 힘쓸 뿐 관청의 일을 처리하지 않는다. 그러므로 관리들이 자기 역할을 잃게 되는 것이다."[21]라고 말하는 것이다.

人主之張官置吏也는 非徒尊其身하고 厚奉之而已也니 使之奉主之法하고 行主之令하여 以治百姓而誅盜賊也라 是故其所任官者大면 則爵尊而祿厚하고 其所任官者小면 則爵卑而祿薄이니 爵祿者는 人主之所以使吏治官也라 亂主之治也는 處尊位하고 受厚祿하되 養所與佼而不以官爲務라 如此者면 則官失其能矣라 故明法曰 小臣持祿養佼하고 不以官爲事라 故官失職[22]이라하니라

현명한 군주가 인재를 선택할 때는, 용감하다고 말하는 자는 군인의 일로 시험해보고, 지혜롭다고 말하는 자는 관리의 일로 시험해본다. 군인으로 시험해보았을 때 공을 세운 자는 선발하고, 관리로 시험해보았을 때 일을 잘 처리하는 자는 등

익을 늘리는 데 힘쓰느라 군주를 존중하지 않는다는 것이다. 대신들은 서로 존귀해지는 데에 힘쓰느라 나랏일을 돌보지 않는다."로 해석하였다.

21) 그러므로……것이다 : 〈明法〉의 경문에는 原註에 의거하여 "그러므로 관리들 가운데 유능한 인재가 없게 되는 것이다."로 해석하였다.

22) 失職 : 〈明法〉의 경문에는 "失其能"으로 되어 있다.

용한다. 그러므로 戰功의 일로 용감한지 겁쟁인지를 판단하고, 관직의 일 처리로 지혜로운지 어리석은지를 판단한다. 이 때문에 용감한지 겁쟁인지 혹은 지혜로운지 어리석은지가 마치 흑과 백처럼 분명하게 드러나게 된다. 어리석은 군주는 그렇지 않다. 말만 듣고 시험해보지 않으므로 말만 잘하는 자가 등용되고, 사람을 임명하면서 관리로 시험해보지 않으므로 무능한 자도 곤경에 처하지 않는다. 그러므로 현명한 군주는 법에 근거해 그 말을 살펴서 그 실질을 구하고 관직을 맡겨봄으로써 그 공적을 평가하니, 전적으로 법에 맡길 뿐 자신의 주관으로 등용하지 않는다. 그러므로 〈명법〉에서, "先王이 나라를 다스릴 때는, 법이 인재를 선택하게 하고 군주 자신이 등용하지 않았다."라고 말하는 것이다.

**明主之擇賢人也**는 **言勇者試之以軍**하고 **言智者試之以官**하니 **試於軍而有功者則擧之**하고 **試於官而事治者則用之**라 **故以戰功之事定勇怯**하고 **以官職之治定愚智**라 **故勇怯愚智之見**(현)**也**가 **如白黑之分**이라 **亂主則不然**하니 **聽言而不試**라 **故妄言者得用**하고 **任人而不官**이라 **故不肖者不困**이라 **故明主**는 **以法案其言而求其實**하고 **以官任其身而課其功**하니 **專任法**하고 **不自擧焉**이라 **故明法曰 先王之治國也**는 **使法擇人**하고 **不自擧也**라하니라

이른바 '功'이라고 하는 것은, 군주를 편안하게 하고 백성을 이롭게 하는 것을 말한다. 무릇 적의 군대를 격파하여 장수를 죽이고, 싸우면 이기고 공격하면 취함으로써, 군주가 위태로워지거나 망할 근심이 없게 하고 백성이 죽거나 포로가 될 걱정이 없게 하는 것, 이것은 군사가 공을 세우는 방법이다. 군주가 세운 법을 받들어 나라 안을 잘 다스려서, 강한 자가 약한 자를 능멸하지 못하게 하고 다수가 소수를 해치지 못하게 하며, 만백성이 즐겁게 최선을 다해 군주를 받들어 모시게 하는 것, 이것은 관리가 공을 세우는 방법이다. 군주의 허물을 바로잡아 군주의 실수를 막고, 의리를 밝혀 군주를 바른길로 인도하여 군주에게 삿되고 치우친 행위가 없게 하고 가려지고 기만당하는 근심이 없게 하는 것, 이것이 신하가 공을 세우는 방법이다. 그러므로 현명한 군주가 다스릴 때는 직책의 구분을 명확히 하고 공로를 정확히 평가하여, 공을 세운 자는 상을 주고 법을 어지럽히는 자는 벌한다. 상벌의 시행이 각각 그 마땅함을 얻으니, 군주 자신은 거기에 관여함이 없다. 그러므로 〈명법〉에서, "법이 사람들의 공을 헤아리게 하고, 군주 스스로 헤아리지 않

는다."라고 말하는 것이다.

凡所謂功者 安主上하고 利萬民者也라 夫破軍殺將하고 戰勝攻取하여 使主無危亡之憂하고 而百姓無死虜之患은 此軍士之所以爲功者也요 奉主法하고 治竟內하여 使强不凌弱하고 衆不暴寡하고 萬民驩盡其力 而奉養其主는 此吏之所以爲功也요 匡主之過하여 救主之失하고 明理義以道其主하여 主無邪僻之行하고 蔽欺之患은 此臣之所以爲功也라 故明主之治也는 明分職而課功勞하여 有功者賞하고 亂(治)〔法〕[23]者誅하니 誅賞之所加가 各得其宜而主不自與焉이라 故明法曰 使法量功하고 不自度(탁)也라하니라

현명한 군주가 다스릴 때는 옳고 그름을 살피고 일의 실제 사정을 관찰함에 있어 법도에 근거해 헤아리고 조사한다. 법도에 합치되면 행하고 법도에 합치되지 않으면 폐하며, 공이 그 말과 일치하면 상을 주고 말과 일치하지 않으면 벌한다. 그러므로 지혜롭고 유능하다는 말을 듣는 사람은 반드시 공이 드러난 이후에 등용하고, 악하고 못됐다는 말을 듣는 사람은 반드시 잘못이 드러난 이후에 내친다. 이와 같으면 유능한 선비는 군주와 소통하여도 아무도 질투할 수 없고, 무능한 자는 곤경에 빠지고 내쳐져 아무도 천거할 수 없다. 그러므로 〈명법〉에서 "유능한 자는 은폐할 수 없고 무능한 자는 거짓으로 꾸밀 수 없다."[24]라고 말하는 것이다.

明主之治也는 審是非하고 察事情에 以度量案之하여 合於法則行하고 不合於法則止하며 功充其言則賞하고 不充其言則誅라 故言智能者는 必有見(현)功而後擧之하고 言惡敗者는 必有見(현)過而後廢之니 如此면 則士上通而莫之能妬하고 不肖者困廢而莫之能擧라 故明法曰 能不可蔽하고 而敗不可飾也라하니라

현명한 군주의 통치법은 백성이 바라는 바를 설치함으로써 공을 세우게 한다. 그러므로 작록을 만들어 백성을 장려하는 것이다. 〈또한〉 백성이 싫어하는 바를 설치함으로써 나쁜 짓을 금지시킨다. 그러므로 형벌을 만들어 백성을 두렵게 하는 것이다. 그러므로 세운 공을 조사하여 상을 시행하고, 저지른 죄를 조사하여 벌을

23) (治)〔法〕: 저본에는 '治'로 되어 있으나, 丁士涵(淸)의 ≪管子校本≫에 의거하여 '法'으로 바로잡았다.

24) 무능한……없다 : 〈明法〉의 경문에는 原註에 의거하여 "실패한 자는 거짓으로 꾸밀 수 없다."로 해석하였다.

시행한다. 이같이 하면 신하들이 공이 없는 자를 추천하여도 감히 벼슬길에 나아갈 수 없고, 죄가 없는 자를 비방하여도 감히 물러나게 할 수 없다. 그러므로 〈명법〉에서, "〈재능이 없으면〉 좋은 평판을 받는 자도 등용할 수 없고 〈공이 있으면〉 비방 받는 자도 물러나게 할 수 없다."라고 말하는 것이다.

**明主之道**는 **立民所欲**하여 **以求其功**이라 **故爲爵祿以勸之**요 **立民所惡**(오)하여 **以禁其邪**라 **故爲刑罰以畏之**라 **故案其功而行賞**하고 **案其罪而行罰**하니 **如此**면 **則群臣之擧無功者不敢進也**요 **毁無罪者不能退也**라 **故明法曰 譽者不能進**하고 **而誹者不能退也**라하니라

신하들을 통제하고 죽이고 살리는 권한을 휘두르는 것은 군주의 직분이고, 군주의 명령을 받들고 군주의 통제를 받는 것은 신하의 직분이다. 위세를 지니고 존귀함이 드러나는 것은 군주의 직분이고, 지위가 미천하고 군주를 두려워하고 공경하는 것은 신하의 직분이다. 명령하면 시행되고 금지하면 멈춰지게 하는 것은 군주의 직분이고, 법을 받들고 명령을 따르는 것은 신하의 직분이다. 그러므로 군주와 신하가 함께함에 있어 그 높낮이의 차이는 하늘과 땅과 같고, 그 직분이 서로 다름은 흑과 백과 같다. 그러므로 군주와 신하 사이가 명확히 구별되면 군주는 존귀하고 신하는 미천하다. 이와 같으면 아랫사람이 윗사람을 따르는 것이 마치 메아리가 소리에 반응하는 것과 같고, 신하가 군주를 본받는 것이 마치 그림자가 형체를 따르는 것과 같다. 그러므로 위에서 명령을 내리면 아래에서는 즉시 반응하고, 군주가 행하면 신하는 따른다. 명령하면 실행되고, 금지하면 멈춰지며, 구하면 얻는 것, 이런 것을 '손쉬운 다스림〔易治〕'이라 한다. 그러므로 〈명법〉에서, "군주와 신하 사이가 분명하게 구별되면 다스리기가 쉽다."[25)]라고 말하는 것이다.

**制群臣**하고 **擅生殺**은 **主之分也**요 **縣令仰制**는 **臣之分也**라 **威勢尊顯**은 **主之分也**요 **卑賤畏敬**은 **臣之分也**라 **令行禁止**는 **主之分也**요 **奉法聽從**은 **臣之分也**라 **故君臣相與**에 **高下之處也**는 **如天之與地也**요 **其分畫**(획)**之不同也**는 **如白之與黑也**라 **故君臣之間明別**이면 **則主尊臣卑**니 **如此**면 **則下之從上也**가 **如響之應聲**하고 **臣之法主也**가 **如景**(영)**之隨形**이라 **故上令而下應**하고 **主行而臣從**하니 **以令則行**하고 **以禁則止**하고 **以求則得**을 **此之謂易治**라 **故明法曰 君臣之間明別**

---

25) 군주와……쉽다 : 〈明法〉의 경문에는 原註에 의거하여 "이렇게 하면 군주와 신하 사이가 분명하게 구별되고, 분명하게 구별되면 다스리기가 쉽다."로 해석하였다.

**則易**(이)**治**[26)]라하니라

현명한 군주가 통치술을 잡고 신하를 임명함에 있어, 신하들이 각자의 지혜와 능력을 보이게 하고 각자의 장기를 올리게 한다. 그러므로 지혜로운 자는 자신의 계책을 바치고 유능한 자는 자신의 공을 올리는데, 군주는 신하가 이전에 한 말을 바탕으로 나중에 이룬 성과를 검토하여, 앞뒤가 일치하면 상을 주고 일치하지 않으면 벌을 준다. 관직을 설치하고 관리를 임명하여 백성을 다스림에 있어, 법에 근거하여 그 성과를 평가하면 된다. 법을 지키고 법대로 처리하면 군주 자신은 수고롭지 않아도 신하들의 분담된 업무가 분명해진다. 그러므로 〈명법〉에서, "군주가 비록 몸소 아래 일을 하지 않아도, 법만 지키고 있으면 일들을 처리하는 것이 가능하다."라고 말하는 것이다.

**明主操術任臣下**에 **使群臣效其智能**하고 **進其長技**라 **故智者效其計**하고 **能者進其功**에 **以前言督後事所效**하여 **當則賞之**하고 **不當則誅之**라 **張官任吏治民**에 **案法試課成功**이라 **守法而法之**면 **身無煩勞而分職〔明〕**[27)]이라 **故明法曰 主雖不身下爲**라도 **而守法爲之可也**라하니라

26) 君臣之間明別則易(이)治 : 〈明法〉의 경문에는 "然則君臣之間明別 明別則易治也"로 해석하였다.
27) 〔明〕: 저본에는 '明'이 없으나, 陶鴻慶(淸)의 ≪讀管子札記≫에 의거하여 보충하였다.

# 附錄

# 1.≪管子 4≫ 參考書目

◇ 底本

• ≪管子≫, 房玄齡(唐) 注, 浙江書局 二十二子本

◇ 底本 관련자료

• ≪宋本管子≫, 房玄齡(唐) 注, 國學基本典籍叢刊, 國家圖書館出版社, 2018.
• ≪管子≫, 房玄齡(唐) 注, 線裝1函6冊, 中華再造善本(唐宋編・子部), 北京圖書館出版社, 2004.
• ≪管子補注：子海精華編≫, 劉績(明) 補注, 姜濤點校, 鳳凰出版社, 2016.
• ≪管子榷(全3冊)≫, 朱長春(明), 江蘇大學出版社, 2018.
• ≪管子房注釋解≫, 陳慶照 李障天, 齊魯書社, 2001.
• ≪管子新注≫, 姜濤, 齊魯書社, 2006.
• ≪管子集校：郭沫若全集・歷史編 第5冊~第8冊≫, 郭沫若, 人民出版社, 1984.
• ≪管子輕重篇新詮(上・下)：新編諸子集成≫, 馬非百, 中華書局, 1979.
• ≪管子全譯：中國歷代名著全譯叢書≫, 謝浩范 朱迎平, 貴州人民出版社, 1996.
• ≪管子今詮≫, 石一參, 中國書店影印, 1988.
• ≪管子校注(上・中・下)：新編諸子集成≫, 黎翔鳳, 中華書局, 2004.
• ≪管子今註今譯(上・下)≫, 李勉, 臺灣商務印書館, 1988.
• ≪管子(全2冊)：中華經典名著全本全注全譯≫, 李山 軒新麗, 中華書局, 2019.
• ≪管子：中國古典名著譯注叢書≫, 李遠燕 李文娟, 廣州出版社, 2006.
• ≪管子解說(上・下)：中華傳統文化經典解說≫, 張小木, 華夏出版社, 2010.
• ≪管子通解(上・下)≫, 趙守正, 北京經濟學院出版社, 1989.
• ≪管子直解≫, 周瀚光 朱幼文 戴洪才, 復旦大學出版社, 2000.
• ≪新譯管子讀本(上・下)≫, 湯孝純, 三民書局, 1995.
• ≪管子逐字索引：先秦兩漢古籍逐字索引叢刊≫, 劉殿爵 編輯, 商務印書館(香港), 2001.

◇ 經部

• ≪論語集註大全≫, 朱熹 集註, 胡廣 等 編, 朝鮮 內閣本, 影印本, 學民出版社
• ≪孟子集註大全≫, 朱熹 集註, 胡廣 等 編, 朝鮮 內閣本, 影印本, 學民出版社
• ≪書傳大全≫, 蔡沈 集傳, 胡廣 等 編, 朝鮮 內閣本, 影印本, 學民出版社
• ≪說文解字≫, 許愼 撰, 文淵閣四庫全書, 臺灣商務印書館, 1986.
• ≪周易傳義大全≫, 程頤 傳, 朱熹 本義, 胡廣 等 編, 朝鮮 內閣本, 影印本, 學民出版社

◇ 子部

• ≪老子≫, 王弼(魏) 註, 文淵閣四庫全書, 臺灣商務印書館, 1986.
• ≪呂氏春秋≫, 呂不韋(秦), 高誘(漢) 註, 文淵閣四庫全書, 臺灣商務印書館, 1986.
• ≪淮南子≫, 劉安(漢), 高誘(漢) 註, 文淵閣四庫全書, 臺灣商務印書館, 1986.
• ≪論衡≫, 王充(漢), 文淵閣四庫全書, 臺灣商務印書館, 1986.

◇ 研究著 및 번역서

〔한국〕

• 김필수 외, ≪관자 : 경세의 바이블 한국 최초 완역 관자≫, 소나무, 2006.
• 류웨이화 외, 곽신환 옮김, ≪직하철학 : 직하학사≫, 철학과현실사, 1995.
• 류쩌화, 장현근 옮김, ≪중국정치사상사1 : 선진≫, 글항아리, 2019.
• 바이시, 이임찬 옮김, ≪직하학 연구 : 중국 고대의 사상적 자유와 백가쟁명≫, 소나무, 2013.
• 신동준, ≪관자 : 사상 최초의 정치경제학서≫, 인간사랑, 2015.
• 신동준, ≪관자 평전 : 일생에 한번은 관자를 만나라≫, 리더북스, 2017.
• 신창호, ≪관자 : 최고의 국가건설을 위한 현실주의≫, 살림, 2013.
• 신창호, ≪사람 하나를 심어 백을 얻어야 : 교육과 배려의 시선으로 읽는 관자≫, 서현사, 2009.
• 이석명, ≪노자와 황로학≫, 소와당, 2010.
• 정원명, 최대우・이경환 옮김, ≪중국황로학≫, 부크크, 2018.

〔중국〕


• 耿振東, ≪管子學史≫, 商務印書館, 2018.
• 龔　武　主編, ≪管學新論　1≫, 安徽人民出版社, 2018.
• 鞏曰國, ≪管子版本研究≫, 齊魯書社, 2016.
• 郭　麗, ≪管子文獻學研究≫, 中國海洋大學出版社, 2007.
• 郭　麗, ≪簡帛文獻與管子研究≫, 方志出版社, 2015.
• 郭　麗, ≪管子版本研究通論/管子通論叢書≫, 齊魯書社, 2019.
• 國光紅, ≪齊長城與管子 : 齊長城經濟文化考察≫, 文物出版社, 2019.
• 樂愛國, ≪管子的科技思想/中國科技思想研究文庫≫, 科學出版社, 2004.
• 鄧加榮　張靖, ≪管子思想鉤沉≫, 中國社會科學出版社, 2015.
• 戴東雄, ≪管子的法律思想≫, 臺北中央文物供應社, 1985.
• 巫寶三, ≪管子經濟思想研究≫, 中國社會科學出版社, 1989.
• 徐漢昌, ≪管子思想研究 : 中國哲學叢刊≫, 臺灣學生書局, 1990.
• 邵先鋒, ≪管子與晏子春秋治國思想比較研究≫, 齊魯書社, 2008.
• 蘇　暢, ≪管子城市思想研究 : 中國城市營建史研究書系≫, 中國建築工業出版社, 2010.
• 楊紀榮・孫繼成, ≪管子境外研究通論 : 以歐美・東亞爲中心/"管子通論"叢書≫, 齊魯書社, 2019.
• 王京龍　等, ≪論管子 : 管子通論叢書≫, 齊魯書社, 2019.
• 王叔岷, ≪諸子斠證≫, 中華書局, 1985.
• 任繼亮, ≪管子經濟思想研究 : 輕重論史話≫, 中國社會科學出版社, 2005.
• 袁　闖, ≪管子與中國文化 : 元典文化叢書≫, 河南大學出版社, 1998.
• 張固也, ≪管子研究 : 中國典籍與文化研究叢書≫, 齊魯書社, 2006.
• 張　力, ≪管仲評傳≫, 四川大學出版社, 2005.
• 張連偉, ≪管子哲學思想研究 : 儒道釋博士論文叢書≫, 巴蜀書社, 2008.
• 張豔麗, ≪管子思想研究概要 : 管子通論≫, 齊魯書社, 2019.
• 張友直, ≪管子貨幣思想考釋≫, 北京大學出版社, 2002.
• 戰化軍, ≪管子其人其書及管氏家族研究 : 管子通論≫, 齊魯書社, 2019.
• 戰化軍, ≪管仲評傳≫, 齊魯書社, 2001.
• 周俊敏, ≪管子經濟倫理思想研究≫, 岳麓書社, 2003.

- 池萬興, ≪先秦文化和管子研究≫, 人民出版社, 2015.
- 池萬興, ≪管子硏究≫, 高等教育出版社, 2004.
- 陳鼓應, ≪管子四篇詮釋 : 稷下道家代表作解析≫, 商務印書館, 2006.
- 陳書儀, ≪管子大傳≫, 齊魯書社, 2008.
- 郝繼東, ≪淸代管學文獻硏究≫, 中國社會科學出版社, 2014.
- 胡家聰, ≪管子新探≫, 中國社會科學出版社, 1995.
- 胡家聰, ≪稷下爭鳴與黃老新學≫, 中國社會科學出版社, 1998.

〔일본〕

- 金谷治, ≪管子の硏究 : 中國古代思想史の一面≫, 岩波書店, 1987.
- 遠藤哲夫, ≪管子(上中下) : 新釋漢文大系≫, 明治書院, 1989~1992.
- 原宗子, ≪古代中國の開發と環境: 管子地員篇硏究≫, 硏文出版, 2001.
- 宣兆琦, ≪図說管子 : 生涯と功績≫, 國書刊行會, 2020.

〔서양〕

- Michael Loewe ed, *Early Chinese Texts: A Bibliographical Guide*, Institute of East Asian Studies, 1994.
- Allyn Rickett, *Guanzi: Political, Economic, and Philosophical Essays from Early China*, 2 vols, Princeton University Press, 1998.
- Dan G. Reid, *The Thread of Dao: Unraveling early Daoist oral traditions in GuanZi's Purifying the Heart-Mind(Bai Xin), Art of the Heart-Mind(Xin Shu), and Internal Cultivation (Nei Ye)*, Center Ring Publications, 2019.
- Harold D. Roth, *Original Tao: Inward Training (Nei-yeh) and the Foundations of Taoist Mysticism*, Columbia University Press, 2004.

# 2. ≪管子 4≫ 參考圖版 目錄

## 3. 春秋列國圖

※ QR코드를 스캔하면 ≪春秋列國圖≫를 볼 수 있습니다.

春秋列國圖

## 4. ≪管子≫ 總目次

※ QR코드를 스캔하면 ≪管子≫의 총목차를 볼 수 있습니다.

總目次

## 5. ≪管子≫ 解 題

※ QR코드를 스캔하면 ≪管子≫의 해제를 볼 수 있습니다.

解題

## 責任飜譯

### 李錫明

高麗大學校 哲學科 博士(東洋哲學專攻)
泰東古典硏究所 漢文硏修課程 修了
中國 北京大學校 博士後科程 修了
全北大學校 HK教授 歷任
江原大學校 哲學科 出講(現)
고전&人 硏究所 所長(現)

論文 및 譯書

論文 〈淮南子의 無爲論 硏究〉(박사학위논문) 〈吳澄의 ≪道德眞經注≫에 나타난 '以儒解老'의 해석경향과 그 철학적 특징〉 〈蘇轍의 ≪老子解≫에 나타난 '以儒解老'의 해석과 그 정치철학적 의미〉 〈王安石의 ≪老子注≫ 및 論老子 에 나타난 '以儒解老'의 해석경향과 그 정치철학적 의미에 관한 연구〉 〈杜光庭의 "心寂忘境"의 수양론〉 〈성현영 ≪道德經開題序決義疏≫의 道佛융합적 수양론과 一中無爲〉 〈≪여씨춘추≫의 양생론과 황로학〉 〈≪여씨춘추≫의 '帝者同氣'의 정치철학과 時令사상〉 〈≪노자지귀≫의 비판정신과 무위정치론〉 〈≪회남자≫의 時令사상과 음양오행론〉 〈≪老子想爾注≫를 통해 본 노자사상의 종교화 작업〉 〈≪老子道德經河上公章句≫의 長生不死사상과 그 도교적 맹아〉 〈解老・喩老〉의 황로학적 성격과 그 사상사적 의미〉 〈≪抱朴子外篇≫에 나타난 葛洪의 사회정치사상〉 등

著書 ≪노자와 황로학≫ ≪회남자–한대지식의 집대성≫ ≪노자, 비움과 낮춤의 철학≫ ≪장자, 나를 깨우다≫ 등

譯書 ≪文子≫ ≪노자도덕경사상공장구≫ ≪회남자≫ ≪노자≫ ≪譯註 管子≫ 등

## 共同飜譯

### 金帝蘭

高麗大學校 哲學科 博士(東洋哲學專攻)
泰東古典硏究所 漢文硏修課程 修了
高麗大學校 哲學硏究所, 東國大學校 佛敎文化硏究院 硏究敎授 歷任
高麗大學校 哲學科 講義敎授(現)

論文 및 譯書

論文 〈熊十力 哲學思想 硏究〉(박사학위 논문) 〈한・중・일 근대불교의 사회진화론에 대한 대응양식 비교〉 〈송대유학에 미친 불교의 영향〉 〈당군의 철학에 나타난 동서융합의 논리- 유학, 헤겔철학과 화엄불교의 융합〉 등

著書 ≪한마음, 두 개의 문, 원효의 대승기신론 소・별기≫ ≪쉽게 읽히는 동양철학 이야기≫

譯書 ≪신유식론(新唯識論)≫(上・下) ≪심체와 성체≫(共譯) ≪譯註 管子≫

懸　吐

吳圭根

江原 平昌 大化 出生
南山 鄭鑽 先生, 祖父 鳳西 先生, 家親 硏靑 先生에게 受學
民族文化推進會 國譯硏修院 卒業
國譯硏修院 講師 歷任
傳統文化硏究會 古典硏修院 講師 歷任
理事(現)

譯書 및 校勘標點

譯書 ≪宣祖實錄≫, ≪光海君日記≫, ≪中宗實錄≫
≪白湖全書≫, ≪順菴集≫, ≪承政院日記≫(高宗祖) 등
校勘標點 ≪韓國文集叢刊≫

東洋古典譯註叢書 144

譯註 管子 4　　33,000원

2023년 12월 20일 초판 인쇄
2023년 12월 30일 초판 발행

企劃編輯　東洋古典飜譯編輯委員會
飜譯硏究管理　南賢熙
責任飜譯　李錫明
共同飜譯　金帝蘭
懸　吐　吳圭根
潤　文　朴勝珠
校　訂　李承俊 南賢熙
出　版　白俊哲
裝　幀　김진디자인

發 行 人　郭成文

發 行 處　社團法人傳統文化硏究會

등록 : 1989. 7. 3. 제1-936호
서울시 종로구 삼일대로 428 낙원빌딩 411호
전화 : (02)762-8401　전송 : (02)747-0083
전자우편 : juntong@juntong.or.kr
홈페이지 : juntong.or.kr
사이버書堂 : cyberseodang.or.kr
온라인서점 : book.cyberseodang.or.kr

인쇄처 : 한국법령정보주식회사(02-462-3860)
총　판 : 한국출판협동조합(070-7119-1750)

ISBN 979-11-5794-572-6 94150
978-89-85395-71-7 (세트)

※ 이 책은 2023년도 교육부 고전문헌 국역지원사업 지원비에 의해 출판되었음.

# 전통문화연구회 도서목록

## 新編 基礎漢文教材·漢文讀解捷徑

|  |  |  |
|---|---|---|
| 新編 四字小學·推句 | 고전교육연구실 編譯 | 11,000원 |
| 新編 啓蒙篇·童蒙先習 | 고전교육연구실 編譯 | 11,000원 |
| 新編 明心寶鑑 | 李祉坤·元周用 譯註 | 15,000원 |
| 新編 擊蒙要訣 | 咸賢贊 譯註 | 12,000원 |
| 新編 註解千字文 | 李忠九 譯註 | 13,000원 |
| 新編 原文으로 읽는 故事成語 | 元周用 編譯 | 15,000원 |
| 新編 唐音註解選 | 權卿相 譯註 | 22,000원 |
| 漢文독해 기본패턴 | 고전교육연구실 著 | 15,000원 |
| 四書독해첩경 | 고전교육연구실 著 | 20,000원 |
| 한문독해첩경 文學篇 | 朴相水 李和春 李祉坤 元周用 著 | 15,000원 |
| 한문독해첩경 史學篇 | 朴相水 李和春 李祉坤 元周用 著 | 15,000원 |
| 한문독해첩경 哲學篇 | 朴相水 李和春 李祉坤 元周用 著 | 15,000원 |

## 東洋古典國譯叢書

|  |  |  |
|---|---|---|
| 大學·中庸集註 - 개정증보판 | 成百曉 譯註 | 10,000원 |
| 論語集註 - 개정증보판 | 成百曉 譯註 | 27,000원 |
| 孟子集註 - 개정증보판 | 成百曉 譯註 | 30,000원 |
| 詩經集傳 上·下 | 成百曉 譯註 | 各 35,000원 |
| 書經集傳 上·下 | 成百曉 譯註 | 各 35,000원 |
| 周易傳義 上·下 | 成百曉 譯註 | 各 40,000원 |
| 小學集註 | 成百曉 譯註 | 30,000원 |
| 古文眞寶 後集 | 成百曉 譯註 | 32,000원 |

## 五書五經讀本

|  |  |  |
|---|---|---|
| 論語集註 上·下 | 鄭太鉉 譯註 | 各 25,000원 |
| 孟子集註 上·下 | 田炳秀·金東柱 譯註 | 各 30,000원 |
| 大學·中庸集註 | 李光虎·田炳秀 譯註 | 15,000원 |
| 小學集註 上·下 | 李忠九 外 譯註 | 各 25,000원 |
| 詩經集傳 上·中·下 | 朴小東 譯註 | 各 30,000원 |
| 書經集傳 上·中·下 | 金東柱 譯註 | 各 30,000원 |
| 周易傳義 元·亨·利·貞 | 崔英辰 外 譯註 | 各 30,000원 |
| 詳說古文眞寶大全後集 上·下 | 李相夏 外 譯註 | 各 32,000원 |
| 春秋左氏傳 上·中·下 | 許鎬九 外 譯註 | 各 36,000원~38,000원 |
| 禮記 上·中·下 | 成百曉 外 譯註 | 各 30,000원 |

## 東洋古典譯註叢書

### 〈經部〉

|  |  |  |
|---|---|---|
| 十三經注疏 | | |
| 周易正義 1~4 | 成百曉·申相厚 譯註 | 各 30,000원~40,000원 |
| 尙書正義 1~7 | 金東柱 譯註 | 各 25,000원~36,000원 |
| 毛詩正義 1~8 | 朴小東 外 譯註 | 各 32,000원~37,000원 |
| 禮記正義 1~3, 中庸·大學 | 李光虎 外 譯註 | 各 20,000원~30,000원 |
| 論語注疏 1~3 | 鄭太鉉·李聖敏 譯註 | 各 25,000원~40,000원 |
| 孟子注疏 1~4 | 崔彩基·梁基正 譯註 | 各 29,000원~30,000원 |
| 孝經注疏 | 鄭太鉉·姜珉廷 譯註 | 35,000원 |
| 周禮注疏 1~4 | 金容天·朴禮慶 譯註 | 各 27,000원~34,000원 |
| 春秋左傳正義 1~2 | 許鎬九 外 譯註 | 各 27,000원~32,000원 |
| 春秋公羊傳注疏 1 | 宋基采 外 譯註 | 37,000원 |
| 春秋左氏傳 1~8 | 鄭太鉉 譯註 | 各 18,000원~35,000원 |
| 禮記集說大全 1~6 | 辛承云 外 譯註 | 各 25,000원~40,000원 |
| 東萊博議 1~5 | 鄭太鉉·金炳愛 譯註 | 各 25,000원~35,000원 |
| 韓詩外傳 1~2 | 許敬震 外 譯註 | 各 29,000원~33,000원 |
| 說文解字注 1~5 | 李忠九 外 譯註 | 各 32,000원~38,000원 |

### 〈史部〉

|  |  |  |
|---|---|---|
| 思政殿訓義 資治通鑑綱目 1~23 | 辛承云 外 譯註 | 各 18,000원~35,000원 |
| 通鑑節要 1~9 | 成百曉 譯註 | 各 18,000원~40,000원 |
| 唐陸宣公奏議 1~2 | 沈慶昊·金愚政 譯註 | 各 35,000원~45,000원 |
| 貞觀政要集論 1~4 | 李忠九 外 譯註 | 各 25,000원~32,000원 |
| 列女傳補注 1~2 | 崔秉準·孔勤植 譯註 | 各 30,000원~38,000원 |
| 歷代君鑑 1~4 | 洪起殷·全百燦 譯註 | 各 32,000원~35,000원 |

### 〈子部〉

|  |  |  |
|---|---|---|
| 孔子家語 1~2 | 許敬震 外 譯註 | 各 35,000원/36,000원 |
| 管子 1~4 | 李錫明·金帝蘭 譯註 | 各 30,000원~32,000원 |
| 近思錄集解 1~3 | 成百曉 譯註 | 各 25,000원/35,000원 |
| 老子道德經注 | 金是天 譯註 | 30,000원 |
| 大學衍義 1~5 | 辛承云 外 譯註 | 各 26,000원~30,000원 |
| 墨子閒詁 1~6 | 李相夏 外 譯註 | 各 32,000원~38,000원 |
| 說苑 1~2 | 許鎬九 譯註 | 各 25,000원 |
| 世說新語補 1~5 | 金鏞玉 外 譯註 | 各 29,000원~40,000원 |
| 荀子集解 1~7 | 宋基采 譯註 | 各 25,000원~38,000원 |
| 心經附註 | 成百曉 譯註 | 35,000원 |
| 顔氏家訓 1~2 | 鄭在書·盧暻熙 譯註 | 各 22,000원/25,000원 |
| 揚子法言 1 | 朴勝珠 譯註 | 24,000원 |
| 列子鬳齋口義 | 崔秉準·孔勤植·權憲俊 共譯 | 34,000원 |
| 二程全書 1~6 | 崔錫起·姜導顯 譯註 | 各 30,000원~38,000원 |
| 莊子 1~4 | 安炳周·田好根 共譯 | 各 25,000원~30,000원 |
| 政經·牧民心鑑 | 洪起殷·全百燦 譯註 | 27,000원 |
| 韓非子集解 1~5 | 許鎬九 外 譯註 | 各 32,000원~38,000원 |
| 武經七書直解 | | |
| 孫武子直解·吳子直解 | 成百曉·李蘭洙 譯註 | 35,000원 |
| 六韜直解·三略直解 | 成百曉·李鍾德 譯註 | 26,000원 |
| 尉繚子直解·李衛公問對直解 | 成百曉·李蘭洙 譯註 | 26,000원 |
| 司馬法直解 | 成百曉·李蘭洙 譯註 | 26,000원 |

### 〈集部〉

|  |  |  |
|---|---|---|
| 古文眞寶 前集 | 成百曉 譯註 | 30,000원 |
| 唐詩三百首 1~3 | 宋載卲 外 譯註 | 各 25,000원~36,000원 |
| 唐宋八大家文抄 韓愈 1~3 | 鄭太鉉 譯註 | 各 22,000원/28,000원 |
| 〃 歐陽脩 1~7 | 李相夏 譯註 | 各 25,000원~35,000원 |
| 〃 王安石 1~2 | 申用浩·許鎬九 共譯 | 各 20,000원/25,000원 |
| 〃 蘇洵 | 李章佑 外 譯註 | 25,000원 |
| 〃 蘇軾 1~5 | 成百曉 譯註 | 各 22,000원 |
| 〃 蘇轍 1~3 | 金東柱 譯註 | 各 20,000원~22,000원 |
| 〃 曾鞏 | 宋基采 譯註 | 25,000원 |
| 〃 柳宗元 1~2 | 宋基采 譯註 | 各 22,000원 |
| 明淸八大家文鈔 1 歸有光·方苞 | 李相夏 外 譯註 | 35,000원 |
| 〃 2 劉大櫆·姚鼐 | 李相夏 外 譯註 | 35,000원 |
| 〃 3 梅曾亮·曾國藩 | 李相夏 外 譯註 | 38,000원 |
| 〃 4 張裕釗·吳汝綸 | 李相夏 外 譯註 | 근간 |

## 東洋古典新譯

|  |  |  |
|---|---|---|
| 당시선 | 송재소·최경렬·김영죽 편역 | 22,000원 |
| 손자병법 | 성백효 역주 | 14,000원 |
| 장자 | 안병주·전호근·김형석 역주 | 13,000원 |
| 고문진보 후집 | 신용호 번역 | 28,000원 |
| 노자도덕경 | 김시천 역주 | 15,000원 |
| 고문진보 전집 上·下 | 신용호 번역 | 각 22,000원 |
| 신식 비문척독 | 박상수 번역 | 25,000원 |
| 안씨가훈 | 김창진 번역 | 근간 |

## 동양문화총서

| | | |
|---|---|---|
| 동양사상 해설과 원전 | 정규훈 外 저 | 22,000원 |
| 화합의 길 《중용》 읽기 | 금장태 저 | 20,000원 |
| 호설과 시장 | 신용호 저 | 20,000원 |
| 어느 노학자의 젊은 시절 - 《고문진보》 選譯 | 심재기 저 | 22,000원 |

## 문화문고

| | | |
|---|---|---|
| 경전으로 본 세계종교 그리스도교 | 이정배 편저 | 10,000원 |
| 〃 도교 | 이강수 편저 | 10,000원 |
| 〃 천도교 | 윤석산·홍성엽 편저 | 10,000원 |
| 〃 힌두교 | 길희성 편역 | 10,000원 |
| 〃 유교 | 이기동 편저 | 10,000원 |
| 〃 불교 | 김용표 편저 | 10,000원 |
| 〃 이슬람 | 김영경 편역 | 10,000원 |
| 논어·대학·중용 / 맹자 | 조수익·박승주 공역 | 각 10,000원 |
| 소학 | 박승주·조수익 공역 | 10,000원 |
| 십구사략 1~2 | 정광호 저 | 각 12,000원 |
| 무경칠서 손자병법·오자병법 | 성백효 역 | 10,000원 |
| 〃 육도·삼략 | 성백효 역 | 10,000원 |
| 〃 사마법·울료자·이위공문대 | 성백효 역 | 10,000원 |
| 당시선 | 송재소·최경렬·김영죽 편역 | 10,000원 |
| 한문문법 | 이상진 저 | 10,000원 |
| 한자한문전통교재 | 조수익·이성민 공역 | 10,000원 |
| 士小節 선비 집안의 작은 예절 | 이동희 편역 | 12,000원 |
| 儒學이란 무엇인가 | 이동희 저 | 10,000원 |
| 동아시아의 유교와 전통문화 | 이동희 저 | 13,000원 |
| 현대인, 동양고전에서 길을 찾다 | 이동희 저 | 10,000원 |
| 100자에 담긴 한자문화 이야기 | 김경수 저 | 12,000원 |
| 우리 설화 1~2 | 김동주 편역 | 각 10,000원 |
| 대한민국 국무총리 | 이재원 저 | 10,000원 |
| 백운거사 이규보의 문학인생 | 신용호 저 | 14,000원 |